U0490093

THE MYTHOLOGY BOOK

"人类的思想"百科丛书
精品书目

- 经济学百科
- 心理学百科
- 哲学百科
- 科学百科
- 商业百科
- 政治学百科
- 莎士比亚百科
- 社会学百科
- DK文学百科
- 福尔摩斯百科
- 电影百科
- 历史百科
- 艺术百科
- 罪案百科
- 宗教学百科
- 天文学百科
- 生态学百科
- 数学百科
- 古典音乐百科
- 法律百科
- 神话百科
- 化学百科

更多精品图书陆续出版，
敬请期待！

DK

"人类的思想"百科丛书

THE MYTHOLOGY BOOK
DK 神话百科

英国DK出版社 著

王立群 王 晋 译

电子工业出版社
Publishing House of Electronics Industry
北京·BEIJING

Original Title: The Mythology Book
Copyright ©2018 Dorling Kindersley Limited
A Penguin Random House Company
本书中文简体版专有出版权由 Dorling Kindersley Limited 授予电子工业出版社。未经许可，不得以任何方式复制或抄袭本书的任何部分。

版权贸易合同登记号　图字：01-2022-0680

图书在版编目（CIP）数据

DK 神话百科 / 英国 DK 出版社著；王立群，王晋译 . 一北京：电子工业出版社，2023.10
（"人类的思想"百科丛书）
书名原文：The Mythology Book
ISBN 978-7-121-46073-9

Ⅰ．①D… Ⅱ．①英… ②王… ③王… Ⅲ．①神话－世界－通俗读物 Ⅳ．① B932.1-49

中国国家版本馆 CIP 数据核字（2023）第 142348 号

审图号：GS（2023）1436 号
本书插图系原文插附地图。

责任编辑：郭景瑶
文字编辑：刘　晓
印　　刷：鸿博昊天科技有限公司
装　　订：鸿博昊天科技有限公司
出版发行：电子工业出版社
　　　　　北京市海淀区万寿路 173 信箱　邮编：100036
开　　本：850×1168　1/16　印张：22　字数：704 千字
版　　次：2023 年 10 月第 1 版
印　　次：2024 年 1 月第 3 次印刷
定　　价：168.00 元

凡所购买电子工业出版社图书有缺损问题，请向购买书店调换。若书店售缺，请与本社发行部联系，联系及邮购电话：（010）88254888，88258888。
质量投诉请发邮件至 zlts@phei.com.cn，盗版侵权举报请发邮件至 dbqq@phei.com.cn。
本书咨询联系方式：（010）88254210，influence@phei.com.cn，微信号：yingxianglibook。

www.dk.com

扫码免费收听DK"人类的思想"
百科丛书导读

"人类的思想"百科丛书

本丛书由著名的英国DK出版社授权电子工业出版社出版，是介绍全人类思想的百科丛书。本丛书以人类从古至今各领域的重要人物和事件为线索，全面解读各学科领域的经典思想，是了解人类文明发展历程的不二之选。

无论你还未涉足某类学科，或有志于踏足某领域并向深度和广度发展，还是已经成为专业人士，这套书都会给你以智慧上的引领和思想上的启发。读这套书就像与人类历史上的伟大灵魂对话，让你不由得惊叹与感慨。

本丛书包罗万象的内容、科学严谨的结构、精准细致的解读，以及全彩的印刷、易读的文风、精美的插图、优质的装帧，无不带给你一种全新的阅读体验，是一套独具收藏价值的人文社科类经典读物。

"人类的思想"百科丛书适合10岁以上人群阅读。

《DK神话百科》的主要贡献者有Philip Wilkinson, Georgie Carroll, Dr Mark Faulkner, Dr Jacob F. Field, Dr John Haywood, Michael Kerrigan, Neil Philip, Dr Nicholaus Pumphrey, Juliette Tocino-Smith等人。

目 录

10 前言

古希腊

18 盖亚首先诞下了乌拉诺斯
宇宙起源

24 瑞亚把一块石头包起来，让克洛诺斯吞了下去
奥林匹斯众神

32 年轻的宙斯打败了泰坦
众神与泰坦之战

34 无狂风肆虐，无雪雨侵扰
奥林匹斯山

36 他给狡猾的普罗米修斯戴上了无法逃脱的枷锁
普罗米修斯帮助人类

40 她的冲动给人类的生活带来了悲伤和灾难
潘多拉魔盒

42 宙斯拥有众多女神和凡间女子
风流的宙斯

48 强大的冥王哈迪斯
哈迪斯与冥界

50 他悄悄地把一个香甜如蜜的石榴放在她手里
诱拐珀耳塞福涅

52 狂女们涌出家门
狄俄尼索斯崇拜

53 他转身瞥见自己的妻子，而她却不得不重归冥界
俄耳甫斯和欧律狄刻

54 把梦带来的人
赫尔墨斯出生的第一天

56 雅典娜种下橄榄树，波塞冬掀起巨浪
雅典的建立

58 凡寻求真理者，必能寻见
阿波罗和德尔斐神谕

60 一个深陷爱情，一个逃离爱情
阿波罗和达芙妮

62 危急关头的生死权衡
特洛伊战争

64 这一对僭主，谋杀了我的父亲
俄瑞斯忒斯为阿伽门农报仇

66 哦，缪斯，请给我讲讲英雄的故事
奥德修斯的冒险之旅

72 任务完成后，他将获得永生
赫拉克勒斯十二功绩

76 他长着牛头人身
忒修斯和弥诺陶洛斯

78 兴高采烈的伊卡洛斯不顾父亲的警告，越飞越高
代达罗斯和伊卡洛斯

82 看着光亮的盾牌里美杜莎的头，他将其斩首
珀尔修斯和美杜莎

84 仇恨是无底杯，我将不断往里倾倒
伊阿宋和美狄亚

目录

86　不幸的俄狄浦斯是所有男人中最不值得嫉妒的
　　俄狄浦斯的命运

88　她想得到阿多尼斯胜过天庭的一切
　　阿佛洛狄忒和阿多尼斯

90　无论碰到什么，我都能把它变成黄金
　　迈达斯国王

91　仅仅一天一夜，亚特兰蒂斯岛就消失在了海浪之下
　　亚特兰蒂斯的传说

古罗马

96　我歌颂战事和那个人
　　古罗马的建立者埃涅阿斯

102　建城的愿望种在了罗慕路斯和雷穆斯的心里
　　罗马城的建立

106　万神之神透过云层喷出红色火焰
　　努马智胜朱庇特

108　把维斯塔想象成一团永远不灭的圣火
　　维斯塔和普利阿普斯

110　命运会留下我的声音，让我被世人所知
　　库迈的西比尔

112　爱你入髓
　　丘比特和普赛克

114　我疯狂地爱上了我自己
　　纳喀索斯和厄科

115　如今她还是个蜘蛛，在不停地织布
　　阿拉克涅和密涅瓦

116　血债血偿
　　西布莉和阿提斯

118　密特拉是时代的领主
　　密特拉和公牛

120　他用雪白的象牙雕刻了一尊少女像
　　皮格马利翁

121　与我同寝，你将是门闩之神
　　卡尔纳和雅努斯

122　没有哪个森林仙女可以像她那样把花园打理得如此漂亮
　　波摩娜和威耳廷努斯

124　即便是死亡，也不能使我们分离
　　皮拉摩斯和提斯柏

125　神所关心的也是神
　　费莱蒙和鲍西丝

北欧

130　伊米尔的肉身塑造了大地
　　宇宙的创造

134　这棵巨大的梣树就是最高贵的宇宙树
　　奥丁和宇宙树

140　世间的第一场战争
　　众神之战

142　他们将蜂蜜拌在血中，做成了蜜酒
　　诗之蜜酒

144　托尔力大无比，他的锤子从未失手
　　众神的法宝

146　是我的错觉吗？这么小的一个人会是托尔？
　　托尔和洛基在约顿海姆的冒险之旅

148　神和人之间最不幸的事
　　巴尔德尔之死

150	**兄弟之间将要互相残杀** 众神黄昏	
158	**当那条龙来喝水时，刺穿它的心脏** 屠龙者西格德	
160	**神奇的三宝磨给北国带来无尽的荣华** 《卡勒瓦拉》	
164	**达格达统治了爱尔兰八十年** 一位复杂的神	
165	**触碰大地的那一瞬，他便成了灰烬** 布兰之旅	
166	**人们将会永远铭记库丘林** 《夺牛长征记》	
168	**他被誉为爱尔兰最强壮、最勇敢的人** 芬恩·麦克库尔和巨人堤	
170	**他们用花朵造了一位少女** 布罗代韦德	
172	**谁拔出这把剑，谁就是英格兰的天生王者** 亚瑟王传奇	

亚洲

182	**天之女王决心前往冥界** 伊南娜下冥界
188	**统帅众神，先毁灭再创造** 马尔杜克与提亚马特
190	**谁能与他的王者地位相媲美？** 《吉尔伽美什史诗》
198	**两位神祇，在思想、言语和行为上表现得一善一恶** 阿胡拉·马兹达和阿里曼
200	**梵天睁开双眼，发现自己无人陪伴** 梵天创造宇宙
201	**湿婆把象头放在男孩的肩膀上，他苏醒了过来** 伽内什的诞生
202	**哦，国王，赌博可不对** 赌骰
204	**罗摩是所有正义的人中最高尚的** 《罗摩衍那》
210	**我是统治三界的女王** 杜尔迦杀牛魔
211	**哦，米纳克希，鱼眼女神，请赐福于我！** 鱼眼女神找丈夫
212	**你将成为全世界的王** 拜加部落的起源
214	**阳清为天，阴浊为地** 盘古开天地
216	**十日并出，焦禾稼** 后羿射日
218	**我要云游海角，远涉天涯** 美猴王的历险记
220	**他们生下国土后，又生下众神** 伊邪那岐和伊邪那美
222	**灾祸四起** 须佐之男和天照大神
226	**苍穹之界的水稻无与伦比** 火与水稻
228	**从前有一个叫作檀君的人，他建了一座城，创造了一个民族** 朝鲜的建立神话
230	**解慕漱让阳光轻抚柳花的身体** 朱蒙

美洲

236	**大地是漂浮在海面上的一个巨大岛屿** 切罗基人的创世故事

238 我是生命的编织者 蜘蛛女		**308** 慢慢用长矛刺我，我还有很多东西要教你们 杀掉卢玛卢玛
240 开始跳鹿皮舞吧，因为它会让诸事顺利 沃格解决争端		**310** 神话世界从未远去 德玛
242 她是鲸鱼的灵魂 渡鸦和鲸鱼		**316** 万物之主 塔阿洛阿创造众神
244 一人变成太阳，一人变成月亮 英雄双胞胎		**318** 死亡战胜人类 塔恩和海恩提塔玛
248 于是，太阳升上了天空 五个太阳的传说	**276** 伟大的努特说："奥西里斯是我的初生子。" 奥西里斯和冥界	**320** 但令人敬畏的毛伊并不气馁 毛伊的千种把戏
256 在世界被创造出来之前，维拉科查就已经存在了 创世神维拉科查	**284** 如果点火，邪恶将至 桑人的创世神话	**324** 把鸟赶到复活节岛怎么样？ 马克马克和哈娃
258 独木舟是一大奇迹 第一艘独木舟	**285** 我将把牛赐给你 恩凯和牛	**326** 我在地上说出他的名字，他在天上侧耳倾听 马普西亚和神之杰作
260 永在的创世神 克奥赫创造了太阳和大地	**286** 把葫芦系在身后，你就能爬树了 蜘蛛阿南希	**332** 我不会忘记那些指路的星星 阿鲁鲁埃和航海术
	288 所有不洁之物都被水冲走了 多贡人的宇宙	
古埃及和非洲	**294** 王后想杀了你 爱耍诡计的埃舒	**334** 故事录
		344 原著索引
266 只有我和原始海洋，别无其他 创世与第一代神祇	**大洋洲**	**351** 引文出处
		352 致谢
272 拉，向你致敬每一天 拉的夜航船		
274 精通咒语的女神伊西斯 拉的秘密名字	**302** 聆听我们的故事，瞭望我们的家园 创世神话	

INTRODUCTION

前言

除了极少数例外，如最近发现的亚马孙部落"皮拉罕"，可以说人类的每一种文化都创造出了自己的神话，以解释自身的起源及人们在自然界中观察到的种种现象。

"神话"（mythology）一词源于希腊语"muthos"（意为"故事"）和"logia"（意为"知识"）。神话主要讲述世界是如何被创造出来的，或预测它将如何终结；它解释动物是如何产生的，以及土地是如何形成的；它还将人类现实世界与灵魂或神灵的世界连接起来。神话试图赋予极度混乱的世界以秩序，并直面死亡的奥秘。最重要的是，神话还是宗教产生的基础，它定义了文化，并归纳了其价值观。

古代文明

古代世界的神话占据了本书的大部分篇幅。公元前4000年，在美索不达米亚平原上，当人类第一次学着在城市中生活时，苏美尔人便建立了迄今为止有史可考的第一个万神殿。这在雕像、雕刻及古代文献中都有所体现。例如，在《吉尔伽美什史诗》中，英雄吉尔伽美什执着地寻求永生，而这种追求在世界各地的神话中都有所体现。后来，在美索不达米亚文明的发展过程中，苏美尔众神或被降低神职，或被彻底清除，与之相关的神话传说也随之发生了变化。例如，位高权重的女神伊南娜传入巴比伦后演变为伊什塔尔，后来又成为腓尼基女神阿斯塔特。

与其他文明一样，美索不达米亚文明也以故事的形式被记录下来。国家统治者受神灵的指引，而神灵的旨意往往反复无常，且由祭司传达。人们必须不断地赞美和安抚众神以获得安宁。为期12天的阿基图庆典在宏伟的马尔杜克神庙举行，人们在庆典上反复吟唱着巴比伦创世史诗《天之高兮》（《埃努玛·埃利什》），通过在仪式中所施加的咒语为宇宙重新注入能量。

伟大的文化

神话对人类历史上伟大的文明的社会结构产生了巨大影响。古埃及丰富而复杂的神话强调在混沌中创建秩序。这类神话故事证明了统治者对社会进行统治的合理性，确立了法老的神圣地位，并将侍奉法老合法化。古埃及人还认为时间是周而复始的，社会上发生的所有事情都是之前已经发生过且在神话中已经被记录下来的事情的重复。

在由1000多个城邦组成的古希腊，每个城邦都有自己的创世神话和保护神，这构成了一个极其复杂的神话体系，而这些神话往往是相互矛盾的。诗人荷马和赫西俄德创造出了一套全面的古希腊神话体系。为了将支离破碎的古希腊神话成功编织进一条主线，荷马的《伊利亚特》和《奥德赛》，以及赫西俄德的《神谱》做出了最早同时也是最权威的成功尝试。

> " 神话是以虚构的方式表现出来的精神现实。
>
> 玛雅·黛伦，人类学家

在古罗马，意大利各民族的人，如拉丁人和伊特鲁里亚人等，将本民族的地方神话与发展早于自身的古希腊神话融合在一起。诗人维吉尔有意识地模仿荷马史诗，创作了古罗马的建国神话《埃涅阿斯纪》。同时，奥维德在他的长篇叙事诗《变形记》中重新讲述了很多古希腊神话，并在以宗教传统为题的诗歌《岁时记》中记录了一些关于纯粹的古罗马神祇的神话。古罗马人通过增加源自其他国家或民族的神灵，如弗里吉亚神话中伟大的母亲西布莉、古埃及神话中的女神伊西斯、叙利亚神话中的埃拉伽巴路斯（又称"无敌太阳神"，简称"罗马主神"）等，来丰富自己的神话。

现存神话

文学、神话与民间故事之间的界限非常模糊，许多神话是通过文学作品被保留下来的。比如，广为流传的《亚瑟王》的故事源于凯尔特神话；而两部伟大的古印度神话作品《罗摩衍那》和《摩诃婆罗多》，同时是杰出的史诗巨著。在文字尚未出现的社会，神话以口头传唱的方式流传下来。一个神话能否用文字记录下来，很大程度上取决于运气，许多神话的消失，可能就出于这个原因。即使在有了文字的社会，有些神话也是单线流传下来的，就像维京时代的北欧神话一样。如果《诗体埃达》（《老埃达》）和斯诺里·斯图鲁松后来创作的《散文埃达》（《新埃达》）的手稿被毁，那么我们对北欧神话将知之甚少，就像我们现在对古代英国神话的了解少之又少一样。

原始的信仰

包括马里的多贡人、印度中部的拜加人、所罗门群岛的蒂科皮亚人及菲律宾的伊富高人在内的许多部落民族，目前仍然生活在一个被外人称为"神话"的世界里。在这些部落中，口头文学的传统经久不衰。然而，来自这些民族的许多神话并没有传播到外面的世界去，其中的原因有很多，比如，它们本身就是秘密，或者它们没有被收集整理或被翻译出来，或者外来文化攻击或摧毁了它们赖以存在的原住民文化，导致神话也因此消失了。

神话属于诗意的想象领域，而个别文化所描述的故事实际上是创作冲动的一种深刻表达。然而，神话不仅是简单的故事，更是自己所讲述的故事文化本身，揭示着令我们所有人感到困扰的巨大谜团：生与死，以及其间的一切问题。即使在今天，神话仍然是传统的承载者，是世界各地人们的精神和道德指南。

> 神话……揭开你所熟悉的一切事物的面纱，还原隐藏在其背后的丰富意蕴。
>
> C.S.刘易斯，作家、学者，
> 《纳尼亚传奇》的作者

ANCIENT GREECE

古希腊

约公元前1200年
在青铜时代爱琴海与地中海王国分崩离析之后，**特洛伊也毁于战火**。

约公元前700年
赫西俄德的《神谱》对古希腊众神的起源和血统进行了溯源。

约公元前500年
在《论自然》中，**赫拉克利特**致力于探索伦理学、神学和宇宙。

约公元前458—公元前430年
古希腊悲剧诗人埃斯库罗斯的《俄瑞斯忒亚》三部曲上演，讲述了一个**血亲之间冤仇相报**的可怕的悲剧故事。

约公元前800年
荷马史诗《伊利亚特》和《奥德赛》，是整个西方文学史中比较古老的文学作品。

约公元前600年
佚名的《荷马颂歌》赞美了33位神。

公元前432年
帕特农神庙是为纪念女神雅典娜而建造的，标志着**古希腊古典文化**达到了一个顶峰。

约公元前450—公元前400年
索福克勒斯的《俄狄浦斯王》在充满谋杀与乱伦的阴森可怖的故事中，展示了命运与自由意志的冲突。

在公元前2000年左右，古希腊人首次进入现在被我们称为"古希腊"的这片土地。当时的埃及仍然是一个强国，而克里特岛的米诺斯人正在向高度复杂的社会演变。第一批移民可能来自俄罗斯和中亚，他们定居在北部山区和南部的伯罗奔尼撒半岛，并于公元前约1600年在那里建立了迈锡尼城。被荷马形容为"盛产黄金"的迈锡尼城，因横跨爱琴海和地中海海域的发达商业贸易网络而繁荣起来。

约公元前1100年，伴随着青铜时代宫廷文化的崩溃与迈锡尼文明的终结，古希腊进入了黑暗时代。到公元前8世纪，城邦开始出现，并成为农业与贸易中心。古希腊成为雅典、斯巴达和科林斯等一些独立城邦的联合体，这些城邦通过相同的语言和神灵崇拜结为一体。然而，古希腊宗教并不是一个标准化的宗教，当时并没有教义标准来告知人们应该如何祭拜神灵。他们的神话是从祖先那里传承下来的——牛头人弥诺陶洛斯的神话来自克里特岛的米诺斯人，特洛伊战争以迈锡尼时代为背景，这些都通过荷马史诗《伊利亚特》保留了下来。

雅典的统治

公元前479年，随着强大的波斯帝国的垮台，古希腊进入了古典时代。击败波斯人之后，雅典和斯巴达这两座城邦为争夺对整个古希腊的统治权而打得不可开交。掌握了绝对统治权的雅典成为许多古希腊神话的发生地。从在守护神雅典娜的庇佑下诞生，到伊阿宋和美狄亚等的传奇故事，很多神话均出自雅典。

许多幸存的古希腊神话是经由雅典剧作家的创作才得以出现在我们面前的，比如，公元前5世纪的埃斯库罗斯、索福克勒斯和欧里庇得斯的悲剧，以及阿里斯托芬（约公元前446—约公元前386）和米南德（约公元前342—约公元前291）的喜剧。这些作品讲述了古希腊神话中的众神和英雄的故事，并给后来的许多作家带去了创作灵感，例如，莎士比亚（1564—1616）的《仲夏夜之梦》和《罗密欧与朱丽叶》都借鉴了古希腊神话。

古希腊　17

公元前 408—公元前 405 年
欧里庇得斯在《酒神的女祭司们》中探索了人性的两面性，即本能和理性的关系。

约公元前 360 年
柏拉图在对话集《蒂迈欧篇》和《克提拉斯篇》中首次谈到了关于理想国亚特兰蒂斯城的构想。

公元前 146 年
古希腊战败，面临着古罗马的统治，使得两种不同的文化开始融合。

约公元 100 年
伪阿波罗多洛斯的《书库》记录了大量的古希腊神话和传奇故事。

约公元前 370 年
色诺芬在《远征记》中描述了迈达斯国王和点石成金的故事。

约公元前 250 年
罗德岛的阿波罗尼奥斯在《阿尔戈英雄纪》中描述了伊阿宋带领手下冒险的故事。

约公元前 30 年
狄奥多罗斯在他的 40 卷本巨著《历史集成》中介绍了伊卡洛斯和代达罗斯的神话。

约公元 150 年
帕萨尼亚斯在《希腊志》中探究了古希腊的著名遗址和古希腊人的身份认同问题。

公元前4世纪，当马其顿的统治者亚历山大大帝建立帝国时，雅典统治时代宣告结束。由于亚历山大的征服，古希腊文化及神话故事得以传播到小亚细亚、古埃及、美索不达米亚平原和古印度等地。

主神

诗人荷马和赫西俄德整理了早期传承下来的无数神灵和信仰，使之成为一个体系。公元前800年左右，在迈锡尼文明崩溃带来的大迁徙之后，荷马首先根据口头文学创作了自己的诗歌作品。他的两部史诗巨著《伊利亚特》和《奥德赛》为古希腊人记录了一段历史，描述了帕特农神庙，编撰了一部生活指南。随着居住在奥林匹斯山上的12位主神逐渐取代了旧日神灵的地位，荷马和赫西俄德赋予了他们鲜明的性格和外表。因为荷马史诗的创作背景是贵族统治的封建社会——公元前5世纪雅典诞生民主制度之前，所以荷马所描绘的众神就像酋长一样，完全按照自己的意愿行动。

与古代的其他农耕民族一样，古希腊人关注的焦点是他们自己的所处之地。他们规范本地的宗教生活，用不同的神灵划分不同的丘陵、溪流和平原。这片土地上的每一个角落都被神话传说赋予了重要的精神意义。地球是生命的源泉：神力与庄稼一样，起源于地球深处。神话试图解释农业生活的方方面面。珀耳塞福涅是丰收女神德墨忒尔的女儿，她被哈迪斯囚禁在冥界的故事，解释了农业一年四季的周期性变化。

神秘宗教的兴起

公元前5世纪末，古希腊兴起了各种神秘宗教。埃留西斯秘仪就是其中之一。这是一种古代农业仪式，向德墨忒尔和珀耳塞福涅献祭，并承诺死者会进入天堂。而起源于亚洲的酒神崇拜仪式，崇拜的是狄奥尼索斯，仪式中加入了狂野的舞蹈、饮酒和狂欢。与记录完整的公开神灵崇拜不同，这些神秘宗教由秘密的仪式和教义组成，至今人们仍无法参透。这些神秘宗教继续影响古罗马的信仰和神话。■

盖亚首先诞下了乌拉诺斯

宇宙起源

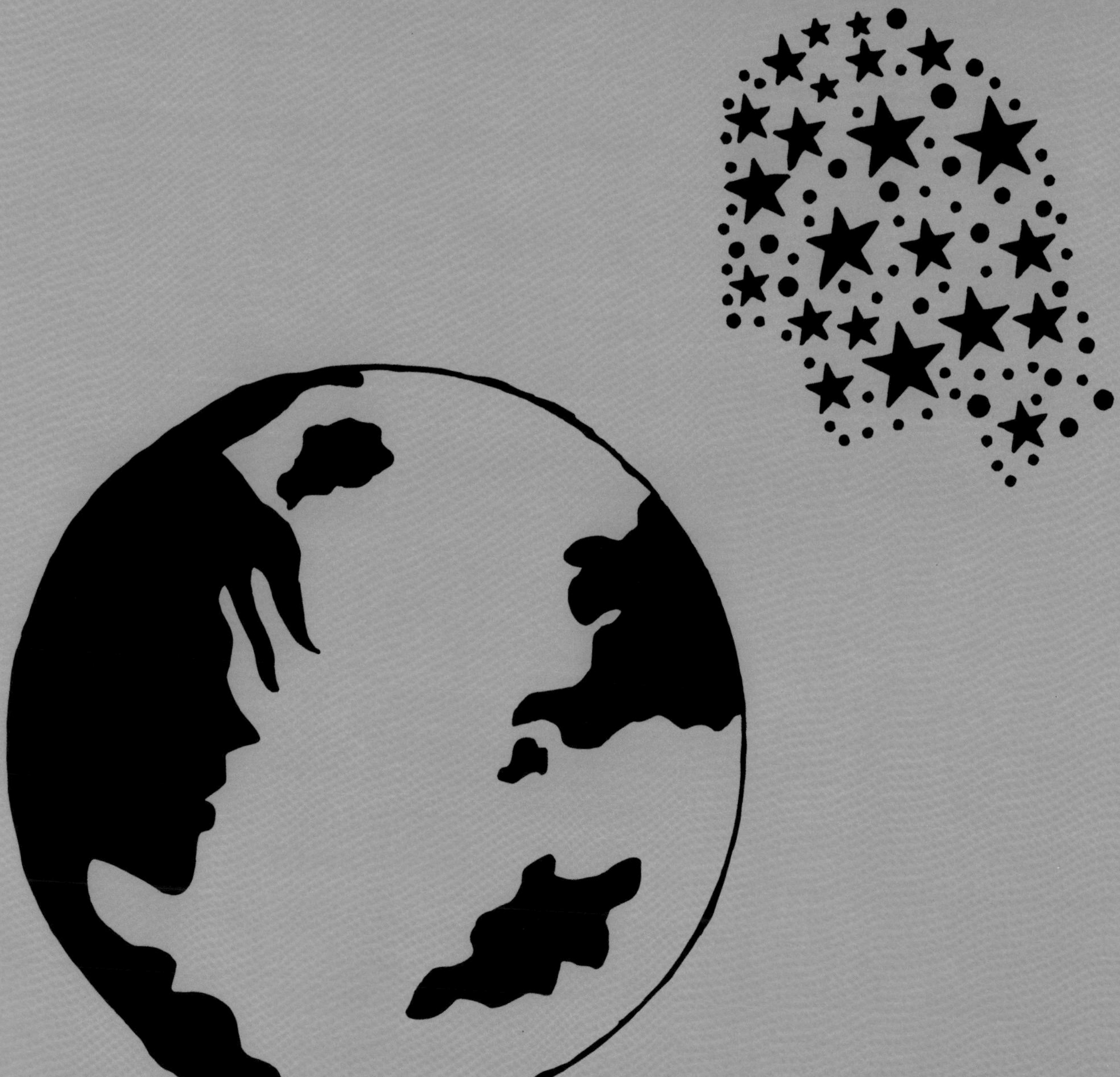

简介

聚焦
创世纪

来源
《神谱》，赫西俄德，约公元前700年
《阿尔戈英雄纪》，罗德岛的阿波罗尼奥斯，约公元前250年
《自然史》，老普林尼，公元79年
《书库》，伪阿波罗多洛斯，约公元100年

背景
混沌：宇宙最初是一个巨大且无限黑暗的空间

主要人物
盖亚 最原始的大地女神，众神之母，是坚实大地的神格化

乌拉诺斯 天空之神，盖亚独自孕育的儿子，后来与盖亚生下十二泰坦神、百臂巨人、独眼巨人、复仇女神、阿佛洛狄忒及许多其他男神和女神，是天空的神格化

克洛诺斯 一位泰坦神，杀死了他的父亲乌拉诺斯，也是丰收之神

> 黑夜自深渊而出，白昼从黑夜而来。
>
> 《神谱》

宇宙最开始是一片混沌，即一个巨大的空洞——深不见底、黑暗无光、万籁俱寂。在《神谱》中，古希腊诗人赫西俄德记录了他对宇宙起源的认识。他将创造看作把积极的现实强加于这种消极和空缺之上。实现这一积极现实的关键是改变的能力。混沌的虚无本来会继续下去，永远不变，但一旦创造出存在，存在就会循环下去——季节的轮回、人类的世代、出生与死亡。这些周期在白天和黑夜最初被划分开来之时就启动了。现在，时间变得可以计量，并且具有了意义。

大地之母

第一位古希腊女神盖亚是以矿物质形式存在的地球——放眼望去，全是岩石、土壤、群山和平原。这个看似一片死寂的坚实世界，因为孕育新生命的潜能而开始变得充满活力。天空之神乌拉诺斯就是这种活力最早的显现。他在伟大的大地之母盖亚的子宫中自发孕育而成，随后又和她结合繁育后代。

乌拉诺斯虽然是盖亚的儿子，但也是盖亚的伴侣。赫西俄德写道，盖亚特意生下乌拉诺斯，这样乌拉诺斯就可以"躺卧在她的身上"。虽然这句话陈述的是事实——天空的确在大地之上，但它更多的是对大地和天空之间关系的暗示。在现实生活中，古希腊人和我们一样，提到乱伦时会惶恐万分。这一关系在古希腊神话中的作用似乎就是告诫人们存在有着不同的方面，而这些方面之间强烈冲突却又密切相关。天空并非简单地处于大地之上，而是与大地动态地、创造性地结合在一起，如黑夜与白昼、黑暗与光明、死亡与生命一般。

血缘与冲突

尽管具有创造性，但这些结合不可避免地将对立的原则转化为永无休止的争夺霸权之战。赫西俄德对原始性关系的描述从本质上来说是暴力的，男女的力量既是互补的，也是相互竞争的。这远非理想化的世界观，对乌拉诺斯的描绘更为极端。专制的家长决不容忍任何竞争对手的存在——即使是自己的孩子。

乌拉诺斯十分嫉妒他的儿女，以至于每次孩子出生时，他都

在这尊古希腊石雕中，大地之母盖亚坐在中间，她的两个孩子围在她的两侧。据说，盖亚说出的誓言永不可更改。

古希腊　21

参见： 奥林匹斯众神 24~31页，众神与泰坦之战 32~33页，风流的宙斯 42~47页，俄狄浦斯的命运 86~87页。

在普鲁士艺术家卡尔·弗里德里希·辛克尔（1781—1841）的木刻壁画中，天空之神乌拉诺斯被描绘成一个慈祥的父亲，他的子孙后代围绕在他的身边。

会把孩子藏在大地某个隐蔽的凹陷处——实际上就是盖亚的身体里。他这样做是为了确保对盖亚的绝对所有权。她的吸引力必须完全且永远专属于他，所以他们的后代不能看到光明。接连不断出生的婴儿都被寄存在地下深处。

最初盖亚生下了十二泰坦神（六男六女），泰坦女神有忒亚、谟涅摩叙涅、菲碧、忒弥斯、特提斯和瑞亚，泰坦男神有欧申纳斯、科俄斯、克利俄斯、许珀里翁、伊阿珀托斯和克洛诺斯。每个泰坦神从一出生就被随便扔进了附近的一个缝隙，并永远被困在那里。在泰坦神之后，盖亚又生下了独眼巨人兄弟三人，他们的前额中央都有一只眼睛。与他们的兄弟姐妹一样，

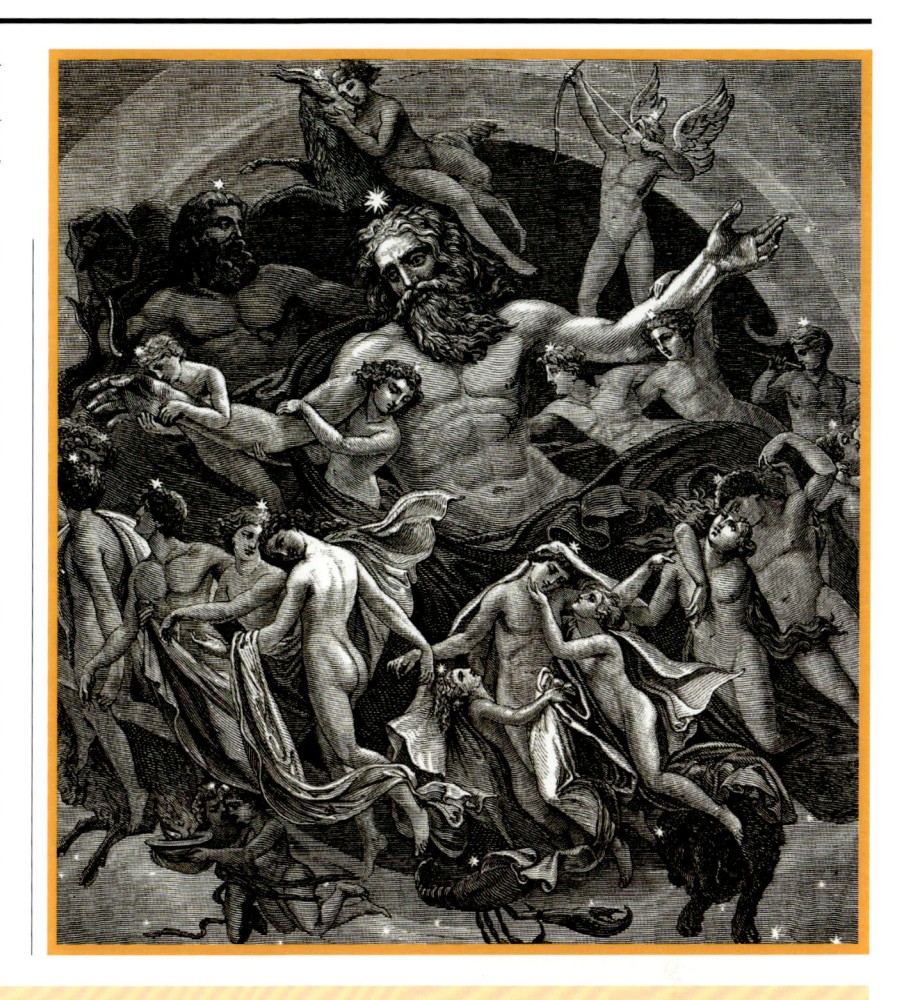

赫西俄德和《神谱》

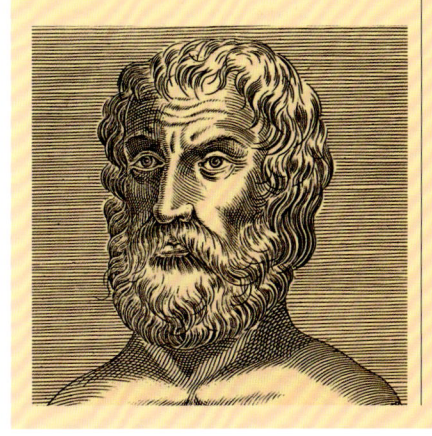

古希腊诗人赫西俄德很可能本身就是一个神话，因为没有证据表明确实有这样一个人存在过。归于他名下的作品——公元前8世纪到公元前7世纪的诸多诗歌——很可能只是为便于结集才和他联系在一起的。这些作品包括一系列杂诗，从简短的叙事作品到神的谱系，记录着很多重要家族的英雄祖先。

这些作品在追溯传统和揭示起源方面的重要性是不可否认的。关于家谱的诗作讨论了人类的起源，而赫西俄德最著名的作品《神谱》则着重描写神的诞生，是我们了解诸多古希腊神话的来源。赫西俄德并不是该领域的唯一权威，还有许多更具神秘主义的思想家和作家推崇另一种俄耳甫斯式的神话传统。这种传统建立在吟游诗人和歌手俄耳甫斯的神话基础上。然而，从很大程度上说，在2000多年的时间里，认为赫西俄德才是这些神话故事的作者的观点，一直占据着统治地位。

他们在出生时就被送走，并被埋在了地心处。随后，盖亚又生下了三个更强壮的巨人——百臂巨人。据说他们每个人都有50个头，这使他们看起来让人心生畏惧。他们也被乌拉诺斯囚禁在深深的地下。

自命不凡的儿子

大地之母盖亚感到了身体上的双重负担，这一方面是由于婴儿被强行塞回了她的体内，另一方面是由于她因一直被迫压制藏在身体里的孩子而感到非常不安。最后，她开始反抗乌拉诺斯，并请求她的儿子帮忙。她偷偷地用坚石做了一把镰刀——传说这是一种坚不可摧的矿石，并把它送给了克洛诺斯。当乌拉诺斯再一次压在她的身上时，克洛诺斯从藏身之处跳出来帮助他的母亲。他挥动镰刀，一下子杀死了自己的父亲。

这是父权最终的噩梦——父亲不仅被儿子取代了，还在自己妻子的纵容下被儿子杀死了。然而，即使此刻，乌拉诺斯的威力仍未完全耗尽。从他伤口处飞溅出的鲜血一落地便孕育出了新的生命，包括各种各样的新生女神和巨人，其中有好有坏。众所周知，厄里倪厄斯是愤怒的复仇女神，也就是我们所熟知的复仇三女神；阿佛洛狄忒则与众不同，当乌拉诺斯的伤口喷出的

> 不朽的肌肤接触到水面，溅起了一个白色的泡沫；在波浪中，一个美丽的少女诞生了。
>
> 《神谱》

血溅落在海洋里时，这位美丽的女神诞生了，她从海浪中走来，浑身洋溢着快乐。

全能的泰坦十二神

当克洛诺斯终于把兄弟姐妹从囚禁之处解救出来时，泰坦十二神终将承担起双重的神话功能。首先，他们是活生生的个体，有着爱恨情仇。他们分别象征着不同的存在方式。其次，作为一个集合体，他们共同代表着世界的有序性和丰富性。例如，长女谟涅摩叙涅是记忆女神，因此她也代表着历史、文化和传统。后来，她与侄子宙斯同住后生下九位缪斯女神，即掌管科学研究、历史研究、诗歌和表演艺术的守护神。

特提斯嫁给了她的兄弟欧申纳斯，为他生了3000个儿子，他们都是河神。此外，她还生了同样多

美丽的阿佛洛狄忒在她残忍父亲的血滴落大海的地方诞生了。彼得·保罗·鲁本斯（约1637）绘制了《维纳斯的诞生》（阿佛洛狄忒在古罗马神话中被称为"维纳斯"）。

古希腊　23

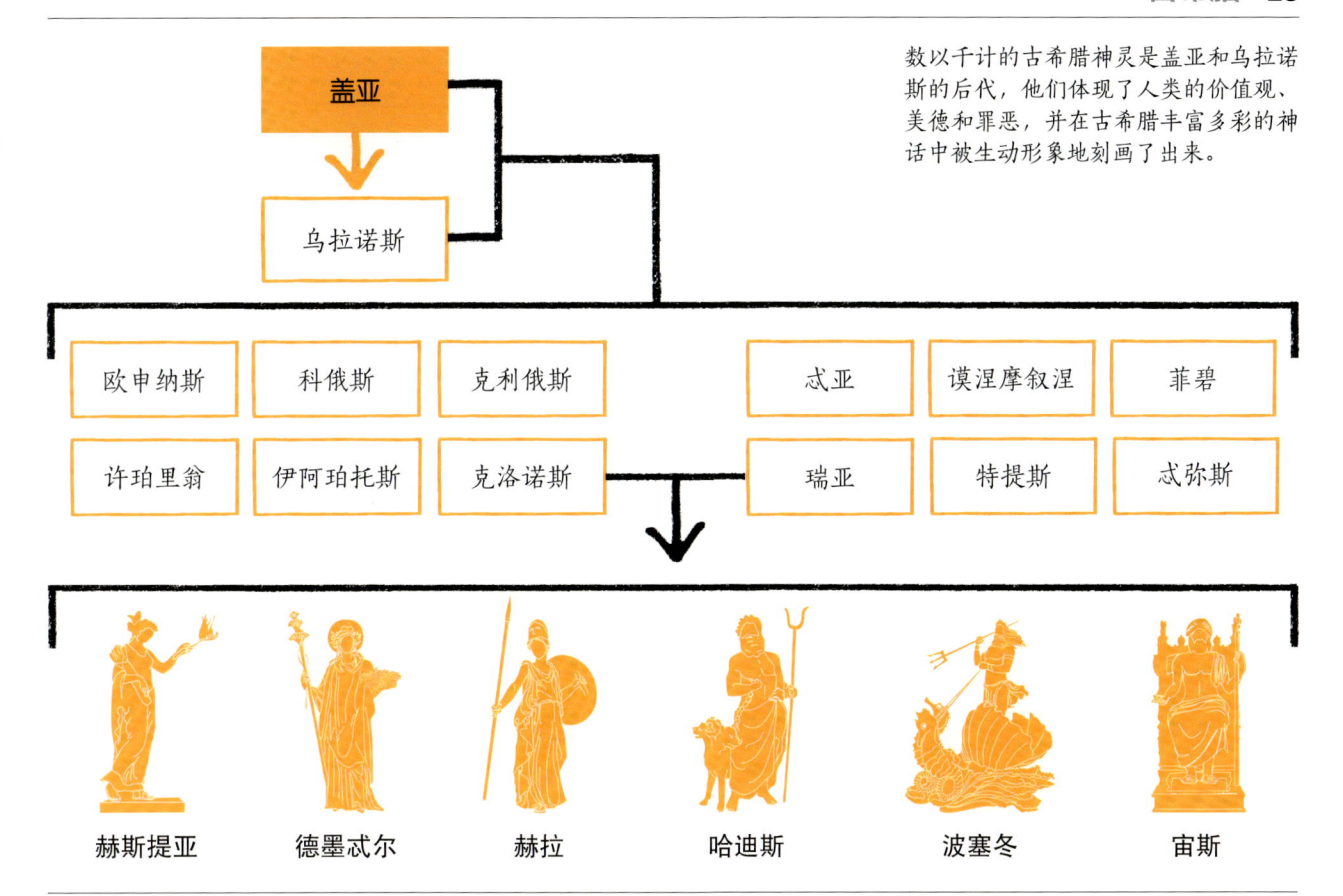

数以千计的古希腊神灵是盖亚和乌拉诺斯的后代，他们体现了人类的价值观、美德和罪恶，并在古希腊丰富多彩的神话中被生动形象地刻画了出来。

```
盖亚
 ↓
乌拉诺斯
```

| 欧申纳斯 | 科俄斯 | 克利俄斯 | 忒亚 | 谟涅摩叙涅 | 菲碧 |
| 许珀里翁 | 伊阿珀托斯 | 克洛诺斯 | 瑞亚 | 特提斯 | 忒弥斯 |

赫斯提亚　德墨忒尔　赫拉　哈迪斯　波塞冬　宙斯

的女儿，即海洋之神，她们掌管着泉水、河流、湖泊和大海。特提斯的妹妹忒亚也嫁给了自己的一个兄弟——许珀里翁，为他生下了太阳神赫利俄斯和黎明女神厄俄斯。赫利俄斯和厄俄斯还有一个姐妹，即月亮女神塞勒涅。不过，她们的姨妈菲碧，即特提斯、谟涅摩叙涅和忒亚的姐妹，也代表月亮。

最年轻的泰坦女神忒弥斯，代表着理性、正义及宇宙中的秩序。与她的姐姐谟涅摩叙涅一样，她也一度成为宙斯的配偶。在他们的孩子中，荷赖（时序女神）负责监管季节和时间的秩序；而另一个女儿涅墨西斯将她母亲所代表的正义发展到了极致，正如她的名字所蕴含的意思那样，她是惩罚和报应女神。

最年轻的泰坦男神伊阿珀托斯的名字来自"iapto"，在古希腊语中的意思是"伤口"或"刺穿"。人们对这个词的翻译一直争论不休。古代诗人似乎并不确定，他被赋予这个名字是因为他受到了伤害，还是因为他制造了能造成伤害的武器。与此同时，在古希腊文学中，伊阿珀托斯既是死亡之神，又是工艺之神。

弑父的宗族

古希腊艺术家几乎都描绘过克洛诺斯手持镰刀的形象，这是他弑父的象征。此外，镰刀也被赋予了更多世俗与实用的联想。克洛诺斯被视为丰收的守护神。这两种功能之间的联系——继任者要想生存下来，并茁壮成长，就必须摧毁前任者——很早就在古希腊人的意识中生根发芽了。

克洛诺斯杀死了他的父亲，成为新的统治者。他迎娶了妹妹瑞亚，开始繁衍后代。与他的父亲一样，克洛诺斯很快便面临这样一种状况：生命只能通过代际斗争得到发展。这个观点贯穿古希腊神话的始终，众所周知的一个例子就是俄狄浦斯王的故事。■

瑞亚把一块石头包起来，让克洛诺斯吞了下去

奥林匹斯众神

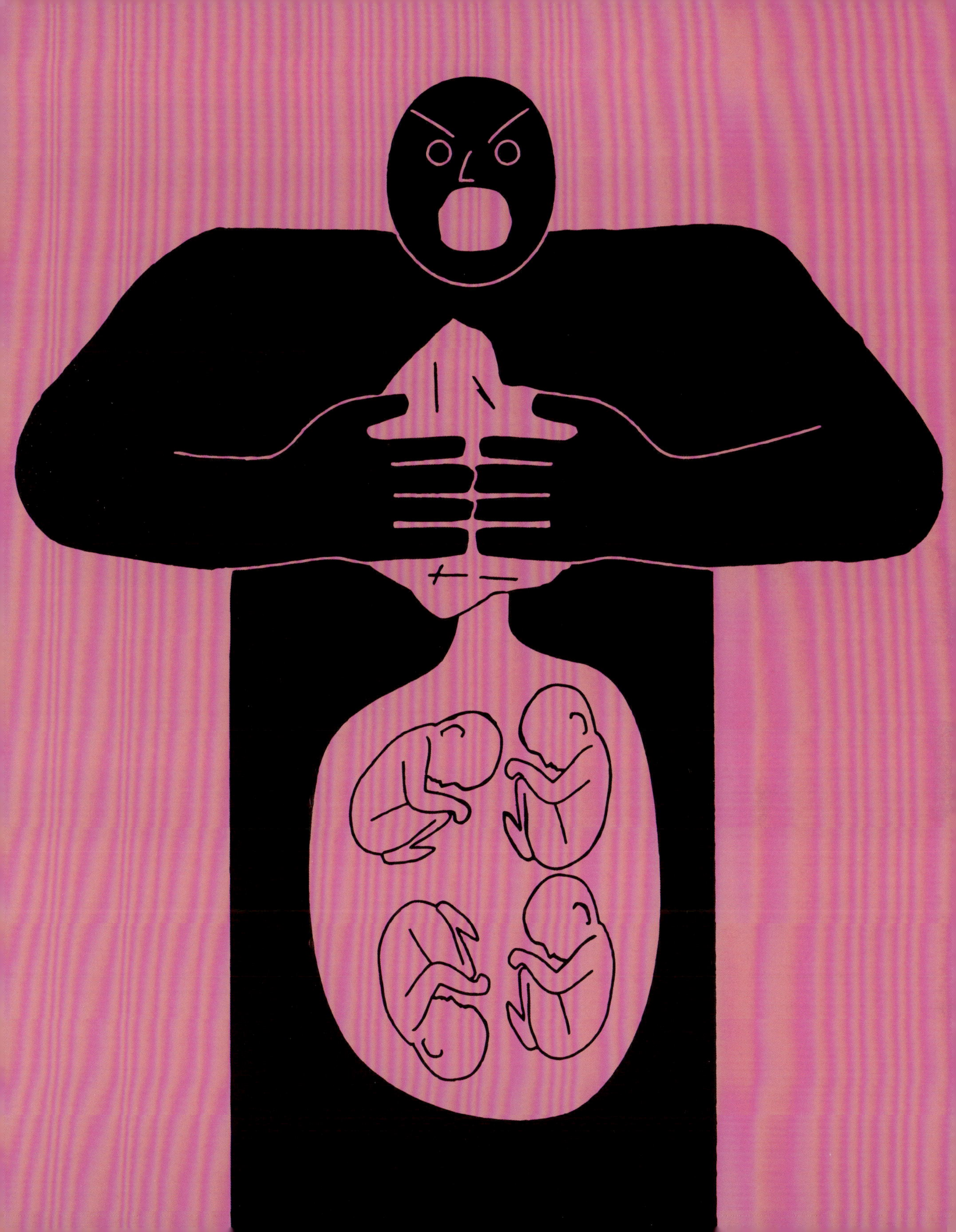

简介

聚焦
奥林匹斯众神的诞生

来源
《神谱》，赫西俄德，约公元前700年
《书库》，伪阿波罗多洛斯，约公元100年

背景
克里特岛

主要人物

克洛诺斯 泰坦之王，盖亚和乌拉诺斯之子

瑞亚 克洛诺斯的妹妹和妻子

赫斯提亚 炉灶与家庭女神

德墨忒尔 丰收女神

赫拉 奥林匹斯众神的天后

哈迪斯 冥界之王

波塞冬 海神

宙斯 奥林匹斯众神之王，杀死了克洛诺斯

> 大地和天空都预言他将被自己的儿子废黜。
> ——《书库》

克洛诺斯是大地女神盖亚和天空之神乌拉诺斯之子，他从各方面证明了自己和父亲乌拉诺斯一样堪称众神之王，同时他有着极强的占有欲。仅仅一代神之后，神界就出现了不容乐观的情况。像乌拉诺斯完全主宰着盖亚那样，克洛诺斯也要求自己的妻子，也就是他的妹妹瑞亚单单满足他一个人的欲望。其他任何人，哪怕是他们的孩子，都不可以被她青睐。克洛诺斯废黜了自己的父亲，并取而代之成为泰坦之王，他深知一个在嫉妒与愤怒中成长的孩子有多么危险。

为了确保其他人不会对自己构成威胁，克洛诺斯会立刻杀死出生的孩子。瑞亚每生下一个孩子，克洛诺斯就会把孩子整个吞下去。赫斯提亚是瑞亚生下的第一个孩子，瑞亚还没来得及抱她一下，就被克洛诺斯一口吞了下去。不久，另一个女儿德墨忒尔出生了，但也被迅速地生吞了下去。第三个女儿赫拉也遭遇了同样的命运。克洛诺斯的儿子们也好不到哪儿去：第一个儿子哈迪斯还没有发出一声无助的啼哭声就被吞了下去，紧接

本图是弗朗西斯科·戈雅的《农神吞噬其子》（1821—1823），是该画家"黑色绘画"系列中的一幅，描绘的是被古罗马人称为"农神"的克洛诺斯。

着出生的波塞冬也没能逃过被吞掉的厄运。

绝望的瑞亚最终向她年迈的母亲盖亚求助。她们一起想了一个妙计以拯救瑞亚的下一个孩子。

| 克洛诺斯杀死了自己残忍的父亲乌拉诺斯。| → | 克洛诺斯变成了一个残忍的父亲。|

↓

| 因为瑞亚的计谋，克洛诺斯未能杀死宙斯，反而被宙斯消灭。| ← | 克洛诺斯吃掉自己的孩子，以免被自己的孩子杀死。|

古希腊　27

参见：宇宙起源 18~23页，众神与泰坦之战 32~33页，奥林匹斯山 34~35页，雅典的建立 56~57页，库迈的西比尔 110~111页。

石头换婴孩

瑞亚听从了盖亚的建议。她刚生下儿子宙斯，就趁克洛诺斯不注意，把宙斯藏了起来。然后，她包了一块石头，把裹着石头的襁褓当作婴儿递给了毫无戒心的克洛诺斯。

贪婪的克洛诺斯看都没看襁褓一眼，就把头向后一仰，张大嘴巴，将襁褓吞了下去。襁褓直接滚到他的胃里，与早就聚集在那里的其他孩子会合。然而，克洛诺斯不知道的是，这些孩子其实都在他肚子里的黑暗深处活了下来。他们渐渐长大，怨恨也与日俱增。

安全成长

与此同时，瑞亚在盖亚的建议下，偷偷带走了宙斯。他们越过大海，来到富饶的克里特岛。伊达山（如今被称为"波西罗里提斯"，是克里特岛的最高峰）林木繁茂的山坡上有一个隐蔽的洞穴，在那里，瑞亚把儿子交给一个叫"库瑞忒斯"的善战部落。他们把孩子交给仙女阿达曼忒亚（在一些资料中也被称为"阿玛耳忒亚"）秘密抚养。

据赫西俄德书中所言，阿达曼忒亚非常担心克洛诺斯发现他儿子的藏身之处，毕竟克洛诺斯掌管着大地、海洋和天空。为了防止克洛诺斯发现宙斯，阿达曼忒亚将宙斯拴在一根绳子上，悬挂在大地和天空之间，那里既不属于大地，也不属于天空。

阿达曼忒亚悉心照顾着宙斯，用附近的山羊奶喂养他。每当孩子发出咯咯的笑声、尖叫声或大哭声时，库瑞忒斯人就会跳舞以掩盖宙斯的声音。因此，克洛诺斯完全没有意识到自己的小儿子还活着。

宙斯寻父

没过多久，宙斯就长大成人了。他迫切地想要找残忍的父亲复仇。然而，一旦宙斯从藏身处露面，他们之间的战争就不可避免。克洛诺斯绝不会容忍一个潜在的篡权者存活于世。如果他知道了宙斯的存在，他也只会将自己的儿子看作对自己权力的威胁。

克洛诺斯对于篡权者的担心

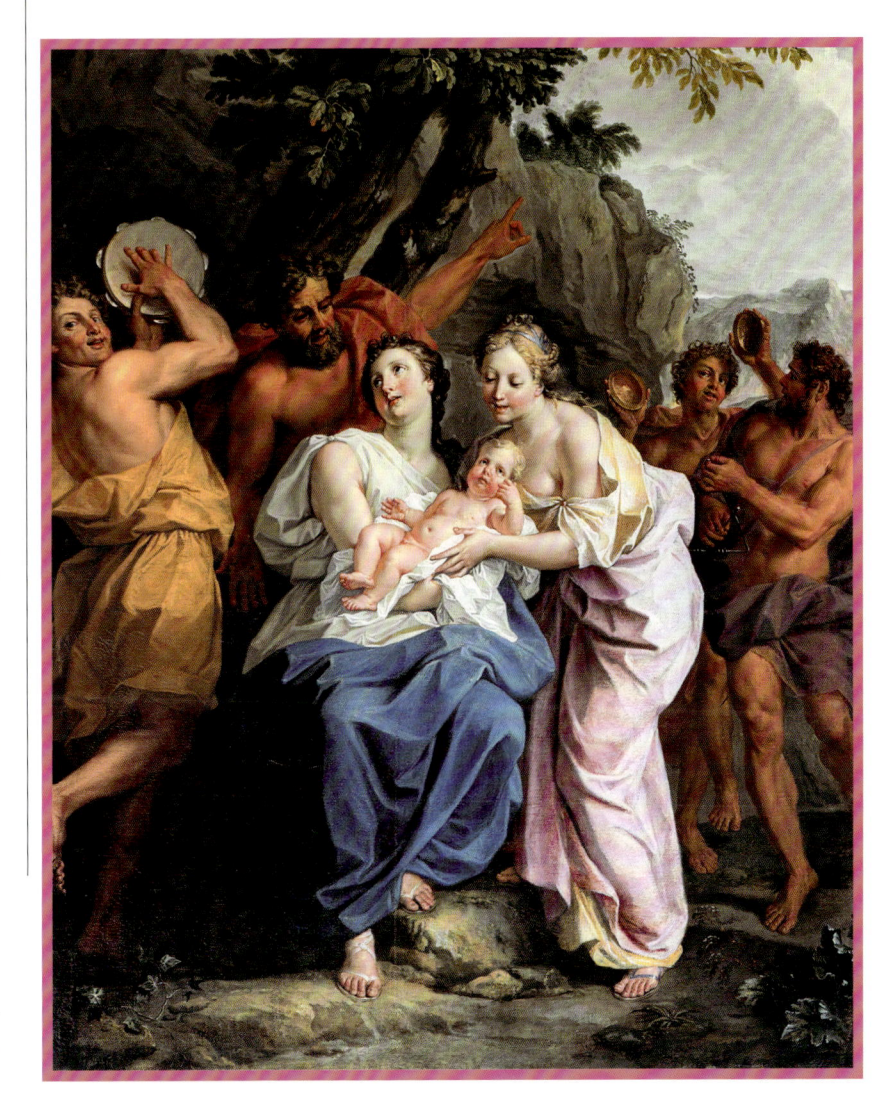

这是一幅17世纪的油画，刻画了保护宙斯的仙女和载歌载舞的库瑞忒斯人。

是正确的。当他最终见到他认为早已死去的儿子时，他被迫以最残忍的方式向宙斯屈服。有一天，宙斯在盖亚的帮助下突然出现，伏击了自己的父亲。然后，他狠狠地踹了克洛诺斯的肚子，迫使克洛诺斯把肚子里的东西吐出来。

先吐出来的是被克洛诺斯当成婴儿宙斯而吞下的石头。年轻的宙斯将这块石头立在地上，作为克洛诺斯血腥残忍的见证，也作为自己战胜邪恶之神的象征。

宙斯把石头放在古希腊人所认为的世界中心，即古希腊的中心德尔斐。在此之后的时代，这块石头被当成圣物，并因神谕而闻名。朝圣者会来此处寻求女祭司或女先知针对其个人困扰的指点，女祭司或女先知将告诉他们来自众神的智慧信息。

被吐出的众神

吐出石头后，克洛诺斯开始吐出自己的孩子。宙斯的哥哥姐姐们一个接一个地从克洛诺斯的嘴里

> 他先吐出最后吞下的石头，宙斯将之视作战胜邪恶的象征。对凡人而言，此乃奇迹。
>
> 《神谱》

出来。他们不再是婴儿，已经完全长大。重生以后，他们成为奥林匹斯众神，并因各自的权力而备受尊敬。

重生后不久，克洛诺斯的儿女们就为了争夺宇宙的统治权而与强大的泰坦众神交战。最终，他们大获全胜，在奥林匹斯山上设立王座，并抽签决定在统治宇宙中各自应该担当的职责。克洛诺斯的三个儿子分管宇宙，一个掌管天空，一个管理海洋，一个主持冥界。宙斯以雷电为武器，成为天界的统治者、奥林匹斯众神的领袖。

哈迪斯是克洛诺斯的第一个儿子，后来成为冥界之王，他的名字既代表着他的神位，也代表着他统治的领地，即人死后灵魂回归的地方。虽然哈迪斯因被分配到这个令人压抑的领域而很不高兴，但他无能为力。与此同时，波塞冬成为大地的撼动者，以令人敬畏的力量成为海神。

迥然不同的女神

克洛诺斯的三个女儿也分别担任了重要的职责。赫斯提亚是灶神，主司人们的家居生活。德墨忒尔作为丰收女神，决定了敬拜者每年的生机。然而，她是一个变化无常的守护神，不仅与手足争斗，而且拒绝帮助对她有任何一点不敬的人。

赫拉的职责要比其他姐妹的更为重要，她与弟弟宙斯缔结良缘后，成为最为重要的女神。然而，令赫拉大为不满的是，她从来没有

赫斯提亚

赫斯提亚是克洛诺斯和瑞亚的长女，被她的父亲第一个吞下，也是克洛诺斯最后吐出的孩子。因为她既是最早出生的，也是最后被吐出的，所以她常常被称为"赫斯提亚，第一个和最后一个"。与后来古罗马的保护神雅努斯一样，赫斯提亚也被视为生命中所有含混不清和矛盾心理的体现。和雅努斯一样，她被迅速与家庭联系起来，掌管着万民的家事和祝福。她的领地是灶台，是火，是为家人提供温暖之处和会客中心。灶台也是祭坛，人们在这里向神灵献祭。赫斯提亚也主持相关的仪式。

虽然赫斯提亚拒绝了所有追求者，发誓永不结婚，但人们仍然认为她是家庭的守护神。城邦这个大家庭也在她的管辖范围内，她执掌城里的公共祭台。

这个雕刻画出现在西西里岛塞利农特一座建于公元前5世纪的神庙中，刻画的是宙斯和赫拉成为夫妻的场景。

姻——则是一种相对现代的习俗。

奥林匹斯十二主神

阿佛洛狄忒是奥林匹斯第一代神祇里唯一不是克洛诺斯与瑞亚生下的孩子。某些记载说，她是宙斯的女儿，但在赫西俄德、帕萨尼亚斯和奥维德的描写中，她是克洛诺斯的妹妹，在乌拉诺斯被杀后，从海的泡沫里诞生。

虽然她与克洛诺斯和瑞亚同辈，但人们从未将她视为泰坦神，而是一直将她视为奥林匹斯众神之一，她最终成为奥林匹斯十二主神之一，也是古希腊万神殿所供奉的主神。

奥林匹斯十二主神包括奥林匹斯第一代神祇中的宙斯、德墨忒尔、赫拉、波塞冬、阿佛洛狄忒。灶神赫斯提亚未被列入其中，是因为后来她为了避免手足之争而选择了住在人间。哈迪斯也不在其列，因为他一直住在冥界。

在众神与泰坦神的战争结束之后，奥林匹斯众神统治了宇宙。第一代神祇继续生育了众多儿女。大部分神祇以及古希腊神话中的其他人物都是宙斯的孩子。

在第二代神祇中，有几位加入了奥林匹斯十二主神，他们都十分强大。阿波罗、阿瑞斯、赫斯提亚、赫菲斯托斯和赫尔墨斯都加入了宙斯及其在奥林匹斯山的手足的行列，女神阿尔忒弥斯和雅典娜也加入其中。

奥林匹斯十二主神召开议会，讨论统治宇宙的相关事务，酒神狄俄尼索斯直到赫斯提亚离开奥林匹斯去了人间，才在议会中有了一席之地。

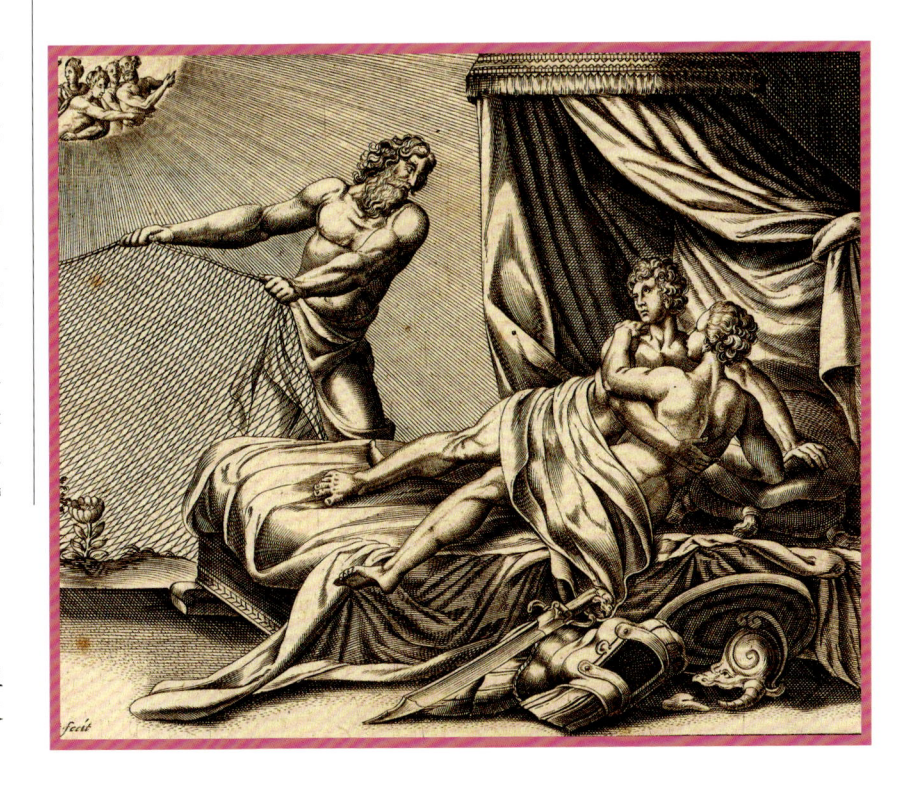

真正得到过自己作为天后应享有的那份认同和荣耀。赫拉本应是婚姻结合的典范，但她却因婚姻中风波不断而为人所知。

赫拉也不是激发男人激情的女神。赫拉被刻画成一个妻子的形象，而阿佛洛狄忒则是爱情、美丽和性欲女神。古希腊人用这两个不同的神代表两个独立的情感范畴：一个神代表着婚姻之爱，另一个代表着浪漫和性欲之乐。

现在的许多人对这一区分感到陌生，但在大多数文化中，在历史上的大多数时期，为了财产和土地的管理和转让，绝大多数婚姻是由家族包办的。伴侣式婚姻——以丈夫和妻子之间的爱作为动力的婚

阿佛洛狄忒与战神阿瑞斯有着不正当的关系，后被阿佛洛狄忒的丈夫、铁匠之神赫菲斯托斯发现。

雅典娜和她的叔叔波塞冬在雅典上空交战。在这场家族内部的争斗中，雅典娜女神赢了。詹巴蒂斯塔·门加尔迪1787年创作的这幅威尼斯壁画描述了这场战斗。

人的性格

奥林匹斯众神在性格上都过于接近凡人，缺少后来宗教中至高无上的神的崇高性。无论是激烈的竞争，还是小打小闹，影响他们行为的并不是为人类谋福祉这一理想，而是他们自私的欲望和一时的突发奇想。

古希腊人并非通过效法众神来崇拜他们，而是将众神视作大权在握的人类统治者，通过在固定的节日献祭和庆祝活动来表达对众神的崇拜。其核心在于这样一个交换系统：凡人向众神献祭，以期得到众神的赏赐。那些优待众神并且对众神表现出应有的护卫和尊重的凡人，会得到奖励。

宙斯和他的兄弟姐妹总是表现出毫无必要的残忍，常常产生嫉妒和摩擦。他的兄弟波塞冬和哈迪斯经常在争论中拿凡人做棋子，这往往源于他们不愿意接受"最高神灵的权威性不容置疑"这一观点。

更不愿意接受这一观念的是宙斯的姐姐德墨忒尔，她是一位意志坚强的女神。波塞冬追求并霸占了她，而哈迪斯则诱拐了她的女儿珀耳塞福涅。作为报复，她开始在全世界进行肆虐破坏。不忠也是所有古希腊神话的一个重要主题，不仅表现在宙斯做出的那些让善妒的赫拉怒不可遏的风流韵事上。

在神与人之间

除权力外，古希腊众神在许多方面似乎徘徊在精神和现实之间，处于中间地位。他们的特征反映出古希腊生活的诸多方面，众神在社会生活各个方面都发挥着重要作用。所有的神都在特定方面产生着影响。例如，宙斯和雅典娜是集

这组大理石雕塑来自雅典卫城的万神殿，描述了众神在雅典娜诞生时的反应。从左往右依次为狄俄尼索斯、德墨忒尔、珀耳塞福涅和阿尔忒弥斯。

古希腊

> 德墨忒尔与众神产生分歧，盛怒之下离开了天庭。
>
> 《书库》

会之神；女神赫斯提亚是家庭之神；赫斯提亚、狄俄尼索斯和阿佛洛狄忒是主司宴会的神。

众神也需要食物。根据古希腊传统，仙馔密酒是他们的日常饮食，由鸽子带到奥林匹斯山上。在之后的信仰体系中，神需要食物这一概念似乎与他们的神性相矛盾。然而，古希腊的权威人士一致认同，这些给养对于神掌控主权或维持生命来说至关重要。■

奥林匹斯十二主神	
描述	象征之物
阿佛洛狄忒，爱情和美丽女神，经常与权杖、桃金娘和鸽子一起出现。	权杖　桃金娘　鸽子
阿波罗，射手，擅长弹奏七弦琴。桂冠代表了他对达芙妮的爱。	弓箭　七弦琴　桂冠
阿瑞斯，嗜血战神，长矛代表了他对武器的钟爱。	长矛
阿尔忒弥斯，狩猎女神，与阿波罗是双胞胎，弓箭和圣鹿是她的代表。	弓箭　圣鹿
雅典娜，智慧女神，手持帝盾，她的圣鸟是猫头鹰，圣树是橄榄树。	帝盾　猫头鹰　橄榄树
德墨忒尔，手握权杖的丰收女神，拿着火炬是为了找寻她的女儿。	权杖　火炬　谷穗
狄俄尼索斯，酒神，他的王冠是常春藤，拿着象征快乐的酒神杖。	葡萄藤　常春藤　酒神杖
赫菲斯托斯，铁匠之神、工匠之神、火神。他的斧子从不离身。	斧子
赫拉，宙斯的王后，手持权杖，头戴王冠。她的圣鸟是孔雀。	权杖　王冠　孔雀
赫尔墨斯，众神的使者，有一双带翅膀的靴子，拿着有魔力的使者杖。	使者杖　带翅膀的靴子
波塞冬，海神，手持三叉戟，可以撼动大地。公牛和马是献给他的祭品。	三叉戟　公牛　马
宙斯，众神之王，用雷电攻击敌人。他的圣鸟是鹰，圣树是橡树。	雷电　鹰　橡树

年轻的宙斯打败了泰坦

众神与泰坦之战

简介

聚焦
奥林匹斯众神夺得统治权

来源
《伊利亚特》，荷马，公元前800年
《神谱》，赫西俄德，约公元前700年
《书库》，伪阿波罗多洛斯，约公元100年

背景
奥林匹斯山的山坡和古希腊北部的色萨利平原

主要人物
奥林匹斯众神 宙斯、波塞冬、哈迪斯、赫拉、德墨忒尔、赫斯提亚

泰坦神 欧申纳斯、许珀里翁、科俄斯、特提斯、菲碧、瑞亚、谟涅摩叙涅、忒弥斯、忒亚、克利俄斯、克洛诺斯、伊阿珀托斯

独眼巨人 布戎忒斯、斯忒洛珀斯、阿耳戈斯，均是乌拉诺斯之子

百臂巨人 布里阿柔斯、科托斯、古革斯，均是乌拉诺斯之子

宙斯轻而易举地获取了统领兄弟姐妹的权威，虽然他是最小的孩子，但他是在世界上生存最久的。在兄弟姐妹的支持下，他推翻了父亲的政权，开始统治宇宙，由此开启了众神与泰坦之战。

宙斯在兄弟姐妹的支持下，发动了对泰坦坚决而猛烈的进攻。一些被乌拉诺斯赶走的儿子也参与了进来，支持宙斯。宙斯将独眼巨人布戎忒斯、斯忒洛珀斯、阿耳戈斯从冥界释放出来，并让他们加入了战斗。他们是技艺超群的工匠，专为众神锻造武器。他们为宙斯带来了强大的雷电，给哈迪斯制作了隐形斗篷。百臂巨人布里阿柔斯、科托斯和古革斯也为奥林匹斯众神奋战。他们每人都有50个脑袋和100只手，在战场上咆哮着横冲直撞。

全面战争

战争发生在奥林匹斯山地势较低的地区和色萨利开阔的平原地带。但是，整个世界都被卷入其中，巨石漫天乱飞，整座山支离破碎，碎石像炮弹一样四处飞溅，闪电像标枪一样划过天空。燃烧的火焰直达天空最高处，行进的脚步声

在这座创作于公元4世纪的雕像中，众神的领袖宙斯身边站着一只鹰。这只鹰是宙斯的信使，从古罗马时代到纳粹德国，它一直是权力的象征。

古希腊 33

参见: 奥林匹斯众神 24~31页, 众神之战 140~141页, 一位复杂的神 164页, 赌骰 202~203页。

古希腊的战争

在雅典、斯巴达等城邦崛起后,战争成为古希腊人的一种生活方式。各城邦之间为了疆土、贸易和权力进行着高度仪式化的战争。在发动进攻前,交战双方会征求神谕,为众神唱赞美诗。学者使用"有限战争"这一术语来描述古希腊的战争模式:战争中城邦被毁,但是只要按照一定的行为规则作战,胜利者就是无上荣耀的。

有些城邦,如斯巴达,十分崇尚武力。这也许可以解释天庭战争何以反复发生。这些故事戏剧性地反映了古代社会神学和精神思想的现实转变。比如,众神与泰坦之战可以解释古希腊从以冥界神灵为中心的大地崇拜到以天空为基础的神学的转变。

传至冥界最偏远的地方,飞扬的尘土遮天蔽日,战斗的喧嚣声震耳欲聋。

据赫西俄德所言,激烈的战争甚至让灵魂感到痛苦。战争持续了整整10年。双方都不愿意让步,最后宙斯集结军队。他用仙馔密酒令百臂巨人重整旗鼓。仙馔密酒是专属于神的食物,能令凡人获得永生。它也许不能对百臂巨人产生这种影响,但据赫西俄德所叙,宙斯给予百臂巨人仙馔密酒后,百臂巨人的心中充满了英雄豪气。

最终的胜利

重整旗鼓后,百臂巨人成为夺取战争胜利的关键。在如此强大的同盟和武器的帮助下,众神至少可以打败泰坦。他们将泰坦驱逐到

朱利奥·罗马诺在意大利德泰宫巨人厅的墙壁和天花板上创作了壁画《巨人的陨落》(1532—1535),描绘了众神与泰坦之战。

地狱底层暗无天日的深渊,并将其囚禁在冥界的最深处,由百臂巨人看管。如今,宙斯和他的兄弟姐妹拥有了对宇宙的绝对控制权。他们将王座建立在奥林匹斯山的山顶,并在那里统治整个宇宙。■

> " 宙斯的弩箭从他那孔武有力的手中射出,箭又快又密,带着闪电、雷鸣和火焰。
>
> 《神谱》
"

无狂风肆虐，无雪雨侵扰

奥林匹斯山

简介

聚焦
众神之家

来源
《伊利亚特》和《奥德赛》，荷马，约公元前800年
《神谱》，赫西俄德，约公元前700年
《希腊志》，帕萨尼亚斯，约公元150年

背景
古希腊东北部的奥林匹斯山

主要人物
宙斯 众神之王

赫拉 宙斯的妻子和姐姐，众神之天后

赫菲斯托斯 火神和锻造之神，赫拉的儿子

缪斯 艺术女神，均为宙斯的女儿

荷赖 三姐妹，时序女神和季节女神

摩伊赖 三姐妹，命运女神

最初，古希腊众神住在地心而非天际。自从宙斯和兄弟姐妹战胜了泰坦，古希腊人便将目光投向天空，转而崇拜新一代众神。赫菲斯托斯是火神和锻造之神，他在奥林匹斯山隐蔽的峡谷中为众神建造了宫殿。赫西俄德用"层峦叠嶂"一词来描写奥林匹斯山，这个词意味着这座山高耸入云，非常神秘。

众神的宫殿以青铜为基，以石修葺，宫殿宏伟奢华，地板上嵌着金子和宝石。宙斯的御座设于斯特凡尼山的山巅，在那里，他用雷电惩戒那些令其不快的凡人。

奥林匹斯山上的生活

一般情况下，众神在宙斯的金殿召开议会，讨论并制定宇宙规则。夜间，众神云集于宙斯的大厅，享受盛宴，消磨时光。阿波罗一边弹奏七弦琴一边歌唱。有时众位缪斯从位于山脚的家中赶来高歌数曲，翩翩起舞，分享故事。

不同的神有其专有的战车，其中最著名的是太阳神阿波罗的金色太阳战车，它由神马拉动。宙斯的战车由四位风神拉动，分别是北

位于色萨利平原的奥林匹斯山是古希腊众神的家园。色萨利是泰坦与古希腊众神发生十年战争的地点。

参见: 奥林匹斯众神 24~31页, 众神与泰坦之战 32~33页, 丘比特和普赛克 112~113页, 盘古开天地 214~215页, 朝鲜的建立神话 228~229页。

> 众神竭力推崇具有远见卓识的宙斯统治他们。
>
> 《神谱》

在意大利文艺复兴时期的大师拉斐尔创作的这幅壁画（1518）中，众神在奥林匹斯山上的云层中举行议会，壁画表现了宙斯赋予普赛克永生的权力。

风之神玻瑞阿斯、东风之神欧洛斯、西风之神费洛斯与南风之神诺托斯。波塞冬的战车由海里的鱼尾马拉动，阿佛洛狄忒的战车由一队神鸽拉动。

荷赖三姐妹厄瑞涅、欧诺弥亚和狄刻守卫着通往奥林匹斯山的大门，负责时间和季节的有序变迁。另外三位命运女神摩伊赖坐在宙斯宝座的脚下，守护着凡人的生命。

实体与符号

我们今天所说的"奥林匹斯山"，实际上是由50多个不同山峰组成、海拔近3000米的群山。很多时候，它的山顶被雪或厚厚的云层所覆盖，阻隔了人们从山底向上看的视线，古希腊人将其视为众神王座的所在之处也就不足为奇了。

"圣山"的概念早在古希腊人开始崇拜奥林匹斯众神之前就存在了，在许多其他文化中也有这一概念。例如，梅鲁峰是印度宗教的宇宙中心，富士山主导了日本的宗教体系，安第斯山顶是秘鲁印加祭司的献祭地点。

在神话中，山峰似乎常常被视为与地球分离的实体空间。荷马通过从不同角度展示奥林匹斯山来强调这一点。从地球上看，它被描述为"雪峰"或是"云雾缭绕"的样子。然而，对众神来说，他们的家是一个永远充满阳光、拥有湛蓝天空的地方。■

改变众神

人类学家使用"类并"（syncretism）这一术语来描述不同宗教体系的不同分支的融合。古希腊有很多这样的例子。古希腊西北部的多多纳圣所坐落在由一片橡树林环绕的山谷里。至少在公元前2000年，在人们对宙斯的认知根深蒂固之前，这里就是大地女神的圣地。在奥林匹斯众神占据统治地位之后，大地女神被取代，宙斯众多妻子之一的狄俄涅在多多纳受到人们的崇拜。

伊斯米亚位于连接伯罗奔尼撒半岛和古希腊其他地区的狭长土地上，这里显然是海神波塞冬的圣地，狭长土地的两边波涛汹涌。然而，考古学家在伊斯米亚发现的遗迹可以追溯到奥林匹斯时代之前更久远的年代，当时那里供奉的是一位或多位不知名的神灵。

他给狡猾的普罗米修斯戴上了无法逃脱的枷锁

普罗米修斯帮助人类

简介

聚焦
人类之初

来源
《神谱》《工作与时日》，赫西俄德，约公元前700年
《书库》，伪阿波罗多洛斯，约公元100年

背景
古希腊、爱琴海、西亚高加索山脉

主要人物

宙斯　众神之王

伊阿珀托斯　最小的泰坦神，乌拉诺斯与盖亚之子

克吕墨涅　海洋女神，泰坦神欧申纳斯之女

普罗米修斯　伊阿珀托斯和克吕墨涅之子

丢卡利翁　普罗米修斯的凡人儿子

皮拉　丢卡利翁的妻子

赫菲斯托斯　火神和锻造之神

宙斯在众神与泰坦之战中取得了决定性的胜利。他和众兄弟姐妹在天庭、大地和海洋中占据的地位无人能撼动。作为篡夺者的篡夺者，宙斯废黜了通过推翻独裁者乌拉诺斯夺得王位的克洛诺斯，由此掌握了最高权力。任何统治者都不能骄傲自满，无论他们的统治地位看起来多么坚不可摧——对宙斯权威的挑战很快就来临了。

古希腊 37

参见： 宇宙起源 18~23页，众神与泰坦之战 32~33页，潘多拉魔盒 40~41页，风流的宙斯 42~47页。

《盗火的普罗米修斯》是佛兰德画家扬·科塞尔1671年的作品，该作品描绘了年轻的泰坦神普罗米修斯为人类偷来珍贵的火种的场景。

> ❝ 普罗米修斯用水和泥土塑造了男人。❞
>
> 《书库》

反抗精神

普罗米修斯是一位年轻的泰坦神，也是旧政权的幸存者。他是伊阿珀托斯和克吕墨涅的儿子，以机智、灵巧和技能出众著称。"普罗米修斯"这个名字意味着"超前思维"，他是一位发明家和战略家。关于普罗米修斯在宙斯与其臣民之间的持续斗争中所扮演的准确角色，众说纷纭。尽管如此，所有的资料来源一致认为他是矛盾的中心。

普罗米修斯智慧超群，自信非凡，具有独立思想。他对宙斯权威的藐视显而易见。更糟的是，他似乎把这种反抗精神传递给了宙斯的臣民。

从泥土到石头

据伪阿波罗多洛斯的《书库》记载，普罗米修斯是人类的创造者，他用潮湿的泥土创造了第一个人。人类的第一个种族仅在地球上存活了一代，就被愤怒的宙斯发起的席卷全世界的洪水淹没了。普罗米修斯的凡人儿子丢卡利翁及妻子皮拉是仅有的幸存者。普罗米修斯的谋略远在宙斯之上，他敦促儿子和儿媳建造一个能漂浮的木舟，从而在滔天洪水中得以逃生。

丢卡利翁从洪水中幸存下来，后来也没有遭受更多的灾难。丢卡利翁比他的父亲更加睿智，他感谢宙斯让自己和皮拉得以幸存，并建造了一个祭坛，向宙斯献祭。宙斯对他的服从十分满意，不仅允许丢卡利翁和皮拉继续生活下去，而且

克吕墨涅的孩子

赫西俄德在《神谱》中写道："伊阿珀托斯将欧申纳斯美丽的女儿克吕墨涅带到自己的床上。"不过，也有些古代作家将她称为"埃萨"。伊阿珀托斯和克吕墨涅生了四个儿子，但这四个儿子的命运都很凄惨。

在众神与泰坦之战中，宙斯杀死了克吕墨涅引以为傲的儿子墨诺提俄斯，并用闪电将他打入冥界。在奥林匹斯众神获胜之后，克吕墨涅的另一个儿子阿特拉斯因为引领泰坦的队伍而受到处罚。宙斯命令他将整个天空扛在肩上，以作为他反抗奥林匹斯统治的惩罚。

厄庇墨透斯是克吕墨涅的第三个儿子，他愚蠢不堪，没有听从哥哥的建议，最终上当受骗，接受了潘多拉这份礼物并娶她为妻。他根本不知道，潘多拉虽然美丽无比，却诡计多端，是宙斯专门派来将悲伤带到人类世界的。

阿特拉斯将天空扛在自己的背上。虽然阿特拉斯身上的圆形结构常被误认为是地球，但它实际上代表的是天球。

正如彼得·保罗·鲁本斯1636年的画作所示，丢卡利翁和皮拉扔出的石头立刻变成凡间的人，重新在大地上繁衍生息。

告诉丢卡利翁如何再次创造人类：捡起石头，把它们从头顶扔向后方。他们照做了，只要他们的石头落地，就立刻有人类出现。

适得其反的诡计

与伪阿波罗多洛斯不同，赫西俄德的《神谱》几乎从一开始就提到了人类，不过，他并没有提到人类的起源。他只是提到，人类在克洛诺斯统治时期就已出现，但只是偶然的存在，在奥林匹斯众神统治的时代才成为较为显著的存在。

当宙斯召集人类开会，讨论人类应该向他献上什么样的祭品时，普罗米修斯出面干预。他把一些上好的牛肉包在一张丑陋的牛皮里，又在最美味的肉里包了一捆骨头，让宙斯选择以后应该向他献祭的祭品。宙斯似乎落入了陷阱，他要了那捆外表诱人的骨头。不过，赫西俄德暗示，众神之王可能是故意做出这个选择的，以便为自己憎恨人类寻找借口。

无论怎么选，宙斯都盛怒不已。狡猾的普罗米修斯并没有如愿让人类的困境有所缓解。相反，他的狡猾让人类成为宙斯愤怒的牺牲品。愤怒的宙斯向他的人类臣民隐藏了火的秘密。这不仅剥夺了他们的温暖和舒适，还阻碍了人类的进步。

身处寒冷

没有火，也没有火带来的技术，人类的生活一片凄惨。他们在黑暗、潮湿和寒冷中找寻食物，只能以兽皮为衣，以植物根茎、浆果和水果为食（这些也只在当季才有），吃着没有煮过的腐肉。他们

> "丢卡利翁和皮拉扔出的石头变成了人。"
> 《书库》

五个时代

克洛诺斯的统治对泰坦神的后代来说可能并不愉快，但赫西俄德说，这是人类的"黄金时代"。在这个时代，疾病、战争和纠纷都是未知的，人类可以活上几百年，树木和田野在无尽的春天里自由地开花结果。宙斯出现后，人类的福祉立即减少了。在这个"白银时代"，人类只能活一百岁，且大部分时间是在漫长的童年时期度过的。当终于长大成人后，他们却变得愚蠢且爱争吵。紧接着是"青铜时代"，这个时代的男人都是战士，他们短暂的一生都在争吵和战斗中度过。随后的"英雄时代"是对"青铜时代"的一种改进，在某种意义上，它常年的战争呈现出一种史诗般的高贵特征。荷马描述的特洛伊战争就发生在这个时代，与赫西俄德生活的"铁器时代"大不相同。我们现在生活在"铁器时代"，其中充斥着恐惧、匮乏、痛苦和辛劳。

使用柔嫩的树枝作为简陋工具，用陈旧的骨头作为武器，过着可怕的原始生活。他们每天与饥饿斗争，根本无暇思考怎样让自己的命运有所改变。

盗取火种

普罗米修斯拯救了人类。他从奥林匹斯山上众神所造的一堆火上取下了一些炽热的余烬，并把火种悄悄藏在一根空心的叶柄里，然后带到下面的小营地，那里的人们在平原上瑟瑟发抖。不久，"从远处就能看到"，火光闪耀着，照亮了整个人类世界。从那一刻起，人类的生活被永久地改变了。

热量、温暖、光明、远离野兽的伤害，这一切只是改变的开始。不久，人类开始兴盛，他们冶炼金属，制造精美的珠宝和最强大的工具，锻造各类武器，从锄头和锤子到矛和剑。每一项新发明都为其他进步开辟了道路，人类正以惊人的速度向前发展。

严苛的惩罚

宙斯因为普罗米修斯的盗火行为而大发雷霆，因为这不仅使他受到了最公开的蔑视，而且大大削弱了他对人类的权力。宙斯决定让普罗米修斯受到永久的痛苦惩罚。宙斯下令让他的忠实追随者比亚（"狂暴"）和奎托斯（"力量"）把普罗米修斯抓起来，带到高山之巅。在铁匠之神赫菲斯托斯的帮助下，他们用链条把普罗米修斯拴在一块岩石上。一只老鹰飞下来，撕扯普罗米修斯的腹部，然后把他的内脏叼出来，狼吞虎咽地吃下去。尽管这已经令普罗米修斯痛苦不已了，但也只是宙斯对这位反叛者惩罚的开始。每天晚上，普罗米修斯的内脏和皮肤会复原，第二天再次被老鹰啄食。

几百年来，普罗米修斯一直被拴在岩石上。最终，赫拉克勒斯将他从痛苦中解救出来。赫拉克勒斯在寻找赫斯帕里得斯看守的苹果时发现了普罗米修斯。普罗米修斯说，只有赫拉克勒斯杀死老鹰并放了自己，自己才会把苹果的位置告诉他。因为盗火受到惩罚的并非只有普罗米修斯，宙斯还迁怒于人类，命令赫菲斯托斯创造了潘多拉，以惩罚人类，为人类带去艰辛、战争和死亡。■

雅各布·乔登斯1640年的画作刻画了普罗米修斯因为盗取火种而受到惩罚的场景。他被链条锁在高加索山上，忍受着无休止的巨大痛苦与折磨。

```
普罗米修斯用泥土和水创造了第一个人……
          ↓
……把儿子从宙斯的洪水中拯救出来……
          ↓
……用假祭品欺骗宙斯……
          ↓
……从众神那里盗取火种……
          ↓
普罗米修斯因为反叛而受到惩罚。
```

> 当宙斯看到遥远的人群中的火光时，他又一次感到了刺痛。他的心中燃烧着熊熊怒火。
>
> 《神谱》

她的冲动给人类的生活带来了悲伤和灾难

潘多拉魔盒

简介

聚焦
邪恶之始

来源
《工作与时日》，赫西俄德，约公元前700年

背景
古希腊奥林匹斯山脚下

主要人物
普罗米修斯 厄庇墨透斯的泰坦兄弟，人类的创造者，人类最伟大的恩人

宙斯 众神之王

赫菲斯托斯 火神与锻造之神

潘多拉 根据宙斯的指示所创造的女人

厄庇墨透斯 普罗米修斯的泰坦兄弟

赫西俄德在《工作与时日》中记录了人类的起源。根据书里的神话，神先单独创造出了男人，没有女人陪伴其经历人生。女人并不是作为男人的助手和伴侣出现的，而是作为对男人的惩罚出现的。

嫉妒的神

当普罗米修斯将火种从神界盗出时，他不惜付出高昂的代价给人类带来力量。普罗米修斯把火带给人类，让人类在很大程度上可以无忧无虑地生活，也得到了持续的兴盛与繁荣。然而，普罗米修斯却被善妒而吝啬的宙斯惩罚，忍受无穷无尽的囚禁与折磨。宙斯非但没有为人类财富的增加而欢欣鼓舞，反而因为人类信心的增长而感到了威胁。

宙斯认为，为了纠正神与人之间力量的平衡，世间需要某种巨大的灾难。这个灾难就是女人。在宙斯的命令下，锻造之神和火神赫菲斯托斯开始工作，用泥土塑造了女人。

> "瘸腿的赫菲斯托斯将泥土塑造成一个端庄的少女。"
>
> 《工作与时日》

添砖加瓦

其他奥林匹斯神也为创造女人做出了自己的贡献：阿佛洛狄忒给予她美貌和魅力，雅典娜给予她缝纫技能，赫拉赐予她好奇心……其他女神也参与其中。众神的信使赫尔墨斯赋予女人说话的能力以帮助女人与他人交往，但是，他也给了女人危险的礼物，那就是狡诈。这个刚被创造出来的女人美丽温婉、性感妩媚，她的微笑能令人振奋，她的温柔能抚慰心灵。根据

古希腊 **41**

参见：奥林匹斯众神 24~31页，普罗米修斯帮助人类 36~39页，诗之蜜酒 142~143页，拜加部落的起源 212~213页。

> 66
> 普罗米修斯警告他不要接受宙斯赐予的礼物。
> 《工作与时日》
> 99

英国拉斐尔前派艺术家但丁·加布里埃尔·罗塞蒂（1828—1882）创作了一幅潘多拉的画像。在这幅画中，潘多拉捧着那个广为人知的盒子，世界上所有的麻烦都是从这个盒子里倾泻出来的。

上当，当宙斯的信使赫尔墨斯将潘多拉作为宙斯送给人类的礼物送给他时，他想都没想就收下了。他也没有注意到潘多拉还拿着一个陶瓷罐子（在现代故事中往往被想象为装饰精美的匣子）。这个集各种天赋于一身的女子既是礼物，又是馈赠者。

这些特点，她被命名为"潘多拉"（意为"所有的礼物"）。单单这个名字就引起了普罗米修斯的注意。他曾警告他的兄弟厄庇墨透斯不要接受宙斯的任何礼物，以免给人类带来灾难。然而，由于普罗米修斯受到惩罚，厄庇墨透斯被留下掌管人类世界。普罗米修斯的名字意味着"超前思维"或者"远见"，而厄庇墨透斯的名字意味着"悟后思维"。厄庇墨透斯很容易

致命的好奇心

潘多拉天性并不邪恶。虽然有人警告过她千万不要打开陶瓷罐子，但正是赫拉赐予她的好奇心导致了她的堕落。当她忍不住往罐子里偷看并打开盖子时，所有的不幸都飞了出来：饥饿、疾病、失败、孤独和死亡。潘多拉吓坏了，急忙把盖子盖上，却刚好把希望关在了里面。尽管嫉妒的宙斯给人类带来了灾难，但如果有了希望，世界仍能坚持下去。∎

赫菲斯托斯

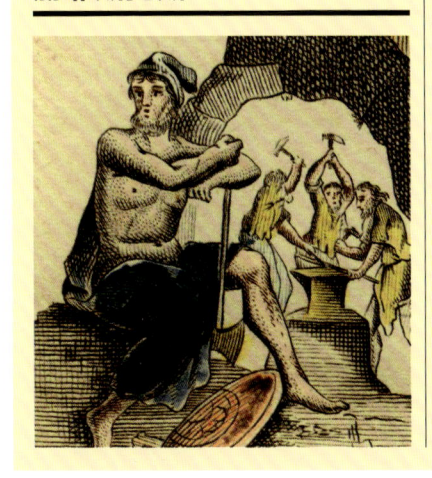

至少有一个资料来源提及赫菲斯托斯，他一生下来就长得又矮又丑，这就解释了为什么他的母亲赫拉看见他会感到恶心，并把他从奥林匹斯山顶扔了下去。他落到山下，摔断了腿。

赫菲斯托斯是众神中的第一位锻造之神，他那不讨人喜欢的外表与他所造之物的美形成了鲜明而极具象征意义的对比。他的仆人经常帮助他，比如，科达利翁会在他干活的时候打下手。赫菲斯托斯作为古希腊的锻造之神声名远扬，他掌管着最广义的制造业，从金属制品到武器，再到精美的珠宝和复杂的服装，他的工艺几近完美。

在其所有的创作中，潘多拉毫无疑问是最为绝妙的，也是瑕疵最多的。据赫西俄德书中所述，正是赫菲斯托斯创造了第一个女人，使得第一代人可以繁衍子嗣。从这个意义上讲，赫菲斯托斯的技能孕育了人类的未来。

宙斯拥有众多女神和凡间女子

风流的宙斯

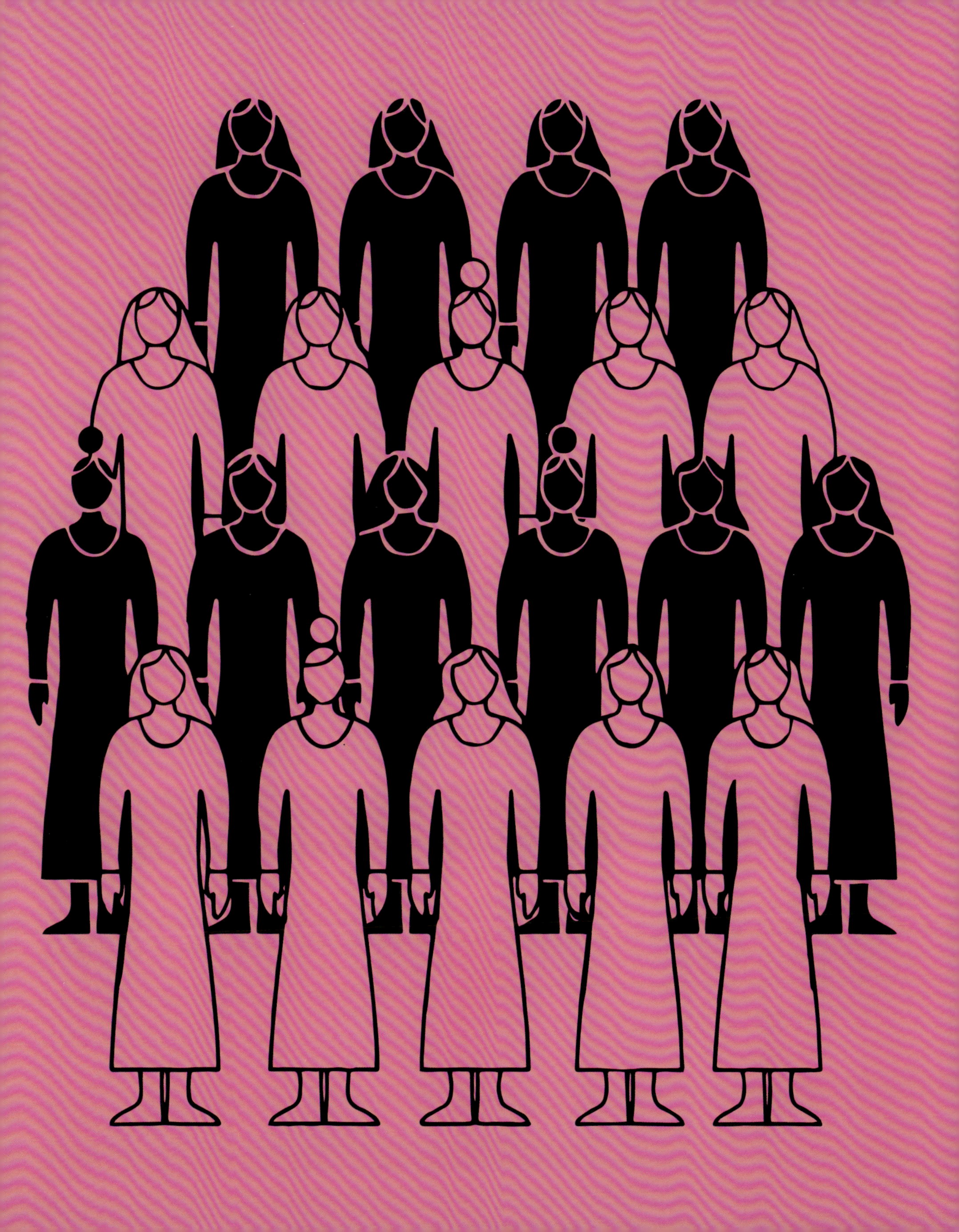

简介

聚焦
众神的恋人

来源
《伊利亚特》，荷马，公元前800年
《神谱》《工作与时日》，赫西俄德，约公元前700年
《书库》，伪阿波罗多洛斯，约公元100年

背景
古希腊和爱琴海

主要人物
宙斯　众神之王
赫拉　宙斯的妻子，众神之天后
谟涅摩叙涅　记忆女神
欧罗巴　腓尼基公主
安提奥普　河神阿索波斯的女儿
勒达　斯巴达公主
墨提斯　海洋之神，欧申纳斯的女儿
雅典娜　墨提斯的女儿

> 缪斯女神在奥林匹斯山上用她们的歌声来歌颂父亲宙斯的伟大精神，讲述着将要发生的事情。
> 《神谱》

众神之王、风流的宙斯是古希腊神话的重要组成部分。如果没有宙斯诸多的不忠作为，神话所暗示的任何形式的知识和艺术表达，包括诗歌、音乐、戏剧或艺术品，都将不复存在。

宙斯的第一个外遇对象是泰坦记忆女神谟涅摩叙涅。他和她在一起待了九个夜晚，生下了九个女儿。这九个女儿被统称为"缪斯"，每位缪斯都在特定的艺术领域给予人类灵感——卡拉培主司叙事诗，克利欧主司历史，优忒毗主司抒情诗与音乐，依蕾托主司爱情诗，波利海妮娅主司颂歌，梅耳珀弥妮主司悲剧与哀歌，塔利亚主司喜剧和牧歌，特普斯歌利主司舞蹈，乌拉妮娅主司天文学。

在整个古典时期，音乐家和诗人在创作时都会寻求缪斯的帮助。古希腊诗人赫西俄德在撰写《神谱》时曾祈求缪斯的帮助，他写道："缪斯所爱的人有福了。"据赫西俄德所言，在缪斯的启发下，音乐家和诗人可以缓解心灵的忧虑。

赫拉和布谷鸟

宙斯欺骗的本能是其性格中不可分割的一部分，这在他的风流韵事上展露无遗。他假扮成凡人——一位英俊的牧羊人——去勾引谟涅摩叙涅。他的许多其他风流韵事也涉及类似的变身。

宙斯的妻子赫拉，也是这样被宙斯俘获芳心的。当宙斯第一次接近她时，这位令人敬畏的女神轻蔑地打发了他，宙斯不得不采用欺骗的手段获得她的青睐。宙斯先召唤了一场雷雨，接着变成一只羽毛初长的布谷鸟站在赫拉的窗外。宙斯假扮的布谷鸟流露出无助的表情，羽毛乱糟糟的，整个身子仿佛

九位缪斯住在古希腊中部的赫利孔山上。在这幅由雅克·斯特拉于约1640年创作的画中，智慧女神和艺术守护神雅典娜正在拜访她们。

参见：宇宙起源 18~23页，奥林匹斯众神 24~31页，众神与泰坦之战 32~33页。

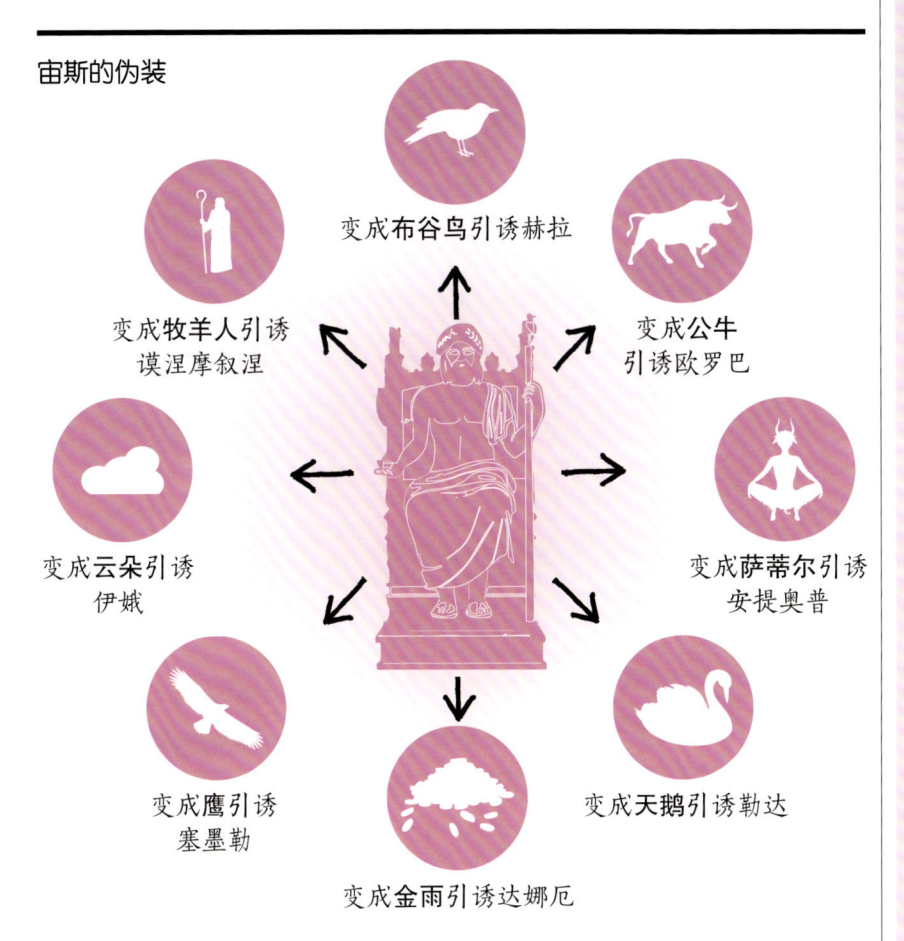

古希腊

宙斯的伪装

- 变成布谷鸟引诱赫拉
- 变成公牛引诱欧罗巴
- 变成萨蒂尔引诱安提奥普
- 变成天鹅引诱勒达
- 变成金雨引诱达娜厄
- 变成鹰引诱塞墨勒
- 变成云朵引诱伊娥
- 变成牧羊人引诱谟涅摩叙涅

赫拉

赫拉是泰坦神克洛诺斯和瑞亚的女儿，也是强大无比的宙斯的妻子和姐姐。奇怪的是，赫拉常常与牛联系在一起。她经常被描绘成一头神圣的母牛。在《伊利亚特》中，她长着"牛面"或"牛目"。这种形象可能比听起来更像褒奖。对古希腊人来说，母牛是母性和繁荣的象征，人们通常以拥有的牲畜数量来衡量财富。

虽然赫拉显然不是性感的象征——这通常与美丽女神阿佛洛狄忒相联系，但赫拉确实证明了女性在古希腊生活中的重要性。人们奉她为婚姻和贞操女神。在伯罗奔尼撒的卡纳索斯，人们将赫拉尊为帕特农女神。据说，她每年春天都会在此处的圣泉中沐浴以恢复贞操。阿尔戈斯赫拉神庙可能是供奉赫拉的第一座庙宇，她被奉为宙斯的配偶及王后。据荷马所言，阿尔戈斯、斯巴达和迈锡尼都是赫拉最钟爱的城邦。

因为狂风和冰雹而瑟瑟发抖。赫拉把布谷鸟捧在手心，给布谷鸟温暖。就在这时，宙斯变回人形，引诱了赫拉。

征服赫拉并不是宙斯唯一一次通过变为小鸟得逞的事。宙斯变成天鹅诱惑了斯巴达公主勒达。他使用的招数与引诱赫拉时用的如出一辙。当时，他为了躲避老鹰的袭击落入了勒达的怀里，但是当勒达为了保护他而抱住他时，宙斯却占有了勒达。在引诱底比斯公主塞墨勒时，他变成猛禽，清楚地表明了掠夺意图。他以他的圣鸟——鹰的形式拜访了塞墨勒，并使她怀了孕，酒神和节日之神狄俄尼索斯就是他们结合的"产物"。

毁人清白

宙斯以更加阴险的方式征服了凡人公主阿尔克墨涅，并与她生下了赫拉克勒斯。阿尔克墨涅是美丽、魅力和智慧的完美典范。她与底比斯将军之子安菲特律翁已有婚约。宙斯假扮成安菲特律翁接近阿尔克墨涅，而此时安菲特律翁正在远方为阿尔克墨涅的兄弟复仇。

阿尔戈斯的国王阿克瑞斯急

切地想让自己唯一的女儿达娜厄保持贞洁。一则神谕曾警告他，达娜厄命中注定要生一个儿子，而这个儿子有一天会杀死他。为了避免这一厄运，他把女儿关在一个牢房里，这样就没人能接近她了。然而，宙斯以金雨的形式通过天窗渗入牢房里。这次相逢后，他们有了一个儿子珀尔修斯，后来珀尔修斯无意中导致了达娜厄父亲的死亡。

宙斯变成野兽

腓尼基涵盖以色列部分地区、叙利亚和黎巴嫩。欧罗巴是该地的一位公主。宙斯被欧罗巴的美貌深深吸引，于是变成一头漂亮的白色公牛，混进她父亲的牛群里。欧罗巴在采摘鲜花的时候注意到了这头未曾见过的公牛，立即被这头公牛美丽温柔的外表吸引了。当她走近去抚摸它时，公牛躺了下来，她爬到了牛背上。突然，公牛跳了起来，飞快地穿过田野和大海，惊恐万状的公主为了保命紧紧抓住公牛。到达克里特岛时，公牛突然停了下来，宙斯变回原形，和这位年轻的受害者发生了关系。为了奖励欧罗巴，宙斯封她为克里特岛的第一位王后。后来，她生下了迈诺斯——克里特岛的第一位国王。学者认为，欧罗巴的故事有可能起源于克里特岛，这里对公牛的崇拜也孕育了忒修斯和弥诺陶洛斯的故事。

为了侵占古希腊中部阿提卡河神阿索波斯的女儿安提奥普，宙斯变成萨蒂尔——半人半羊的森林之神，以好色著称。宙斯隐藏了他的身份，但没有隐瞒他的欲望。

> 突然，这头公牛受欲望的支配，一跃而起，朝大海奔去。
>
> 《欧罗巴》

躲避赫拉

在一些故事里，宙斯的"猎物"也必须变成其他样子。伊娥是阿尔戈斯国王的女儿，也是宙斯妻子赫拉神庙的女祭司。在伊娥的故事里，宙斯化身成一朵云，接近伊娥的同时正好可以躲开赫拉的监视。宙斯霸占伊娥之后，把她变成一头美丽的白色小母牛，以避开赫拉的视线。赫拉看穿了宙斯的把戏，问宙斯能否把那头小母牛作为礼物送给她。宙斯别无选择，只好同意。赫拉吩咐百眼巨人阿格斯看管伊娥。

宙斯十分沮丧，也十分生气，便派他的儿子赫尔墨斯去杀死这位能看见一切的牧人。这位神的使者用他的手杖弄瞎了阿格斯。阿格斯倒下死了，而赫尔墨斯将他的一百只眼睛装饰在了孔雀的尾巴上。从那时起，这只鸟就成了赫拉的圣物。

惊恐万状的欧罗巴在惊涛骇浪中紧紧抓着化身为公牛的宙斯。这是俄罗斯画家瓦伦丁·谢洛夫1910年所创作的画作。

古希腊阿提卡的一个双耳细颈瓶（约公元前500）上画着这样一个场景：雅典娜从宙斯脑袋的一道裂缝中跳了出来，而普罗米修斯站在宙斯身后，手里握着那把劈开宙斯头颅的斧头。

如果宙斯认为现在自己可以追求伊娥了，那他就大错特错了。赫拉派了一只苍蝇去袭击伊娥。苍蝇在伊娥面前嗡嗡作响，一遍一遍地叮咬她，并追着她跑遍大地，让伊娥片刻不得安宁。

雅典娜的诞生

墨提斯是宙斯的表姐，在某些记载中，她是宙斯的第一位妻子。墨提斯变成众多不同的形象以躲避宙斯，但是宙斯最终还是成功地抓住了她并让她怀了孕。不过，宙斯忧心忡忡，因为墨提斯才思敏锐、诡计多端。一则神谕告诉宙斯，墨提斯命中注定要生下一个力量和谋略与她旗鼓相当的孩子。宙斯本身就是一个推翻了自己父亲的篡权者，所以他对这个孩子十分警惕。就在墨提斯临产时，宙斯向她提出挑战，要与她进行一场变形比赛。墨提斯十分自负，接受了挑战。当宙斯告诉她，他不相信她能把自己变成一只小苍蝇时，她立刻就做到了，结果她被宙斯一口吞了下去。

这个计谋虽然非常聪明，但并没有成功。当宙斯头疼难忍时，泰坦神普罗米修斯用斧头把他的头劈成了两半。全副武装的战争与智慧女神雅典娜从中跳了出来。她成为奥林匹斯山最重要的神祇之一，也成为强大城邦雅典的守护神。

双方变身

在一些故事中，"掠夺者"和"猎物"都经历了变身。宙斯再次乔装成一只老鹰去追赶泰坦流星女神阿斯忒瑞亚。她也把自己变成了一只胆小的鹌鹑。她拼命地想要逃跑，最后跳进了海里。在海里，她再次变形，并永远成为一座岛屿，后来被称为"得洛斯岛"或者"西西里岛"。几年后，这座岛成为阿斯忒瑞亚的妹妹勒托的避难所，因为她也被宙斯的好色之眼看中了。她在这座岛上生下了一对双胞胎：太阳神，也是诗歌、预言和治疗之神阿波罗，以及月亮女神阿尔忒弥斯。

神话中讲述了宙斯的许多风流韵事，突出了古希腊人对性的渴望，而这种欲望显然没有受到多少指责。尽管众神之王做出了无数的强暴、欺骗和不忠行为，但他并没有被视为恶棍。古希腊哲学家柏拉图在《欧蒂弗罗篇》中说："难道人类不认为宙斯是众神中最优秀、最正义的神吗？" ■

> " 阿斯忒瑞亚变成鹌鹑飞过大海，宙斯在后面紧追不舍。
>
> 《书库》

强大的冥王哈迪斯

哈迪斯与冥界

简介

聚焦
冥界

来源
《伊利亚特》和《奥德赛》，荷马，公元前800年
《神谱》，赫西俄德，约公元前700年

背景
冥界

主要人物

哈迪斯 宙斯的哥哥、冥王

卡戎 冥河的摆渡者

刻耳柏洛斯 冥府卫士，长着三个头，为巨型蛇人堤丰和蛇女厄喀德那所生

塔纳托斯 被哈迪斯囚禁的弗里吉亚国王

西西弗斯 科林斯国王，他用计谋使得哈迪斯释放了他

宙斯统治着天空，波塞冬统治着海洋，他们的哥哥哈迪斯则掌管着冥界。冥界是以哈迪斯的名字命名的，凡人死后会去往那里。

冥界的边界是五条黑暗的河流。其中，痛苦之河是"阿刻戎河"，叹息之河是"科库托斯河"，遗忘之河是"勒忒河"，烈焰之河是"皮里佛勒戈同河"；冥河是大地与冥界之间的主要分界线。死去的人在冥河的一边排队，给摆渡者卡戎一枚银币，卡戎便会把他们送到冥界。因为这个信仰，古希腊人在被埋葬时有时嘴里会含有一枚银币，这枚银币被称作"给卡戎的银币"。

冥河的另一边是黑暗阴沉的冥界。在那里，新来者得经过一扇巨大的门，而这扇门由长着三个头和蛇尾的怪物刻耳柏洛斯守卫着。

在17世纪画家弗朗索瓦·德诺姆描绘的冥界中，哈迪斯和他的新娘珀耳塞福涅正看着饱受折磨的死者灵魂。

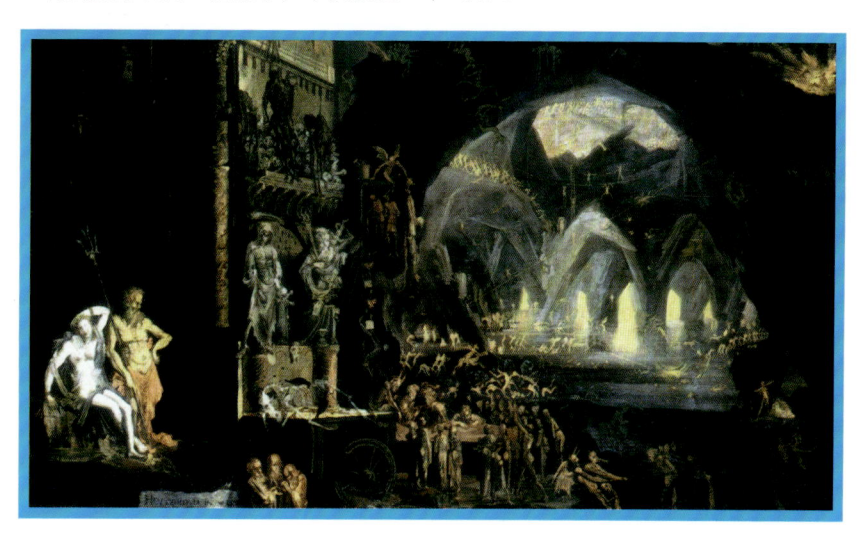

古希腊 49

参见：众神与泰坦之战 32~33页，诱拐珀耳塞福涅 50~51页，奥德修斯的冒险之旅 66~71页，库迈的西比尔 110~111页。

虽然刻耳柏洛斯往往被粗略地描述为一只恶犬，但它是由巨型蛇人堤丰和吃人的蛇女厄喀德那所生的。刻耳柏洛斯会十分凶残地对付那些企图逃跑的人。

卡戎和刻耳柏洛斯并非冥界唯一的非人类。黑暗女神尼克斯、食肉魔鬼欧律诺摩斯及女神赫卡忒也住在这里。复仇三女神是听从哈迪斯的施虐者，而塔纳托斯既是一位神，也是泰坦受罚的地方。

地狱的惩罚

有些灵魂在冥界受到可怕的折磨。弗里吉亚的统治者塔纳托斯的罪行有两个：一个是为了考验众神，他在自己为众神举办的宴会上烹煮了自己的儿子并将其端上了餐桌；另一个是作为宙斯宴席上的客人，他曾试图偷取能令人长生不老的仙馔密酒并试图带回人间。因为这两个罪行，他被囚禁在冥界，饱受饥渴之苦，而他的周围就有一

> " 这个大坑四面八方都挤满了人，人群中传来稀奇古怪的喊叫声，我吓得面色苍白。"
> 《奥德赛》

> " 死神一旦抓住了某个人，就不会让那个人逃脱。"
> 《神谱》

池清水，近在咫尺的果树上果实累累。当他俯身想喝水或者想吃水果时，他却怎么也够不着，这使得他狂怒不已。

科林斯的国王西西弗斯欺骗哈迪斯，让哈迪斯误以为他被过早地带入了冥界，然后他又设法回到人间。作为惩罚，他需要把一块巨石推上山顶，可每一次他把石头推到山顶时，石头就会滚回山底，他只能从头开始，这样周而复始，穷尽余生。

古希腊人的来世观

冥界并不是死者唯一的去处。根据古代作家的说法，陨落的英雄和品行最为端正的人死后会被送往乐土——他们在那天堂般的群岛上享受极乐。然而，无论冥界还是乐土，都代表着古希腊人对来世的观念。关于乐土的故事，或者关于西西弗斯的惩罚，都是孤立的。从整体上而言，没有理由认为古希腊人坚信人死后会受到系统的审判。■

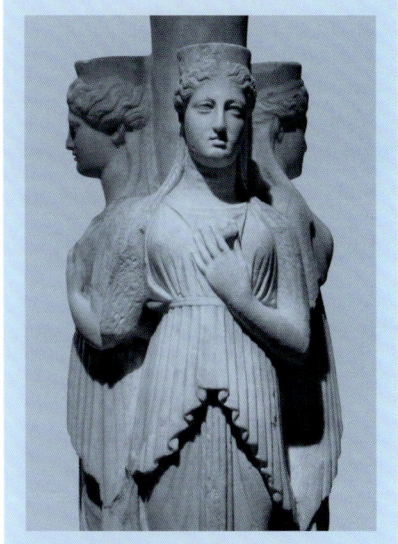

赫卡忒

尽管宙斯战胜了克洛诺斯和泰坦神，拥有了不容置疑的权威，但赫西俄德的《神谱》告诉我们，黑暗女神赫卡忒受到的崇拜"无与伦比"。人们认为，黑暗和死亡是不可改变的强大元素。

在一般的艺术作品中，赫卡忒往往有三个头，分别代表着满月、新月和空荡死寂的天空。她主管十字路口，尤其是三岔路口。她与有限的空间和过渡相关联，往往受到那些期待心爱之人能够安然步入死亡之地的人的崇拜。赫卡忒作为哈迪斯妻子珀耳塞福涅的陪伴者留在冥界，但来去自由。她曾经帮助宙斯打败了独眼巨人，所以她有着巨人般的强大力量，即使是宙斯也要敬畏她三分。

他悄悄地把一个香甜如蜜的石榴放在她手里

诱拐珀耳塞福涅

简介

聚焦
生命、死亡和四季

来源
《神谱》，赫西俄德，约公元前700年
《致德墨忒尔颂歌》（源自《荷马颂歌》），佚名，约公元前600年
《希腊志》，帕萨尼亚斯，约公元150年

背景
西西里、冥界

主要人物
德墨忒尔 丰收女神，宙斯和哈迪斯的姐妹

珀耳塞福涅 德墨忒尔的女儿，冥后

哈迪斯 冥王，德墨忒尔的弟弟

在古希腊经典著作《荷马颂歌》中，德墨忒尔被描述为"长着美丽长发的神圣女神"。她那浓密而富有光泽的金色长发是丰收的象征。德墨忒尔是丰收女神，掌管着土地的肥沃和富饶。在悲剧发生前，世界上没有冬天、寒冷或衰败。

被掳走的珀耳塞福涅

一天，德墨忒尔心爱的女儿珀耳塞福涅和一些仙女去西西里最美丽的山谷采花。珀耳塞福涅看到"玫瑰、番红花、紫罗兰……鸢尾花、风信子和水仙花"，惊叹于英国艺术家沃尔特·克莱恩在《珀耳塞福涅的命运》（1877）中描绘了哈迪斯在一片水仙花地里绑架珀耳塞福涅的场景。他的两匹马在阳光普照的大地和预兆不祥的黑暗之间腾空而起。

花朵的色彩缤纷，陶醉于它们迷人的香味。

当珀耳塞福涅从地上采下一朵水仙花时，她脚下的土地裂开了一个大口子。一辆由黑马拉着的巨大马车轰隆隆地驶来。珀耳塞福涅的同伴纷纷逃跑，她却呆立在那里。一个高大阴森的身影把她拽上了马车。他就是冥王哈迪斯。哈迪

参见： 奥林匹斯众神 24~31页，哈迪斯与冥界 48~49页，丘比特和普赛克 112~113页。

> 哈迪斯把珀耳塞福涅拽进疾驰的马车中，她大声尖叫起来。
>
> 《致德墨忒尔颂歌》

斯从冥界赶来将她掳去，要娶她为妻。

珀耳塞福涅挣扎着，哭泣着，呼喊着求自己的父亲宙斯，但没有得到回应。有些神话版本认为，这次绑架是宙斯本人和哥哥哈迪斯串谋的。哈迪斯把珀耳塞福涅带到了阴森的冥界，许诺让珀耳塞福涅成为冥后，受到众人的尊敬和爱戴，但她却伤心无比。

德墨忒尔的绝望

珀耳塞福涅的母亲德墨忒尔也同样伤心欲绝。为了寻找女儿，她在森林、田野和山丘上疯狂地搜索，一遍又一遍地呼喊着珀耳塞福涅的名字，但是没有得到任何回应。德墨忒尔悲痛欲绝，她摧毁了乡村，使得庄稼死亡、树叶枯黄，似乎整个世界都已经凋零。最终，太阳神赫利俄斯告诉德墨忒尔，是她的兄弟哈迪斯抓走了她的女儿，并偷偷将她的女儿带到了阴森

的冥界。听闻此信息，德墨忒尔怒火中烧，对大地进行了更为猛烈的毁灭。哈迪斯诱拐珀耳塞福涅的举动使大地上所有的物产都遭到了破坏。最后，宙斯被迫介入手足之间的纠纷。他提出，只要珀耳塞福涅在到达冥界后没有进食或饮水，哈迪斯就必须同意放了她。

季节变换

不幸的是，珀耳塞福涅在冥界吃了一点东西。哈迪斯把死亡之果石榴给了她，她吃了几粒甜美的石榴籽。于是，宙斯做出了新的裁决，他裁定珀耳塞福涅可以回到人间，但是她每年必须回到冥界与哈迪斯一起生活三个月。

这一裁决解释了四季的更迭。当德墨忒尔为女儿的离去而悲伤时，冬天随之来临，世界萧索，万物凋零。当珀耳塞福涅重新回到人间时，春天来临，万物复苏，田野和森林呈现出一派勃勃生机。■

> 他（哈迪斯）悄悄地把一个香甜如蜜的石榴放在她（珀耳塞福涅）手里。
>
> 《致德墨忒尔颂歌》

古希腊 51

埃留西斯秘仪

埃留西斯神庙位于阿提卡地区雅典附近。神庙的祭司根据珀耳塞福涅被绑架的故事，精心设计了一套仪式。"埃留西斯秘仪"是古希腊最古老也是最著名的秘密宗教仪式之一。在古希腊的古典时期（公元前5—公元前4世纪），埃留西斯秘仪就已经颇为久远了。在公元前600年埃留西斯被吞并之后不久，这套仪式就传到了雅典。与其他早期社会的类似仪式一样，埃留西斯派竭力主张对生长周期和季节的控制。

埃留西斯历法中一年的鼎盛时期是在冬季即将结束的时候，此时有各种仪式来确保太阳的回归和大地的复苏，包括个人净化、动物献祭、奠酒、禁食和举办盛宴。

约公元360年，埃留西斯的祭司们在阿提卡查兰德里的这座祭坛上供奉德墨忒尔、西布莉和珀耳塞福涅。这里的男性形象是埃留西斯秘仪中的领袖伊阿科斯。

狂女们涌出家门
狄俄尼索斯崇拜

简介

聚焦
激情与束缚

来源
《致狄俄尼索斯颂歌》（源自《荷马颂歌》），佚名，约公元前600年
《论自然》，赫拉克利特，约公元前500年
《酒神的女祭司们》，欧里庇得斯，公元前405年

背景
在彭透斯国王统治时期，古希腊中部底比斯周围的乡村

主要人物
狄俄尼索斯　生育之神，酒神，狂欢之神
宙斯　众神之王
塞墨勒　狄俄尼索斯的凡人母亲
赫拉　宙斯的妻子，婚姻女神
迈那得斯　酒神狄俄尼索斯醉醺醺的女信徒
彭透斯　底比斯国王

酒神与狂欢之神狄俄尼索斯由宙斯和一名叫作"塞墨勒"的凡人女子所生。塞墨勒坚持要看到宙斯全部的神圣光辉，结果她因此命殒，因为凡人是不允许看到没有伪装的神的。宙斯救下了塞墨勒的胎儿，把这个未出生的胎儿缝进了自己的大腿里。之后，狄俄尼索斯出生了。他既是一个少年，又是生育之神。不过，宙斯的妻子诅咒了狄俄尼索斯，并派遣泰坦去肢解他、杀死他。然而，宙斯再一次复活了自己的儿子。

迈那得斯

酒神狄俄尼索斯掌管着葡萄园和女性的生育。他的信徒主要是女性，被称为"迈那得斯"（意为"狂女"）。这些狂女与狄俄尼索斯一样，也喜欢葡萄酒和狂欢，狄俄尼索斯鼓励她们纵情享乐。成群结队的迈那得斯在底比斯的乡村横行霸道，制造恐慌，因此，底比斯国王彭透斯下令禁止崇拜酒神狄俄尼索斯。国王的法令遭到了许多女性的愤怒拒绝，其中也包括国王自己的母亲——他的母亲在最后一场狂欢仪式上来到乡下赞美酒神。

狄俄尼索斯说服彭透斯爬到一棵树上欣赏最后的狂欢场景。国王穿上女人的衣服前去观看，但被处于疯狂状态的迈那得斯发现了。她们误把国王当成野兽，将其四分五裂了。■

> "女人们，他就在这里：这个男人嘲讽过你，嘲讽过我，还嘲讽过我们的纵情狂欢。"
> 《酒神的女祭司们》

参见：奥林匹斯众神　24~31页，风流的宙斯　42~47页，维斯塔和普利阿普斯　108~109页，一位复杂的神　164页。

古希腊 53

他转身瞥见自己的妻子，而她却不得不重归冥界

俄耳甫斯和欧律狄刻

简介

聚焦
死亡定局

来源
《阿尔戈英雄纪》，罗德岛的阿波罗尼奥斯，约公元前250年
《书库》，伪阿波罗多洛斯，约公元100年

背景
古希腊与冥界

主要人物
俄耳甫斯 知名吟游诗人，缪斯卡拉培和河神埃阿格鲁斯之子

欧律狄刻 俄耳甫斯的新娘，在婚礼当天遇害

哈迪斯 冥王

珀耳塞福涅 哈迪斯年轻的妻子，冥后

古希腊神话中伟大的吟游诗人俄耳甫斯的母亲是主管诗歌的缪斯卡拉培，父亲是色雷斯的河神埃阿格鲁斯。俄耳甫斯最为感人的诗篇是献给欧律狄刻的。欧律狄刻后来成为他的妻子，却在婚礼当天被蛇咬死了。

感人的哀歌

俄耳甫斯在林间四处游荡，以深情的歌声哀悼欧律狄刻，这首曲子超越了他所创作的任何作品。乐曲感人至深，无论仙女还是神祇，都为之动容。最终，俄耳甫斯决定到冥界乞求哈迪斯的怜悯，希望能让欧律狄刻重生。

俄耳甫斯在冥界为哈迪斯和珀耳塞福涅演奏。冥后被深深打动了，乞求丈夫打破冥界的规定，释放欧律狄刻。哈迪斯同意了，但条件是俄耳甫斯在欧律狄刻离开冥界之前不要看她。俄耳甫斯领着他的新娘穿越充满黑暗和绝望的洞穴，慢慢朝地面蜿蜒前行。欧律狄刻跟在他身后稍远处，这样俄耳甫斯就看不到她了。

最后，俄耳甫斯看见了头顶的日光。他欣喜至极，回头望向妻子，但当他看到妻子时，他才意识到，她消失了——被绝望地拉回了死亡的国度。■

这是公元3世纪土耳其安塔基亚的一幅镶嵌画，画中俄耳甫斯正在弹奏七弦琴，野兽被他美妙的音乐所吸引，围绕在他的周围。

参见：哈迪斯与冥界 48~49页，诱拐珀耳塞福涅 50~51页，伊南娜下冥界 182~187页，奥西里斯和冥界 276~283页。

把梦带来的人
赫尔墨斯出生的第一天

简介

聚焦
不可预测性与变化

来源
《奥德赛》,荷马,公元前800年
《神谱》,赫西俄德,约公元前700年
《荷马颂歌》,佚名,约公元前600年
《俄耳甫斯颂歌》,佚名,约公元前250—公元150年

背景
古希腊奥林匹斯山

主要人物
赫尔墨斯 信使之神,宙斯和迈亚之子

宙斯 众神之王

迈亚 阿特拉斯和普勒俄涅的女儿,赫尔墨斯的母亲

阿特拉斯 泰坦神,迈亚的父亲

普勒俄涅 海洋仙女,迈亚的母亲

阿波罗 太阳神

俄里翁 一个巨型猎人

赫尔墨斯一般被称为"众神的信使",而他不仅仅是信使,他更著名的才干还包括能够瞬间从一处移到另一处,穿着飞翅凉鞋在空中疾驰。他的飞行能力是他担任信使的关键。然而,从象征意义上讲,他的快速飞行能力显示了思维的敏捷和对时空正常限制的无视。

在这座公元前410年的大理石还愿浮雕中,赫尔墨斯右手持鞭,赶着一辆马车。

神的降生

赫尔墨斯是宙斯和迈亚的儿子,迈亚是泰坦神阿特拉斯与海洋仙女普勒俄涅的女儿。在古罗马神话中,赫尔墨斯被称为"墨丘利",他一出生就展现出了行动敏捷的特点。根据《荷马颂歌》的记载,他"一下子从母亲的子宫中跳出来",蹦到了摇篮里,他没在摇篮里躺多久,就又从他母亲的洞穴里蹦了出来,那时,他生下来才一个小时。他后来还把太阳神阿波罗的牛给偷走了。赫尔墨斯刚走出

古希腊

参见: 众神与泰坦之战 32~33页, 风流的宙斯 42~47页, 奥德修斯的冒险之旅 66~71页, 阿拉克涅和密涅瓦 115页, 托尔和洛基在约顿海姆的冒险之旅 146~147页, 蜘蛛阿南希 286~287页。

迈亚和普勒阿得斯

赫尔墨斯的母亲是宙斯众多情人中的一个。根据赫西俄德的《神谱》,迈亚是泰坦神阿特拉斯和海洋仙女普勒俄涅的女儿,她上了宙斯的"圣床",为他生了一个儿子,就是信使之神赫尔墨斯。迈亚得到的奖励就是她可以让自己的翅膀变形。

众神与泰坦之战结束后,阿特拉斯被迫把整个天空扛在肩上,巨人猎手俄里翁浪漫地追求阿特拉斯的妻子普勒俄涅。在七年的时间里,俄里翁不仅骚扰这位海洋仙女,还骚扰她的女儿们。最后,宙斯回应了她们的祈求,介入其中。他首先把俄里翁变成一群星星,并用他的名字命名,即"猎户座"。然后,宙斯把普勒俄涅和她的女儿,也包括迈亚,都变成了鸽子。这些鸽子飞入夜空,变成了普勒阿得斯,即"七仙女星团"。它的出现是雨天来临的预兆。

伊莱休·维德的画作(1885)描绘了阿特拉斯和普勒俄涅的女儿们飞向天际成为"七仙女星团"的场景。

洞穴,就被一只乌龟吸引了。他把乌龟掏空,拿龟壳做了一个"发声器"。之后,他用牛皮蒙住龟壳的开口,留出一个发声的小孔;然后,他在上面拉上琴弦;最后,他又做了一个木架,世界上第一把七弦琴就这样诞生了。他拨动琴弦,引吭高歌,讲述着关于泰坦神、奥林匹斯众神、仙女、凡间男女和其他万物的史诗。

> 赫尔墨斯脚上穿着飞翅凉鞋,飞起来的速度比风还快。
>
> 《奥德赛》

多面神

赫尔墨斯还没长到一岁,就已经是世界上第一位音乐家、诗人和历史学家了。他在多方面展露天赋,但也变化无常。《荷马颂歌》中记载,他即使在歌唱的时候,"心里也想着别的事情"。当阿波罗的太阳落山时,赫尔墨斯偷偷潜伏到阿波罗的领地,偷走了他的牛。他倒着赶牛,这样牛蹄子留下的痕迹便会指向相反的方向。他就这样把牛赶回了自己家。

赫尔墨斯的敏捷和狡诈与其他神话中的恶作剧精灵或诡计之神有许多相同之处。虽然赫尔墨斯喜欢恶作剧,但他也会做比较严肃的事情。比如,他被认为发明了祭祀仪式:他杀死了阿波罗的两头牛,剥下牛皮,烤肉吃,虽然他饥肠辘辘,但他还是把芳香的牛肉放在祭坛上为他的偷盗行为赎罪。

赫尔墨斯左手拿着使者杖,碰一下就可以带来睡眠和治愈。使

> 迈亚为宙斯生下了天赋异禀的赫尔墨斯,他成为长生不老的众神的信使。
>
> 《神谱》

者杖上对称缠绕的两条蛇表明,赫尔墨斯具有平衡和协调敌对双方的能力,不管是通过改变形式,还是通过谈判和贸易,所以赫尔墨斯也被尊为"商业之神"。∎

雅典娜种下橄榄树，波塞冬掀起巨浪

雅典的建立

简介

聚焦
城邦的起源

来源
《荷马颂歌》，佚名，约公元前600年
《书库》，伪阿波罗多洛斯，约公元100年
《希腊志》，帕萨尼亚斯，约公元150年

背景
古希腊雅典

主要人物
雅典娜 智慧女神，雅典的守护神

赫菲斯托斯 火神，锻造之神，厄里克托尼俄斯的父亲

厄里克托尼俄斯 赫菲斯托斯的儿子

波塞冬 海神，雅典守护神的竞争者

刻克洛普斯 雅典第一位国王

《荷马颂歌》中"雅典娜篇"的开头是这样的："哦，雅典娜，这城市的守护者，我要为你歌唱。"古希腊神话中再也没有哪位神会与某个特定地点联系得如此紧密了，也再没有哪个地方在我们现代人对古希腊文化的认知中显得如此重要了。当我们提起古希腊，提起它的文学、艺术和民主时，我们很大程度上会忆起那时的雅典。

神话中雅典与智慧女神之间的联系体现在它作为哲学家、艺术家和剧作家文化以及知识天堂的声誉上。其绚丽的遗产来自贸易和工业的坚实基础，繁荣、信心和技艺大师携起手来使这座城市不断发展和昌盛。

帕特农神庙建于公元前5世纪中期，位于雅典卫城的最高处。它取代了早先专门供奉雅典娜的一处庙宇。

劳作与快乐

雅典的一个建城神话明确了美与技艺之间的联系，将雅典的起源与锻造之神赫菲斯托斯联系起来。赫菲斯托斯虽然腿有残疾，相貌丑陋，却娶了美丽的阿佛洛狄

古希腊 57

参见：奥林匹斯众神 24~31页，风流的宙斯 42~47页，丘比特和普赛克 112~113页，阿拉克涅和密涅瓦 115页。

式为妻。他们的结合象征着实用与美丽、劳作与快乐的结合，这种情况在古希腊文化中广为流传。然而，与其他奥林匹斯众神的婚姻一样，他们的婚姻也经常有不忠的行为。

儿子的诞生

阿佛洛狄忒为了战神阿瑞斯而抛弃了她的丈夫。她离开后，赫菲斯托斯深深地爱上了雅典娜，开始追求她，并试图占有她。

雅典娜愤怒地反抗赫菲斯托斯。赫菲斯托斯的体液流到了雅典的土地上，在那里诞生了一个新生命。在某些神话故事中，这个新生命就是厄里克托尼俄斯（意为"生于土壤"），是他继续建造了雅典城。

陆地与海洋

在另一个建城神话中，雅典娜扮演了核心角色。当刻克洛普斯在阿提卡的岸边建造城池时，他向众神祈求能够有一位神作为他们的守护者。雅典娜和波塞冬都想得到这个荣誉，于是两人展开了一场比赛，展示他们能为这座城市和人民带来什么。胜利者将通过投票决定，这就是民主的诞生。

在比赛中，波塞冬用他的三叉戟猛击大地，掀起滔天巨浪。巨浪翻滚而来，形成一泓富饶的泉水，但水是咸的。接下来轮到了雅典娜，她在地上戳了一个洞，里面长出了一棵橄榄树。橄榄树硕果累累，果实颇为珍贵。雅典国王刻洛普斯决定，智慧女神是人民的选择。然而，波塞冬的礼物确立

> 雅典人比其他民族的人更虔诚于宗教信仰。
>
> 《希腊志》

了雅典作为海港的地位，这对土壤肥沃和城市繁荣十分重要。《荷马颂歌》中"波塞冬篇"这样写道："波塞冬用仁慈的目光打量着那些出海的人。"所以，至今人们仍然在祈祷中对海神念念不忘。■

国王刻克洛普斯规定，谁给雅典带来最好的礼物，谁将成为雅典的守护神。

↓   ↓

波塞冬带来了泉水。   雅典娜种下了橄榄树。

↓   ↓

他的泉水是咸的，无法饮用。 她的橄榄树为人民提供了**食品、油和木材**。

↓

雅典娜获胜。

↓

国王刻克洛普斯将城市命名为雅典。

约公元前540年，画家阿马西斯创作了一个双耳细颈瓶，上面描绘了雅典娜和波塞冬的比赛。两位神之间的文字写着"阿马西斯制"。

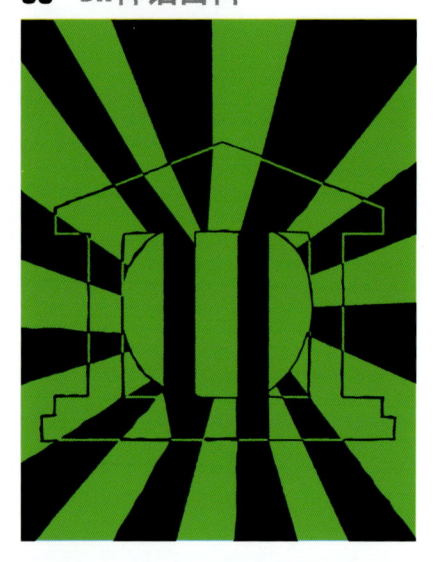

凡寻求真理者，必能寻见

阿波罗和德尔斐神谕

简介

聚焦
灵感、诗歌和智慧

来源
《荷马颂歌》，佚名，约公元前600年
《希腊志》，帕萨尼亚斯，约公元150年

背景
古希腊中部帕尔纳索斯山的德尔斐

主要人物
阿波罗　太阳神，艺术之神，也象征着智慧

皮媞亚　德尔斐阿波罗神庙中的高级女祭司

赫拉　宙斯的妻子

宙斯　奥林匹斯众神之王，阿波罗的父亲

勒托　阿波罗和阿尔忒弥斯的母亲

阿尔忒弥斯　阿波罗的姐姐

阿斯克勒庇俄斯　阿波罗的儿子

古希腊中部帕尔纳索斯山德尔斐的阿波罗神庙是古代世界最为重要的神谕之源。人们相信，太阳神阿波罗会通过神庙的女祭司皮媞亚传递预言。

建立神庙

阿波罗与德尔斐的联系开始于他出生后的第四天。他化身海豚，离开他的出生地——爱琴海基克拉泽斯群岛的得洛斯岛。他要去杀死可怕的派森——一条巨大而又凶猛的巨蟒，它生活在大地内部，靠近德尔斐城的地方。宙斯的妻子赫拉非常生气，她曾命令这个怪兽追捕阿波罗的母亲勒托，当时勒托已经怀了宙斯的孩子。

这幅画是卡米洛·米奥拉创作的《神谕》（1880）。画中，皮媞亚正坐在一个神圣的三脚架上，接收来自阿波罗的预言。前面的人在摇动月桂树叶，这是仪式的一部分。

古希腊 59

参见：众神与泰坦之战 32~33页，奥林匹斯山 34~35页，风流的宙斯 42~47页，阿波罗和达芙妮 60~61页，
库迈的西比尔 110~111页。

虽然勒托逃脱了，还在得洛斯岛生下了阿波罗和他的孪生姐姐阿尔忒弥斯，但阿波罗想要向这个企图杀死他母亲的怪兽复仇。阿波罗用锻造之神赫菲斯托斯给他做的弓箭杀死了派森，把它埋在了代表地球中心的翁法洛斯石下面，并在那里建立了自己的神庙，以象征天界对大地的胜利。

欢乐和智慧

公元前5世纪，阿波罗在古希腊万神殿中取代了泰坦太阳神赫利俄斯，成为新的太阳神。《荷马颂歌》中的"阿波罗篇"赞颂道："他的光辉照耀四方。"它还赞扬说，阿波罗天生就是"人类的快乐"，并且"向世人宣告宙斯不可动摇的意志"，这源于他作为诗歌和音乐之神以及他所代表的智慧。药物的发明也归功于阿波罗——尽管他把自己的大部分医药职责移交给了他的一个儿子阿斯克勒庇俄斯。阿波罗还是牧羊人的保护神。牧羊人往往与古希腊诗歌中著名的田园牧歌紧密相连。演奏管乐器的生育和放牧之神潘向阿波罗发起挑战，看谁弹奏的乐曲好听。阿波罗弹着金色的七弦琴（它常常出现在刻画阿波罗的艺术作品中），观众听得如痴如醉，大家一致认为他是获胜者。

> 这孩子一下跳到亮光里，所有的女神都大叫起来。
>
> ——《荷马颂歌》之"阿波罗篇"

德尔斐的阿波罗神庙可以追溯到公元前4世纪。据帕萨尼亚斯所言，该遗址上以前的寺庙是由月桂树叶、蜂蜡或青铜建成的。

阿波罗通过德尔斐神谕传达他的智慧。人们从古希腊各地前往德尔斐，希望获取关于未来的预言，探知宙斯的旨意。在国家的危急时刻，比如爆发战乱时，就会有不止一个皮媞亚来传达阿波罗的神谕。人们用动物向阿波罗献祭，然后耐心地等待皮媞亚宣读阿波罗的神谕。皮媞亚坐在三脚架上，身边萦绕着火山蒸气。皮媞亚的表达方式很丰富，但她往往语无伦次。神庙的神职人员会向大家解释，然后将阿波罗珍贵的智慧之语以六音步诗行的方式记录下来。∎

一个深陷爱情，一个逃离爱情

阿波罗和达芙妮

简介

聚焦
欲望和变形

来源
《变形记》，奥维德，公元8年
《希腊志》，帕萨尼亚斯，约公元150年

背景
古希腊色萨利或伯罗奔尼撒

主要人物

阿波罗 太阳神，箭神，魔术之神，音乐之神，主司很多事务

厄洛斯 年轻的欲望之神，麻烦制造者

达芙妮 一位注重贞洁的美丽仙女，珀纽斯的女儿

珀纽斯 河神，达芙妮的父亲

阿波罗是最伟大的神之一，他的威望无可挑剔，他的身上闪耀着太阳的光辉。相比之下，厄洛斯代表着所有的轻蔑和情欲。厄洛斯就像一个发育过度的婴儿，一个随心所欲的麻烦制造者。

阿波罗是箭神，箭术过人。他的银弓不仅是武器，也是权力的象征，他很少使用他的箭。厄洛斯也有弓和箭，但他经常用它们来征服别人。他有一支金头箭，被这支箭射中的人会立即坠入爱河。他还有一支铅头箭，被这支箭射中的人会非常厌恶爱情。这些武器让厄洛斯大权在握，洋洋自得。

争执中的神

阿波罗对厄洛斯趾高气扬的样子嗤之以鼻。阿波罗刚刚打败了巨蟒派森——他用箭袋里的一千支箭射死了它，取得了辉煌的胜利。他看见这个拿着武器的婴儿如此得意，不禁哈哈大笑。阿波罗认为这个莽撞的男孩不配携带弓和箭，于是，他把自己心里所想直接告诉了年轻的厄洛斯。

厄洛斯暴跳如雷，叫喊着说要报复他。太阳神让他如此受辱，他定要让太阳神悔恨不已。他手里的金头箭能够激起最强大的人的情欲，太阳神也无法幸免，很快太阳神就领教了这一点。

厄洛斯的报复

关于这场争吵究竟是发生在古希腊中部色萨利平原的珀纽斯河，还是发生在古希腊南部伯罗奔尼撒的拉冬河，不同的版本有不同的记载。就在河神珀纽斯的河边，厄洛斯看见了一位美丽的水仙女，

> 无知的仙女，你都不知道自己在逃避谁。
>
> 《变形记》

古希腊

参见：奥林匹斯众神 24~31页，阿波罗和德尔斐神谕 58~59页，阿佛洛狄忒和阿多尼斯 88~89页，丘比特和普赛克 112~113页。

她是河神的女儿。厄洛斯用那支铅头箭射中了达芙妮。他环顾四周，又用金头箭射中了阿波罗。太阳神几乎没有时间去注意疼痛，因为他看见了达芙妮，立即坠入了爱河。

然而，达芙妮中的是铅头箭。即使阿波罗如此英俊潇洒，她还是选择了退缩。阿波罗走近达芙妮，并发誓要永远爱她，她却转身逃跑了。阿波罗在后面紧追不舍，达芙妮一边逃跑一边向父亲哭喊，

就在阿波罗抓住达芙妮、将她拥入怀中的时候，珀纽斯听见了达芙妮的求救声，把自己的女儿变成了一棵月桂树。

阿波罗心中的情欲仍在燃烧，他说即使达芙妮不能成为他的新娘，他也要把月桂树占为己有。从那时起，阿波罗就一直用月桂树的树叶装饰他的头发、七弦琴和箭袋。月桂冠被授予战功卓越的将军，月桂树的树叶永不凋零，衬托着阿波罗的不朽和他那光泽永不消失的秀发。那棵月桂树垂下了枝条，仿佛在点头表示同意。■

在这幅由意大利画家乔凡尼·巴蒂斯塔·提埃波罗于18世纪中期创作的油画中，达芙妮从阿波罗的身边逃离。厄洛斯躲了起来，珀纽斯看着自己的女儿变成了月桂树。

厄洛斯

厄洛斯在古希腊神话中，通常是一个相对次要的角色。他是爱神阿佛洛狄忒的儿子。他往往被描述为一个无礼娇小的男孩。他十分敏感，并且会迅速发起反击，正如他被阿波罗嘲笑时所做的那样。他心智并不成熟，鲁莽任性，甚至有些反常。他对阿波罗的报复给达芙妮带来了最残酷的后果。有时，厄洛斯会被刻画成蒙住双眼的形象，以显示他缺乏辨识力。

厄洛斯在古罗马神话中被称为"丘比特"，如今，这个名字也许更为人所知。对这位神的描述逐渐从古希腊传统中娇小的男孩变成了天使般的矮胖小男孩，这一形象常见于西方古典艺术作品和现代情人节的卡片上。

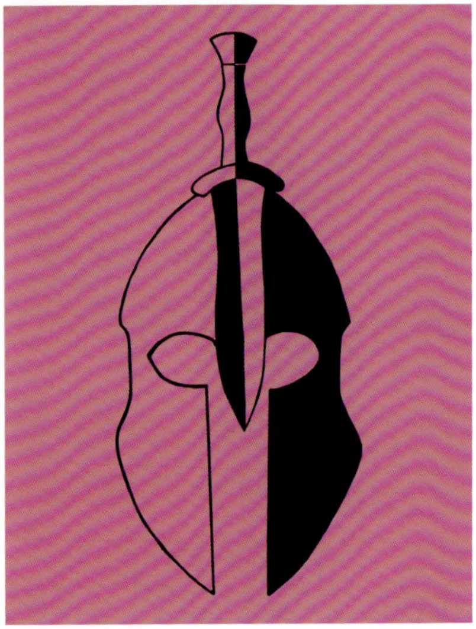

危急关头的生死权衡

特洛伊战争

简介

聚焦

史诗之战

来源

《伊利亚特》和《奥德赛》，荷马，公元前800年

背景

约公元前12世纪，小亚细亚（今土耳其西部）的特洛伊城和古希腊

主要人物

阿佛洛狄忒 乌拉诺斯之女，爱神

帕里斯 特洛伊王子

海伦 斯巴达王后

墨涅拉奥斯 斯巴达国王

阿伽门农 古希腊南部的迈锡尼国王

阿喀琉斯 半人半神，古希腊最伟大的勇士

普特洛克瑞乌萨 阿喀琉斯的伙伴

赫克托耳 帕里斯的哥哥

奥德修斯 伊萨卡国王

特洛伊战争启发了许多最伟大的古希腊诗歌，尤其是荷马的《伊利亚特》和《奥德赛》。虽然这个故事有神话的元素，但很可能是以公元前12世纪迈锡尼人与赫梯人之间的矛盾为基础创作的。

这一系列事件的起因是女神阿佛洛狄忒许诺特洛伊王子帕里斯可以得到世界上最美丽的女人海伦的爱。海伦当时已经嫁给了斯巴达国王墨涅拉奥斯，但帕里斯并没有将其视为障碍，而是诱拐了海伦。海伦的丈夫非常愤怒。墨涅拉奥斯说服自己的哥哥、迈锡尼国王阿伽门农率领古希腊联军前往特洛伊夺回海伦。古希腊联军里有半人半神的勇士阿喀琉斯——海神特提斯的儿子，还有足智多谋的伊萨卡国王奥德修斯。他们跨越海洋来到了特洛伊，却无法攻破城墙。

离开家乡九年后，古希腊联军开始走向分裂。士兵处于反叛的边缘，瘟疫也在削弱他们的队伍。在阿伽门农拐走阿喀琉斯的一个女俘之后，阿喀琉斯拒绝再为阿

帕里斯诱拐海伦，并将她带上了自己的船。不过，海伦被帕里斯的美貌所吸引，所以也可能是自愿跟他走的。这是公元前2世纪伊特鲁里亚人骨灰瓮上的雪花石膏雕刻装饰。

古希腊 63

参见：奥德修斯的冒险之旅 66~71页，古罗马的建立者埃涅阿斯 96~101页，《夺牛长征记》166~167页。

乔凡尼·巴蒂斯塔·提埃波罗在《特洛伊木马进城》（约1760）这幅画中刻画了内部装满古希腊士兵的巨大木马被运进特洛伊城的场景。

伽门农而战。虽然少了这位伟大的勇士，但古希腊联军还是集结了起来，与特洛伊人进行了一场激战。就在墨涅拉奥斯即将杀死帕里斯的时候，阿佛洛狄忒出手救下了帕里斯。

进攻城墙

特洛伊人重新集结并击退了古希腊人。虽然阿喀琉斯拒绝作战，但他把自己的盔甲借给了他的亲密伙伴普特洛克瑞乌萨。普特洛克瑞乌萨激励古希腊人进行反击，迫使特洛伊人退到城墙内。特洛伊最伟大的勇士赫克托耳杀死了普特洛克瑞乌萨，并夺走了盔甲。

阿喀琉斯悲痛欲绝，他为自己的好友建造了一个高塔般的火葬堆，举办了葬礼纪念他。随后，他带着复仇之心重回战场。阿喀琉斯单挑赫克托耳，并杀死了他。阿喀琉斯拒绝归还赫克托耳的遗体，并把遗体拖在马车后面绕着特洛伊城墙转了一圈。不久，帕里斯用箭射中了阿喀琉斯的脚后跟——这是他身体上唯一的弱点。

战争已经进行了十年，最后的胜利靠的不是武力，而是诡计。奥德修斯让古希腊人建造了一个中空的巨大木马，里面藏着古希腊士兵。他把木马放在特洛伊城门之外，其余的古希腊士兵都开船离开了特洛伊人的视线。这样一来，特洛伊人就会相信他们已经撤退。特洛伊人以为战争结束了，把木马拖回了城里。此时，城里的居民还在睡梦中，根本没有意识到他们已经大难临头。木马里的古希腊士兵悄悄出来，杀死了特洛伊的士兵。在夜幕的掩护下，那些假装撤退的古希腊士兵被城里的内应秘密地放进了城。

一场野蛮的屠杀接踵而至，特洛伊城被夷为平地。墨涅拉奥斯夺回了海伦，但双方都失去了几位著名的勇士，很多人也因此丧生。古希腊人因为在屠城中肆意破坏神庙而失去了众神的眷顾。■

阿喀琉斯

阿喀琉斯是海洋仙女特提斯和皮提亚国王珀琉斯之子。他出生之际，母亲想让他长生不老，就抓着阿喀琉斯的左脚脚后跟，把他浸泡在冥河之中。所以，脚后跟成为阿喀琉斯身上唯一的弱点。阿喀琉斯长大后，在智者半人马喀戎的教导下成为勇士。特洛伊战争爆发的时候，喀戎给了阿喀琉斯一个强大无比的盾牌，但特提斯却在儿子参加战斗之前介入了。卡尔克斯曾预言阿喀琉斯将帮助古希腊人战胜特洛伊。由于担心他的生命安全，特提斯把阿喀琉斯伪装成一个女孩，藏在斯库洛斯国王家里。然而，奥德修斯很快就发现了阿喀琉斯，并揭露了他的真实身份。阿喀琉斯娶了国王的女儿，之后离开斯库洛斯岛，去领导奥德修斯的军队。

这一对僭主，谋杀了我的父亲

俄瑞斯忒斯为阿伽门农报仇

简介

聚焦
复仇与正义

来源
《奥德赛》，荷马，公元前800年
《俄瑞斯忒亚》三部曲，埃斯库罗斯，公元前458年
《俄瑞斯忒斯》，欧里庇得斯，公元前408年
《伊菲革涅亚》，索福克勒斯，约公元前400年

背景
位于古希腊阿尔戈斯的阿伽门农的宫殿

主要人物
阿伽门农 被谋杀的阿尔戈斯国王
伊菲革涅亚 阿伽门农的女儿
克吕泰墨斯特拉 阿伽门农的妻子
埃癸斯托斯 克吕泰墨斯特拉的情人，阿伽门农的继任者
俄瑞斯忒斯 阿伽门农的儿子，杀死了埃癸斯托斯
厄勒克特拉 阿伽门农的女儿

传说中，阿尔戈斯国王阿伽门农在特洛伊战争中担任古希腊联军的统帅。他的家族历史充满了血腥和背叛。在特洛伊战争爆发之前，他的父亲阿特柔斯和叔叔堤厄斯忒斯之间的仇恨由来已久，其中充斥着通奸、谋杀和长久的敌意。这一可怕的传统注定要传给下一代人。

伊菲革涅亚的献祭

阿伽门农率领一支由一千艘船组成的舰队准备前往特洛伊，却因为逆风耽搁了好几个星期。这阵逆风是由女神阿尔忒弥斯刮起的，阿伽门农因杀死了一只神鹿而得罪了这位女神。为了平息逆风，阿伽门农不情愿地听从了一位先知的建议。他假意许诺要给伊菲革涅亚一个丈夫，将她骗到岸上，并将她献祭给了女神。这一行径让他的妻子克吕泰墨斯特拉无法原谅，也无法忘记。

国王被谋杀

阿伽门农带兵在外时，他的妻子克吕泰墨斯特拉有了一个情人，就是阿伽门农的堂弟埃癸斯托斯。自从阿伽门农的父亲屠杀了埃癸斯托斯的手足，他们就成了死敌。埃癸斯托斯成为克吕泰墨斯特拉的情人后，很快就登上了王位，同克吕泰墨斯特拉以国王和王后的身份统治阿尔戈斯，毫不避讳他们因通奸而达成的联盟。

十年后，战争结束，阿伽门农凯旋，看到的却是如此耻辱的一幕。他不再是自己宫殿的主人，并且必须通过一场战斗夺回属于他的东西。他很快就输了，因为他的妻子和情人一起谋杀了他。不同的故

> "我的丈夫阿伽门农死了，就死在这只右手之下。"
> 《俄瑞斯忒斯》

古希腊　65

参见：风流的宙斯 42~47页，雅典的建立 56~57页，奥德修斯的冒险之旅 66~71页。

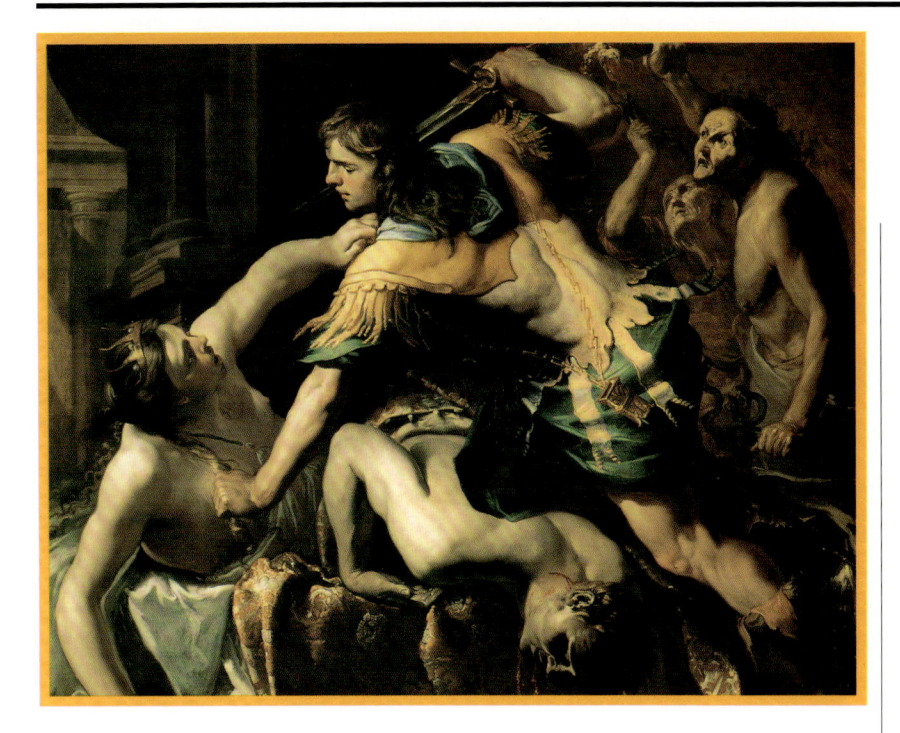

在这幅由贝纳迪诺·梅创作的画作（1655）中，俄瑞斯忒斯为了给父亲报仇，杀死了自己的母亲。克吕泰墨斯特拉的情人埃癸斯托斯也被俄瑞斯忒斯杀死，倒在了她的身边。

目中无人的女人，她这样做是为了报复丈夫杀害了自己的女儿。其余的版本将其归咎于克吕泰墨斯特拉难以抑制的性欲与激情。

当阿伽门农遇害时，他的儿子俄瑞斯忒斯和女儿厄勒克特拉都不在家。当他们回到阿尔戈斯时，他们发现自己的母亲和埃癸斯托斯已经夺得了王位。俄瑞斯忒斯觉得自己有责任为父报仇，于是在妹妹的帮助和鼓励下，乔装打扮混入了宫殿，杀死了埃癸斯托斯。

复仇的精神要求克吕泰墨斯特拉也得为她所犯下的过错付出代价。俄瑞斯忒斯把她也杀了，但克吕泰墨斯特拉死前的诅咒一直在他脑海中回荡：因为弑母的罪行，他余生都将被无情的复仇女神追捕。厄勒克特拉逃离了这场诅咒，嫁给了俄瑞斯忒斯的朋友与同谋皮拉得斯。

罪行与惩罚

这些不同的记载提到了谋杀阿伽门农的几个可能动机。有些将这一罪行直接同埃癸斯托斯联系起来。埃癸斯托斯是阿伽门农长期以来的死敌，他杀死阿伽门农是对阿伽门农父亲罪行的报复。另外一些版本则将责任完全归于克吕泰墨斯特拉，将她描述成一个肆无忌惮、

事版本讲述的细节并不一样：有的说国王是在凯旋后的庆功宴上被杀死的，有的说他是在浴后裸身无助的时候被杀死的。

埃斯库罗斯

埃斯库罗斯被尊为"悲剧之父"，是古希腊早期的三位戏剧家之一，另外两位是欧里庇得斯和索福克勒斯，他们的作品至今仍被流传和表演。大约公元前525年，埃斯库罗斯出生在古希腊西北部的一个小镇埃卢西斯，长大后他参加了两次抵抗波斯入侵的战斗。没有战斗时，他定期参加雅典每年一度的"酒神节"戏剧竞赛。他称自己在熟睡时，戏剧之神狄俄尼索斯亲自造访他的梦境，还劝说他从事艺术创作。

埃斯库罗斯以多产著称。不过，他的剧作只有七部流传了下来，据说每一部作品都在酒神节中获得了一等奖。《俄瑞斯忒亚》三部曲——《阿伽门农》《奠酒人》《欧墨尼得》——是如今他最广为人知的作品。

哦，缪斯，请给我讲讲英雄的故事

奥德修斯的冒险之旅

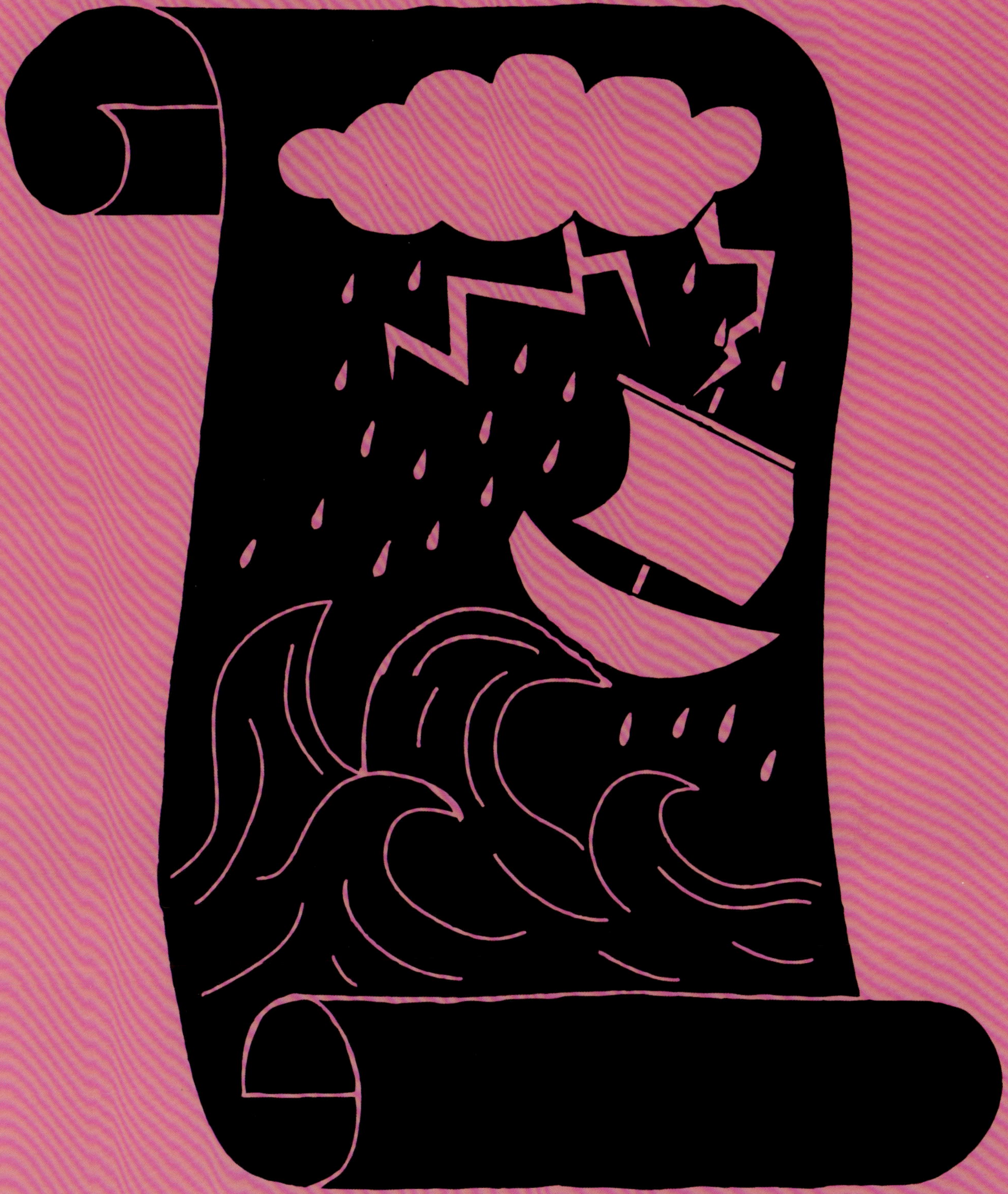

简介

聚焦
英雄之旅

来源
《奥德赛》，荷马，公元前800年

背景
公元前13—公元前12世纪的特洛伊战争
爱琴海、小亚细亚、古希腊南部的伯罗奔尼撒半岛

主要人物
奥德修斯 足智多谋的勇士

波塞冬 海神

忒勒马科斯 奥德修斯的儿子

佩涅洛佩 奥德修斯忠贞的妻子

卡吕普索 一位仙女

阿尔基努斯 费埃克斯国王，娜乌西卡的父亲

波吕斐摩斯 独眼巨人

瑟茜 一个女巫

> 在地球上所有的生物中，没有比人更软弱、更没有价值的了。
>
> 《奥德赛》

荷马在其第一部史诗《伊利亚特》中提到，奥德修斯是在特洛伊战争中战斗的几位古希腊英雄之一，以机智和谋略著称。当他成为荷马的第二部史诗《奥德赛》的主人公时，这些品质受到了极大的考验。两部作品记录的重大事件在被荷马用文字记载下来之前，就已经被口头传颂数百年了。

奥德修斯从小亚细亚回到自己位于古希腊西部伊奥尼亚群岛的伊萨卡岛的国度时，他最多需要在海上航行一周。无论风势强弱，古希腊的大帆船都能顺利前进，这要归功于它两侧各有的二十五支桨。然而，由于海神波塞冬在路上设置的障碍和挑战，奥德修斯的航行花了大约十年的时间。为了表明奥德修斯面临的挑战有多残酷，荷马写道，这位英雄的名字本身就意味着"仇恨的受害者"。

拖延时间

《奥德赛》是一部有关拖延的戏剧，每向前走一步，挫折就会马上现身。故事开始时，奥德修斯已经走过大半的旅程，但面临停滞不前的状况。令人神往的仙女卡吕普索把奥德修斯俘获到她的岛上（也许位于马耳他附近的戈佐）。在与被俘的英雄缠绵的间隔，她用金色的梭子在织布机上织布。

具有讽刺意味的是，卡吕普索在织布，而奥德修斯那忠贞的妻子佩涅洛佩在其位于伊萨卡岛的家中也做着同样的事情。虽然岛上许多人对奥德修斯能否回来已经不抱希望了，他的儿子忒勒马科斯也多方寻找未果，但佩涅洛佩仍然一

在16世纪佛兰德画家亨德里克·范·巴伦的一幅画作中，卡吕普索展示着自己的魅力，她俘获了奥德修斯，将他留在了岛上。

心想念着她的丈夫。她将众多追求者拒之门外，宣布只有她的织锦完成，她才会决定嫁给谁。然而，每天晚上，她都要花好几个小时来拆解前一天缝的所有针脚。与卡吕普索一样，她在拖延时间，她的智谋在这一点上与她的丈夫旗鼓相当。

双重标准

战争女神雅典娜是实干家奥德修斯的崇拜者，她决定和她的父亲宙斯一起对此事加以干预。卡吕普索被迫放走了奥德修斯。奥德修斯建了一艘船，逃离海岛，回归家乡。波塞冬发现此事后，在海中掀起滔天巨浪，阻碍这位英雄的行进。奥德修斯遭遇海难，被抛弃在费埃克斯（也许是科孚岛）的岸边，这里的国王阿尔基努斯的女儿娜乌西卡发现了他。娜乌西卡给奥德修斯带来了衣服。在娜乌西卡的鼓

参见：奥林匹斯众神 24~31页，众神与泰坦之战 32~33页，风流的宙斯 42~47页，雅典的建立 56~57页。

古希腊 **69**

励下，奥德修斯走进国王的宫殿寻求帮助。奥德修斯及其手下在国王的大厅里受到款待，并向国王讲述了他们迄今为止惊险的漂泊经历。

甜蜜与麻木

奥德修斯从他们在忘忧岛逗留开始讲起。他是在手下洗劫了伊斯马罗斯之后去的那里，这是他们从特洛伊归来的第一站。吃了忘忧果的人沉浸在永恒的恍惚中。他们吃的忘忧果可以提供营养，但也令他们思维呆滞、心满意足。当船员们沉迷于这种具有迷幻作用的果实时，只有奥德修斯依然保持着敏捷的思维，依然保持着自律。他意识到了危险，强行抓住他们，将他们绑回船上，命令船员立刻起航。

独眼巨人波吕斐摩斯

在海上度过了几天之后，大家又饿又累，来到了一片海岸边。他们在此抛锚，上岸寻找补给，偶然找到了一处洞穴，发现里面有大量的食物、葡萄酒和其他供给。他们非常激动，于是大吃大喝起来，直到洞穴主人回来。洞穴的主人是可怕的独眼巨人波吕斐摩斯——海神波塞冬的儿子，他的前面还有一大群羊。

荷马

《伊利亚特》和《奥德赛》几乎可以肯定是作者虚构的。在古代传统中，荷马被描述为一位轻轻弹奏着七弦琴，留着大胡子的盲人。据说他来自小亚细亚海边的伊奥尼亚，也就是今天的土耳其。这样的人是不可能存在的——一个诗人独自创作《伊利亚特》或《奥德赛》是不可能的，更不用说一人创作两部史诗了。

荷马似乎是一种事后的合理化，用于解释这两部伟大作品何以问世。它们也许是无数个无名吟游诗人所传颂的故事的汇编。这种口头传统可以追溯到公元前12世纪。叙事者可以将篇幅巨大的叙事诗牢记于心，流利地即兴创作新的故事情节。他们还运用模式化的叙事元素和一些现成且被广为接受的人物事件，这一点在《伊利亚特》和《奥德赛》中体现得非常明显。公元前8世纪"写作"而成的这两部作品可能是集大成之作，而非原创作品。

《奥德赛》中的十四卷

- 一至四卷：忒勒马科斯为了保住父亲的宫殿而战。
- 五至八卷：奥德修斯终于逃离卡吕普索的岛，但是回家之路十分艰辛。
- 九至十二卷：奥德修斯在返回伊萨卡岛的旅途中遇到了挫折。
- 十三至十四卷：奥德修斯终于回家与儿子团聚，收回了自己的宫殿。

奥德修斯的冒险之旅

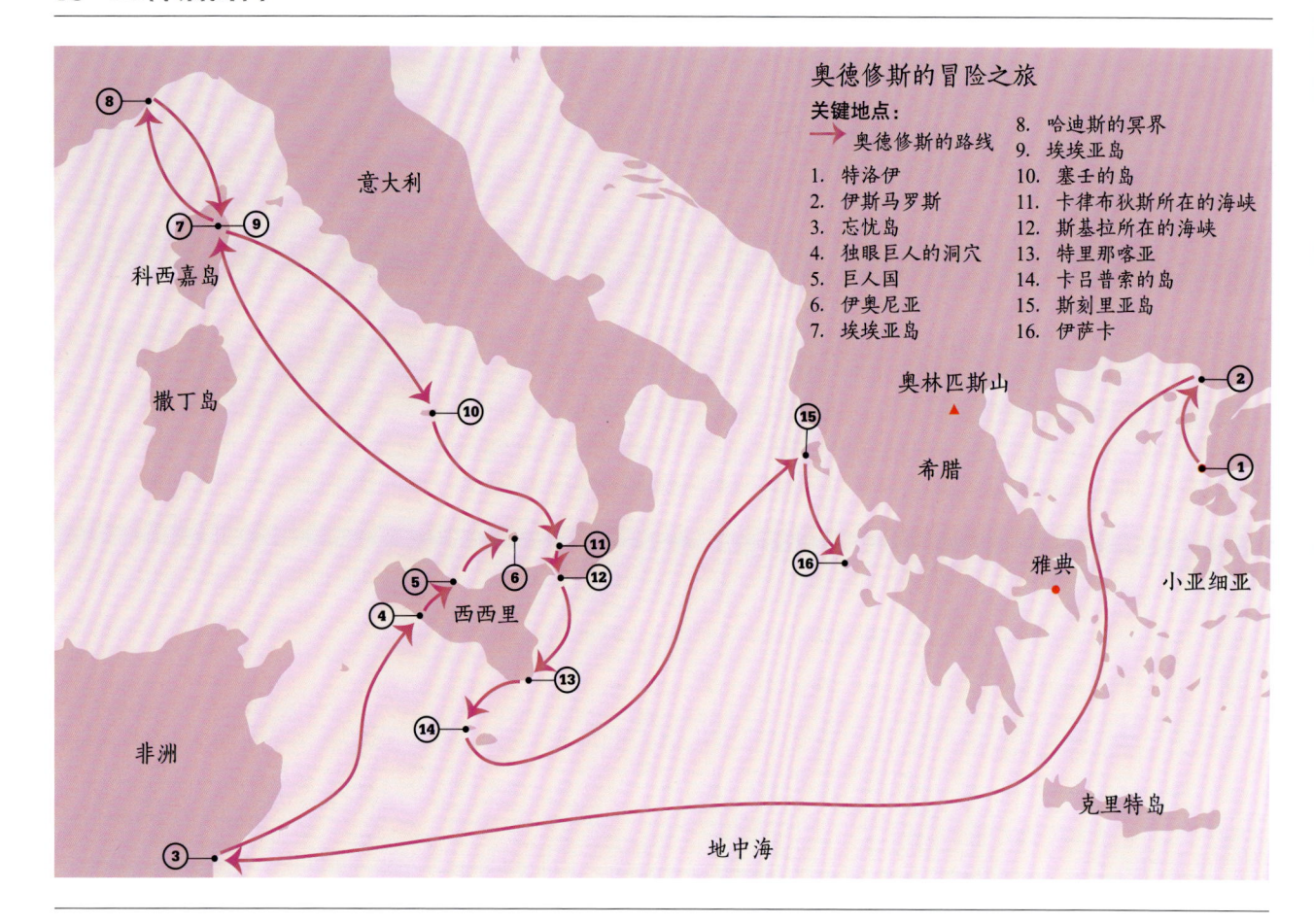

关键地点：
→ 奥德修斯的路线

1. 特洛伊
2. 伊斯马罗斯
3. 忘忧岛
4. 独眼巨人的洞穴
5. 巨人国
6. 伊奥尼亚
7. 埃埃亚岛
8. 哈迪斯的冥界
9. 埃埃亚岛
10. 塞壬的岛
11. 卡律布狄斯所在的海峡
12. 斯基拉所在的海峡
13. 特里那喀亚
14. 卡吕普索的岛
15. 斯刻里亚岛
16. 伊萨卡

打伤波吕斐摩斯

独眼巨人发现奥德修斯和手下在自己的洞穴里，勃然大怒。他在洞口放了一块巨石，把这些人困在里面。接着，他抓起两人，把他们吞了下去。奥德修斯惊恐万分，迫切地想要逃出去，于是和剩下的人想了个主意。他们等到独眼巨人喝醉酒昏昏欲睡的时候，用火烧热了一个巨大的树桩，并用力将树桩刺进了巨人唯一的眼睛里。巨人被弄瞎了。

巨大怒气冲冲地摸索着，却找不到攻击他的人。奥德修斯和手下已经计划好了逃跑的方法。第二天早上，当巨人把石头搬开，把羊群赶出去时，这些人躲在羊的肚子下面，紧紧抓住羊毛。巨人摸了每只出来的羊，却没有检查羊的肚子下面。安全抵达船上后，奥德修斯嘲笑波吕斐摩斯。波吕斐摩斯听见奥德修斯的声音，开始向他扔石头，不过奥德修斯已经扬帆起航了。

然而，奥德修斯和他的手下因为打伤波吕斐摩斯而激起了波塞冬的愤怒，从这一刻起，波塞冬就成了他们的死敌。一路上，所有的风浪和激流都是逆向的。就连看似幸运的事，即埃俄罗斯把一只装着各种风的皮口袋作为礼物送给奥德修斯，带来的结果也只是延长了他们的航行时间。此时，伊萨卡已在他们的视线范围内。船员们以为袋子里可能装着金子，就把它打开了。风吹起来，使得他们离伊萨卡越来越远，他们被吹到了未知的地

> 我日日渴望着看见家乡的那一天。
>
> 《奥德修斯》

方，在那里漂泊了数年。

巫术与预言

接下来，奥德修斯到了埃埃亚岛，这里的女巫瑟茜把他们当中的一些人变成了猪。奥德修斯迫使瑟茜把他们变回来，自己则成了她的情人。过了一年，奥德修斯问瑟茜怎样才能回到伊萨卡，瑟茜建议他去冥界找一位名叫"提瑞西阿斯"的盲人先知，他会告诉他们如何归乡。当奥德修斯终于见到提瑞西阿斯时，这位先知解释了波塞冬的怨恨。

奥德修斯和手下再次从埃埃亚岛出发，路过女妖塞壬的岛时，他让大家把耳朵堵起来，以免被她的歌声诱惑。接着，他们的船驶入一条极为狭窄的海峡（墨西拿）。海峡的一边是急切想把船只吞没的大漩涡怪卡律布狄斯，另一边是峭壁危岩，上面的六头女怪斯基拉随时准备抓捕并吞食经过的船员。

奥德修斯和手下不顾提瑞西阿斯的劝告，在特里那喀亚（太阳神赫利俄斯的牛群在该岛上）休整。奥德修斯告诉手下不要宰食圣牛，但他们没有听从。于是宙斯降下暴风雨作为惩罚。奥德修斯是唯一的幸存者。接着，他游到了仙女卡吕普索的岛屿，被其抓获。离开卡吕普索后，奥德修斯遭遇了波塞冬刮起的暴风雨，被冲上斯刻里亚岛，女神雅典娜救了他。

奥德修斯的妻子等待着丈夫的归来，她坐在织布机前，追求者们围着她请求她答应求婚。《佩涅洛佩和追求者》这幅油画是意大利文艺复兴时期的画家平托瑞丘于1509年创作的。

英雄归来

最后，船队终于回到了伊萨卡。奥德修斯伪装一番，让佩涅洛佩的追求者们认不出他，这样他就可以想方设法赢回自己的"遗孀"。他以前的养猪人欧迈俄斯收留了他。在这个老仆人的农舍里，奥德修斯见到了自己的儿子忒勒马科斯。见到父亲，忒勒马科斯喜出望外。

此时，追求者们对佩涅洛佩的织布策略已经厌倦，于是佩涅洛佩提出了一个新挑战。她把十二把斧头排成一列，谁能用奥德修斯的弓箭一箭射穿斧头上的小孔，她就嫁给谁。佩涅洛佩知道只有奥德修斯具备这样的能力。乔装打扮的奥德修斯第一箭就射中了，第二箭他射死了一个求婚者。其余的求婚者非常愤怒，拿起武器同英雄对决。奥德修斯在儿子的帮助下把这些求婚者都杀了。∎

"美丽的船"

荷马笔下的文字反映了早期的古希腊人对快船建造及其重要性拥有深刻的认识。在荷马时代，桨帆船又长又细，船头和船尾隆起，外形优雅，好似牛角。《伊利亚特》中使用"中空"这类形容词来描述桨帆船，似乎暗示这些船没有遮盖的甲板。《奥德赛》里所说的"黑船"，名字来源于船身上所涂的防水的沥青。中间的船帆提供了动力。船两边各有二十五个人划船，即使风小或逆风时，船也能保持前进速度和近海的适航性。奥德修斯砍了二十棵树，去掉了枝叶，造出了龙骨、框架和外板，最终建造了一艘船，离开了卡吕普索的岛。

任务完成后，他将获得永生

赫拉克勒斯十二功绩

简介

聚焦
赎罪

来源
《特拉斯基少女》，索福克勒斯，约公元前450年
《书库》，伪阿波罗多洛斯，约公元前100年
《希腊志》，帕萨尼亚斯，约公元150年

背景
古希腊、克里特、北非、高加索、小亚细亚

主要人物
赫拉克勒斯 宙斯和阿尔克墨涅之子
宙斯 赫拉克勒斯之父，众神之王
赫拉 宙斯的妻子
阿尔克墨涅 赫拉克勒斯的母亲，最高、最美、最有智慧的凡间女子
安菲特律翁 阿尔克墨涅的丈夫

虽然赫拉克勒斯长大后成了英雄，但他将自己的存在归于一场欺骗。宙斯乔扮成阿尔克墨涅的丈夫安菲特律翁，与她发生了关系。当阿尔克墨涅生下宙斯的儿子赫拉克勒斯时，宙斯完全不在意这个孩子。安菲特律翁将这个孩子视若己出，并将之带大。当女神赫拉听说了宙斯的不端行为时，她非常嫉妒和愤怒，于是派了两条巨蛇去杀死还是婴儿的赫拉克勒斯。但是，赫拉克勒斯不仅身形巨大，还拥有超人般的神力。他赤手空拳掐死了巨蛇。后来，赫拉克勒斯娶了

古希腊 73

参见：奥林匹斯众神 24~31页，普罗米修斯帮助人类 36~39页，风流的宙斯 42~47页，狄俄尼索斯崇拜 52页。

赫拉克勒斯把赫拉派来杀死他的巨蛇掐死在摇篮里。在这幅庞培·巴托尼于1743年创作的画作中，赫拉克勒斯的父母阿尔克墨涅和安菲特律翁敬畏地看着他。

底比斯的墨伽拉公主为妻，生了一儿一女。但是，赫拉仍然对宙斯的行为颇为嫉妒，还让赫拉克勒斯暂时发疯。赫拉克勒斯发疯后，杀死了自己的妻子和两个孩子。

任务开始

悲痛欲绝的赫拉克勒斯被贴上"谋杀者"的标签，不得不接受惩罚。赫拉强迫德尔斐神谕安排一系列任务作为惩罚。赫拉克勒斯被判处侍奉迈锡尼国王欧律斯透斯，并完成他选派的十大任务。国王想出了最具挑战性和危险性的任务。他先命令赫拉克勒斯杀死尼米亚猛狮。这头狮子经常诱拐尼米亚地区的女人，还把她们囚禁在附近的巢穴里。赫拉克勒斯追踪狮子，并用弓箭射击它，但狮子刀枪不入，箭碰到狮子就被弹开了。赫拉克勒斯把狮子逼到洞穴一角，用棍棒将其击倒，然后勒死了它。因此，在有关赫拉克勒斯的艺术作品中，他总是拿着棍棒，穿着尼米亚猛狮的兽皮。

海德拉

接下来，赫拉克勒斯要面对的是更可怕的怪兽海德拉。海德拉生活在阿尔戈斯城附近的勒拿湖中，是一条巨大的水蛇。它的九个头摇摆着，嘶嘶作响，并能吐出毒液，甚至连它呼出的气体都含有剧毒。任何东西，只要沾到它的血，就会被腐蚀，碰到它的皮的人也会死掉。当赫拉克勒斯砍下它的一个头时，原来的地方又长出了两个新的头。

赫拉克勒斯无法打败这个怪

> " 海德拉身形庞大，有九个巨大的头，其中八个是不能再生的。
> 《书库》

阿尔克墨涅

阿尔克墨涅是厄勒克特律翁的女儿，厄勒克特律翁由珀尔修斯和安德洛墨达所生。在古希腊，阿尔克墨涅被誉为女性美丽和美德的完美代表。尽管阿尔克墨涅因为被骗怀上了赫拉克勒斯，但她和丈夫安菲特律翁仍然很爱这个儿子，把他和他们自己的两个孩子一起抚养长大。那两个孩子是一对龙凤胎：儿子叫伊菲克瑞乌萨，在战斗中阵亡；女儿叫雷默，嫁给了一位阿尔戈英雄。

据帕萨尼亚斯的记载，嫉妒的赫拉因为阿尔克墨涅怀了宙斯的孩子而想要惩罚她，于是派巫婆使她在生孩子的时候饱受痛苦。据奥维德的描述，赫拉克勒斯体型巨大，阿尔克墨涅生他的时候非常困难，但生育女神厄勒提亚因害怕惹恼天后赫拉而拒绝助产。在上述两个版本的神话中，一个女仆救了阿尔克墨涅：女仆瞒哄赫拉的仆人，让她们相信孩子已经出生。

兽，于是便向他的侄子伊奥劳斯求助。伊奥劳斯拿来燃烧的木头，当赫拉克勒斯砍掉海德拉的脑袋时，伊奥劳斯就立刻用燃烧的木头去灼烧伤口。灼烧止住了血，同时也阻止了新的脑袋长出。赫拉克勒斯把海德拉那个永生的头割下，埋了起来，终于成功杀死了这个怪兽。它躺在地上，赫拉克勒斯用箭头蘸了蘸它的血，留待日后战斗中使用。不过，他的胜利是短暂的。由于依靠了外界的帮助，欧律斯透斯裁定这次的任务不算数。

牝鹿和其他动物

刻律涅牝鹿，长着金角，是阿尔忒弥斯的圣物。这种鹿跑得比飞箭还快。赫拉克勒斯奉命把它抓回，献给欧律斯透斯。他毫不费力就找到了这只奇特的动物，因为金色鹿角上闪耀的光芒暴露了它的行踪，可要抓住它就没那么容易了。赫拉克勒斯在古希腊各地追了一年

赫拉克勒斯十二功绩是古希腊和古罗马雕刻作品很受欢迎的一个主题。这一雕刻作品被刻于一具石棺（约公元240—公元250）的一侧，现存于罗马的阿尔坦普斯宫。

> " 赫拉克勒斯在灌木丛中大喊大叫地追赶野猪，把疲惫不堪的野猪赶到了深深的雪堆里。"
>
> 《书库》

才设网俘获了这头鹿。

赫拉克勒斯的下一个目标是厄律曼托斯山的野猪。这种野猪不仅跑得快，而且凶残无比，欧律斯透斯很害怕它。赫拉克勒斯在古希腊到处搜寻，他穿越近东的高地，把野猪赶到一座山的雪堆里。在那里，他把挣扎的野猪绑了起来。欧律斯透斯请求他赶紧把野猪弄走，于是赫拉克勒斯把它扔到了海里。

赫拉克勒斯的第五项任务是清扫伊利斯国王奥革阿斯的马厩，这里没有一匹马，有的只是国王的牛。这个养着1000头牛的马厩已经有很久没清理过了。赫拉克勒斯接受了这项肮脏而又丢脸的任务，并且轻而易举地完成了。他把附近的河水引过来，冲干净了马厩。欧律斯透斯大喊犯规，说赫拉克勒斯没有自己动手打扫，就不能算是完成了任务。

接着，赫拉克勒斯被派往离科林斯不远的斯廷法罗斯城外的湖畔，那里有一种以人肉为食的铁嘴飞鸟。赫拉克勒斯艰难地行走在松软潮湿的地面上，雅典娜给了他一个大铜钹。赫拉克勒斯敲击大铜钹发出刺耳的声音，吓得这些飞鸟仓皇飞走。他趁机用弓箭将飞鸟射下。

更多野兽和一条腰带

驱赶完斯廷法罗斯的飞鸟之后，赫拉克勒斯的下一项任务是抓住克里特公牛。波塞冬让这头公牛发疯，在克里特岛上横冲直撞，胡作非为。赫拉克勒斯趁其不备，偷偷溜到它身后，用强有力的双手把它牢牢控制住。他用链子拴住公牛，并把它带到了欧律斯透斯的宫殿，但欧律斯透斯后来把它放走了。

之后，赫拉克勒斯被派去偷色雷斯国王狄俄墨得斯的食人母马。

赫拉克勒斯十二功绩

1. 杀死 尼米亚猛狮
2. 杀死 九头蛇海德拉
3. 抓住 刻律涅牝鹿
4. 抓住 厄律曼托斯山的野猪
5. 清扫 奥革阿斯的马厩
6. 杀死 斯廷法罗斯的铁嘴飞鸟
7. 抓获 克里特公牛
8. 抓住 狄俄墨得斯的食人母马
9. 偷取 希波吕忒的腰带
10. 抓住 革律翁的公牛
11. 偷走 赫斯珀里得斯的苹果
12. 抓住 三头犬刻耳柏洛斯

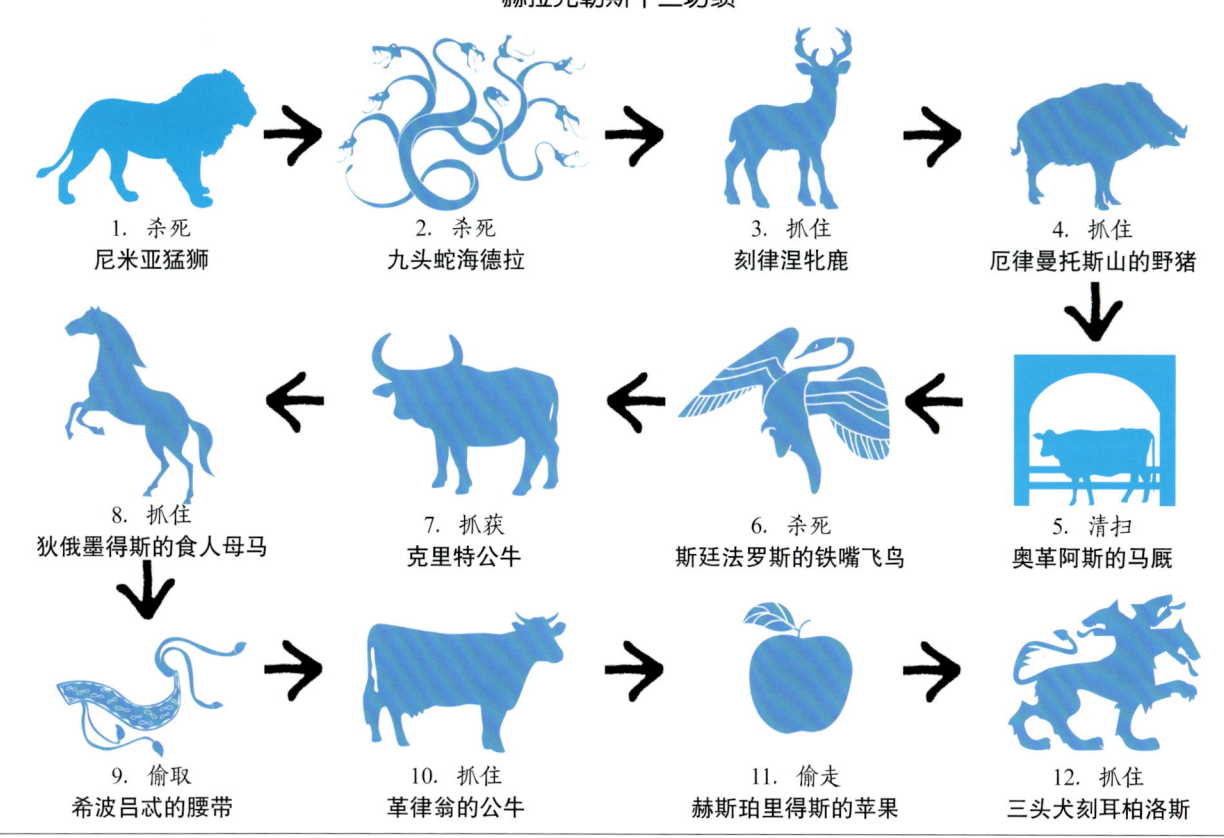

这些马难以控制，恶名远扬，还吃掉了赫拉克勒斯的同伴阿珀特洛斯。赫拉克勒斯为了替同伴报仇，杀死了国王，并把国王的肉喂给了这些马。这些肉短暂填饱了它们的肚子，使它们平静了下来。赫拉克勒斯得以把它们的嘴封住。他给马戴上马具，并把它们带回了迈锡尼。

第九项任务是最容易的一项。赫拉克勒斯要去偷亚马孙人的女王希波吕忒的腰带。这是一个女人国，位于古希腊特弥斯库拉城，族人骁勇善战。女王希波吕忒迷恋赫拉克勒斯，愿意把自己的腰带送给他，但赫拉横加干预，因为她仍对赫拉克勒斯怀恨在心。这位有仇必报的女神激起了亚马孙人对赫拉克勒斯的仇恨，迫使赫拉克勒斯为了逃跑杀死了希波吕忒。

其他任务

赫拉克勒斯的第十项任务是到西边海洋的边缘、利比亚附近的厄里茨阿岛，把三头巨人革律翁的公牛牵回来。他还杀死了革律翁的放牧人欧律提翁和长着蛇尾的双头犬奥特鲁斯。他经历千难万险，把革律翁的公牛牵回了古希腊。

他的第十一项任务是再次向西出发去落日女神赫斯珀里得斯那里拿到她的苹果。不知道为什么，他无法亲自采摘苹果，于是他说服阿特拉斯帮他完成。泰坦神阿特拉斯同意了，条件是赫拉克勒斯要帮他扛起天空。阿特拉斯带着苹果回来了，但威胁说要把赫拉克勒斯永远留在那里。赫拉克勒斯请求他再扛一会儿，阿特拉斯不假思索就同意了，于是赫拉克勒斯拿着战利品逃跑了。

回到迈锡尼，赫拉克勒斯被派去完成最后一项任务：到冥界把冥王长着三个头的看门犬刻耳柏洛斯带回来。哈迪斯说，赫拉克勒斯可以带走刻耳柏洛斯，但条件是他要不用任何武器抓住它。于是，赫拉克勒斯把三头犬卷在狮子皮里扛了出来。赫拉克勒斯已经赎完了罪，从此获得了自由。■

他长着牛头人身

忒修斯和弥诺陶洛斯

克里特岛是公元前2000年统治爱琴海和地中海地区的米诺斯文明的中心。米诺斯人热衷于贸易，文化先进。他们与古希腊大陆的较量是弥诺陶洛斯神话的起源。

祭品

雅典国王爱琴斯派人杀害了米诺斯国王的儿子安德洛革俄斯，德尔斐神谕命令他赎罪。每隔七年，爱琴斯就必须抽签选出七对城里最美丽的少年少女，并将他们送到米诺斯的首都克诺索斯，喂给一只生活在迷宫里的怪物弥诺陶洛斯。

> 代达罗斯建造了一座迷宫，里面蜿蜒曲折，错综复杂，任何试图离开的人都找不到出路。
>
> 《书库》

波塞冬送给米诺斯国王一头白色公牛。但是，米诺斯国王并没有像海神所希望的那样献祭公牛，而是把它留为己用。波塞冬诅咒国王，令帕西法厄与这头公牛相爱。王后为了接近公牛把自己变成了一头母牛，然后怀孕生下了半人半牛的怪物弥诺陶洛斯。米诺斯国王命令代达罗斯建造一座迷宫，把这个怪物藏了起来。

忒修斯的使命

到国王爱琴斯第三次抽签献祭的时候，他的儿子忒修斯已经长大。忒修斯下定决心要杀死这个怪物。他请求父亲让他加入这次的克里特祭祀队伍，并许诺返程时把船帆的颜色从黑色变成白色，以示胜利。

当忒修斯到达克诺索斯时，国王米诺斯的女儿阿里阿德涅疯狂地爱上了他。阿里阿德涅乞求代达罗斯帮助自己的恋人。为了确保忒修斯能找到走出迷宫的路，代达罗斯给了阿里阿德涅一团毛线，让她把毛线团系在迷宫的入口处，这样

简介

聚焦
人与怪物

来源
《忒修斯传》，普鲁塔克，公元75年
《书库》，伪阿波罗多洛斯，约公元100年

背景
位于克里特岛克诺索斯的米诺斯国王的宫殿

主要人物
爱琴斯　雅典国王

米诺斯　克里特国王，宙斯和欧罗巴之子

帕西法厄　克里特王后

波塞冬　海神

弥诺陶洛斯　半人半牛的怪物

代达罗斯　发明家

忒修斯　爱琴斯国王和埃特拉的儿子

阿里阿德涅　米诺斯和帕西法厄的女儿

参见： 风流的宙斯 42~47页，阿波罗和德尔斐神谕 58~59页，代达罗斯和伊卡洛斯 78~81页，密特拉和公牛 118~119页，《吉尔伽美什史诗》190~197页。

约公元前420年的一个基里克斯陶杯上描绘了忒修斯击败弥诺陶洛斯的场景。杯子上以忒修斯的英雄事迹为装饰，并附有古希腊花瓶画家艾森的签名。

忒修斯往里面走的时候，毛线就会记录进去的路。经过一场史诗般的搏斗，忒修斯杀死了这个怪物，然后顺着阿里阿德涅的毛线安全走出了迷宫。

仓促离开

阿里阿德涅和忒修斯一起扬帆前往雅典，但雅典娜出现了，她命令忒修斯将阿里阿德涅留在纳克索斯岛。忒修斯失去了恋人，悲痛万分，忘了把船帆换成白色。站在悬崖顶端翘首以待的国王爱琴斯看见了黑色船帆，悲痛不已，以为自己的儿子死了，于是纵身跳入了大海。此后，这片海域就被命名为"爱琴海"。■

公牛

没有人比公元前2000年在克里特岛上居住了几百年的人更尊敬公牛了。从某种意义上说，神话中克里特岛的第一位国王米诺斯与弥诺陶洛斯一样，是个半人半牛的怪物。他的父亲宙斯变成一头牛霸占了他的母亲欧罗巴。

对公牛的信仰是米诺斯文化的核心。位于克诺索斯的宫殿里到处都是有关公牛的艺术作品，其中一幅描绘了运动健将从公牛身上一跃而过的场景。这座宫殿由英国考古学家阿瑟·伊万德于20世纪初发掘，是克里特岛上此类建筑群中最精致的一座。伊万德将这种文化命名为"米诺斯文化"。由于出土的宫殿曲折迂回，令人难辨方向，伊万德将之比作"迷宫"。

这是在克诺索斯宫殿里发现的约公元前1500年的米诺斯角状环。

兴高采烈的伊卡洛斯不顾父亲的警告，越飞越高

代达罗斯和伊卡洛斯

简介

聚焦
人的骄傲与处罚

来源
《历史集成》，狄奥多罗斯·西库鲁斯，约公元前30年
《变形记》，奥维德，公元8年
《自然史》，普林尼，约公元78年
《书库》，伪阿波罗多洛斯，约公元100年

背景
克里特和爱琴海

主要人物
米诺斯 克里特国王，宙斯和欧罗巴之子

代达罗斯 受雇于米诺斯国王的古希腊发明家

伊卡洛斯 代达罗斯和古埃及女奴瑙克剌忒之子

科卡罗斯 西西里卡米克斯的国王，代达罗斯的保护者

代达罗斯是一位发明家，他给船装上桅杆和船帆，给船头配上攻城锤，以保证作战时能追上并打败敌人的舰队。他制作了栩栩如生的雕像和能像人一样思考和感受的"机器人"。他还为施工建筑发明了许多工具。代达罗斯来自雅典，在克里特为国王米诺斯干活。米诺斯非常器重代达罗斯，一刻也不想让他离开自己的视线。

代达罗斯的发明使他变得举足轻重，但同时也为他带来了危险，因为他知道国王最不为人知的

古希腊 79

参见：忒修斯和弥诺陶洛斯 76~77页，阿拉克涅和密涅瓦 115页，《吉尔伽美什史诗》190~197页。

在这幅来自土耳其泽乌玛的地板镶嵌画中，代达罗斯和伊卡洛斯为帕西法厄王后（最左边）建造了一头木制奶牛。

秘密。代达罗斯帮助忒修斯从迷宫逃跑后，米诺斯便把这位发明家关进了塔里，并将他软禁起来。除了自由，他可以享尽荣华。代达罗斯的儿子伊卡洛斯也和他关在一起。

插翅逃离

代达罗斯想要逃离这个舒适奢华的牢笼，但从塔顶到岛外的逃生路线都被封锁了，而爱琴海上巨浪滔天，难以逃脱。代达罗斯透过窗户看到飞过的鸟儿，突然意识到，只要他能飞，天空就是一条可以逃跑的捷径。

代达罗斯花了很长时间研究鸟儿。他研究了它们翅膀的解剖结构和飞行时的空气动力学。为了做出两对翅膀（一对给自己，另外一对给儿子），代达罗斯夜以继日地辛苦劳作着。

翅膀必须结构坚固，同时还要灵活轻巧。此外，它们还需提供足够的升力以抵消重力，这样代达罗斯和伊卡洛斯才可以在空中飞行。代达罗斯在翅膀上铺满真正的羽毛，但他不知如何把羽毛牢牢粘

代达罗斯的发明：锯、斧子、船头、胶水、钻、铅垂线

代达罗斯的幽暗往事

代达罗斯来自雅典，他谋杀了自己的外甥塔罗斯（有时叫"珀耳狄克斯"）后逃亡到了克里特。塔罗斯还是代达罗斯天赋极高的徒弟，12岁的时候就已经发明了陶工旋盘、凿子，还将两片铁固定在针上做出了第一个罗盘。据说，代达罗斯觉得塔罗斯不断提升的发明技能威胁到了自己，终有一日会遮盖他的光芒。于是，他把塔罗斯从雅典卫城顶端推了下去。在诗人奥维德的笔下，密涅瓦（雅典娜）目击了整个过程，她在半空中接住了塔罗斯，把他变成了一只鹧鸪。奥维德写道，这只鸟儿喜欢生活在离地面较近的地方。代达罗斯想要逃避审判，就逃到了克里特，而塔罗斯的母亲，也就是代达罗斯的妹妹因此自杀了。

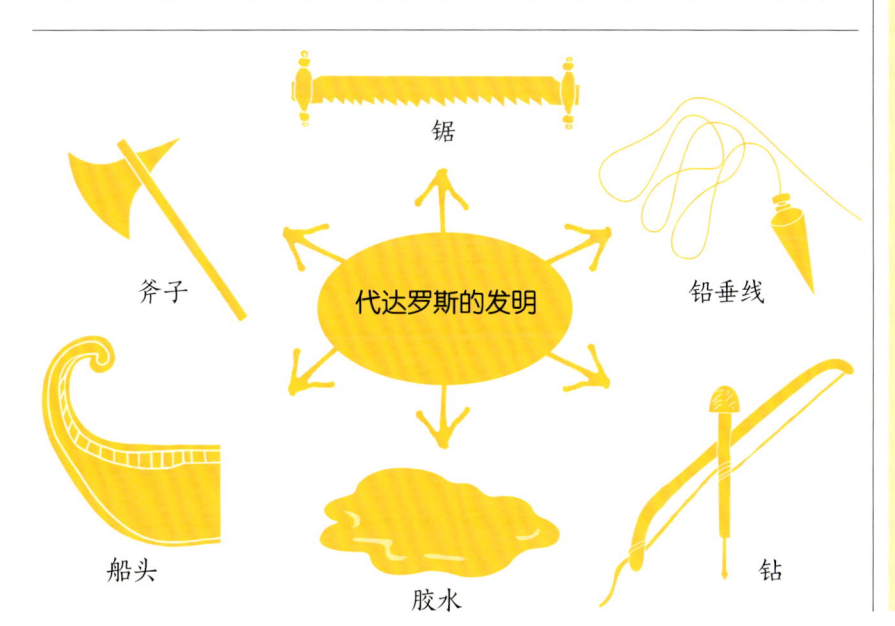

在热那亚大师多梅尼科·皮奥拉创作的《代达罗斯和伊卡洛斯》（约1670）中，代达罗斯一手将翅膀系在他儿子的后背上，一手指着天空和前方危险的旅程。

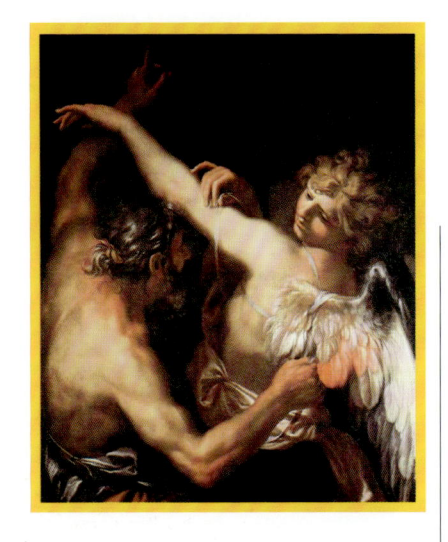

住。他决定用蜡解决这个问题——这样既结实又柔韧，在保证羽毛粘得很牢固的同时，还能确保翅膀的灵活性。代达罗斯着手工作了。他一排排一层层地把每一片羽毛在准确的位置仔细粘好。

冒险的飞行

最后，翅膀制作好了。结果令人震惊：人造翅膀完美地复制了鸟类的运动。这位发明家知道翅膀很脆弱，给儿子下了严格的指令：千万不要飞得太低，以免海浪冲到翅膀上，因为水会增加翅膀的重量，会使他坠入大海；也绝对不能飞太高，因为阳光会使把翅膀粘在一起的蜡熔化。代达罗斯嘱咐伊卡洛斯一定在中间地带飞行。

这位少年穿上父亲发明的翅膀，从塔上跳下去，他没有摔死，反而在翅膀的轻轻摆动下在空中飞了起来。伊卡洛斯激动不已，他从未觉得自己如此强大、如此自由。他的父亲更为焦虑，小心翼翼地在前面带路，飞向云层。他每飞一段，都会重新判断高度，用地面上的标志物来指引安全的飞行路线。

伊卡洛斯并不像父亲那样担心。随着翅膀的每一次拍打，他变得越来越熟练，越来越大胆，他在空中俯冲和飞翔，全然不顾父亲的再三警告。在爱琴海上空，他飞得越来越高，看到父亲在下面慢慢地拍打着翅膀，他哈哈大笑。

少年的坠落

当温暖的阳光洒在脸上，伊卡洛斯兴奋不已，但他突然记起了父亲的警告。他看见翅膀尖的羽毛松了，掉了下去。他意识到蜡被太阳晒化了。他惊慌不已，赶紧降低高度，但为时已晚。蜡熔化了，羽毛纷纷从翅膀上脱落，伊卡洛斯坠入了大海。

代达罗斯听到儿子绝望的呼喊，回头一看，只见他坠落的水面上漂浮着羽毛和泡沫。他坠落地点附近的伊卡里亚岛因此得名。失去儿子的代达罗斯别无选择，只能绝望地独自飞行。尽管伊卡里亚岛位于克里特岛东北部，在土耳其海岸附近，但有记载称代达罗斯最终在西边很远的西西里着陆。在那里，卡米克斯的科卡罗斯国王收留了他。

谜语之验

与此同时，米诺斯国王急于

> "
> 美德既能找到也能选择中庸之道。
>
> 亚里士多德《尼各马可伦理学》
> "

狂妄自大

代达罗斯和伊卡洛斯的神话告诫人们，不要过于自信或狂妄。那些过于狂妄的凡人在古希腊神话中都受到了严厉的惩罚，而且此类故事在诗歌和戏剧中也有体现。这种罪行是非常严重的，因为它威胁到了宇宙的秩序和神对人类的控制。

亚里士多德宣称，黄金分割——也就是两极之间的中庸之道——是可取的。这一理想的可取性适用于生活的方方面面，也颇具美学属性。在建筑学中，黄金分割表现为用数学推导出来的理想比例。比如，公元前447—公元前432年，为了感谢雅典人战胜波斯入侵者而建的万神殿，是这座政治和军事处于鼎盛时期的城邦的最高荣耀，但它也是一座歌颂着对称与平衡、体现着节制与美丽的石砌建筑。

找到这位天赋异禀的发明家，想让他回到克里特。他追着代达罗斯到了西西里，并发布了一则谜语：谁可以把一根细线穿过一个螺旋贝壳，谁就可以获得巨大的奖赏。他知道只有代达罗斯能做到。当国王科卡罗斯把整整齐齐拴着的贝壳给他时，米诺斯猜测肯定是代达罗斯帮了他。他猜对了，代达罗斯把线绑在蚂蚁身上，让小小的蚂蚁带着线穿过了贝壳。

米诺斯要求代达罗斯投降，但科卡罗斯为他争取了时间。科卡罗斯请客人稍等片刻，先接受款待。有人说，米诺斯在洗澡的时候

在这幅让·马休斯创作的雕刻作品（约1610）中，伊卡洛斯的父亲看着他从天空坠落。这幅作品出自法国人尼古拉斯·勒努阿德翻译的奥维德的《变形记》。

> **因为无知，年轻人飞得太高，最终坠入了大海。**
>
> 《历史集成》

被科卡罗斯的女儿们杀死了。还有传闻说，代达罗斯通过秘密管道把沸腾的水注入了米诺斯洗澡的地方，亲手杀死了米诺斯。还有些神话说，米诺斯死后，众神把他带到奥林匹斯，让他与锻造之神赫菲斯托斯一起工作。■

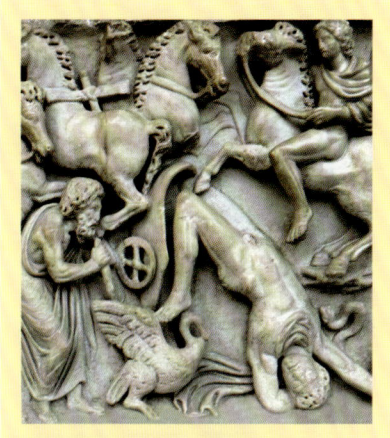

法厄同与赫利俄斯

人们经常将伊卡洛斯和代达罗斯的神话与法厄同和赫利俄斯的故事相提并论。赫利俄斯是泰坦太阳神，每天乘坐火红骏马拉着的金色马车向西飞越天际，在夜幕降临时越过西边的地平线。赫利俄斯的儿子法厄同心存敬畏，又十分羡慕，乞求父亲让他也驾一回马车。虽然心有疑虑，但赫利俄斯最终还是同意了，法厄同欣喜若狂，大笑着出发了。

然而没过多久，法厄同就慌了神。马车远远地偏离了路线，横冲直撞，在空中急转直下。马车飞得太低，烧焦了大地；而后又直冲云霄，让大地陷入冰冻与荒芜。宙斯实在看不过去了，于是射出一道雷电，摔死了法厄同，以惩罚他飞得太高。伊卡洛斯的故事往往被视为对狂妄自大的警告，但奥维德对法厄同坠落的描述可以被解读为一个关于人类拥有崇高理想却又十分愚蠢的故事。

看着光亮的盾牌里美杜莎的头，他将其斩首

珀尔修斯和美杜莎

简介

聚焦
女性性欲的威胁

来源
《神谱》，赫西俄德，约公元前700年
《被缚的普罗米修斯》，埃斯库罗斯，约公元前430年
《书库》，伪阿波罗多洛斯，约公元100年
《希腊志》，帕萨尼亚斯，约公元150年

背景
阿尔戈斯、亚洲、埃塞俄比亚

主要人物
珀尔修斯 一位英雄，宙斯和达娜厄之子

达娜厄 阿克瑞斯的女儿，珀尔修斯的母亲

美杜莎 戈尔贡三姐妹之一

安德罗墨达 埃塞俄比亚国王刻甫斯与卡西奥佩娅之女

珀尔修斯的身世有些超乎寻常，让人难以置信。宙斯变成金雨，让珀尔修斯的母亲达娜厄怀上了他。珀尔修斯出生在古希腊的阿尔戈斯。他的外祖父阿克瑞斯曾被警告说，他总有一天会死于外孙之手，于是阿克瑞斯把珀尔修斯和母亲达娜厄装到木箱里扔进了大海。结果，他们漂到了爱琴海的塞里福斯岛，那里的国王收留了他们。

珀尔修斯的冒险之旅

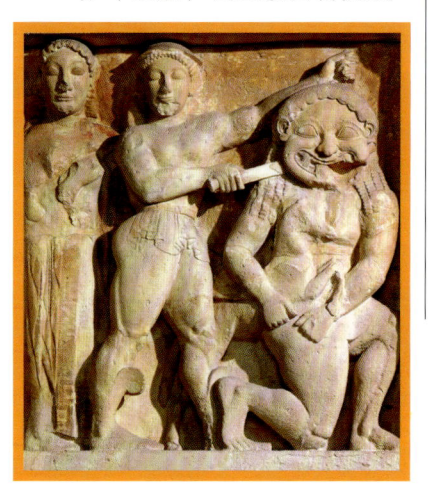

多年之后，国王波吕得克忒斯想娶美丽的达娜厄，但遭到了拒绝。在这个故事的某些版本中，国王派珀尔修斯去执行杀死怪物美杜莎的致命任务，这样他就能毫无顾忌地与达娜厄结婚。在另一些版本中，珀尔修斯是主动提出挑战的。不管哪个版本，珀尔修斯都踏上了杀死美杜莎的旅程，他决心带回美杜莎的头作为证据。

美杜莎是戈尔贡三姐妹之一。她们都长着一头蛇发，面容可怖。不论是谁，只要看上她们一眼，都会变成石头。据某些神话记载，美杜莎生而丑陋，还有一些神话版本说美杜莎因为虚荣受到了雅典娜的诅咒。美杜莎的两个姐姐都是不死之身，但美杜莎受到雅典娜的惩罚，可以被杀死。

神助

面对杀死美杜莎的挑战，珀尔修斯向众神求助。雅典娜给了他

公元前6世纪，西西里岛塞利农特神庙的一幅石灰岩浮雕，描绘了珀尔修斯在雅典娜的陪同下将美杜莎斩首的情景。

古希腊 83

参见：普罗米修斯帮助人类 36~39页，风流的宙斯 42~47页，赫拉克勒斯十二功绩 72~75页，忒修斯和弥诺陶洛斯 76~77页。

> 她们把所有看到她们的人都变成了石头。
>
> 《书库》

一个发光的青铜盾牌，父亲宙斯给了他一把剑柄镰刀，哈迪斯给了他一个隐形头盔，赫尔墨斯送给了他一双带翅膀的凉鞋。在雅典娜的建议下，珀尔修斯还拜访了赫斯帕里得斯，得到了一个能把美杜莎的头安全带回来的袋子。即使美杜莎死了，她的眼睛仍可把人变成石头，她的蛇发仍可置人于死地。

最后，珀尔修斯到达了戈尔贡所在的萨尔珀冬岛。戈尔贡睡觉的洞穴由格里伊三姐妹守卫。这三个女巫共用一颗牙齿和一只眼睛。当她们交接牙齿和眼睛时，珀尔修斯把牙齿和眼睛抢了过来，然后溜了进去。他发现美杜莎还在睡觉，于是悄悄地靠近她，而她丝毫没有察觉。他没有看她的脸，而是看着盾牌中的她。他高举宝剑，用尽全力，砍下了美杜莎的头，并把她的头装进了袋子里。他一眼也没看美杜莎那可以使人石化的脸。

新生活

波塞冬曾让美杜莎怀孕，美杜莎被斩首后，从其伤口处蹦出了飞马珀伽索斯和巨人克律萨俄耳。珀尔修斯骑上珀伽索斯疾驰而去，在归途中，他从海怪手里救了少女安德罗墨达。他终于凯旋，把美杜莎的头带到了宫殿。波吕得克忒斯看了一眼美杜莎，就变成了石头。珀尔修斯把之前的礼物还给了众神，把美杜莎的脑袋献给了雅典娜。

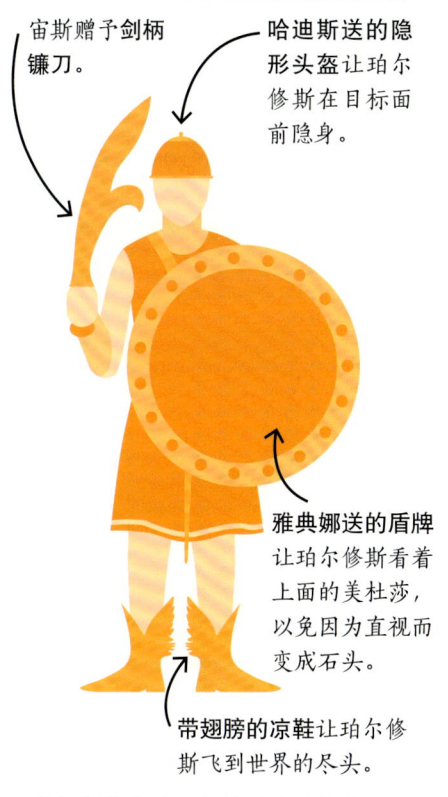

宙斯赠予剑柄镰刀。

哈迪斯送的隐形头盔让珀尔修斯在目标面前隐身。

雅典娜送的盾牌让珀尔修斯看着上面的美杜莎，以免因为直视而变成石头。

带翅膀的凉鞋让珀尔修斯飞到世界的尽头。

珀尔修斯收到几位神赠送的礼物，全副武装。在古希腊神话中，被施了魔法的宝物往往能帮助英雄完成冒险之旅。

安德罗墨达

埃塞俄比亚是位于非洲尼罗河上游的一个古老王国。安德罗墨达是国王和王后的女儿，她的美貌名扬四海。她为人谦逊，而她的母亲——海洋仙女卡西奥佩娅——并非如此。她因常常吹嘘女儿的魅力甚至超过了陪伴波塞冬的涅瑞伊得斯而犯下了令海神不可饶恕的罪行。每天，波塞冬都派海怪刻托攻击埃塞俄比亚的田地和村庄。安德罗墨达的父亲刻甫斯乞求波塞冬不要再迫害他的王国。波塞冬答复道，只有刻甫斯把女儿献祭，他才会召回海怪。

安德罗墨达被用链条锁在海边的一块岩石上，听天由命。珀尔修斯碰巧看到这一幕，俯冲下来解救了她。珀尔修斯杀死刻托，救了安德罗墨达，并娶她为妻，两人一起生活在塞里福斯岛上。

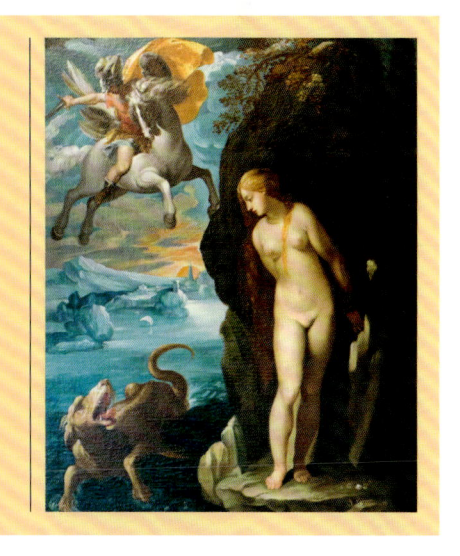

仇恨是无底杯，我将不断往里倾倒
伊阿宋和美狄亚

简介

聚焦
背叛与复仇

来源
《美狄亚》，欧里庇得斯，公元前431年
《阿尔戈英雄纪》，罗德岛的阿波罗尼奥斯，约公元前250年
《书库》，伪阿波罗多洛斯，约公元100年
《希腊志》，帕萨尼亚斯，约公元150年

背景
色萨利的伊奥尔科斯、黑海的科尔基斯、伯罗奔尼撒的科林斯

主要人物
伊阿宋 埃宋之子
珀利阿斯 伊奥尔科斯国王
埃厄忒斯 科尔基斯国王
阿尔戈英雄 与伊阿宋一起出海的勇士
美狄亚 女巫，埃厄忒斯的女儿

伊阿宋是伊奥尔科斯王国的合法继承人，他在流放中长大，叔叔珀利阿斯篡夺了王位。伊阿宋一长大，就扬帆起程，准备返回位于色萨利的王国，并发誓要夺回自己的王位。珀利阿斯承认了伊阿宋的说法，但坚称要想成为伊奥尔科斯国王，就必须向东航行至高加索，从科尔基斯国王埃厄忒斯那里取回神奇的金羊毛。

阿尔戈英雄

珀利阿斯相信伊阿宋在这项任务中必死无疑。但是，伊阿宋有女神雅典娜的支持。根据雅典娜的指示，他召集了一群勇士，并建造了一般大船阿尔戈号。船建好后，勇士们出海了，他们自称"阿尔戈英雄"。经历千难万险之后，他们在科尔基斯登陆。古希腊人认为这座岛屿是地球的边缘。他们逆流而上，到达一片荒山野岭，阿尔戈英雄发现传说中的金羊毛挂在神圣的小树林的树枝上，由一条从来也不睡觉的凶猛巨龙守卫着。

美狄亚的痴迷

伊阿宋刚到达，反复无常的欲望之神厄洛斯就用一支金头箭射中了国王的女儿美狄亚。年轻的公主立即疯狂地陷入了爱情。虽然她是女巫瑟茜的侄女，并且自己也是一个女巫，但她仍无力抵抗。她被欲望所左右，决心跟着伊阿宋，尽己所能帮助他。她准备了一剂药

美狄亚拿着致命的药剂，而珀利阿斯不知情的女儿们拿进来一个大釜给珀利阿斯洗澡。这是约公元前420年古希腊大理石石碑（随葬品）的复制品。

参见： 赫拉克勒斯十二功绩 72~75页，忒修斯和弥诺陶洛斯 76~77页，珀尔修斯和美杜莎 82~83页，丘比特和普赛克 112~113页。

古希腊 85

在赫伯特·詹姆斯·德雷珀的这幅画（1904）中，美狄亚谋杀弟弟阿布绪耳托斯，并把他的尸体扔到海里。之后她和伊阿宋一起乘坐阿尔戈号逃离了科尔基斯。

水，让龙喝下，使它陷入了长眠，这样伊阿宋就可以跨过它，拿到金羊毛。

美狄亚先是欺骗了父亲，接着为了帮助伊阿宋和阿尔戈英雄逃离，犯下了令人毛骨悚然的谋杀罪：她乘坐阿尔戈号逃离科尔基斯时杀死了自己的弟弟，还把他的尸体扔到了海里，这样追赶她的父亲就不得不停下来收集尸体以带回去埋葬。

一个女人的嘲笑

当伊阿宋拿着金羊毛回到伊奥尔科斯的时候，珀利阿斯拒绝履行诺言。美狄亚骗他服下一种致命的药剂，声称这种药剂能让他永葆青春。在第二次谋杀之后，伊阿宋和美狄亚还有他们的孩子不得不逃往科林斯。在科林斯，为了追求政治利益，伊阿宋背叛并离开了美狄亚，准备迎娶科林斯的公主格劳斯。

美狄亚很快就开始复仇。她给了新娘一件浸泡了毒液的礼袍，当新娘穿上时，礼袍开始燃烧，把新娘和她的父亲都烧死了。美狄亚也杀死了自己三个孩子中的两个，只留下了忒萨罗斯。在伊阿宋得以惩罚她可怕的罪行前，她逃往雅典，飞进了她祖父赫利俄斯的金色马车中。

> "爱人的恨比爱人的爱更强烈，它所造成的创伤无法医治。"
>
> 《美狄亚》

欧里庇得斯

古希腊最伟大的三位剧作家把神话改写成悲剧，这些作品至今仍在世界舞台上演，清晰表达了人类面对无情命运时的无助。埃斯库罗斯（约公元前525—公元前455）和索福克勒斯（约公元前496—公元前405）描写了人类存在的痛苦，但欧里庇得斯（约公元前480—公元前406）更进一步地揭露了包括男人和女人在内的所有人的痛苦内心。他留存的作品比埃斯库罗斯和索福克勒斯加起来还要多。公元前323年，亚历山大大帝去世之后，他的受欢迎程度与日俱增，他被视为西方文学的基石。

欧里庇得斯的《美狄亚》尤其引人注目的是复杂的心理和对美狄亚的同情。她的愤怒在恐惧中被激发，被抛弃的折磨及作为女人和母亲所面对的痛苦也被唤起。她说："我宁愿站在方阵的最前沿作战三次，也不愿承受哪怕一次分娩的痛苦。"

不幸的俄狄浦斯是所有男人中最不值得嫉妒的

俄狄浦斯的命运

简介

聚焦
命运

来源
《俄狄浦斯王》，索福克勒斯，约公元前430年

背景
底比斯

主要人物

拉伊俄斯 底比斯国王

约卡斯塔 底比斯王后，拉伊俄斯的妻子，后来成为俄狄浦斯的妻子

俄狄浦斯 拉伊俄斯和约卡斯塔的儿子

波里玻斯和墨洛柏 科林斯国王和王后

皮媞亚 因为预言而广受崇拜的女祭司

斯芬克斯 一种会猜谜并惩罚答错之人的动物

提瑞西阿斯 底比斯的盲人先知

先知警告底比斯的国王拉伊俄斯千万不要有孩子，否则，他的儿子长大后会杀死他，然后迎娶他的妻子。然而，拉伊俄斯的王后约卡斯塔美丽得令人无法抵御。最终，欲望战胜了拉伊俄斯。约卡斯塔最终生下了一个男孩，就是俄狄浦斯。

从一个家到另一个家

拉伊俄斯满脑子想的都是先知的话，他让仆人把俄狄浦斯放在山腰边等死。但是，一个牧羊人家庭发现了这个婴儿，并悉心照料他。后来他们把这个孩子交给了没有后嗣的科林斯国王波里玻斯和王后墨洛柏。俄狄浦斯幸福地长大了，但有一天，他听人说自己不是父母的亲生孩子，就去德尔斐询问皮媞亚，被告知他的命运是杀父娶母。一想到要杀了波里玻斯，娶墨洛柏，俄狄浦斯就心烦意乱。他离开科林斯，逃往底比斯，却根本不知道这里才是他亲生父母的家。

预言成真

在前往底比斯的路上，俄狄浦斯遇见了一个自以为是的人，他要求俄狄浦斯给自己让路。俄狄浦斯和这个人吵了起来，并杀了他，但他根本不知道他杀死的是底比斯国王拉伊俄斯，也就是自己的亲生父亲。然后，俄狄浦斯爱上了国王的遗孀约卡斯塔，也就是她的母亲。

任何想要迎娶约卡斯塔，成为底比斯新君的男人，都必须解开

这是希腊化时代（约公元前323—公元前331）一具大理石石棺上的画，描绘了俄狄浦斯回答斯芬克斯谜语时的情景。如今，它被陈列在雅典国家考古博物馆中。

参见：奥林匹斯众神 24~31页，俄瑞斯忒斯为阿伽门农报仇 64~65页，奥德修斯的冒险之旅 66~71页，爱要诡计的埃舒 294~297页。

> 是怎样的不幸竟令他的成功发生如此猛烈的逆转？
>
> 《俄狄浦斯王》

恋母情结

西蒙·弗洛伊德（1856—1939）是精神分析学的创始人，他提出的无意识理论震惊了世界。他认为，人们被自己并不了解的部分性格所驱使，这一观点在当时令人深感不安。他的"俄狄浦斯情结"（恋母情结）理论尤其令人愤慨，该理论以索福克勒斯戏剧中的人物命名。弗洛伊德说，在每个家庭中，儿子潜意识里都渴望从婴儿期就拥有母亲，视其为初恋，并且想取代父亲在母亲心中的第一位置。

弗洛伊德的理论是不可证伪的——无法被证明，也无法被反驳。现代精神分析家忽视了他的许多理论，然而，恋母情结在流行文化中仍然存在，因为它有助于从情感上理解家庭内部看似非理性的竞争和嫉妒。

斯芬克斯出的谜语。这个长着人面狮身鸟翼、被叫作"斯芬克斯"的女妖问道："什么东西早晨四条腿走路，中午两条腿走路，晚上三条腿走路？"俄狄浦斯毫不犹豫地回答："人。"婴儿用双手双脚爬行，长大后站立行走，到了老年则需要借助拐杖走路。

命中注定

俄狄浦斯和约卡斯塔结婚了，他们幸福地生活在宫殿里，并生了几个孩子。随后，底比斯就遭受了毁灭性的瘟疫。所有的仪式和献祭都试过了，可丝毫没有效果。盲人先知提瑞西阿斯告诉国王，是他自己的行为给城市招来了灾祸，国王听

这幅画选自乔万尼·薄伽丘（1313—1375）的《王子的陨落》一书，其中描绘了俄狄浦斯在得知妻子的真实身份后刺瞎自己的双眼的场景。

后震惊不已。提瑞西阿斯解释说，之前与他发生冲突并被他杀死的人就是他的父亲，俄狄浦斯这时才意识到，约卡斯塔就是自己的母亲。知道真相后，约卡斯塔自杀了，俄狄浦斯找到了她的尸体，用她裙子上的胸针刺瞎了自己的双眼。

虽然俄狄浦斯之前并不知道自己犯下了弑父和乱伦之罪，但他的行为也必须受到惩罚。尽管他出身王室，为人正直，且有能力解开最难的谜题，但他和我们所有人一样，无法摆脱命运的安排。■

她想得到阿多尼斯胜过天庭的一切

阿佛洛狄忒和阿多尼斯

即使是伟大的爱情女神阿佛洛狄忒,也不能抵抗欲望之箭。一天,厄洛斯在母亲怀里玩的时候,他的一支箭从阿佛洛狄忒的身上轻轻擦过。她抬眼望去,碰巧看见了俊朗的阿多尼斯,他正带着一群猎狗追赶一只孤零零的鹿。

阿佛洛狄忒立刻迷上了他。密尔拉的儿子阿多尼斯不仅是最英俊的美少年,也是最难追求的人。即便在今天,他的名字也是"美男

急于狩猎的阿多尼斯拒绝了阿佛洛狄忒。提香的画作《阿佛洛狄忒和阿多尼斯》(1554)显示,这不是恋爱的时间——厄洛斯睡着了,正值黎明破晓时分,猎犬渴望着离开。

简介

聚焦
单相思

来源
《变形记》,奥维德,公元8年
《书库》,伪阿波罗多洛斯,约公元100年

背景
古希腊

主要人物

阿佛洛狄忒 爱情女神,在古罗马神话中名为"维纳斯",猛烈地追求阿多尼斯

厄洛斯 阿佛洛狄忒的儿子,爱欲之神

卡尼拉斯 塞浦路斯国王,因受女儿欺骗、色诱而痛恨不已

密尔拉 卡尼拉斯的女儿,众神因为怜悯她,把她变成了没药树

阿多尼斯 卡尼拉斯和密尔拉的儿子,一个纯洁的美少年

参见：俄耳甫斯与欧律狄刻 53页，珀尔修斯和美杜莎 82~83页，丘比特和普赛克 112~113页，纳喀索斯和厄科 114页，波摩娜和威耳廷努斯 122~123页，皮拉摩斯和提斯柏 124页。

密尔拉

阿多尼斯因母亲密尔拉与她的父亲、塞浦路斯国王卡尼拉斯之间非自然的欲望而生。一天晚上，密尔拉溜到喝多了的父亲的床上，她欺骗父亲，让父亲以为她是她的母亲。她的激情源自复仇女神的惩罚，卡尼拉斯无意间被卷入了阿佛洛狄忒的恶意行径中。当密尔拉的母亲肯刻瑞伊斯吹嘘自己女儿的美貌时，阿佛洛狄忒非常生气。之后，密尔拉从怒气冲天的父亲身边逃走，希望众神把她变成一棵树以惩罚自己的罪行。她的眼泪滴在了没药树上，生下了倔强地保持纯洁的阿多尼斯。古典作家写道，密尔拉对自己父亲的爱欲来自她对贞洁的痴迷。

在古斯塔夫·多雷的画作（1885）中，当诗人但丁和维吉尔穿越地狱时，密尔拉羞愧掩面。

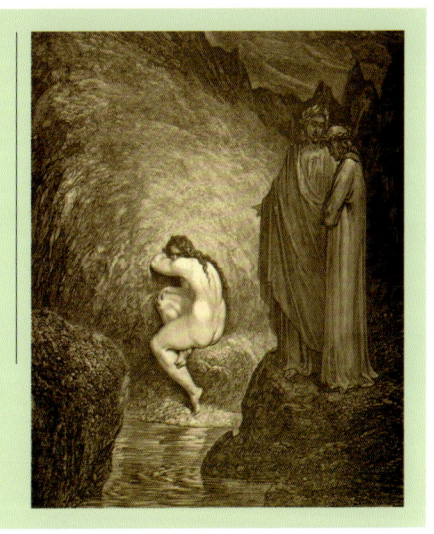

子"的代名词。他坚定地保持纯洁，对浪漫的爱情毫无兴趣。他日夜奔跑在浓密的黑森林里，寻找各种各样的猎物。

阿佛洛狄忒被欲望点燃，开始追求阿多尼斯。每一次她抓住阿多尼斯的时候，他都挣脱了。不管她怎么叫他留下来，阿多尼斯都不愿接受她的拥抱。

无视警告

阿佛洛狄忒在树林里追赶着阿多尼斯，小心翼翼地避开凶猛的野猪和其他有攻击性的野兽，也告诉阿多尼斯千万小心。

阿多尼斯根本没有理会阿佛洛狄忒的担心，拒绝了她的恳求和爱抚，继续打猎，结果被一只巨大凶悍的野猪撞倒了。奄奄一息的阿多尼斯躺在哭泣的阿佛洛狄忒的怀抱中，他的血溅了出来。在阿佛洛狄忒的命令下，血滴把美丽的银莲花花瓣染成了深红色，这种花每年绽放一次。

阿多尼斯和四季

雅典女人每年都要在"阿多尼亚节"期间举行活动来纪念阿多尼斯。柏拉图并不认同这种做法，古希腊绝大多数男性编年史作家也很少提及这个象征女性性欲的节日。在这个节日期间，女性公开赞美男性的外表之美，并为其稍纵即逝的本质感到悲哀。她们和她们的女儿

> **我亲爱的阿多尼斯，快离那些凶猛的野兽远些。**
> 《变形记》

在花盆里种满速生植物，做成微型花园，然后把它们放到屋顶。当为期八天的载歌载舞的"阿多尼亚节"结束后，她们将这些植物扔进小溪或海洋中。有些学者认为，这是一种象征性的行为，试图给即将到来的丰收带来充足的雨水。

在类似的神话和节日里，阿多尼斯不仅因为他冷峻的美丽而被人们铭记，而且与丰饶、四季、衰败与再生的循环有关。例如，有一则神话故事讲到了阿佛洛狄忒和珀耳塞福涅因争夺婴儿阿多尼斯的抚养权而产生的冲突。宙斯命令阿多尼斯把时间分成两半，春夏两季给阿佛洛狄忒（代表现实世界），秋冬两季给珀耳塞福涅（代表冥界）。这个故事强调了阿多尼斯与生育、作物死亡复苏之间的联系。■

无论碰到什么，我都能把它变成黄金

迈达斯国王

简介

聚焦
被诅咒的礼物

来源
《远征记》，色诺芬，约公元前370年
《变形记》，奥维德，公元8年

背景
弗里吉亚（今土耳其中部）的安塞勒（今安卡拉）

主要人物
迈达斯 弗里吉亚国王，被点金术诅咒

西勒诺斯 半人半马的葡萄酒酿造之神，醉酒之神，狄俄尼索斯的良师益友

狄俄尼索斯 葡萄酒之神，带来了狂喜和盛怒

迈达斯国王把狄俄尼索斯的朋友西勒诺斯从暴民手里解救了出来，并连续款待了他十天。虽然色诺芬的记载声称，迈达斯俘获西勒诺斯是为了窃取他的智慧，但在奥维德的记叙中，狄俄尼索斯因他的朋友平安归来而非常感激，向迈达斯许诺说他想要什么都可以。

迈达斯问是否能使他碰到的一切都变成金子，神答应了他。国王很激动，立即见什么碰什么——树枝、石头、一穗小麦……他碰到的一切立即变成了亮闪闪的金子。当他到家的时候，被他碰过的木门和宫殿的门槛，都变成了金子。这是多么幸运的事啊！

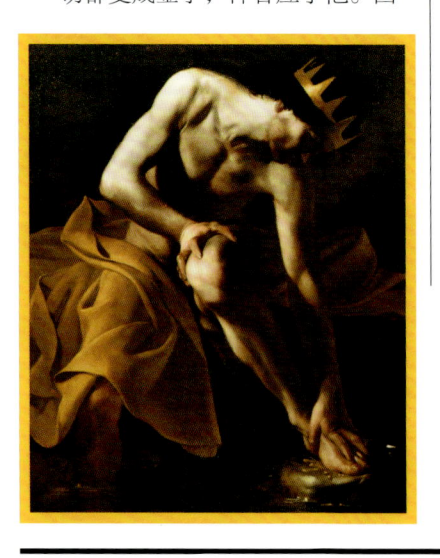

不过，迈达斯很快就觉得自己饿了，让仆人给他端来食物。他刚一碰，面包就变成了金子，葡萄酒也变成了熔化的金子。他还能吃饭、喝酒吗？

迈达斯逃离了自己的家，非常悔恨自己许下的愿望。他在旷野里寻求庇护，向狄俄尼索斯大声哭诉，乞求他收回这一馈赠。神让他到帕克托洛斯河源头沐浴以洗去诅咒。迈达斯最后摆脱了点金术。■

这幅巴尔托洛梅奥·曼弗雷迪的作品（1617—1619），描绘了迈达斯在河的源头沐浴的场景。据说他冲走的金子渗进沙子里，后来使国王克罗伊斯富裕了起来。

参见：风流的宙斯 42~47页，狄俄尼索斯崇拜 52页，维斯塔和普利阿普斯 108~109页。

古希腊 91

仅仅一天一夜，亚特兰蒂斯岛就消失在了海浪之下

亚特兰蒂斯的传说

简介

聚焦
消失的城市

来源
《蒂迈欧篇》和《克提拉斯篇》，柏拉图，约公元前360年

背景
标志着古希腊世界边缘的赫拉克勒斯之柱（今直布罗陀海峡）的后面

" 一个国王联盟，拥有巨大而神奇的力量。
《克提拉斯篇》"

亚特兰蒂斯是一个神话般的文明，曾经繁荣昌盛，后来在一场不幸的战争中被大自然的力量所毁。雅典哲学家柏拉图在两篇对话中描述了亚特兰蒂斯，以佐证理想国应该如何治理及傲慢使用权力有多危险。

虽然亚特兰蒂斯只是一座岛屿，但它比利比亚和亚细亚都大。这是一个先进的社会，技术精湛，管理有方。然而，当这个富裕的国家发动了一场无缘无故的战争时，面积不大但崇尚民主的雅典凭借"美德和力量"获得了胜利。柏拉图指出，看似乌托邦的亚特兰蒂斯之所以失败，是因为它的人民开始堕落。正因如此，伟大的宙斯才惩罚他们，引发了地震和洪水，直到最后亚特兰蒂斯被大海吞没。

米诺斯记忆

这段传说如此生动，以至于人们从未停止过寻找激发柏拉图

" 雅典在'美德和力量'的光辉中闪耀。
《克提拉斯篇》"

故事灵感的这个地方。亚特兰蒂斯的消失存在历史先例：大约公元前1500年，位于古希腊爱琴海南部的锡拉岛（圣托里尼岛）火山爆发。这次喷发不仅使大部分岛屿沉入海里，而且漫天的火山灰使周围变得灰暗，形成了长达数年的"冬季"。这场灾难可能导致了米诺斯文明的终结。一些学者认为，亚特兰蒂斯的故事代表了这些事件的一种民间记忆。■

参见：雅典的建立 56~57页，特洛伊战争 62~63页，奥德修斯的冒险之旅 66~71页。

ANCIENT ROME

古罗马

时间轴

公元前753年
罗马城建立（根据传统，每年的帕列斯节会庆祝罗马城的建立）。

公元前30—公元前19年
维吉尔的民族史诗《埃涅阿斯纪》讲述了埃涅阿斯从特洛伊逃跑并长途跋涉到意大利的故事。

公元前27—公元前9年
里维的《罗马史》将古罗马神话与历史记录交织在一起。

公元前509年
罗马王国的最后一位国王塔克文被推翻，罗马共和国成立。

公元前27年
罗马内战结束后，屋大维取得胜利，成为罗马帝国的第一位皇帝，史称"奥古斯都"。

公元前7年
狄奥尼修斯创作的《罗马古事记》将古罗马的历史和传说追溯到约公元前240年。

据说公元前753年，特洛伊王子埃涅阿斯的两个后代罗慕路斯和雷穆斯建造了罗马城。《埃涅阿斯纪》讲述了埃涅阿斯如何离开被洗劫一空的特洛伊城，开始新旅程的故事。在图拉真（约公元100）的统治下，罗马成为一个伟大的帝国，疆域扩张到历史最高水平，人口占当时世界总人口的20%。

古希腊与古罗马

古罗马文化吸收了意大利各部落的文化，包括拉丁文化、伊特鲁里亚文化、萨宾文化，古罗马神话吸纳了它们的神。此外，古罗马人还借用了古希腊神话，他们接纳了古希腊的殖民地、文化和故事，并将自己的许多神祇与古希腊的神对应起来。但是，古罗马众神并非给古希腊众神换个名字那么简单。古罗马神话中无忧无虑的酒神和灵感之神巴克斯，相较于古希腊神话中的狄俄尼索斯，更像是伊特鲁里亚的寻求欢乐之神弗福伦斯。朱庇特神庙的三主神"朱庇特、朱诺和密涅瓦"就是从伊特鲁里亚的提尼亚、尤尼和梅涅瓦发展而来的。只是到了后来，这些古罗马神祇才与宙斯、赫拉和雅典娜对应起来。

许多古罗马作家费尽周章地强调，古罗马众神在道德上优于古希腊众神。古罗马人不喜欢古希腊众神种种肆意的非道德行为，反而更看重古罗马众神在道德上的正直。以精通织布的阿拉克涅为例，她列出了众神最可耻的行径，以此来批评他们，结果被神变成了蜘蛛。这一点正好迎合了古罗马人的价值观，因为这样既谴责了众神的不道德，同时也惩罚了胆敢冒犯神灵的凡人。古罗马神话的主要权威之一、诗人奥维德将阿拉克涅的故事记载下来，但他很可能借鉴了某个现已失传的古希腊神话，因为阿拉克涅在古希腊语里的意思就是"蜘蛛"。

古罗马宗教以取悦众神为中心。在公元313年罗马皇帝君士坦丁确定基督教的合法地位之前，古罗马历法中充满了针对不同神的节日、献祭和仪式。虽然古罗马人分享不同神的神话故事，并为其举办庆祝活动，但他们的宗教是基于各种仪

古罗马　95

| 公元8年 | 约公元100—公元120年 | 公元306—公元337年 | 公元1453年 |

奥维德在诗歌《岁时记》和《变形记》中探讨了古罗马的创造、神灵、历史和仪式。

普鲁塔克在《希腊罗马名人传》中记叙了23个古希腊人和古罗马人的传奇传记。

在君士坦丁大帝的统治下，古罗马开始将**基督教**定为国教。

建于公元395年的东罗马帝国（拜占庭帝国）落入奥斯曼土耳其人之手。

| 约公元80年 | 约公元158—公元180年 | 公元476年 |

斯塔提乌斯在《底比斯战纪》中描述了阿尔戈英雄对底比斯城的袭击。

阿普列乌斯的《变形记》，即《金驴记》，讲述了丘比特和普赛克的故事。

日耳曼领袖奥多亚克推翻了罗马皇帝的统治，西罗马帝国灭亡。

式，而非教义或神话信仰的。

故事起源

许多真正可以被称为古罗马神话的故事，如罗慕路斯和雷穆斯的故事，与罗马城的建立有关。维吉尔的史诗《埃涅阿斯纪》有意模仿荷马的作品，解释了特洛伊王子埃涅阿斯是如何逃离被洗劫一空的特洛伊，并前往意大利建立一个新的国家的。

还有一个神话，是哈里卡那索斯的狄奥尼修斯记载的，讲述了来自古希腊亚加亚的舰队带着从特洛伊俘获的女人们返乡的故事。一场暴风雨迫使他们在凯旋途中停止，并在意大利登陆。亚加亚人停下来过冬。到了春天，就在他们准备离开的时候，特洛伊的女人们开始行动了。由于担心被卖为奴，她们纵火烧了船，让船无法航行。亚加亚人因此无法返回古希腊，只能在意大利定居下来。

无论古罗马人喜欢哪个神话，是胜利的亚加亚人，还是被打败的特洛伊人，他们都为自己的文化可以追溯到古希腊而感到自豪。莱斯博斯岛的赫拉尼库斯甚至将两个故事结合起来。在他的记载中，埃涅阿斯与奥德修斯一起去了意大利，用那个鼓励大家烧船的特洛伊女人的名字"罗马"命名了这座城市。

其他影响

除了意大利和古希腊，古罗马神话还受到了其他神灵和宗教的影响。它吸收了安纳托利亚的伟大母亲西布莉、古埃及女神伊西斯、叙利亚神祇朱庇特·赫利奥波利斯。正如诗人尤维纳利斯在其讽刺诗中所言："叙利亚的奥龙特斯河很早就把它的水注入了台伯河。"密斯拉神在古罗马士兵中拥有许多追随者。他可能源自波斯，但对这位屠牛者的崇拜方式是古罗马人特有的。

古罗马人统治着一个庞大的帝国，保存着大量的记载，这也许可以解释为什么他们的众多神话可以流传下来。艺术和文学，包括诗歌、信件、讽刺作品，都保留了下来，而且通过想象生动地改编了古希腊、伊特鲁里亚及东方的神话，至今仍影响着西方艺术家。■

我歌颂战事和那个人

古罗马的建立者埃涅阿斯

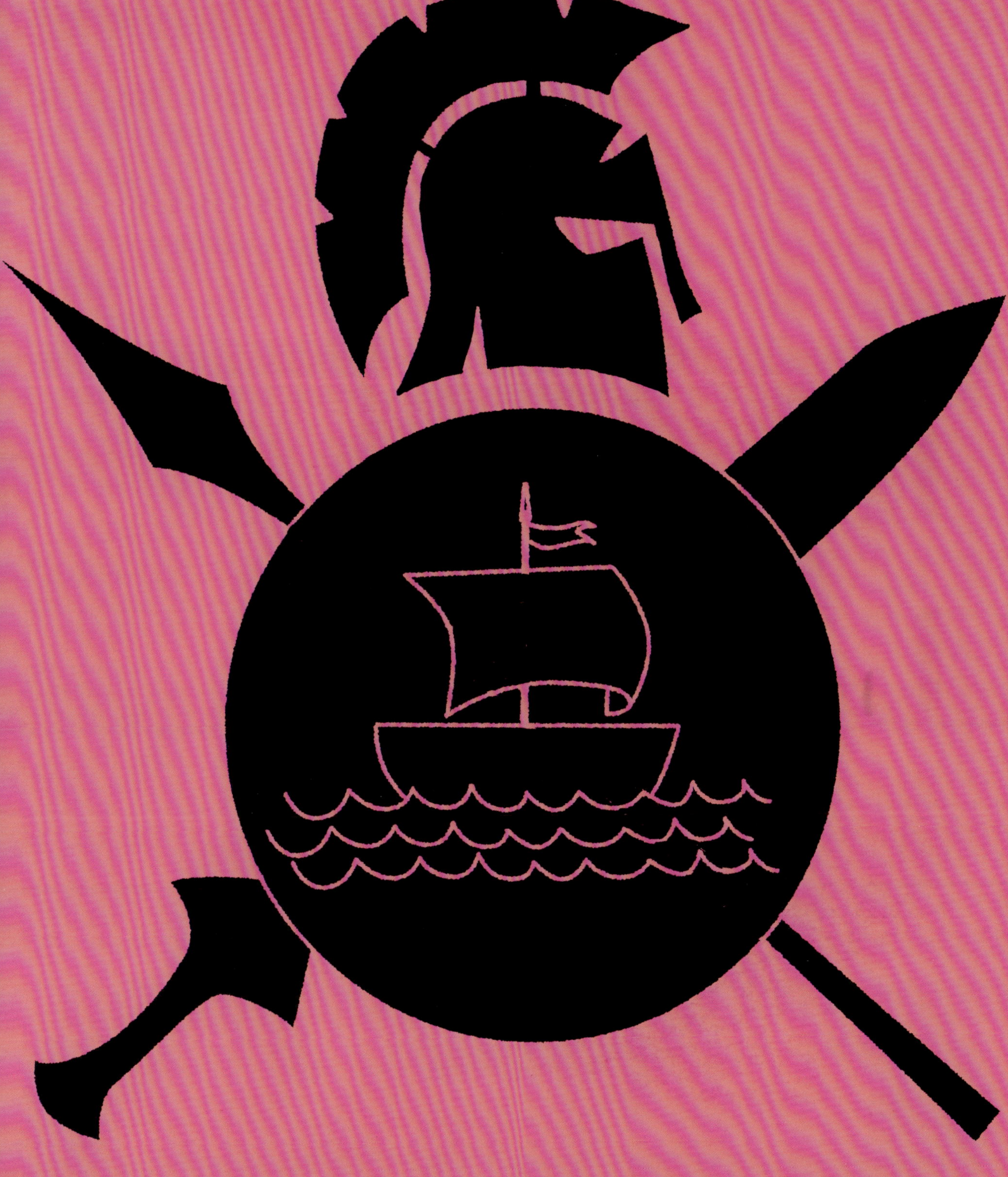

简介

聚焦
民族史诗

来源
《埃涅阿斯纪》，维吉尔，约公元前30—公元前19年
《变形记》，奥维德，公元8年

背景
从特洛伊到意大利，约公元前1000年

主要人物

埃涅阿斯　特洛伊王子

维纳斯　爱神，埃涅阿斯的母亲

安基塞斯　埃涅阿斯的父亲

朱诺　天后，特洛伊人的敌人

狄多　迦太基女王，埃涅阿斯的爱人

朱庇特　众神之王

拉维尼娅　拉丁姆公主，埃涅阿斯未来的妻子

图尔努斯　卢杜里的统治者，埃涅阿斯的敌人

涅普顿　海神

特洛伊王子埃涅阿斯是凡人安基塞斯和女神维纳斯（古希腊神话中被称作"阿佛洛狄忒"）的儿子。他首先出现在荷马的《伊利亚特》中，但在维吉尔宏大的史诗《埃涅阿斯纪》中，他荣升为古罗马的开国之父。他的故事始于特洛伊战争的结束。当特洛伊城落入古希腊人手中时，埃涅阿斯被迫背井离乡。《埃涅阿斯纪》描述了埃涅阿斯随后前往意大利的旅程，故事充满了戏剧性和不幸。

逃离特洛伊

这部史诗以埃涅阿斯被暴风雨困在迦太基开始。埃涅阿斯告诉了狄多女王自己逃离特洛伊的原因，解释了特洛伊人是如何被古希腊人的一匹巨大木马欺骗的。特洛伊人把木马拉进城，却不知道古希腊士兵藏在里面。当天晚上，这些士兵悄悄爬出来，为摧毁特洛伊城的古希腊联军打开了城门。

最初，埃涅阿斯加入了这场战斗，但他那被杀死的堂兄赫克托

埃涅阿斯将父亲安基塞斯扛在肩上，带着他的儿子阿斯卡尼厄斯逃离了特洛伊。在费德里科·菲奥里·巴洛西1589年创作的这幅作品中，埃涅阿斯的妻子克瑞乌萨仍和他们在一起。

耳托梦让他建立一个新的城市。他的母亲维纳斯也催促他带上家人、圣物和家神逃离。埃涅阿斯和儿子阿斯卡尼厄斯、父亲安基塞斯一起逃走了，但埃涅阿斯的妻子克瑞乌萨却和大部队走散了。当埃涅阿斯回去的时候，他只找到了她的鬼魂，她告诉埃涅阿斯，他注定要在意大利建立一座新的城市。

维吉尔

诗人普布利乌斯·维吉尔·马洛于公元前70年出生在曼图亚附近，于公元前19年死于布林迪西。他创作了三部主要作品：《牧歌集》《农事诗》《埃涅阿斯纪》。前两部以田园为主题，之后维吉尔受荷马《伊利亚特》和《奥德赛》的启发，创作了《埃涅阿斯纪》，这部作品成为古罗马的民族史诗和神话根基。虽然《埃涅阿斯纪》紧接着《伊利亚特》的故事发展，但它的主人公并非获胜的古希腊人，而是逃亡的特洛伊王子埃涅阿斯。埃涅阿斯也不像荷马笔下的奥德修斯那样狡猾，而是经常被描述为"父亲"和"虔诚的"，以强调他的崇高追求。

根据古罗马语法学家埃利乌斯·多纳图斯的说法，维吉尔把《埃涅阿斯纪》的大部分内容讲给了奥古斯都皇帝。

维吉尔写完《埃涅阿斯纪》后，打算进行修正，却不幸病倒了。他临死前希望把手稿烧掉，可皇帝还是下令将其出版。

古罗马

参见：哈迪斯与冥界 48~49页，奥德修斯的冒险之旅 66~71页，赫拉克勒斯十二功绩 72~75页，罗马城的建立 102~103页，库迈的西比尔 110~111页。

关于埃涅阿斯的预言

1. **赫克托耳**进入埃涅阿斯的梦中，告诉他要**逃离**特洛伊城，并建立拉维尼乌姆。

2. **克瑞乌萨的鬼魂**告诉埃涅阿斯，他注定要在意大利**建立一座城市**。

3. 一个**鸟身女妖**预言，特洛伊人将面临**饥饿**，不得不啃食桌子。

4. **朱庇特**告诉维纳斯，埃涅阿斯将在意大利发动战争，**击溃他的敌人**。

5. 在被埃涅阿斯抛弃后，狄多诅咒古罗马和迦太基将陷入永久的**仇恨**。

埃涅阿斯和他的追随者们乘船离开，先是到了色雷斯，后来又到了得洛斯。在那里，预言之神阿波罗建议他去他祖先的所在地。因此，埃涅阿斯航行到克里特岛，这里是特洛伊人的祖先透克罗斯的家乡。但是，埃涅阿斯在异象中得到神的指示，让他前往意大利，那是他的祖先达尔达诺斯的家乡。

接着，埃涅阿斯遇到了凶残的鸟身女妖，其中一个女妖预言，只有埃涅阿斯一行人饿到不得不啃食桌子时，他才能实现目标。当他们航行到西西里岛时，埃涅阿斯的父亲去世了。随后，他们动身前往意大利，可因讨厌特洛伊人的朱诺下达了命令，风神埃俄罗斯让埃涅阿斯的船失控地偏离了航线。

埃涅阿斯在北非北部的迦太基避难时遇到了狄多女王，他把自己逃离特洛伊的故事讲给她听。在维纳斯的鼓励下，埃涅阿斯和狄多坠入了爱河。众神之王朱庇特听到这个消息后，派信使墨丘利提醒埃涅阿斯离开迦太基，去建造一座新的城市。

悲剧女王

听说情人离去的消息后，狄多让她的妹妹安娜准备了一个祭坛，她站在上面。从火焰中，她看到埃涅阿斯的船离开了，于是便用他的剑刺穿了自己的身体。朱诺为了免除她的痛苦，派彩虹女神伊里斯来到人间，剪下狄多的一缕头发作为祭品，献给冥界的统治者狄斯，以解放她的灵魂。埃涅阿斯驶离迦太基时，回头看见了祭坛上方冒的烟，但直到后来在冥界遇到狄多，他才知道她自杀了。

埃涅阿斯寻父

回到西西里后，埃涅阿斯举行了葬礼来纪念他死去的父亲安基塞斯。与此同时，朱诺仍然怀恨在心，急于拖延埃涅阿斯的行程。她鼓动特洛伊女人放火焚烧船只。朱庇特降下倾盆大雨扑灭了火焰，安基塞斯在异象中敦促埃涅阿斯不要停下来，并约定与他在冥界会面。埃涅阿斯继续航行，尽管舵手巴里纽拉斯落水而亡，但他们最终还是到达了意大利。

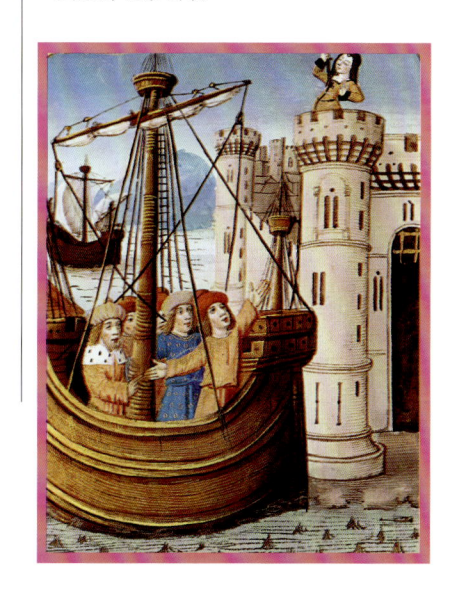

当埃涅阿斯和他的随从们准备起航离开迦太基去往意大利时，狄多拔剑自刎了。这幅微型画源自1469年法国出版的《埃涅阿斯纪》。

《埃涅阿斯纪》中的重大事件

在得洛斯，埃涅阿斯为阿波罗献祭，却误解了他未来要去哪里的线索。

在埃涅阿斯一行人的船被吹离航线后，鸟身女妖袭击了他。

妻子的鬼魂告诉**埃涅阿斯**，他必须前往台伯河，于是埃涅阿斯和父亲安基塞斯**逃离了特洛伊**。

在克里特岛，埃涅阿斯看到异象，众神告诉他应该去意大利。

埃涅阿斯爱上了迦太基女王狄多，直到众神提醒他关于他自己的使命，埃涅阿斯才离开她。

因为急于再次见到自己死去的父亲，埃涅阿斯听从了库迈的西比尔的建议，砍下了一根金色树枝献给冥后，即狄斯的妻子普洛塞庇娜，以确保冥界船夫卡戎带他们安全渡过冥河。随后，西比尔用一个下了药的蜂蜜蛋糕迷晕了冥界看门犬刻耳柏洛斯。在冥界，埃涅阿斯看到了狄多的鬼魂，他和她说话，但她一言不发地转过身去。相反，安基塞斯看到他的儿子喜出望外，伸出双臂。埃涅阿斯试图拥抱父亲，但徒劳无功，他紧紧抱住的只有空气。父子俩与西比尔一起走在遗忘河旁边，安基塞斯预言了罗马城的建立。为了让儿子明白他的使命的重要性，安基塞斯向他展示了即将诞生的伟大的罗马人的灵魂，包括罗慕路斯、恺撒大帝和奥古斯都。之后，埃涅阿斯重回人间。

应许之地

埃涅阿斯和他的追随者们沿着意大利西海岸驶向台伯河，路过了迷人的太阳神之女瑟茜的岛屿。在那里，他们听到了被瑟茜变成野兽的人的嚎叫和哭喊，有狮子、野猪、熊和狼。海神涅普顿送来了顺风，使他们安全通过。

特洛伊人在台伯河口的拉丁姆登陆，他们的第一顿饭放在盘子里，上面放着硬皮面包，堆着刚采摘的水果和蔬菜。他们太饿了，不仅把饭吃了，还把盘子也吃了。埃涅阿斯的儿子阿斯卡尼厄斯开玩笑地说，他们甚至在啃食桌子。埃涅阿斯和他的追随者们立刻意识到，鸟身女妖之前的诅咒应验了。他们知道自己找到了建城的地方，而且朱庇特向他们雷鸣三次以示确认。

埃涅阿斯不打算通过入侵来征服拉丁姆。相反，他向国王的女儿拉维尼娅求婚，据说拉丁努斯国王是畜牧农林之神福纳斯的儿子。然而，朱诺的敌意再一次发挥了作

佛兰德画家雅各布·伊萨塞斯·凡·斯万伯格的这幅作品（约1600）刻画了**埃涅阿斯进入可怕冥界**的场面。维吉尔的看法影响了许多基督教徒对地狱的想象。

在西西里岛，埃涅阿斯在父亲安基塞斯去世后为他举行了葬礼。

在拉丁姆登陆后，埃涅阿斯在台伯河口受到拉丁努斯国王的欢迎，国王打算把他的女儿拉维尼娅嫁给他。

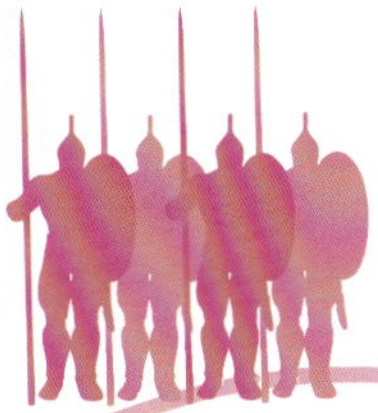

在与图尔努斯的决斗中，埃涅阿斯获胜，战争结束。

库迈的西比尔引领埃涅阿斯来到冥界，他在那里遇到了包括狄多和安基塞斯在内的几个鬼魂，得知了罗马城的未来。

特洛伊人在意大利**参战**。埃涅阿斯最初遭受了巨大的损失，后来国王伊万德和他的人民成为埃涅阿斯的盟友。

用。朱诺说服了拉维尼娅的母亲，也就是王后阿玛塔，让她把女儿嫁给邻国卢杜里的统治者图尔努斯。然后，朱诺又叫来复仇女神之一阿勒克托挑起战争。

决战

起初埃涅阿斯十分绝望，图尔努斯的军队在数量上远远超过了他，但随后他在梦中见到了河神提伯里努斯。河神告诉他，他应该在河岸上找个地方，那里有一头白母猪正在喂养三十只小猪，将来有一天，他的儿子阿斯卡尼厄斯会在那里建立一座名叫阿尔巴隆加的城市。在提伯里努斯的鼓励下，埃涅阿斯得到了年迈的伊万德和伊特鲁里亚国王塔肯的支持。

在新盟友和神的帮助下，埃涅阿斯攻城略地。当敌人试图向特洛伊舰队放火时，女神西布莉使战舰变成仙女游走了。然而，图尔努斯有朱诺的支持，他杀死了国王伊万德的儿子帕拉斯，并把他的腰带当作战利品。

最后，埃涅阿斯和图尔努斯进行一对一决斗。埃涅阿斯有维纳斯的支持，而图尔努斯身边有他的妹妹、水之仙女朱图尔纳。朱庇特说服朱诺放弃图尔努斯，消除对埃涅阿斯的敌意，并向她保证拉丁名字（"拉丁姆"）和语言将被保留。然后，朱庇特派出一个蛇发复仇女神赶走了朱图尔纳并攻击了图尔努斯。埃涅阿斯打伤了图尔努斯，他本想饶图尔努斯一命，却看到图尔努斯系着帕拉斯的腰带。暴怒之下，他用剑刺穿了图尔努斯的心脏。图尔努斯的死是这部史诗的结尾，同时也代表着战争的结束。∎

> " 我违背了自己的意愿，放弃了图尔努斯，也放弃了整个世界。 "
>
> 《埃涅阿斯纪》

新的城市

埃涅阿斯在拉丁姆建立了拉维尼乌姆，这座城市以他的妻子拉维尼娅的名字命名。埃涅阿斯死后，他的儿子阿斯卡尼厄斯建立了阿尔巴隆加，这座城市位于古罗马东南的阿尔班山，是河神提伯里努斯预言的地方。400年来，埃涅阿斯的后代一直统治着阿尔巴隆加，直到罗慕路斯和雷穆斯创立了罗马城。相传，这两座城市之间的战争爆发于公元前7世纪。里维描述了两对三胞胎之间的战斗，即罗马城的贺拉斯三兄弟和阿尔巴隆加城的库里亚提三兄弟之间的战斗。最终，罗马人取得胜利。

从历史上看，罗马和拉丁姆为拉丁同盟，他们共同对抗敌人。当阿尔巴隆加人在一场对抗伊特鲁里亚人的战争中抛弃罗马人时，罗马人杀死了阿尔巴隆加人的领袖墨提乌斯，将阿尔巴隆加夷为平地，并将其子民带到了罗马。

建城的愿望种在了罗慕路斯和雷穆斯的心里

罗马城的建立

简介

聚焦
一个国家的诞生

来源
《罗马古事记》，哈利卡纳苏斯的狄奥尼修斯，约公元前7年
《岁时记》，奥维德，公元8年
《罗慕路斯传》，普鲁塔克，约公元70—公元110年

背景
罗马城，约公元前753年

主要人物
罗慕路斯 罗马城的建立者
雷穆斯 罗慕路斯的弟弟
阿穆利乌斯 阿尔巴隆加的国王
努米托 阿穆利乌斯的兄弟
雷亚·西尔维娅 努米托的女儿
玛斯 战神
浮士德勒 牧羊人
劳伦提亚 浮士德勒的妻子

罗慕路斯和雷穆斯兄弟的神话并不是罗马城建立的唯一传说，却是接受度最广的。早期的记载称，这对双胞胎是特洛伊英雄埃涅阿斯的儿子，但大多数版本表示，这个神话故事发生在埃涅阿斯第十五代传人之后。

埃涅阿斯的儿子阿斯卡尼厄斯建立了古城阿尔巴隆加，这里距离后来成为罗马城的地方只有十九千米。几百年后，阿尔巴隆加由阿穆利乌斯和努米托两兄弟统治。

参见： 奥林匹斯众神 24~31页，古罗马的建立者埃涅阿斯 96~101页，维斯塔和普利阿普斯 108~109页。

罗慕路斯和雷穆斯的祖先

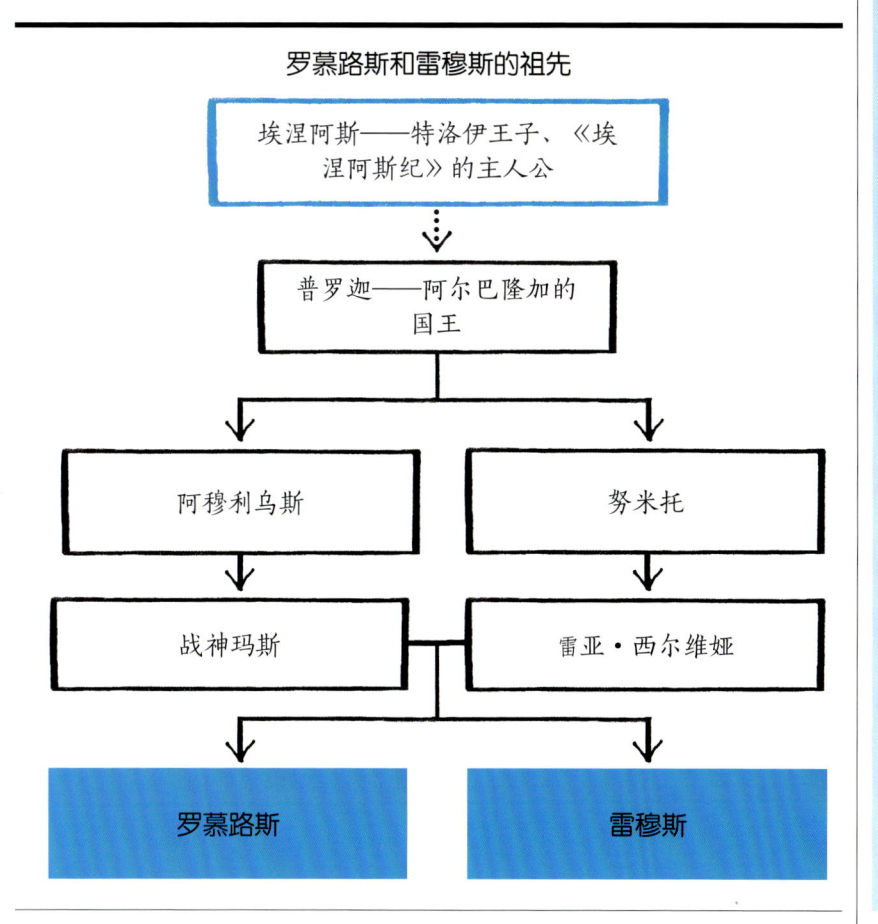

```
埃涅阿斯——特洛伊王子、《埃涅阿斯纪》的主人公
         ↓
普罗迦——阿尔巴隆加的国王
    ↓           ↓
阿穆利乌斯      努米托
    ↓           ↓
战神玛斯    雷亚·西尔维娅
      ↓       ↓
   罗慕路斯   雷穆斯
```

弃婴

罗慕路斯和雷穆斯的神话中有一些令现代读者厌恶的元素，但古罗马人却不会感到震惊，因为在古代社会，弃婴是司空见惯的。在有关罗马城建立的神话中，惊奇之处在于婴儿的存活，而不是他们被弃的事实。

在古罗马，父亲对孩子拥有绝对的控制权，他们可以选择不抚养孩子。在某些情况下，婴儿会被放在能被人看到的地点，便于别人收养。女孩在结婚时需要嫁妆，这一点是法律强制的，因此她们成为弃婴的可能性更大。古罗马的这种做法在学术上存在争论，到了公元374年，弃婴被定为非法行为。

阿穆利乌斯建议他的兄弟把遗产分成两份，一份是王权，另一份是他们的祖先埃涅阿斯从特洛伊带来的宝物。努米托接受了这个建议，并选择了掌管王国，而阿穆利乌斯则拿走了宝物。但是，阿穆利乌斯利用那些宝物谋害了他的兄弟。阿穆利乌斯废黜了努米托，把他囚禁在牢里。

双胞胎的出生

由于害怕努米托的后代前来报复，阿穆利乌斯杀死了努米托的儿子埃吉斯托斯，并迫使努米托的女儿雷亚·西尔维娅成为维斯塔贞女。根据大多数记载，西尔维娅躺在河岸上或是一片神圣的小树林里睡觉时，战神玛斯诱惑了她，并告诉她，她会生下两个英勇无比的儿子。有的记载表示，孩子真正的父亲是隐藏了真实面目的阿穆利乌斯。当西尔维娅的双胞胎孩子罗慕路斯和雷穆斯出生时，西尔维娅面临着两难境地，要么因为违背了贞女誓言而被处死，要么被终身监禁。至于孩子，阿穆利乌斯命令一个仆人把他们扔到台伯河中淹死。但是，仆人把他们放进了篮子里，篮子带着他们顺流而下，河神把他们安全地带到了岸边。一只刚刚

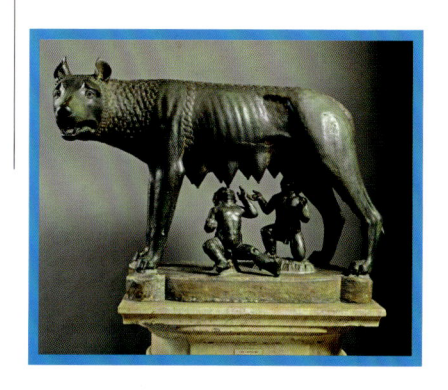

朱庇特神庙的狼正在哺喂罗慕路斯和雷穆斯。这头青铜打造的狼大约可追溯至11—12世纪，而两兄弟可追溯至15世纪。

产下狼崽的母狼恰好发现了他们，给他们喂奶，使他们健康长大。后来，牧羊人（有的记载是猪倌或牛郎）浮士德勒发现了他们，并在妻子劳伦提亚的帮助下把他们抚养成人。根据某些说法，之所以存在母狼的故事，是因为劳伦提亚是个"妓女"（lupa），这个词在拉丁语中也有"狼"的意思。

罗马城建立

两个男孩长得又帅又壮。他们以勇敢和慷慨著称，成为当地农民和猎人的首领。罗慕路斯和雷穆斯长大成人后，从浮士德勒或玛斯那里得知了自己的身世，并奋起反抗。篡位者阿穆利乌斯被杀，国王努米托重回王位。

接下来，这对双胞胎决定自己建立一座大城市。他们宣布，遵照德尔斐神谕，他们的城市将成为庇护之神的圣所，并聚集周围的一大群逃亡者，包括亡命之徒和逃跑的奴隶。在选择城市的确切地点时，罗慕路斯更喜欢帕拉蒂尼山，而雷穆斯则更喜欢阿文丁山。为了决定最终地点及谁是第一任统治者，他们同意通过观察飞鸟带来的预兆来寻求神的暗示。罗慕路斯拿着一根魔杖——占卜师运用鸟卜法时都会使用魔杖。这显示罗慕路斯比他的兄弟更认真，因此更应该获得胜利。当雷穆斯看见六只秃鹰时，他声称众神更偏爱他。根据狄奥尼修斯的说法，罗慕路斯当时试图欺骗雷穆斯，他称自己看到了十二只秃鹰，但实际上他根本没有看到任何鸟。

两个兄弟的追随者都宣布他们各自追随的人为王。当罗慕路斯犁出一道沟渠以标明城市的边界时，这场争论很快就失控了。雷穆斯嘲笑罗慕路斯，并跳过边界挖苦他，这时罗慕路斯（也有人说是他的追随者塞勒）杀了他。在公元前753年，罗慕路斯建立了罗马城。

萨宾女人

罗马城建立的故事突出了罗慕路斯的好战本性，这遗传自他的战神父亲。此外，这个故事还有一个残酷的主题，这一主题将定义罗马帝国未来几个世纪的扩张。罗马城刚一建成，罗慕路斯就在帕拉蒂尼山上把他所有的士兵组成军团，以抵御周围的民族，如萨宾人。

新城市面临的第一个问题是缺少女人，因为罗慕路斯和雷穆斯所吸引的难民和不法分子都是男人。为了解决这个问题，罗慕路斯宣布，他在城市地下发现了丰收之

> 他们看到信号，立刻拔剑，大喊着向前冲，掠走了萨宾的女人。
>
> 《罗慕路斯传》

普鲁塔克的《罗慕路斯传》

维斯塔贞女守护的神圣宝藏中有一个阳具，它与罗慕路斯和雷穆斯出生的另一个奇特的故事有关。

据普鲁塔克的记载，阿尔巴隆加有一个邪恶的国王，名叫塔契久斯。他的壁炉里出现了一个阳具。祭司预言道，如果一个处女与这个阳具发生关系，那么她生下的孩子将拥有无与伦比的力量和好运。塔契久斯命令他的女儿服从神谕，但她却让奴隶代替自己。当塔契久斯发现女儿的欺骗行为时，他下令处死这两个女孩。然而，灶神维斯塔在国王的梦中警告他不要处死这两个女孩。于是，他把她们关进了监狱。

那个奴隶生了一对双胞胎，塔契久斯命令将他们丢弃到野外。与其他故事一样，罗慕路斯和雷穆斯被一只母狼救了，母狼哺育了他们。后来，他们又被农民发现，并被抚养长大。

罗马帝国时代的古希腊作家普鲁塔克（公元前45—约公元120）创作了超过225部关于古希腊和古罗马历史和文化的作品。

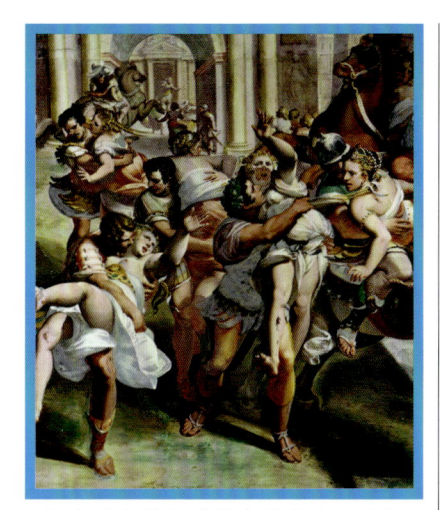

很多画家描绘过掠夺萨宾女人的场景。这幅画（约1565）是卢卡·坎比亚索为意大利热那亚帝国别墅一个会客厅创作的巨幅壁画的一部分。

神康苏斯的圣坛，并以神的名义设立了康苏斯节。他邀请萨宾人来参加节日庆典，但当萨宾人观看战车比赛时，罗慕路斯发出一个信号，他的随从们随即拿起武器，抢夺了萨宾的女人们，并将她们抬回家里，当作自己的妻子。

战争与和解

受到蒙骗和羞辱的萨宾男人们决心向罗马城发动战争。在罗慕路斯杀死了萨宾国王阿克伦之后，萨宾人团结在提图斯·塔提乌斯周围，包围了罗马城。罗马城指挥官的女儿塔尔皮亚背叛了这座城市：她为了换取萨宾的金臂章，打开了城门让萨宾军队进入。在随后的血腥战斗中，罗慕路斯被石头击中头部倒下了。罗马人开始撤退，直到罗慕路斯站起来向朱庇特祈求帮助，罗马人才重新振作起来。萨宾的女人们在两军之间跑来跑去，恳求她们的萨宾父亲和罗马丈夫不要互相残杀。在罗慕路斯和塔提乌斯的共同领导下，双方实现了和平。

罗慕路斯统治罗马城长达40年，并使其成为一座强大的城市。许多故事讲述了他的超强力量。在一次力量展示中，罗慕路斯站在阿文丁山上，把他的长矛用力掷向大地。长矛扎得很深，没有人能把它拔出来。长矛的头是用坚硬的山茱萸木做成的，后来从长矛的头上长出一棵树，受到了人们的尊敬。公元前27—公元14年，盖乌斯·恺撒统治罗马城的时候，有人在修理附近的台阶时无意中砍伤了这棵树的根须，后来这棵树就枯死了。

罗马这座城市的权力和声望一直增长，但并非没有冲突。在罗伦图姆的来使被塔提乌斯的亲属谋杀后，塔提乌斯也被复仇的人杀害了。罗马和罗伦图姆都受到瘟疫的折磨，因为双方都有过错，都没有追究凶手以伸张正义。卡美里亚人趁着瘟疫的机会袭击了罗马，但罗慕路斯击败了他们，拿下了他们的城市和一半的居民。

升天

有一天，当罗慕路斯在战神广场集合军队时，一场暴风雨来临。空中响起了隆隆的雷声，罗慕路斯被云彩包裹，乘着父亲玛斯的战车升天成神。此后，罗慕路斯被奉为萨宾的战神奎里努斯，受到人们的崇拜。下一任国王努马·庞皮里乌斯是萨宾人，这表明两城的联合在罗慕路斯和塔提乌斯之后仍然持续着。■

古罗马广场是古罗马人日常生活的中心。不同于其他神殿，这里连接着维斯塔神庙。它是古罗马较为古老的神庙之一，其历史可以追溯到公元前7世纪。

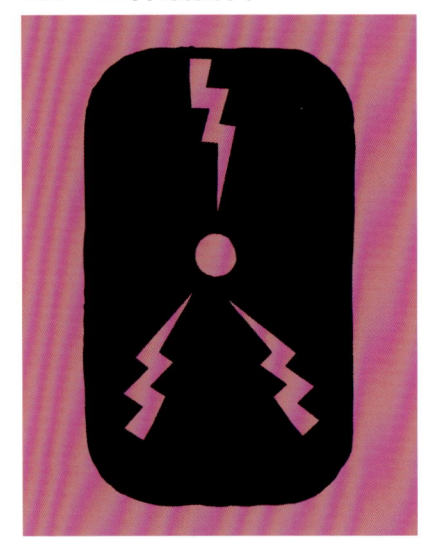

万神之神透过云层喷出红色火焰

努马智胜朱庇特

简介

聚焦
预言与命运

来源
《罗马史》，里维，公元前27—公元前9年
《岁时记》，奥维德，公元8年
《平行生活》，普鲁塔克，公元2世纪初

背景
约公元前715—公元前673年，古罗马的阿文丁山

主要人物
朱庇特 古罗马雷神，众神之王
努马 古罗马第二任国王
厄革里亚 仙女，王后，努马之妻
皮库斯和法努斯 山地之神，被努马擒获
塞里 舞蹈祭司和古罗马圣地守护者

当愤怒的朱庇特发出闪电，天空下起倾盆大雨时，古罗马的第二位国王努马惊恐万分。然而，他的妻子、仙女厄革里亚告诉他："你必须安抚朱庇特，转移他的愤怒。你可以去寻找古罗马的山地之神皮库斯和他的儿子法努斯，他们知道怎么做。"

在阿文丁山上可以找到这两位山地之神。当时，那里是一个有着山泉和溪谷的田园之地，还不是城市的一部分。努马将酒和蜂蜜倒入泉水里，两位神喝了泉水便睡着了，努马用绳子把他们的手绑紧。

睡醒后，皮库斯和法努斯试图通过变形来脱身，但他们无法摆脱努马的束缚。努马告诉他们，他并没有恶意，他只想知道如何平息朱庇特的愤怒。两位山地之神虽然不能提供具体的办法，但愿意把朱庇特带到他面前。他们说："你问了凡人不该知道的问题。放了我们，我们将把朱庇特从天上引下来。"

人与神

正如承诺的那样，朱庇特来到了人间，大地在他的重压之下沉了下去。努马被吓得面无血色，头发都竖了起来，但他恳求神："天上的王，我祈求你收回雷霆。请告诉我，我该拿什么献祭？"朱庇特回答说："砍掉……"努马迅速回答道："一个洋葱头。"朱庇特说："一个人的……"努马又插话说："头发。"朱庇特说："要了……"努马答道："鲱鱼的命。"这时，朱庇特哈哈大笑起

> 被抓后，他们改变自己原本的形态，变成许多不同的样子，又丑恶又吓人。
> 普鲁塔克《努马传》

参见: 奥林匹斯众神 24~31页，罗马城的建立 102~105页，库迈的西比尔 110~111页，费莱蒙和鲍西丝 125页。

画家尼古拉斯·普桑在《庞皮里乌斯和仙女厄革里亚》（1631—1633）中，描绘了努马在厄革里亚的圣地寻求她的意见的场景。

来。他很高兴遇到了一个适合与神交谈的凡人——虽然努马只有人类的才能，但他的机智与自己相当。

朱庇特告诉努马："当阿波罗明天升到天空的最高点时，我会让你看到帝国的预兆。"说完这番话，朱庇特在雷鸣般的巨响中又飞上天空，山坡上只剩下充满敬畏的努马。当努马兴高采烈地回到城里时，市民们却不怎么相信他说的话。"行动胜于言语，"他说，"让我们明天一起看看朱庇特会给我们什么预兆吧。"第二天早上，市民们来到努马的门口。努马坐在中间的宝座上，与他们一起看着阿波罗升上天空。当太阳升到天顶的时候，努马向天空举起双手说："朱庇特，是时候履行你的诺言了。"

万能的朱庇特

朱庇特发出三道霹雳，作为回应。接着，一个盾牌从天上掉了下来，一个声音说道："只要盾牌还在，罗马就会统治世界。"

聪明的努马让工匠马姆里乌斯制作了十一个同样的盾牌，以迷惑任何想要偷窃的人。这十二件圣物被保存在玛斯神庙里，由舞蹈祭司塞里看管。■

古罗马三主神

古罗马卡皮托林山的朱庇特神庙里供奉着三主神，包括朱庇特、他的妻子朱诺、他的女儿密涅瓦。人们认为，他们是古罗马的统治之神。在这三位至高无上的神之前，还有一个由朱庇特、玛斯和奎里努斯组成的三主神，学者们称他们为"早期的三主神"。

这两组三主神都是古罗马民众信仰的中心。意大利各省都修建了朱庇特神庙。在这些神庙中，朱庇特被尊称为"至高无上的朱庇特"，他的旁边是他的王后朱诺和战争女神密涅瓦。

朱庇特神庙是古罗马最重要的庙宇之一。神庙墙壁里有一块被叫作"朱庇特石"的石头，政治官员用它来宣誓。朱庇特石的拉丁名字Luppiter Lapis成为一个宗教仪式的名称，这个仪式将石头本身视为神。

公元2世纪末建于斯贝特拉（今突尼斯）的三座朱庇特神庙，只是罗马帝国所建的诸多朱庇特神庙的冰山一角。

把维斯塔想象成一团永远不灭的圣火

维斯塔和普利阿普斯

简介

聚焦
贞女之神

来源
《岁时记》,奥维德,公元8年

背景
女神西布莉的伊达山,位于今土耳其的安纳托利亚

主要人物

萨图恩 古罗马的财富之神,相当于古希腊神话中的克洛诺斯

俄普斯 大地女神,萨图恩的妻子

维斯塔 贞洁的灶神

西布莉 安纳托利亚人的母亲神,古罗马神话中"最伟大的母亲"

普利阿普斯 性欲与生育之神,维纳斯逐出的儿子

西勒诺斯 一个骑着毛驴的、嗜酒老迈的萨蒂尔

萨图恩和俄普斯育有三个女儿,分别是朱诺、克瑞斯和灶神维斯塔。她们三个都是古罗马主要的女神,但与姐妹们相比,灶神维斯塔在神话中很少被提及。

灶神的概念起源于古代安纳托利亚的原始印欧宗教,古罗马和古希腊的许多神归根结底都源于该宗教。拉丁语中的"维斯塔"(Vesta)来自古印欧语,意思是"燃烧",强调了女神祖先的根源。

以维斯塔为中心的神话相对较少,这很大程度上是因为女神很少走出她的房子或寺庙。在奥维德所讲的一个神话中,灶神受到诱惑,去参加由母亲神西布莉在狂欢崇拜中心伊达山举办的聚会。西布莉戴着塔楼状的尖顶王冠——象征着她是古罗马的守护神。她经常被狂欢的女性追随者("迈那得

法国画家尼古拉斯·普桑在《酒神的节日》(1632—1633)中,描绘了仙女和萨蒂尔一起寻欢作乐的场面。在画的右下方,普利阿普斯正企图调戏维斯塔。

参见： 奥林匹斯众神 24~31页，狄俄尼索斯崇拜 52页，西布莉和阿提斯 116~117页。

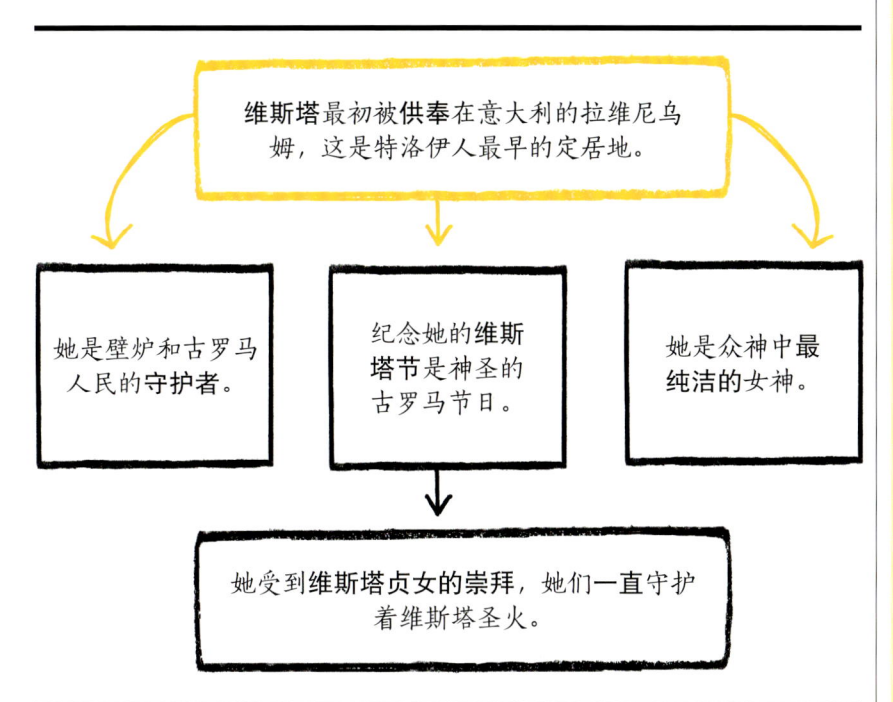

维斯塔最初被供奉在意大利的拉维尼乌姆，这是特洛伊人最早的定居地。

- 她是壁炉和古罗马人民的守护者。
- 纪念她的维斯塔节是神圣的古罗马节日。
- 她是众神中最纯洁的女神。

她受到维斯塔贞女的崇拜，她们一直守护着维斯塔圣火。

斯")和男性追随者("科律班忒斯")包围，这些人为她奏乐。

西布莉邀请了所有的神来参加她的聚会，还邀请了一些萨蒂尔、仙女和精灵，其中就包括好色、畸形的普利阿普斯。普利阿普斯的母亲维纳斯因他的畸形而感到羞耻，于是把他遗弃在了山里，交由牧羊人抚养。普利阿普斯成了一个掌管花园、蜜蜂和牧群的神。宴会的最后一位客人并没有受到邀请，他就是嗜酒的萨蒂尔西勒诺斯。

普利阿普斯被拒绝

当众神吃饱喝足，宴会接近尾声时，他们有的去伊达山上散步，有的开始跳舞，有的躺在草地上睡去。维斯塔在小溪边一个安静的地方睡着了，她不知道普利阿普斯就藏在附近。好色的普利阿普斯正四处搜寻女神或仙女。看到睡着的贞洁女神维斯塔，他偷偷地走到她跟前。然而此时，西勒诺斯的驴在附近大叫一声，把维斯塔吓醒了。其他的神赶来帮助维斯塔，赶走了普利阿普斯。

普利阿普斯的崇拜中心位于特洛德北部的兰普萨库斯。在那里，驴是献祭给普利阿普斯的动物。在每年六月为纪念灶神而举行的灶神节上，人们给驴挂上用灶灰烘烤的面包，也会用鲜花装饰驴拉的磨，以纪念女神。∎

维斯塔贞女

维斯塔贞女共有六名，她们是古罗马唯一的女祭司，负责照看维斯塔神庙的圣火。圣火是这座城市所有炉灶的象征，圣火熄灭被认为是一个坏兆头，大祭司会因此鞭打疏忽的维斯塔贞女。维斯塔贞女的贞洁对于古罗马本身的安全至关重要，任何失去贞洁的维斯塔贞女都会被活埋，同时随葬少许食物和水。这样一来，她们看上去就不像是被杀死的，她们的死亡被认为是冥界众神的旨意。

六名女祭司在六岁至十岁时被挑选出来。她们在服务三十年之后可以恢复自由，如果她们愿意的话，她们甚至可以结婚。不过，结了婚的贞女会失去她们以往那不同寻常的独立地位，包括立遗嘱的自由。

命运会留下我的声音，让我被世人所知

库迈的西比尔

简介

聚焦
预言和命运

来源
《埃涅阿斯纪》，维吉尔，约公元前30—公元前19年
《罗马古事记》，狄奥尼修斯，约公元前7年
《变形记》，奥维德，公元8年

背景
埃涅阿斯时代（约公元前1200）和特里马乔时代（公元1世纪）的库迈；塔克文·苏佩布统治时期（公元前535—公元前509）的古罗马

主要人物

埃涅阿斯 古希腊和古罗马神话中的特洛伊英雄

库迈的西比尔 阿波罗的女先知

阿波罗 预言之神，音乐之神，太阳神

塔克文·苏佩布 罗马共和国诞生前的最后一位国王

在古希腊和古罗马的传说中，特洛伊英雄埃涅阿斯想去拜访他父亲的鬼魂，所以来到了人间与冥界的交界处，库迈的西比尔就住在那里的一处洞穴中。库迈位于意大利南部坎帕尼亚，是古希腊的殖民地。西比尔是阿波罗的女先知，她安全地引导埃涅阿斯到达冥界。当他们回到人间时，埃涅阿斯对西比尔说，他欠她一条命，他将永远把她当作女神，并会为她建造一座神庙。

年迈的西比尔说她不是神，不值得人崇拜。为了证明她也犯过错，她讲述了自己年轻时被阿波罗追求的故事。当她拒绝阿波罗时，她的悲惨命运就已经注定。

阿波罗和西比尔

阿波罗不顾一切地想赢得西比尔的欢心，许诺给她想要的任何东西。她指着一堆灰尘说，只要灰尘在，自己就要一直活着。阿波罗可以把岁月和永恒的青春都给她，只要她愿意接收他。但是，西比尔拒绝了他，所以阿波罗赐给了她岁月，却没有赐给她青春。

西比尔见到埃涅阿斯时，已经是一个干瘪的老太婆了。七百年来，她一直吟唱命运，把她的预言写在棕榈叶上。她会把叶子挂在洞口，即便风把树叶吹散了，她也不

作者通过三种方式描写西比尔

| 年轻时，她是阿波罗的挚爱。 | 七百岁时，她遇到了埃涅阿斯。 | 古老却并非不朽，她渴望死亡。 |

古罗马　**111**

参见：哈迪斯与冥界 48~49页，阿波罗和德尔斐神谕 58~59页，古罗马的建立者埃涅阿斯 96~101页，罗马城的建立 102~105页。

西卜林书

这三本预言书被称为"西卜林书"，是古罗马伟大的财富之一。它们被存放在卡皮托林山上的朱庇特神庙里，在危急时刻可供查阅。

公元前83年，这三本书在寺庙中被烧毁，但是其中的预言从古罗马各地被收集起来，放回到神庙中。奥古斯都皇帝后来命人把它们搬到了帕拉蒂尼山上的阿波罗神庙中。

西卜林书有十个保管人，他们会解释书中隐晦模糊的预言。这些人还会指导古罗马人如何崇拜阿波罗、西布莉和克瑞斯。西比尔的预言受阿波罗的启发，西卜林书为崇拜西布莉和克瑞斯提供了建议。然而，这些书在公元405年被古罗马将军弗拉维斯·斯提利科故意销毁。他认为这些书是用来对付他的。

这幅插画源自一份手稿（约公元400），描绘了埃涅阿斯在阿波罗神庙拜访西比尔的情景，陪同他前来的还有被特洛伊流放的阿卡特斯。之后，埃涅阿斯去了冥界。

会去整理，这条预言也就丢失了。

最后的预言

库迈的西比尔带着九本预言书来见塔克文·苏佩布（"高傲者塔克文"）——罗马共和国诞生之前的最后一位国王。西比尔提出以高价将预言书卖给他。塔克文看到她只不过是一个干瘪的老太婆，便傲慢地把她拒之门外。于是，西比尔烧毁了三本书，并要求以同样的价格把剩下的六本书卖给他。他又拒绝了。西比尔又烧毁了三本书，然后还以原价向国王兜售剩下的三本书。塔克文太好奇了，于是按她开出的价格买下了预言书。

卖完书后，西比尔就消失了，再也无人提及，直到之前的奴隶特里马乔在公元1世纪发现了她。那时，她干枯的身体已经变得很小了，她被挂在一个罐子里。当地的几个男孩问她想要什么，她回答说："我想死。"最后，她就只剩下声音了。∎

> **" 是时候去寻求神谕了。神啊，看哪，神！"**
> ——库迈的西比尔，《埃涅阿斯纪》

这幅图来自梵蒂冈的西斯廷教堂，由米开朗琪罗（1510）创作，刻画了库迈的西比尔，并借此证明异教徒也可以进入神之国。

爱你入髓
丘比特和普赛克

简介

聚焦
真爱

来源
《金驴记》，阿普列乌斯，约公元158—公元180年

背景
古希腊

主要人物

维纳斯 爱神，嫉妒普赛克

普赛克 一个美丽的公主，后来成为灵魂女神

丘比特 维纳斯的儿子，爱神，喜欢恶作剧，爱上了普赛克

阿波罗 太阳神，也是智慧和预言之神

朱庇特 众神之王

据说，普赛克公主美若天仙，以至于人们开始崇拜她，而忽视了真正的爱神维纳斯和她的神庙。维纳斯十分生气，于是叫来儿子丘比特——这个淘气的年轻人总是用他的爱情之箭和欲望之箭制造混乱。维纳斯催促他惩罚普赛克，让她爱上一个卑鄙下流的男人，但是，丘比特笨拙地用爱情之箭划伤了自己，反而爱上了普赛克。

在这幅公元3世纪的古罗马镶嵌画中，普赛克伸手去够丘比特的箭。画中的普赛克拥有蝴蝶的翅膀，因为蝴蝶象征着灵魂。

与此同时，阿波罗警告普赛克的父亲，普赛克注定不会嫁给凡人，而会嫁给一条长着翅膀的可怕的蛇。按照阿波罗的吩咐，悲痛的父母为普赛克筹备了这场可怕的婚礼，并把她带到悬崖顶上，让她独

古罗马 113

参见： 哈迪斯与冥界 48~49页，诱拐珀耳塞福涅 50~51页，阿波罗和达芙妮 60~61页，阿佛洛狄忒和阿多尼斯 88~89页。

维纳斯给普赛克的任务

把一堆杂粮按类别分开。 一群蚂蚁怜悯普赛克，把大麦、小麦、小扁豆、小米、鹰嘴豆和豆子分成不同的小堆。

取金羊毛。 河边的芦苇神奇地告诉普赛克如何安全拿到金羊毛。

装一瓶冥河的水。 朱庇特的御用之鹰越过危险的冥河，帮普赛克取来水装满了瓶子。

从冥后普洛塞庇娜那里讨取一份美貌。 开口讲话的城堡炮塔为普赛克指路。

自面对命运。

神秘的丈夫

她没有等来长着翅膀的蛇，西风之神泽费罗斯把普赛克吹了起来，将她带到了一座富丽堂皇的宫殿里。她知道那里一定是神灵的住所。一个声音告诉普赛克，宫殿是属于她的，看不见的仆人为她梳妆打扮，为她准备食物、演奏音乐。

然而，漆黑的夜晚来临时，普赛克看不见的丈夫会爬上床，并在黎明前离开。每晚都是如此，她从来没有见过丈夫。普赛克很孤独，而且怀孕了，她说服丈夫允许她的两个姐姐来探望她。丈夫警告她，不要被姐姐说服想要知道他的长相。如果她这样做，幸福就结束了。

普赛克善妒的姐姐们来了，她们提醒她阿波罗的预言，说她要嫁给一个怪物。那天晚上，丈夫睡着了，普赛克拿着一盏点着的油灯和一把刀走近他，想要杀了他。然而，让她吃惊的是，她在灯光下看到了丘比特。当她伸手去够他的箭时，箭刺伤了她的拇指，于是她深深地爱上了他。她的手颤抖着，一滴热油滴在了丘比特的肩上。受伤的丘比特感到被背叛了，于是弃她而去。

爱人的追寻

普赛克到处寻找她失踪的丈夫。她亲自去了维纳斯的宫殿。在那里，充满敌意的女神给普赛克安排了一系列几乎不可能完成的任务。她的最后一项任务是去冥界，从冥后普洛塞庇娜那里讨取一份美貌，用盒子装回来。返回的路上，普赛克忘记了不要打开盒子的警告。她打开盒子，深沉的睡意袭来，她仿佛死了一般睡去。

丘比特飞到普赛克跟前，把她从睡梦中唤醒。朱庇特同意了他们的婚事，让普赛克长生不老，之后维纳斯也接受了她。普赛克和丘比特所生的孩子是快乐女神沃路普塔斯。■

民间传说和童话故事

古希腊人、古罗马人和古埃及人所讲的童话故事，与我们今天所听的故事有着明显的联系。丘比特和普赛克故事的寓意——丘比特（爱）与普赛克（灵魂）结合在一起，生下了沃路普塔斯（快乐）——建立在童话的基础之上。《灰姑娘》和《美女与野兽》的故事与丘比特和普赛克的神话有着显著的相似之处。这是一类广泛流传的故事，民俗学家称之为"寻找失踪的丈夫"和"野兽新郎"。

丘比特和普赛克的故事不同寻常地融合了童话和神话。大多数此类童话故事讲述一个被魔法变成野兽的人类丈夫，而非一个神。然而，在奥维德的《变形记》中，米尼亚斯的女儿们讲述的童话故事涉及了神，所以神话和童话在古罗马比在其他文化中更容易互相渗透。

我疯狂地爱上了我自己

纳喀索斯和厄科

简介

聚焦
自恋

来源
《变形记》，奥维德，公元8年

背景
古希腊赫利孔山

主要人物

利里俄珀 水泽仙女，纳喀索斯的母亲

刻菲索斯 河神，纳喀索斯的父亲

提瑞西阿斯 盲人先知

纳喀索斯 利里俄珀和刻菲索斯的儿子，爱上了自己的美貌

厄科 山林仙女，被朱诺诅咒，只能重复别人说的话

朱诺 婚姻女神，朱庇特善妒的妻子

涅墨西斯 复仇女神，惩罚了纳喀索斯

仙女利里俄珀与河神刻菲索斯生下了一个非常好看、人见人爱的儿子。利里俄珀问盲人先知提瑞西阿斯，她的儿子纳喀索斯能否长寿，先知回答说："如果他看不到自己，他就可以长寿。"

没有回报的爱

纳喀索斯十六岁的时候，被仙女厄科看见了，她立刻爱上了他。厄科无法对纳喀索斯说话，因为她因帮助朱庇特偷情而被女神朱诺诅咒，只能重复别人说的话的最后几个字。她跟着纳喀索斯来到野外，纳喀索斯喊道："这儿有人吗？"厄科重复着他的话："有人吗？"她不断重复他的话，使纳喀索斯变得越来越不耐烦。当厄科从树林里出来拥抱他时，他喊道："别碰我！"厄科感到很丢脸，于是退到一个山洞里，直到别人看不到她的身影，只能听到她的声音。

有一天，复仇女神涅墨西斯决定为被蔑视的厄科报仇，她把纳喀索斯带到一片池塘边，在那里，他爱上了自己的倒影。他伸出手，却碰不到自己的"梦中人"。心中燃烧的爱得不到回应，他最后说了一句"再见"，便悲伤地死去了。厄科看着，喃喃地重复着"再见"。之后，纳喀索斯变成了以他的名字命名的水仙花。■

在J. W. 沃特豪斯于1903年所作的这幅画中，厄科看着纳喀索斯伸手去触摸他的"真爱"。纳喀索斯死后，变成了一株生长在水边的水仙花。

参见： 奥林匹斯众神 24~31页，代达罗斯和伊卡洛斯 78~81页，迈达斯国王 90页。

如今她还是个蜘蛛，在不停地织布

阿拉克涅和密涅瓦

简介

聚焦
挑战众神

来源
《变形记》，奥维德，公元8年

背景
小亚细亚的吕底亚

主要人物

阿拉克涅 吕底亚的一名年轻女子，擅长纺织，对古希腊众神不甚尊敬

仙女 居住于山林水泽，容貌美丽

密涅瓦 智慧、医学和艺术（包括纺织和手工）女神

涅普顿 海神，脾气暴躁

朱庇特 众神之王，涅普顿的兄弟

奥维德的《变形记》讲述了阿拉克涅的故事。她是吕底亚的一名年轻女子，织布技巧非常娴熟，仙女们常常从特摩洛斯山和帕克托洛斯河赶来观看她做活计。仙女们认为，她一定受过艺术女神密涅瓦的教导，但阿拉克涅觉得这样说冒犯了她。骄傲的阿拉克涅向密涅瓦发起了挑战，要和她比赛织布。

密涅瓦也很傲慢，她伪装成一个老妇人来见阿拉克涅。她称赞阿拉克涅的技艺，同时也建议她应该表现出对艺术女神的谦恭和尊敬。但是，阿拉克涅对老妇人和密涅瓦不屑一顾，于是女神卸下伪装，接受了阿拉克涅的挑战。

织布比赛

密涅瓦织了一块挂毯，上面描绘了她和海神争当雅典保护者的比赛。阿拉克涅织的挂毯上描绘了众神的不道德行为，充满欲望的朱庇特和涅普顿在一个又一个伪装下欺骗和诱惑他们的追逐对象。密涅瓦在阿拉克涅的挂毯中找不到任何瑕疵，除了一连串对神的侮辱。盛怒之下，密涅瓦拿起织布的木梭子不停地打她。由于无法忍受这种折磨，阿拉克涅上吊自杀了。后来，密涅瓦感到很内疚，把阿拉克涅变成了世界上第一只蜘蛛。■

> 阿拉克涅并非出身贵族，但她的天赋使她声名远扬。
>
> 《变形记》

参见： 奥林匹斯众神 24~31页，风流的宙斯 42~47页，雅典的建立 56~57页。

血债血偿
西布莉和阿提斯

简介

聚焦
崇拜仪式

来源
《岁时记》《变形记》，奥维德，公元8年

背景
小亚细亚中部的一个古国（弗里吉亚）

主要人物
西布莉 弗里吉亚的母亲神，代表所有女性

阿塔兰忒 一个被西布莉变成狮子的女猎手

希波墨涅斯 阿塔兰忒的丈夫，也是一头狮子

阿提斯 西布莉的伴侣和信徒

撒格里提斯 树之仙女，她引诱了阿提斯，最后被处死

古希腊人将女神西布莉视作众神和人类的母亲。西布莉最先出现在小亚细亚中部的弗里吉亚。古希腊人把她和众神之母瑞亚联系在一起，古罗马人也一样，自公元前4世纪起，西布莉就一直是古罗马大众崇拜的中心。

西布莉在古罗马的建立中起了关键作用：她赐予埃涅阿斯神圣的松树让其打造船只，她请求儿子朱庇特让船永不沉没，她还在旅程的尽头把船变成了海洋仙女。

对西布莉的崇拜通常伴有狂热的仪式。西布莉的狂热女信徒被称为"迈那得斯"，她们以疯狂的舞蹈而闻名。西布莉的男信徒被称为"科律班忒斯"。这些狂野的男人用钹、笛和鼓大声奏出不和谐的音乐，音乐声淹没了所有其他声音。

本图源于公元295年古罗马祭坛上的浮雕。该祭坛为西布莉和阿提斯所设。西布莉坐在狮子拉的车上，而美丽的阿提斯倚靠在一棵树上。

古罗马 **117**

参见：狄俄尼索斯崇拜 52页，阿佛洛狄忒和阿多尼斯 88~89页，维斯塔和普利阿普斯 108~109页，密特拉和公牛 118~119页。

国外的女神

西布莉并不是唯一一个在古罗马人信仰中扮演重要角色的国外女神。古埃及女神伊西斯在古罗马也有一群狂热的信徒，尤其是在妓女和下层阶级当中。阿普列乌斯的小说《金驴记》的主人公得到启示时，看到的就是女神伊西斯。

伊西斯的信徒们开始举办秘密的仪式，承诺死后会重生。他们在春天、秋天共度节日，庆祝重生和复活。

皇帝奥古斯都和提比略反对伊西斯崇拜，因为她不是古罗马女神。他们命令摧毁她的庙宇，把她的雕像扔进台伯河。后来，皇帝卡利古拉将这种秘密仪式合法化。在此之后，伊西斯一直很受欢迎，直到公元4世纪基督教兴起。

此图是赫库兰尼姆伊西斯神庙的壁画，上面刻画了伊西斯的祭司举行宗教仪式的场景。赫库兰尼姆原本是古罗马的一座城市，后来毁于火山喷发。

给西布莉拉车的是两头狮子。这两头狮子是女猎手阿塔兰忒和她的丈夫希波墨涅斯变的，她们因玷污了西布莉的圣所而受到惩罚。西布莉头上戴着一顶塔楼状的皇冠，这是因为她建造了第一座城墙和塔楼。

西布莉的挚爱

阿提斯是弗里吉亚人，以纯洁的爱赢得了西布莉的欢心。西布莉使他成为自己的伴侣和圣地的守护者。他承诺永远保持贞洁和朝气。"如果我食言，"他说，"和我睡过的第一个女人将成为我的最后一个。"

事实证明，这个承诺太难兑现了。当阿提斯被一个名叫撒格里提斯的树之仙女诱惑时，他无法抗拒她的求爱。愤怒的西布莉砍断了撒格里提斯变成的树，仙女也因此受了致命伤，最后死在了阿提斯的怀里。

阿提斯悲痛欲绝，他感到自己的心都碎了，能让罪人良心煎熬的复仇女神正在攻击他。他惊恐万分，大声尖叫，跑上了西布莉的圣山丁底摩斯山。他拖着美丽的长发穿过泥土，喊着自己罪有应得，应该血债血偿。

阿提斯用一块带有棱角的石头自杀了，他的鲜血流到了一棵松树脚下，变成了紫罗兰。悲伤的西布莉把阿提斯埋在了他倒下的地方。他获得了重生，变成了一棵松树，这棵树此后一直是西布莉的圣物。

阿提斯崇拜

阿提斯由于自残、死亡和复活，成了生育的象征。就像其他季节之神一样，人们认为他在冬天死去，在春天重生。

在古罗马历法中，西布莉节有几天是用来纪念阿提斯的：3月15日是西布莉遇见他的日子，3月22日是他自残的日子，3月24日是他死去的日子，3月25日是他复活的日子。■

> ❝ 我罪有应得，应该血债血偿！就让那给我带来伤害的部分死掉吧！ ❞
>
> 阿提斯，《岁时记》

密特拉是时代的领主

密特拉和公牛

简介

聚焦
复兴

来源
《底比斯战纪》,斯塔提乌斯,约公元80年
《林中仙女的洞穴》,波菲力,约公元234—公元305年

背景
宇宙

主要人物
密特拉 宇宙之神,时间掌控者
卡特斯和卡特帕台斯 密特拉出生时在场的火炬手
索尔 太阳神
宇宙公牛 在这个神话中扮演重要角色的神兽

强大的密特拉神是一个秘密宗教——密特拉教的中心。该教只接受男性信徒,公元1世纪末到公元4世纪期间在罗马帝国十分盛行。密特拉神有一个响当当的头衔:不可战胜的太阳神。不过,他的庙宇总是在地下的洞穴里。

密特拉是一个救世主,他把大地上的生灵从一场致命的干旱中拯救了出来。他从岩石中诞生,出生时就已经是个年轻小伙子了。他一手拿着匕首,一手拿着火把。这两件物品预示着他最伟大的成就:通过太阳带来光明,通过杀死一头公牛带来生命。他出生时,有一条蛇、一条狗、一只乌鸦和两个举着火炬的人——卡特斯和卡特帕台斯在场。接着,密特拉向岩石射出

在这幅公元2世纪古罗马南部城市马里诺的壁画中,密特拉杀死了公牛。火炬手卡特斯和卡特帕台斯的身型突出了密特拉的力量。

参见：忒修斯和弥诺陶洛斯 76~77页，罗马城的建立 102~105页，英雄双胞胎 244~247页。

> 在波斯洞穴中岩石底下拧着那头顽固公牛角的人，就是密特拉！
>
> 《底比斯战纪》

一支箭，泉水顿时涌出，浇灌着干涸的土地。然而，世界仍然面临威胁。太阳神索尔通过他的乌鸦信使告诉密特拉去杀死宇宙公牛，这头公牛与月亮有关，而月亮是水分的最终来源。

密特拉追捕到那头公牛，抓住牛角，骑到牛背上，直到制服它。他把公牛拖回洞穴，抓住它的口鼻，把匕首刺进它的脖子里。公牛死后，小麦和果实累累的藤蔓从它的伤口中冒出来，说明宇宙公牛的死让世界得以重生和繁殖。

宇宙的主宰

索尔和密特拉一起享用公牛的肉，但这个神话故事暗示了一种较量。他们都是太阳神，但密特拉被称为"不可战胜的太阳神"。在密特拉神庙里，月亮女神露娜经常站在他的左边，而太阳神索尔站在他的右边。

在艺术作品中，密特拉和他的助手们常常戴着弗里吉亚帽，这很可能是为了区分密特拉教和当时的其他宗教。叙利亚哈瓦尔特的密特拉圣所中有两幅关于密特拉征服邪恶的画：一幅是他站在一个被绑起来的恶魔身上的画，另一幅是他攻击一个恶魔之城的画。

描绘密特拉的画还包括十二星座图像，这进一步强化了这个神话故事的宇宙象征意义。在古罗马标准化的一周七天中，基于行星的名称，密特拉崇拜定在每周日，这也说明密特拉神被视为宇宙中心的太阳。

每一处密特拉圣所都有屠牛的场景。在这些场景中，密特拉总是从右肩上往后看，就像英雄珀尔修斯斩首美杜莎时那样。因此，有些学者认为，密特拉代表了珀尔修斯星座（英仙座）。英仙座位于金牛座上方，据说杀死公牛，会带来一个崭新的时代。■

> 哦，水之神！
> 哦，大地的创造者！
> 哦，风的操控者！
>
> 《林中仙女的洞穴》

密特拉教

密特拉是个波斯名字，他是波斯光明、太阳和战争之神。学者们一直在争论，古罗马的密特拉教和古希腊类似的神秘宗教与波斯早期的密特拉崇拜到底有多大关系。因为几乎没有相关的文字记载，所以人们只能通过考古发现来支持不同的理论。人们普遍认为，古罗马的密特拉教最早出现于公元前1世纪，似乎与后来的基督教信仰有一些相似之处，比如死后重生。这对士兵尤其有吸引力，他们是密特拉教的第一批信徒。

根据波菲力的描述，信徒在位于地下的密特拉圣所举办崇拜仪式。所有信徒都发誓会保守秘密，所以密特拉杀死公牛象征新生的神话故事只能从现存的雕刻作品和壁画中重现。这些场景颂扬他塑造宇宙的力量，预示着春分的到来。

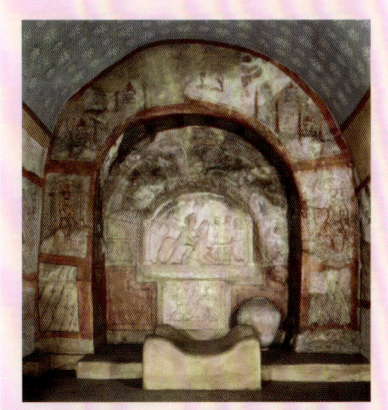

位于叙利亚杜拉的密特拉圣所，以其保存完好的浮雕石像（公元3世纪）闻名于世。

他用雪白的象牙雕刻了一尊少女像

皮格马利翁

简介

聚焦
理想之爱

来源
《变形记》，奥维德，公元8年

背景
塞浦路斯——维纳斯出生之地

主要人物
皮格马利翁 一个年轻的雕刻家，发誓不娶当时任何一个年轻女子为妻

维纳斯 古罗马的爱与美之神，对应古希腊神话中的阿佛洛狄忒

伽拉忒亚 皮格马利翁雕刻出的一尊象牙雕像，维纳斯把它变成了一个活生生的女人

古希腊有文献记载，皮格马利翁是塞浦路斯国王，他爱上了一尊仪式用的阿佛洛狄忒雕像，但我们所熟悉的雕刻家皮格马利翁的神话的唯一来源是古罗马诗人奥维德。

皮格马利翁的杰作

皮格马利翁对他那个时代的女人的不端行为非常失望——她们不愿意服从爱神维纳斯的权威。所以，他发誓永不结婚。

这个雕刻家把他的时间都花在雕刻一个真人大小的少女雕像上。他用的是象牙材质，雕刻出的雕像通体雪白，比世间任何女子都美丽。这尊雕像栩栩如生，就连皮格马利翁也不禁经常抚摸它，遐想它究竟是象牙做的，还是真人。他

在这尊1763年由艾蒂安·法尔科内创作的大理石雕像中，由丘比特所代表的爱神维纳斯赋予了皮格马利翁的象牙雕像生命。

很快就爱上了自己的杰作，他亲吻它，拥抱它，深情地对它说话，甚至还送它礼物。在维纳斯节上，皮格马利翁祈求神灵赐予他一个和他的雕像一样美丽的女人。

回家后，皮格马利翁拥抱了雕像。令他惊讶的是，这尊雕像是温暖的。它睁开眼睛，第一次看到了光明和它的真爱。女神维纳斯亲自参加了他们的婚礼。■

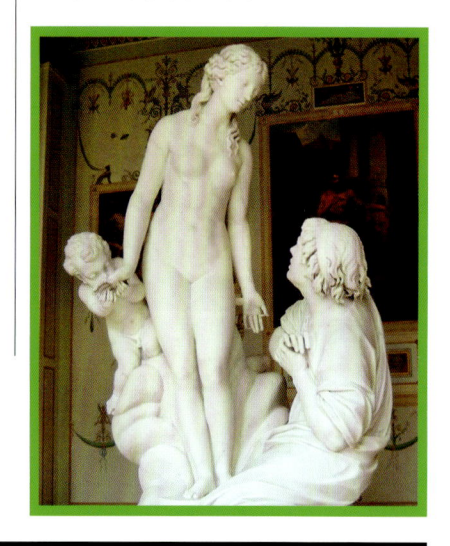

参见：奥林匹斯众神 24~31页，俄狄浦斯的命运 86~87页，丘比特和普赛克 112~113页，波摩娜和威耳廷努斯 122~123页。

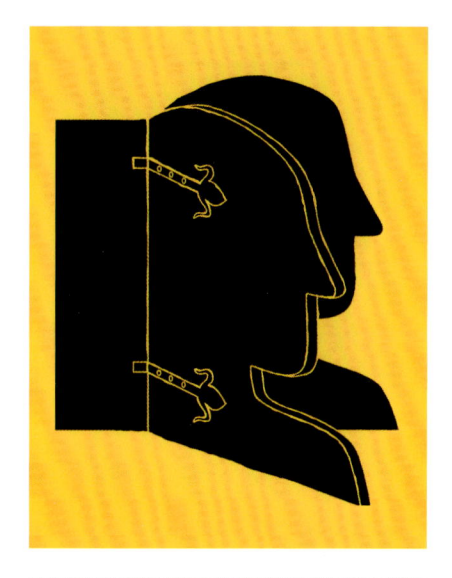

与我同寝，你将是门闩之神
卡尔纳和雅努斯

简介

聚焦
诱惑与奖励

来源
《岁时记》，奥维德，公元8年

背景
台伯河边的阿勒努斯树林

主要人物

卡尔纳 一个美丽的仙女，后来成为门闩之神卡尔迪亚

福波斯 太阳神，对应古希腊神话中的阿波罗

雅努斯 门神，霸占了卡尔纳，随后将其变为女神

普罗卡 一个婴儿，罗马城的建立者罗慕路斯和雷穆斯的祖先

根据古罗马的传说，一个名叫卡尔纳的仙女生活在台伯河岸古老而神圣的阿勒努斯树林中。她用长矛在田野里猎鹿，用网把鹿困住。所有的年轻人都被她的美貌迷住了，认为她一定是太阳神福波斯的妹妹。面对每一个追求者，卡尔纳都会说："外面太亮了，有光就有耻，请带我去一个僻静的山洞吧，我随后就来。"当年轻人带路的时候，卡尔纳就会藏在树林里，消失不见。

雅努斯和仙女

有一天，卡尔纳引起了双面门神雅努斯的注意，他与其他人一样，也渴望得到她。当他轻声对她说话时，她像往常一样建议去山洞里。但当她躲在丛林中时，雅努斯知道了她的藏身之处，因为他的后脑勺上长着眼睛。

他扑向她，将她占为己有。为了回报她，他把她变成门闩之神卡

> "带我去一个僻静的山洞吧，我随后就来。"
> 《岁时记》

尔迪亚，让她负责打开关着的门，关上打开的门。他还给她一根开着白花的山楂树枝，方便她驱赶妖魔。

作为婴儿的保护神，驱魔的能力对卡尔迪亚来说很有用。她曾救过五天大的普罗卡（罗慕路斯和雷穆斯的曾祖父）。当时，一头像吸血鬼一样捕食婴儿的猫头鹰正扑向普罗卡。■

参见：哈迪斯与冥界 48~49页，阿波罗和德尔斐神谕 58~59页，罗马城的建立 102~105页。

没有哪个森林仙女可以像她那样把花园打理得如此漂亮

波摩娜和威耳廷努斯

简介

聚焦
爱与生育

来源
《变形记》，奥维德，公元8年

背景
古罗马乡村

主要人物

波摩娜 果树、果园、花园的养育女神

西勒诺斯 年迈、好色、嗜酒的神，经常喝醉

普利阿普斯 生育之神，身材矮小

威耳廷努斯 掌管季节变换的神，可以根据自己所想随意变换容貌

波摩娜是一个森林仙女，后来成为女神，掌管果树、果园和花园，象征着富足。她是为数不多的在古希腊神话中没有对应神的神。她的名字取自拉丁词pomum，意为"水果"。

波摩娜总是随身带着一把弯曲的修枝刀，用于修剪不规则的枝叶，使它们向理想的方向生长。她还会将溪水引向树木。她不害怕任何人，也不害怕任何事，只害怕某个恶毒的萨蒂尔会侵犯她。为了防止这种事情发生，她把自己关在果园里，不允许任何男子进入果园。

尽管她小心谨慎，但还是有许多年轻的神试图引诱她，其中也包括年迈嗜酒的西勒诺斯和身材矮小的普利阿普斯。但是，她无一例外地避开了他们。

难以劝说

季节之神威耳廷努斯看到波摩娜，便深深地爱上了她。但无论他送什么礼物，她都要他走开。威耳廷努斯可以变成任何他想要的模样，但不管他怎样伪装自己，波摩娜都不让他进入果园。每天，他都变换新的模样来接近他的所爱。最后，在绝望之下，他让自己的头发变白，把自己伪装成一个老妇人。他的计谋得逞了，波摩娜让老妇人进了果园。

这幅画（1807）描绘了威耳廷努斯和波摩娜在丰饶的果园里休憩的场景。它是英国画家理查德·韦斯特尔受富有的古典学者理查德·佩恩·奈特委托创作的。

古罗马

参见： 诱拐珀耳塞福涅 50~51页，丘比特和普赛克 112~113页，卡尔纳和雅努斯 121页，皮拉摩斯和提斯柏 124页，布罗代韦德 170~171页。

威耳廷努斯的伪装变化多端，每当有人劝说波摩娜不要和他交谈时，威耳廷努斯就会变成另一种样子。

收割人
威耳廷努斯假扮成一个拿着一篮子玉米的收割人

牧牛人
他假扮成手里拿着鞭子赶牛的牧牛人

葡萄园园丁
他假扮成拿着修枝刀的葡萄园园丁

摘果子的人
他假扮成前来摘果子的人，肩上还扛着梯子

士兵
他假扮成全副武装的士兵

渔夫
他拿着钓鱼竿和线，但波摩娜还是把他打发走了

老妇人
当他伪装成老妇人时，波摩娜才开始和他说话

威耳廷努斯倒在地上，弓着身子，模样枯槁。他指向一棵被葡萄藤缠绕的榆树，试图说服波摩娜相信婚姻的好处和拒绝追求者的危险。他说："如果这棵树孤零零地站着，不与葡萄藤结合，那它也将得不到任何好处。你在回避婚姻的时候，真的应该学学那棵树。如果你愿意听一位老妇人的建议，你就应该拒绝所有其他人，选择威耳廷努斯和你同床共枕。他爱你种出的果实，不过他爱你更甚。"

最终的爱

波摩娜不听老妇人的劝说，最后，威耳廷努斯卸下伪装，让她看到自己年轻神圣的荣光。当波摩娜看到他的真面目时，她也深深地爱上了他。波摩娜说，除了他原本的容貌，她再也不想让他变成其他模样了。

波摩娜和威耳廷努斯是一对美好的神仙眷侣，他们一起管理着果实、果园、生长和变化的季节。每年8月13日是他们两共同的节日。那一天，古罗马人会为当年的丰收感谢神。在古罗马主要港口奥斯提亚附近的一片圣林中，波摩娜的祭司会举办庆祝仪式。■

奥维德

波摩娜和威耳廷努斯的神话是通过古罗马诗人奥维德的《变形记》流传下来的。《变形记》是一部长篇叙事诗，共15卷，由250多个神话组成。作为最有影响力的文学作品之一，它激发很多作家、艺术家和作曲家创作出了杰作，其中包括但丁、乔叟、莎士比亚、卡夫卡、提香、理查·施特劳斯等。

公元前43年，普布利乌斯·奥维德·纳索出生在苏尔摩（今罗马东部的苏尔莫纳）的一个显赫家庭。18岁时，他就已经是一位诗人了。奥维德对古希腊神话和古罗马神话的迷恋从《女英雄书信集》中可见一斑。接着，他相继创作了《变形记》和有关古罗马历法的长诗《岁时记》。

公元8年，奥维德被奥古斯都皇帝流放到黑海之滨的托米斯，并于公元17年在那里去世。奥维德被流放的确切原因尚不清楚。奥维德自己说那是由"一首诗和一个错误"引起的。

即便是死亡,也不能使我们分离

皮拉摩斯和提斯柏

简介

聚焦
悲剧恋人

来源
《变形记》,奥维德,公元8年

背景
巴比伦(今伊拉克)

主要人物
皮拉摩斯 巴比伦的一个美少年,爱上了邻居提斯柏(但家里人不同意)

提斯柏 一个美丽的少女,被禁止与她的爱人皮拉摩斯见面

皮拉摩斯和提斯柏在巴比伦长大,比邻而居。他们相爱了,但父母禁止两人联系。两人不能见面,甚至不能交谈。他们只能通过两幢房子之间的墙壁上的一个缝隙窃窃私语、亲吻、互祝晚安。他们决定晚上溜出去,在城墙外的桑树下见面。

悲剧性的转折

提斯柏先到了,但她被一头母狮吓了一跳。这头母狮刚吃掉一个在附近池塘边喝水的人。提斯柏跑进一个山洞,可她的面纱从肩膀上滑落了下来。母狮扑向面纱,将面纱撕碎,导致面纱上面染上了鲜血。皮拉摩斯赶到的时候,发现了沙子上血淋淋的面纱和爪印,他相信提斯柏已经被吃了。他哭着将剑刺向自己,血从他的伤口涌出,把桑树的果实染成了深紫色。

提斯柏蹑手蹑脚回来时,发现皮拉摩斯奄奄一息,便拿起他的剑自杀了。她临终前的愿望是,桑葚永远保留血染的颜色,以纪念他们的爱情。众神答应了她的愿望,他们的父母把这对恋人葬在了一处。

皮拉摩斯和提斯柏的故事影响深远,莎士比亚的《罗密欧与朱丽叶》和《仲夏夜之梦》的灵感均来源于此。■

> 嫉妒之墙,你为什么要阻挡在一对恋人之间?
> 《变形记》

参见:阿波罗和达芙妮 60~61页,丘比特和普赛克 112~113页,纳喀索斯和厄科 114页。

古罗马 | 125

神所关心的也是神

费莱蒙和鲍西丝

简介

聚焦
神奖赏那些值得奖赏的人

来源
《变形记》,奥维德,公元8年

背景
古希腊弗里吉亚

主要人物
朱庇特 众神之王,天空与雷电之神

墨丘利 商业、沟通、旅行、运气和诡计之神,古罗马十二主神之一

费莱蒙和鲍西丝 一个贫穷村舍的主人和他的妻子,当神淹没他们所住的弗里吉亚以惩罚当地人时,他们二人得以幸免

有一次,朱庇特和墨丘利来到多山的弗里吉亚。他们打扮成凡人的样子,挨家挨户询问可否给他们些吃的并让他们歇歇脚。他们问了一千家,也被拒绝了一千次。最后,他们来到了最穷、最破旧的一个村舍,这是老妇人鲍西丝和她的丈夫费莱蒙的家。他们二人把朱庇特和墨丘利迎进屋。

热情的招待

鲍西丝烧火煮饭,费莱蒙去园子里采摘蔬菜,他们拿出了自己最好的东西招待客人。当这对夫妇发现酒瓶总是神奇般地被重新装满时,他们意识到自己是在款待神。"这个糟糕的地方将因为对陌生人不友善而受到惩罚,"朱庇特说,"但你们会平安、无恙。"

这对老夫妇随神登上一座山。当他们回头看时,村子已被洪水淹没,而他们的小屋却变成了一座辉煌的庙宇。费莱蒙和鲍西丝请求做

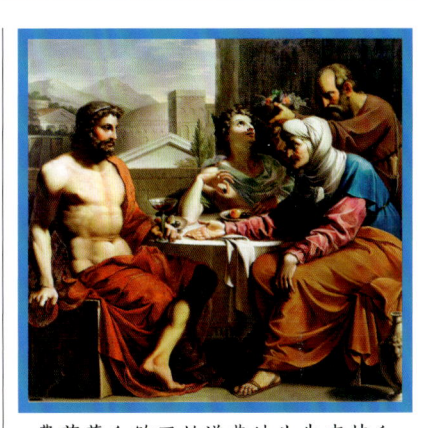

费莱蒙和鲍西丝谦恭地为朱庇特和墨丘利端上水果、奶酪和葡萄酒。这幅新古典主义绘画作品(约1800)是安德烈·阿皮亚尼或他所在米兰圈子里的一个人所作的。

庙宇的守护者,还希望二人可以同时死去,这样他们俩就都不会感到孤单了。

神答应了他们的请求。有一天,鲍西丝发现费莱蒙和她自己身上都长出了叶子。他们只说了声道别的话,就变成了一棵橡树和一棵椴树,两棵树盘绕在一起。■

参见:奥林匹斯众神 24~31页,努马智胜朱庇特 106~107页。

NORTHERN EUROPE

北欧

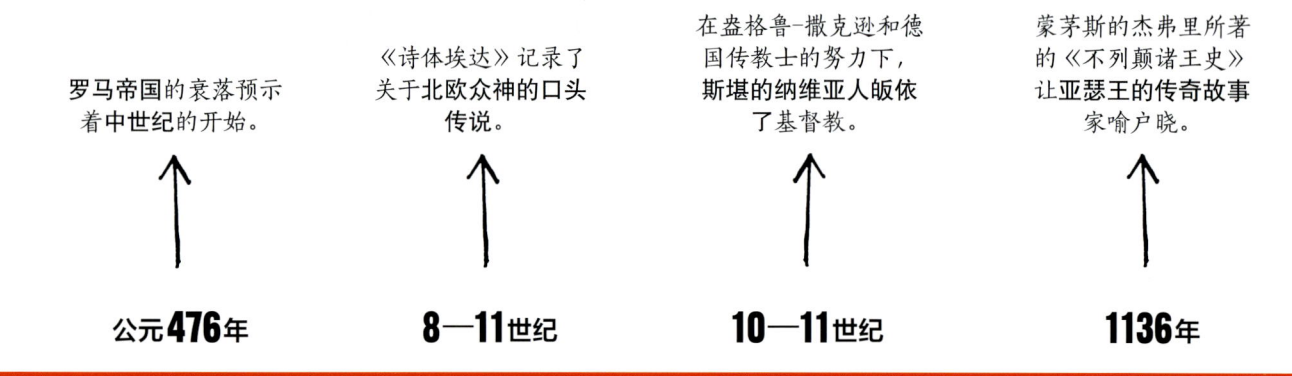

公元476年
罗马帝国的衰落预示着中世纪的开始。

8—11世纪
《诗体埃达》记录了关于北欧众神的口头传说。

10—11世纪
在盎格鲁-撒克逊和德国传教士的努力下,斯堪的纳维亚人皈依了基督教。

1136年
蒙茅斯的杰弗里所著的《不列颠诸王史》让亚瑟王的传奇故事家喻户晓。

公元597年
圣奥古斯丁前往英国,开启了盎格鲁-撒克逊人皈依基督教之旅。

7—8世纪
《夺牛长征记》讲述了库丘林的传奇故事。

12世纪
《马比诺吉昂的四个分支》在威尔士成书,这是一本早期的散文故事集。

北欧在皈依基督教之前的神话没有古希腊和古罗马神话记载得好。与这些古典文明不同,北欧民族直到中世纪早期皈依基督教后才有了文字记载。基督教热衷于推行新信仰,不赞成记录旧的神话和习俗。因此,许多也可以说大多数神话失传了。有些基督徒作家确实记录了北欧在皈依基督教之前的神话故事,但他们往往缺乏同情心,对这些故事最初的宗教意义缺乏理解,所以这些故事的意义现在鲜为人知。

即使是那些没有敌意的作家,如13世纪的冰岛人斯诺里·斯图鲁松,也会小心翼翼地以教会可以接受的方式陈述古老的神话,以保护自己免受异端指控。其他神话秘密地在民间流传。随着时间的推移,神话失去了最初的异教意义,逐渐演变成了民间传说。

古老的宗教

北欧民族在皈依基督教之前,主要被划分为部落和酋邦。因为缺乏统一的政治和宗教制度,这些部落和酋邦之间在宗教上有相当大的地区差异。在公元前最后几个世纪的鼎盛时期,凯尔特人居住在英国、爱尔兰及西欧和中欧的大片地区。他们没有共同的神殿。虽然对一些神灵(如雷神塔拉尼斯和马神爱波纳)的崇拜比较普遍,但没有一个神受到凯尔特人的普遍崇拜。

已有文献显示,在整个北欧,只有凯尔特人有专门的祭司。这些祭司被称为"德鲁伊",他们会做很长时间的学徒。在学徒期间,他们需要记住部落的所有法律、历史、神话和宗教仪式。在皈依基督教之前,北欧人的宗教仪式由当地的酋长和国王主持。这些古老的北欧宗教缺乏系统的神学体系,反而专注于祭祀仪式——献上珍宝、动物,有时甚至是人,以赢得神的青睐或避免神的愤怒。

历史起源

一些著名的北欧神话和传说发生于公元5世纪罗马帝国灭亡后的几年里,可能也起源于这段时期。例如,亚瑟王最早的传奇故事把他描绘成一个英勇的军阀,保护凯尔特不列颠人,对抗日耳曼的盎

北欧

约 1160 年 — 在爱尔兰，书吏阿伊德·瓦·克里斯坦恩和他的弟子编写了《伦斯特集》。

约 1260 年 — 《沃尔松格萨迦》在冰岛写成，详细描述了**沃尔松格家族的历史**。

1485 年 — **托马斯·马洛礼爵士**的《亚瑟王之死》由印刷商威廉·卡克斯顿出版。

1848 年 — 欧洲**革命**激发了民族主义，也激起了人们对凯尔特、北欧和其他地区的神话的兴趣。

约 1150 年 — 《征服志》一书收集了关于**爱尔兰神话历史**的散文和诗歌。

约 1220 年 — 斯诺里·斯图鲁松以早期关于挪威众神的诗歌集《诗体埃达》为基础，撰写了《散文埃达》。

14 世纪 — 文艺复兴标志着中世纪的结束。

1835 年 — 隆洛德出版了**芬兰民族史诗**《卡勒瓦拉》。

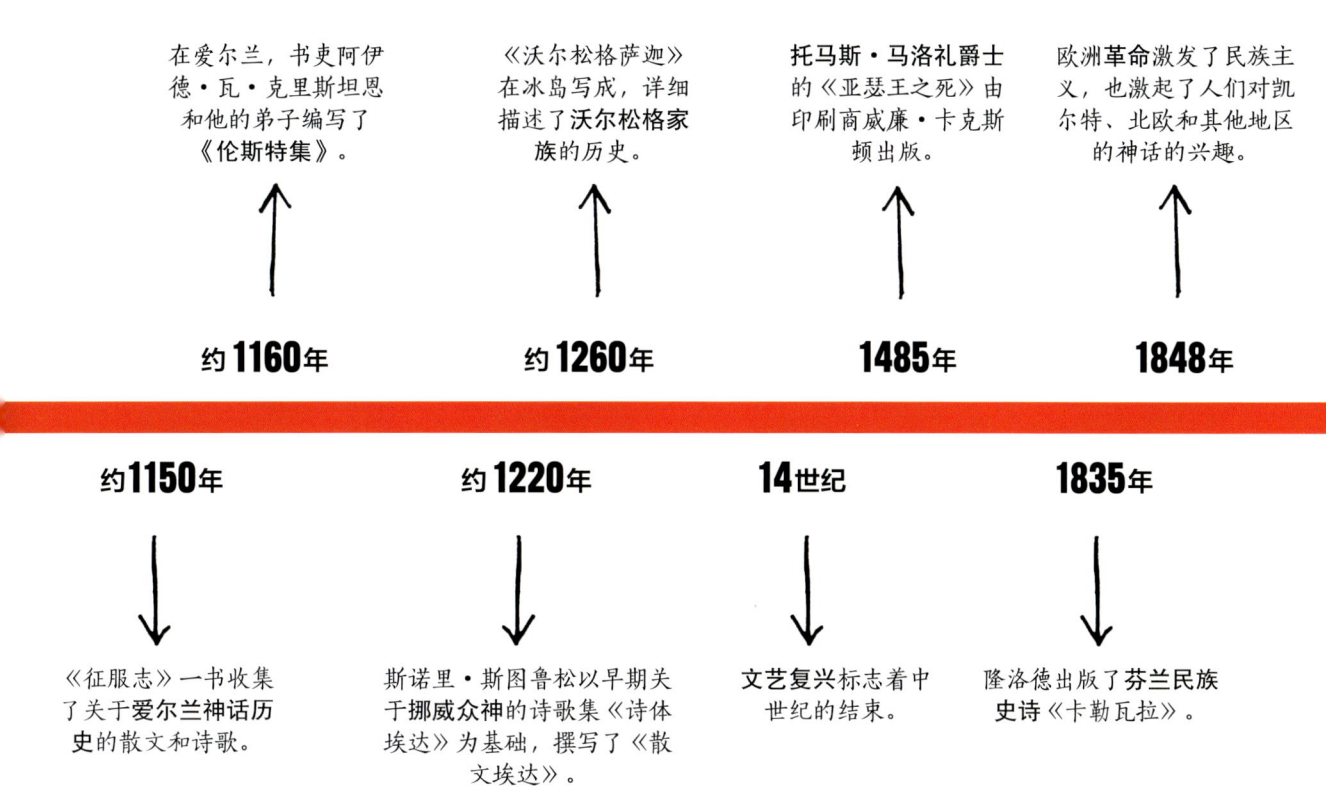

格鲁-撒克逊人。公元410年，古罗马军队撤离后，日耳曼人入侵了不列颠。1066年诺曼征服后，法国和英国作家把亚瑟王塑造成全英格兰理想化的骑士国王。

北欧屠龙英雄西格德的传奇故事中有真实的历史人物，这证明该神话起源于公元5世纪或6世纪。虽然爱尔兰神话和传说的起源要古老得多，但其中许多也可以放在历史背景中。以库丘林为主人公的阿尔斯特史诗，集中在阿尔马附近名叫艾明马恰的一处山丘要塞。那里是铁器时代（公元前500—公元400）的一个主要权力中心。

北欧和凯尔特的传奇故事，以及他们的英雄和屠龙者的故事，在现代世界仍然具有强烈的吸引力。它们启发了许多艺术、音乐和文学作品，如拉斐尔前派关于亚瑟王传说的画作、理查德·瓦格纳的《尼伯龙根的指环》和 J. R. R. 托尔金的《指环王》。

民族主义

我们所知道的凯尔特和北欧的神话故事，是在中世纪被记录下来的，但直到19世纪，芬兰神话才开始有所记载。在历史记载中，芬兰人大部分时间是被外族统治的，首先是瑞典人，然后是俄国人。到19世纪初，芬兰人的识字率仍非常低。

收集现存的芬兰神话和民间传说始于19世纪20年代，这与芬兰民族主义的发展密切相关。1815年，在俄国的统治下，芬兰人发现自己的民族认同越来越受到"俄化政策"的威胁，于是他们开始发展独特的芬兰艺术、音乐和文学流派。这一文化运动的最大成就之一是隆洛德的《卡勒瓦拉》。它将芬兰神话和传说编织在一起，为芬兰人民创造了一部具有决定性意义的民族史诗。■

伊米尔的肉身塑造了大地

宇宙的创造

简介

聚焦
世界的起源

来源
《散文埃达》,斯诺里·斯图鲁松,约1220年

背景
时间伊始

主要人物

伊米尔 冰霜巨人的始祖

奥丁 巨人波尔之子,主神之一。作为波尔最有名的儿子,他与许多情人生育了众多子女

威利 巨人波尔之子,主神之一

维 巨人波尔之子,主神之一

阿斯克 由奥丁、威利、维创造的第一个男人

恩布拉 由奥丁、威利、维创造的第一个女人

在10世纪和11世纪斯堪的纳维亚人皈依基督教之前,北欧人有着丰富的口头传统,他们讲述着自己的神话,这些神话经常是史诗般的,并且充满暴力。即使在他们的创世神话中,神的谋杀行为也起着核心作用。

北欧创世神话最完整的版本来自斯诺里·斯图鲁松的《散文埃达》。斯诺里写道,在时间开始之前,只有"穆斯贝尔海姆"存在,由原始火焰巨人苏尔特守护着。许多时代过去了,"尼福尔海姆"才诞生。神话没有说是谁创造了这两个世界,但确实突出了两个世界之参见：宇宙起源 18~23页，盘古开天地 214~215页，切罗基人的创世故事 236~237页，塔阿洛阿创造众神 316~317页。

这幅画由尼古拉·阿比尔德加德于1777年创作，描绘了伊米尔吮吸欧德姆布拉乳汁的场景。这幅丹麦新古典主义的绘画还刻画了其他冰霜巨人——伊米尔的后代——从金伦加鸿沟的冰中诞生的场景。

间的对比：一个是火的世界，一个是冰的世界。

在这两个世界之间是金伦加鸿沟，即原始的虚空。十一条河流从赫瓦格密尔泉流出，携带着大量毒素经过"尼福尔海姆"流入这个虚空。河流在到达虚空的时候结冰了，有毒的蒸汽升起，形成冰雾。因此，金伦加鸿沟北部被层层的冰和冰雾所堵塞。

虚空的南部靠近"穆斯贝尔海姆"，那里热得足以熔化岩石，但北方之冰和南方之火之间的中间地带是温和的。这里的冰开始融化，形成水滴落下。来自南部的热量使生命在水滴中加速孕育——最终以巨人伊米尔的形式出现，他成了冰霜巨人的祖先。

伊米尔的后代

伊米尔睡觉的时候，一个男巨人和一个女巨人从他左腋下的汗液中形成，他双腿交叠又生下一个儿子。这还不是全部。随着金伦加鸿沟的冰层继续融化，一头奶牛出现了，它被称为"欧德姆布拉"，靠舔咸冰汲取营养。从它的乳头中流出的四条牛奶之河喂养着伊米尔。

第一天晚上，因为欧德姆布拉的舔舐，另一个巨人的头发露了出来。第二天，他的头出来了。第三天，巨人完整出现了。他的名字是布里，他长得高大俊美。布里生了一个儿子，名叫波尔。至于波尔的母亲是谁，书中并未提及，但大概是一个冰霜女巨人，因为当时还

《散文埃达》

《散文埃达》为冰岛历史学家和政治家斯诺里·斯图鲁松所著，是一本关于如何创作吟唱诗歌的手册。吟唱诗歌在维京时代（约800—1100）十分流行，但它很大程度上依赖于北欧神话的典故。基督教传入后，人们对这些神话的了解不断减少，吟唱诗歌也日渐式微。斯诺里希望通过记录神话来复兴这一体裁，但他的尝试基本上失败了。

斯诺里著作的信息来源大多是未知的，有些信息来自口头传统，现已失传。不过，从中我们可以看出他对更早的《诗体埃达》的了解。斯诺里是个虔诚的基督徒，他编写这些故事时力求避免被指控为异端邪说。他的神话被解释为古代人类英雄的故事。这些英雄用各种诡计冒充神。这种解释神话的方法被称为"欧赫莫罗斯主义"，即把神话中的人物解释为真实的人。

这块岩石上刻画了洛基的脸，他的嘴唇被缝在一起，这是对他狡猾地利用文字游戏来背弃赌约的惩罚。

巨人和神

巨人和神之间的关系十分复杂。在北欧神话中，巨人和神往往是对立的。与此同时，神话塑造的巨人与神相似。"巨人"一词是从挪威语翻译过来的，但具有一定的误导性：大小并不是他们的决定性特征。

虽然伊米尔一定是身材巨大的——神用他的身体创造了世界，但大多数巨人和神一样，拥有超人的力量。虽然有些巨人是丑陋的怪物，但也有一些十分俊美，有些甚至还成了神的爱人或配偶。雷神托尔是奥丁和女巨人的儿子，所有的神归根结底都是巨人的后代。巨人可以成为神，比如洛基，他的父母都是巨人。巨人和神之间的区别主要在于地位而非力量：神有权被崇拜，而巨人则没有。

没有其他生物被创造出来。波尔娶了贝斯特拉为妻。贝斯特拉是冰霜巨人博尔颂的女儿，博尔颂的来源也不可考。

波尔和贝斯特拉生了三个儿子，长子是奥丁，次子是威利，幼子是维。他们便是众神的祖先。然而，这三位神都认为巨人们粗野无礼。他们杀死了伊米尔。当伊米尔倒下的时候，他的身体里涌出大量的鲜血，所有的冰霜巨人都被淹死了，只有他的孙子贝尔格米尔带着家人乘船逃离了，他们最终重新建立了巨人族。许多评论家怀疑这个故事受到了《圣经》的影响——贝尔格米尔就是巨人版的诺亚。目前尚不清楚这是一个真正的神话，还是基督徒斯诺里的"发明"。

天与地

因为伊米尔被杀，巨人们开始敌视众神。杀害了伊米尔的三位神把伊米尔的尸体带到金伦加鸿沟的中央，用他的身体创造世界，周围是由伊米尔的血变成的海洋。他们用伊米尔的肉身塑造大地，把骨头做成岩石，把牙齿做成较小的石头。这几位神发现蛆虫在伊米尔的肉里钻来钻去。于是，他们用蛆虫创造了侏儒，并赋予了这些侏儒意识、智慧和外貌。

众神不仅用伊米尔创造了地，还用他创造了天。他们将伊米尔的头骨放在大地的上方，头骨变成了天空。在天空的四角，他们各安置了一个侏儒，分别是奥斯特里（东）、威斯特里（西）、诺德里（北）、苏德里（南）。众神还捕捉了一些从"穆斯贝尔海姆"吹出来的火花和火苗，把它们放在空中，以照亮天空。他们把其中一些火花固定在天空中，让它们变成恒星，把其他火花变成行星，让其在设定的轨道上运行。

这个神话还解释了昼夜的创造，昼和夜都被赋予了巨人的身份。众神把黑暗女巨人诺特（夜）和她明亮美丽的儿子达格（日）放

> **"** 他们把伊米尔放到那巨大的虚空中央，把他变成了大地。**"**
> 《散文埃达》

伊米尔被波尔的儿子杀死。这幅19世纪的绘画由丹麦画家洛伦兹·弗里希完成。画中，冰霜巨人丑陋粗鄙，与三位俊美的神形成了鲜明对比。

神祇的起源

```
布里（巨人）
  ↓
贝斯特拉（女巨人） — 波尔（巨人）
            ↓
费奥琴（女巨人） — 奥丁（神） — 弗丽嘉（女神）    威利（神）    维（神）
       ↓              ↓                              ↓
     托尔（神）    与许多情人生了很多儿子          巴德尔（神）
```

在空中。他们彼此跟随，每24小时绕世界一周。众神还把美丽的兄妹玛尼（月亮）和索尔（太阳）也放到了天上。根据斯诺里的神话，玛尼和索尔在天空中快速移动，因为他们一直被狼追赶着。"众神黄昏"，即世界末日，将会在巨人生的狼最终抓住他们并把他们吃掉的那天到来。

米德加德的堡垒

众神把地球做成球形，把环绕海岸的部分给了巨人，以作为他们的家园——被称作"约顿海姆"。在地球的中央，众神用伊米尔的睫毛建造了一座堡垒，以阻挡巨人。他们把这个地方叫作"米德加德"。

众神的最后一步是把伊米尔的大脑抛向天空，大脑变成了云朵。就这样，众神完成了这残忍的创造世界的过程。

人的创造

其实，创造尚未真正完成。有一天，奥丁、威利和维在海边散步时发现了两根浮木。他们用这些木头创造了世界上最早的两个人，赋予了他们生命、意识、动作、面孔、听觉、语言和视觉。最后，三位神还给了他们衣服，并给他们起名为"阿斯克"（梣木）和"恩布拉"（榆木）。三位神把米德加德赐给他们和他们的后代居住。

创造了人类之后，三位神在米德加德的上方创造了自己的神域"阿斯加德"。在那里，他们建造了神殿，其中最壮观的是奥丁的瓦尔哈拉，这是一个天堂般的地方，死去的战士可以在这里享用盛宴。为了连接阿斯加德和米德加德，众神还建造了一座彩虹桥。人们经常在天空中瞥见彩虹桥，但只有神才能走过去。

> 于是，神用伊米尔的睫毛为人类的子孙创造了米德加德。
>
> ——《散文埃达》

这棵巨大的梣树就是最高贵的宇宙树

奥丁和宇宙树

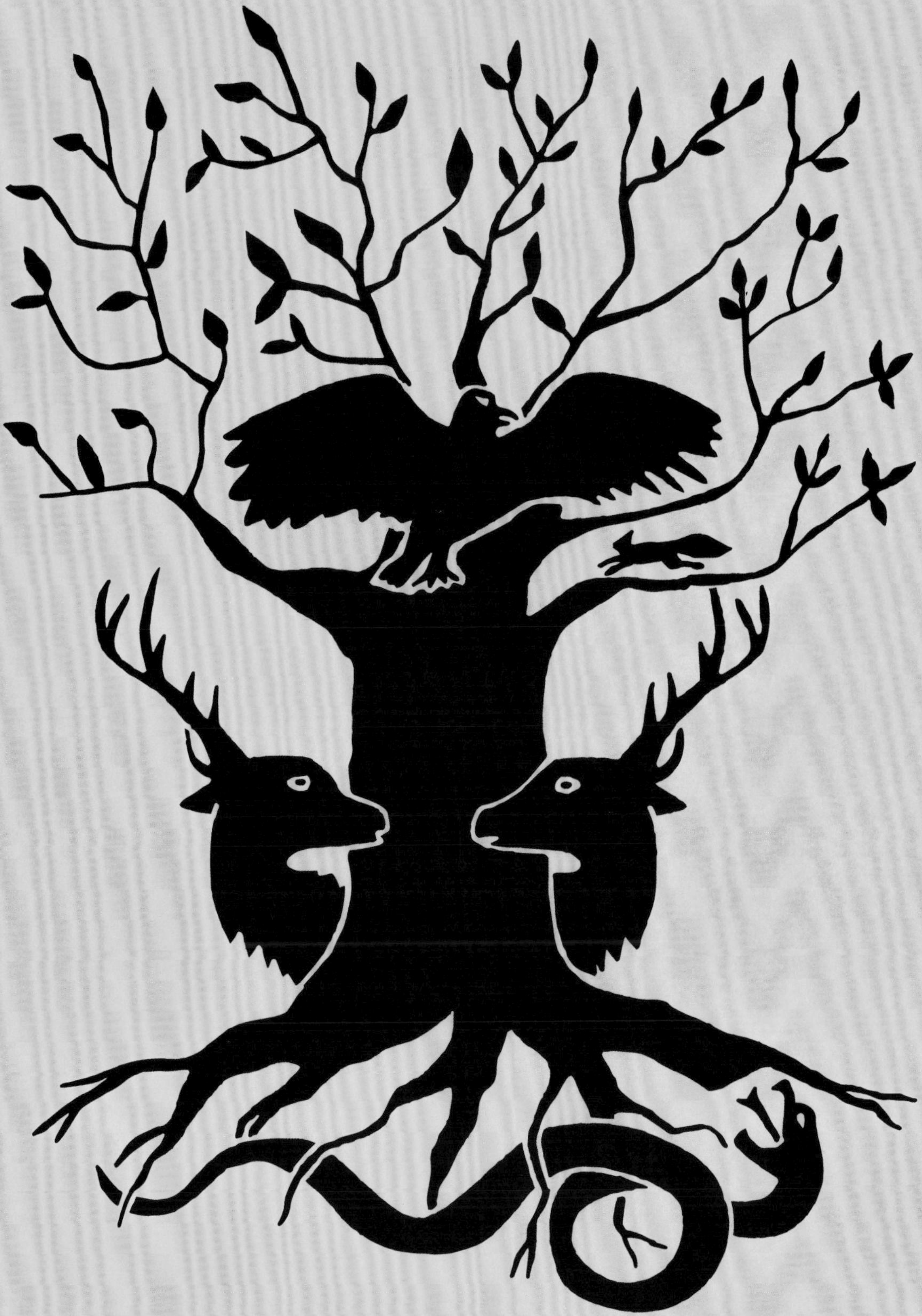

简介

聚焦
北欧神话中的宇宙

来源
《诗体埃达》，佚名，8—11世纪
《散文埃达》，斯诺里·斯图鲁松，约1220年

背景
九大世界

主要人物

奥丁　众神领袖

尤克特拉希尔　宇宙树

尼德霍格　一条蛇

拉塔托斯克　一只松鼠

诺伦　命运三女神

瓦尔基里　寻找英灵者

英灵战士　死去的勇士

赫基和穆明　奥丁的两只乌鸦

格里和弗雷基　两匹狼

1912年，人们在瑞典的斯科格教堂里发现了这种被称为"斯科格挂毯"的纺织品（13—14世纪）。人们认为它代表了北欧神祇奥丁、索尔和弗雷。

北欧人相信宇宙由九大世界组成，宇宙的中心有一棵高耸的常绿梣树，被称作"尤克特拉希尔"。根据《诗体埃达》中的"女先知预言"，这棵树连接九大世界组成宇宙。这首诗并没有命名这九大世界，但人们普遍认为它们是阿斯加德、华纳海姆、亚尔夫海姆、约顿海姆、米德加德、斯瓦塔夫海姆、尼福尔海姆、穆斯贝尔海姆和赫尔海姆。

每个世界都住着不同的族类。阿斯加德是以奥丁为首的阿萨神族之国；华纳海姆是华纳神族的家园，他们司掌生育；亚尔夫海姆是光明精灵的家园；约顿海姆是冰霜巨人的王国；米德加德是人类的世界；斯瓦塔夫海姆居住着黑暗精灵和侏儒；穆斯贝尔海姆是火焰巨人之国；尼福尔海姆笼罩着冰雾；赫尔海姆是冥界，以死亡女神赫尔的名字命名，她掌管着疾病和衰老。

九大世界的位置

北欧神话的记载经常互相矛盾，九大世界的位置关系尚不清楚，很可能北欧人自己对这个问题也没有明确的理解。记载单单说九大世界位于尤克特拉希尔的根和树枝中，并没有说明它们实际的空间位置。人们通常认为，阿斯加德位于天上，与米德加德通过彩虹桥连接。亚尔夫海姆的位置可能也比较高，挨着阿斯加德。现存资料中没有关于华纳海姆位置的线索，但因为华纳神族掌管着生育和自然，所以它可能是冥界的一部分。米德加德（意为"中庭"）的名字表明，它位于阿斯加德和冥界之间，显然被海洋包围着。目前尚不清楚约顿海姆和斯瓦塔夫海姆是在这片环绕的海洋里，还是在它外面。《诗体埃达》曾提到，巨人国与人类的领

参见： 宇宙的创造 130~133页，众神之战 140~141页，巴尔德尔之死 148~149页，众神黄昏 150~157页。

地只有一河之隔。

因为黑暗精灵和侏儒生活在地下，所以斯瓦塔夫海姆很可能位于地下，但它与尼福尔海姆和赫尔海姆不同，并不属于冥界的一部分。赫尔海姆和尼福尔海姆由金顶的吉约尔桥相连。

根与天

让事情更复杂的是，斯诺里·斯图鲁松写道，宇宙树有三个巨大的根，一个伸入阿斯加德，一个伸入约顿海姆，一个伸入尼福尔海姆。根据斯诺里·斯图鲁松的说法，每个树根下面都有一口井或者说泉，即阿斯加德的乌达泉、约顿海姆的米密尔泉、尼福尔海姆的赫瓦格密尔泉。每一口泉都有不同的性质。乌达泉（命运之泉）是众神每天聚会的地方，在那里，他们会通过法庭来解决争端；米密尔泉是知识与智慧之泉；而赫瓦格密尔泉则是九大世界所有河流的源头。

在北欧神话中，三的倍数常常出现，尤其是三和九，是神圣的数字。除了神秘的九大世界，北欧神话中还有九重天。九重天最低的一层有多个名字，如"文德布兰"（"黑风"）、"海蒂索尼尔"（"亮云"）、"赫里格米密尔"（"米密尔风暴"）；第二层是"安朗"（"久远"）；第三层是"维德布兰"（"厚黑"）；往上依次是"维德菲德米尔"（"广泛的信众"）、"赫耶德"（"幻影斗篷"）、"赫林尼尔"（"双燃"）、"吉米尔"（"嵌以珠宝"）和"韦特米密尔"（"冬天的米密尔"）；而比所有云彩都要高、比所有世界都要高的是"斯凯特尼尔"（"丰润"）。根据斯诺里·斯图鲁松的说法，天空中唯一的居住者是光明精灵，也许是受到他自己基督教信仰的影响，他认为光明精灵本质上是天使般的存在。虽然他们来自亚尔夫海姆，但也保护着天庭。

树上的生物

宇宙树为几个以它为食的生物提供了住处，因此宇宙树饱受煎熬——这棵树在某种程度上被认为是有知觉的。那条住在赫瓦格密尔泉附近的蛇尼德霍格（"恶毒的一击"），不停地啃着宇宙树的根。四只分别叫作丹恩、德瓦林、杜尼耶和杜拉瑟罗尔的牡鹿，在宇宙树的树枝间奔跑，吃掉树上最新鲜的叶子。

宇宙树最高的树枝上坐着一

> " 那只在宇宙树上爬上爬下、为尼德霍格和老鹰传话的松鼠，便是拉塔托斯克。 "
>
> 《诗体埃达》

诺伦

与古希腊神话中的命运女神一样，北欧神话中的诺伦也是三位命运女神，她们决定了宇宙的命运和宇宙中每一个生灵的命运。即使是众神，也无法对诺伦的裁决提出异议，因为诺伦代表着宇宙中最高的权力。

诺伦居住在乌达泉边上，这口泉位于宇宙树一个根的下方，而这个根就在阿萨神族的国度阿斯加德。根据《诗体埃达》中的"女先知预言"，命运三女神的名字分别为"乌尔德"（"过去"）、"薇尔丹蒂"（"现在"）和"诗寇蒂"（"未来"）。每个孩子出生时她们都在场，以塑造他们的人生。在艺术作品中，她们常常被描绘为正在纺生命线或正在木头上刻痕的形象。

命运三女神给了北欧人一种宿命论的观点，鼓励他们去冒险。如果只求安稳，就什么也得不到：无论你离危险有多远，你都会在指定的时间死去。与其因为没有成就而被遗忘，还不如光荣地死去。

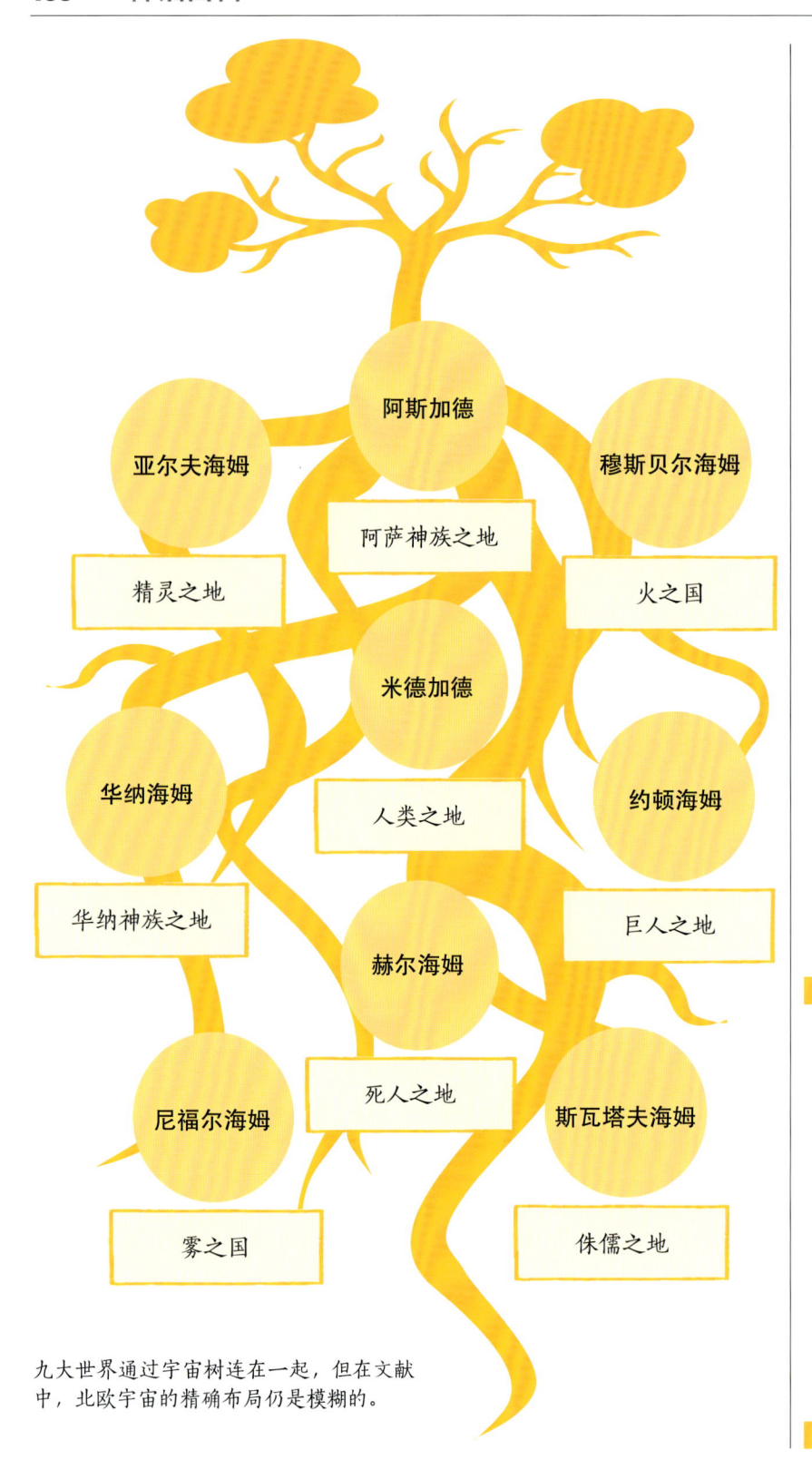

只聪明但没有名字的老鹰。老鹰扇动翅膀使风吹起。老鹰和尼德霍格是宿敌，而它们两个的恩怨全来自一只叫作"拉塔托斯克"的松鼠，它在宇宙树上爬上爬下，给双方带去敌对的信息。

由于这些生物，宇宙树逐渐衰败。它由命运三女神照料，她们洒下乌达泉的圣水，用泉边的泥土使树干变白。她们的举动使宇宙在毁灭和创造之间保持平衡。尽管宇宙树很重要，但北欧神话没有提及它的诞生或灭亡。在"众神黄昏"，即预言的世界末日到来时，宇宙树会颤抖呻吟，但它不会倒下。这棵树被认为是永恒的。

奥丁的知识

奥丁在阿斯加德的至高王座上统治九大世界。乌鸦赫基（"思想"）和穆明（"记忆"）坐在他的肩膀上，是他思想的象征。黎明时分，奥丁派它们巡视世界，晚上回来时，它们会向奥丁报告发现了什么。宇宙树也是奥丁的一个知识

阿斯加德
亚尔夫海姆　　　　　　　穆斯贝尔海姆
　　　　　阿萨神族之地
精灵之地　　　　　　　　火之国
　　　　　米德加德
华纳海姆　　　　　　　　约顿海姆
　　　　　人类之地
华纳神族之地　　　　　　巨人之地
　　　　　赫尔海姆
尼福尔海姆　　死人之地　　斯瓦塔夫海姆
雾之国　　　　　　　　　侏儒之地

九大世界通过宇宙树连在一起，但在文献中，北欧宇宙的精确布局仍是模糊的。

> 我知道我挂在一棵被风吹动过的树上，整整九晚，被矛刺伤，我奥丁献上自己。
>
> 奥丁，《诗体埃达》

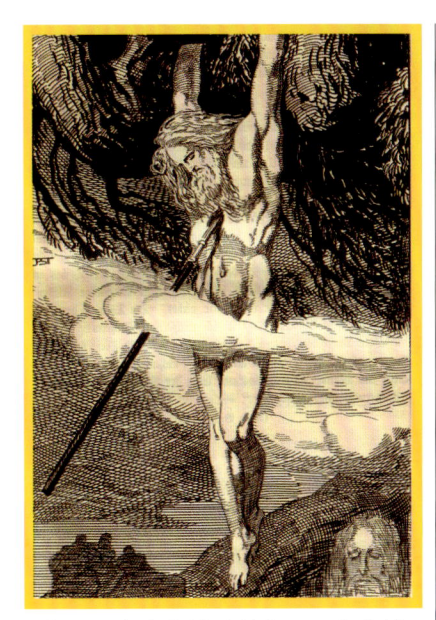

奥丁吊在宇宙树的树枝上，宇宙树的名字"尤克特拉希尔"可能来源于此。这个名字的意思是"尤克的马"，而尤克是奥丁众多名字中的一个。

来源。最关键的是奥丁对卢恩符文的了解，这是他通过自我牺牲的方式获得的：他在宇宙树上吊了九天，被自己的矛刺穿。米密尔泉的水可以给人智慧。奥丁喝一口泉水，就得挖出一只眼睛，并将挖出的眼睛留在泉里作为抵押。他追求知识只有一个目的：他预见了自己在"众神黄昏"时的死亡，于是想要寻找一种反抗命运的方法。通过自己的苦难，奥丁获得了使用卢恩符文的能力，这使他拥有了远超于其他神的力量。

英灵殿

奥丁成了一名伟大的勇士，因他的英灵殿而闻名。英灵殿巨大宽敞，顶部由长矛组成。大殿有540扇门，每扇门都很宽，800名战士可以并排穿过。这里也是一处天堂，陨落的战士可以在这里享用猪肉和蜜酒。英灵殿的承诺对于在战场上面对死亡的维京战士来说是一种安慰，但他们更愿意享受战利品。只有在战斗中主动寻求死亡的"狂战士"才可以保证进入英灵殿。这些具有兽性的战士在每次战斗前都会进入一种恍惚的狂怒状态。

奥丁的嗜血欲望是巨大的。

> **所有从世界之初就在战斗中牺牲的战士现在都来到了英灵殿奥丁的身边。**
>
> 《散文埃达》

两匹狼格里和弗雷基，是他的同伴。它们象征着残忍，它们名字的寓意是贪婪或渴望。它们在战场上游荡，以尸体为食。在宴会上，奥丁把食物分给狼，自己只饮酒。陪伴他的还有瓦尔基里（"寻找英灵者"），她引领在战斗中牺牲的最勇敢战士的灵魂来到英灵殿，加入英灵的行列。就这样，宇宙的秩序反映了人类的秩序：在维京时代，首领和他的随从是北欧社会的中心。■

卢恩符文

卢恩符文是卢恩字母表中的一个个字母，是早期日耳曼民族本土的书写系统。北欧人认为，奥丁给世界带来了卢恩符文，但实际上它们可能源自拉丁字母。

卢恩符文，亦称"北欧古字母"，最初很可能是刻在木头上的。符文中没有弯曲的线条，因为很难雕刻；里面也没有横线，因为很难与木纹区分开来。

卢恩符文不仅是字母，还是强有力的象征，每一个字母都有自己的意义和神奇的名字。北欧祭司用符文来写咒语，也用符文来纪念死者。由于符文会与异教联系起来，所以北欧人在10世纪和11世纪皈依基督教后，便逐渐弃用了卢恩符文。到了15世纪，卢恩符文被斯堪的纳维亚人的拉丁字母取代。

在瑞典厄兰岛比亚比发现的两块11世纪的纪念符文石中的一块，上画有卢恩符文。

世间的第一场战争

众神之战

简介

聚焦
敌对的众神

来源
《诗体埃达》，佚名，8—11世纪
《散文埃达》，斯诺里·斯图鲁松，约1220年
《挪威列王传》，斯诺里·斯图鲁松，约1230年

背景
阿斯加德和华纳海姆，即阿萨神族和华纳神族的领地

主要人物
奥丁 阿萨神族之王

古尔维格 女巫，女先知

涅尔德 华纳神族之王

克瓦希尔 从神的唾沫中创造出来的智者

米密尔 一颗头颅，智慧的源泉

海尼尔 奥丁的同伴

北欧人把他们的神统称为"阿萨神族"，神国阿斯加德就是以此命名的。然而，北欧人认为最初有两个神族：阿萨神族和华纳神族。北欧人相信，历史之初，阿萨神族和华纳神族曾为谁有权接受人类的贡品（"崇拜和献祭"）而战。

众神之战始于女巫古尔维格，她在阿斯加德的奥丁神殿受到了阿萨神族的无礼对待。阿萨神族三次试图烧死她，但每次她都复活了。古尔维格可以创造魔法棒和施法，并拥有预言的天赋。这显示她是华纳神族的一位女神。华纳神族不满于古尔维格的遭遇，与阿萨神族在乌达泉（命运之泉）会面，以解决分歧。

战争与和平

在乌达泉，奥丁向华纳神族投掷了一支长矛，战争随即爆发。华纳神族攻击了阿斯加德；作为报复，阿萨神族洗劫了华纳海姆。双方都无法获胜，于是众神同意交换人质，和平共处。他们将唾沫吐到一个碗里，达成协议。众神从他们的唾沫中创造了智者克瓦希尔。

战后，华纳神族之王涅尔德、他的儿子弗雷和女儿弗雷亚、克瓦希尔搬去与阿萨神族住在一起。同样，海尼尔和智慧之神米密尔离开阿萨神族，与华纳神族住在一起。不过，华纳神族对他们的人质并不满意。当米密尔在场，告

瓦格纳的歌剧《尼伯龙根的指环》的第一幕是《莱茵的黄金》，其中讲述了女神弗雷亚被巨人俘虏的事。这幅1910年的插图显示，她正从神的身边被拉走。

参见：众神与泰坦之战 32~33页，众神黄昏 150~157页，一位复杂的神 164页，赌骰 202~203页。

阿萨神族	华纳神族
住在阿斯加德，九大世界之一	住在华纳海姆，九大世界之一
威利、维、奥丁的后代	祖先不详
核心人物有索尔和洛基	核心人物有涅尔德、弗雷亚、弗雷
掌管权力与战争	掌管生育和自然

诉海尼尔该说什么时，海尼尔总能给出很好的建议；但当米密尔不在场时，海尼尔只会说"让别人决定"。华纳神族觉得自己被骗了，于是砍下了米密尔的头，让海尼尔带着米密尔的头回到阿斯加德。奥丁留下米密尔的头，赋予它说话的能力，好从它的智慧中获益。当华纳神族与阿萨神族合并，共享人类的贡品时，神族之间的区别就消失了。

冲突的信仰

众神之战可以解释为通过神话故事讲述两个宗教派别之间的冲突。华纳神族可能是石器时代（约公元前11000—公元前1800）斯堪的纳维亚农民的神，而阿萨神族则是青铜时代（约公元前1800—公元前500）迁徙至该地区的印欧人的神。■

> 他们用这样的程序达成了休战协议：双方都走到一个碗前，朝里面吐了一口唾沫。
>
> 《散文埃达》

阿斯加德的墙

众神雇了一个巨人重建阿斯加德的墙。如果巨人在一个冬天完成任务，神就会给他太阳、月亮和女神弗雷亚，但众神相信他不可能做到。巨人同意独自工作，只让他的公马帮忙。神看到巨人将要按时完成任务，于是命令洛基找一个不用遵守诺言的办法。洛基把自己变成一匹母马，引诱巨人的公马离开，结果巨人未能在最后期限完工。意识到自己被骗了，巨人大发雷霆，但后来被托尔杀死。众神因为权力而堕落，变成了食言者。因为巨人的事，奥丁还从洛基那里得到了一份意想不到的礼物——一只名叫斯雷普尼尔的八腿小马驹。这只小马驹的父亲正是巨人的那匹公马。

在这幅18世纪冰岛的彩色图画中，奥丁骑在斯雷普尼尔的身上。斯雷普尼尔是骗子洛基变成母马时所生的。

他们将蜂蜜拌在血中，做成了蜜酒

诗之蜜酒

简介

聚焦
诗歌的起源

来源
《散文埃达》，斯诺里·斯图鲁松，约1220年

背景
巨人的领地约顿海姆

主要人物

奥丁 众神领袖，变成一个名叫伯威克的帅气男子

克瓦希尔 一个极富智慧的人

吉尔林 冰霜巨人

法亚拉和加拉尔 侏儒，谋杀了克瓦希尔和吉尔林

苏图恩 吉尔林的儿子

哥罗德 苏图恩的女儿，被奥丁引诱

巴乌吉 苏图恩的兄弟，帮助奥丁接近蜜酒之地

奥丁是王权、战争和智慧之神，但他同时也是诗歌之神。所有诗人的灵感都要归功于奥丁从苏图恩那里偷来的蜜酒。在这个故事中，奥丁扮演了"文化英雄"的角色——一个给人类带来宝贵礼物的神话人物。

诗之蜜酒是诗歌灵感的一种比喻。与许多其他珍宝一样，它也是由侏儒创造的。智者克瓦希尔接受了侏儒法亚拉和加拉尔的盛情款待，完全没有想到自己会被他们谋杀。这两个侏儒把克瓦希尔的血倒进三个罐子内，然后加入蜂蜜搅拌，做成蜜酒。喝了蜜酒的人，要么变成诗人，要么变成学者。这两个侏儒还告诉众神，克瓦希尔是被自己的智力所害的，因为他找不到任何能与之交谈的睿智之人。

侏儒在杀死巨人吉尔林和他的妻子后，失去了诗之蜜酒。吉尔林的儿子苏图恩抓住侏儒，把他们带到岛上，威胁说要在潮水到来时淹死他们。侏儒把蜜酒给了苏图恩，作为杀死他父母的补偿。苏图恩把它藏在山上，让女儿哥罗德保护它。

盗窃蜜酒

奥丁可谓伪装大师和变形大师，他想得到蜜酒，于是乔装成一个名叫伯威克的帅气男子。他给苏图恩的兄弟巴乌吉当帮工，答应一个夏天做九个人的工作，报酬就是

巴乌吉用一个名叫"拉蒂"的钻子在山上钻洞，想要拿到诗之蜜酒。巴乌吉并不想让奥丁得到蜜酒，他试图用钻子杀死这位神，但失败了。

参见：潘多拉魔盒 40~41页，风流的宙斯 42~47页，奥丁和宇宙树 134~139页，拜加部落的起源 212~213页。

在这幅由德国画家约翰内斯·格赫茨于19世纪创作的插画中，奥丁坐在那里，手握角形酒杯，拥抱着哥罗德。诗之蜜酒就装在他们周围的罐子中。

喝一口苏图恩的蜜酒。当冬天来临的时候，巴乌吉让他的兄弟给奥丁一口蜜酒。苏图恩拒绝了，于是，巴乌吉答应帮助奥丁在山上钻一个洞，让他像蛇一样钻进去。

奥丁逃离

奥丁进洞后变回伯威克，引诱了孤独的哥罗德。他与哥罗德同住了三晚，哥罗德心怀感激，答应让奥丁喝三口蜜酒。他拿起第一罐，一口就喝光了，第二罐和第三罐也被他一饮而尽。喝完后，奥丁变成一只鹰飞走了，留下了心碎的哥罗德。

苏图恩发现蜜酒被偷了，也变成一只鹰，开始了疯狂的追捕。当奥丁飞过阿斯加德的时候，他把蜜酒吐到了众神放在院子中的罐子里。可是，他被苏图恩追得太紧了，不小心从背后吐了一些蜜酒。这些蜜酒落在地上，任何人，只要能写出简单的押韵诗，都可以免费享用。剩下的蜜酒，奥丁则为众神保留，并激励那些擅长写诗的人。■

北欧诗歌

北欧有两种体裁的诗歌流传了下来，分别是吟唱诗和埃达诗。这两种体裁的诗歌都大量使用比喻复合修辞法，如把船说成海上的骏马。每一种体裁的诗歌都重在押头韵，而非尾韵，但埃达诗使用更简单的韵律。

吟唱诗由宫廷诗人创作，这些宫廷诗人也被称为"吟唱诗人"，主要职责是赞美他们贵族主人的勇气、智慧、财富和慷慨。战争是吟唱诗的主题，这并不奇怪。吟唱诗充满了暴力意象，一些学者将其与现代的黑帮说唱相提并论。大多数吟唱诗人是勇士，他们希望在激战时写诗鼓励战士们勇敢战斗。相比之下，埃达诗一般以宗教或传说为主题。大多数吟唱诗的作者是我们所知道的，但埃达诗的作者大多不详。

> 奥丁把苏图恩的蜜酒给了阿萨神族和那些擅长写诗的人。
>
> 《散文埃达》

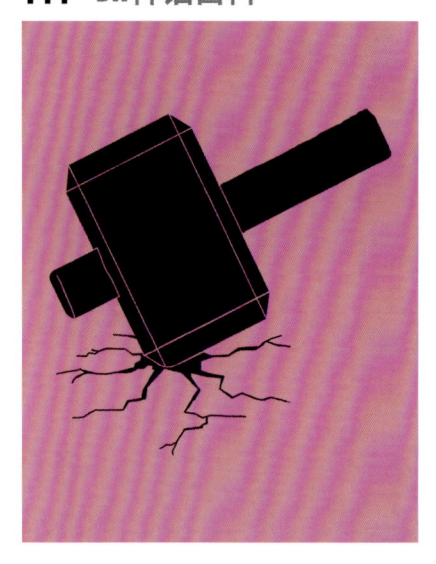

托尔力大无比，他的锤子从未失手

众神的法宝

简介

聚焦
法宝

来源
《诗体埃达》，佚名，8—11世纪
《散文埃达》，斯诺里·斯图鲁松，约1220年

背景
斯瓦塔夫海姆——黑暗精灵和侏儒的领地

主要人物
托尔 闪电与天气之神，农民敬拜的神

洛基 神秘、顽皮、爱耍诡计的神

伊瓦尔迪的儿子们 侏儒工匠，北欧神话中并没有具体说明伊瓦尔迪的身份

布洛克和伊特理 侏儒兄弟，同时也是技艺娴熟的工匠

北欧神话中最重要的神祇通常都有自己的法宝，这些法宝都是由侏儒打造的，他们都是能工巧匠。最初，众神是在诡计之神洛基的帮助下获得这些法宝的。在托尔妻子西芙不知情的情况下，洛基开了一个玩笑，把她美丽的头发剪了。托尔发现后，威胁说要把洛基身上的每一根骨头都打断，除非洛基让侏儒们为西芙打造出金发。

洛基打赌

洛基让伊瓦尔迪的儿子们为西芙打造一头完美的金发。他们打造过很多法宝，如长矛"冈格尼尔"，一旦掷出，百发百中。他们还建造了一艘能装下阿萨神族所有神的船，而船可以被装进口袋。后来，洛基和侏儒布洛克打赌，说他的哥哥伊特理不能打造出比伊瓦尔迪家更好的法宝。他们约定，谁输了，就把谁的头砍掉。

伊特理走到锻炉前，让布洛克拉风箱。他还告诉布洛克，东西做好之前不能停下来，否则打造的东西会有瑕疵。洛基会变形，他变成一只苍蝇，叮咬布洛克，以分散

洛基发现西芙睡着了，于是剪掉了她美丽的金色长发，这幅插画由A.蔡斯作于1894年。

参见：奥丁和宇宙树 134~139页，众神之战 140~141页，诗之蜜酒 142~143页，托尔和洛基在约顿海姆的冒险之旅 146~147页。

他的注意力。尽管如此，布洛克还是稳稳地拉着风箱。伊特理打造了一头金色的野猪，它跑得比马还快。他还打造了一个叫"德罗普尼尔"的金臂环，每过九夜，它就会生出八个和它同样重的金臂环。当伊特理锻造雷神之锤"妙尔尼尔"时，洛基叮了布洛克的眼睑，导致布洛克中断了一小下。结果，锤子的手柄短了一点，但是它的力量依旧强大。

最佳作品

洛基和布洛克前往阿斯加德，让众神评判谁打造的东西最好。雷神之锤被认为是最好的法宝，所以布洛克为胜利者。洛基试图贿赂布洛克饶过自己，但没有得逞。洛基穿着有魔力的鞋子跑掉了，但托尔抓住了他。洛基辩解说，他的头可以归布洛克，但脖子不在打赌的范围内。布洛克发现自己斗不过洛基，于是把洛基的嘴缝上了。■

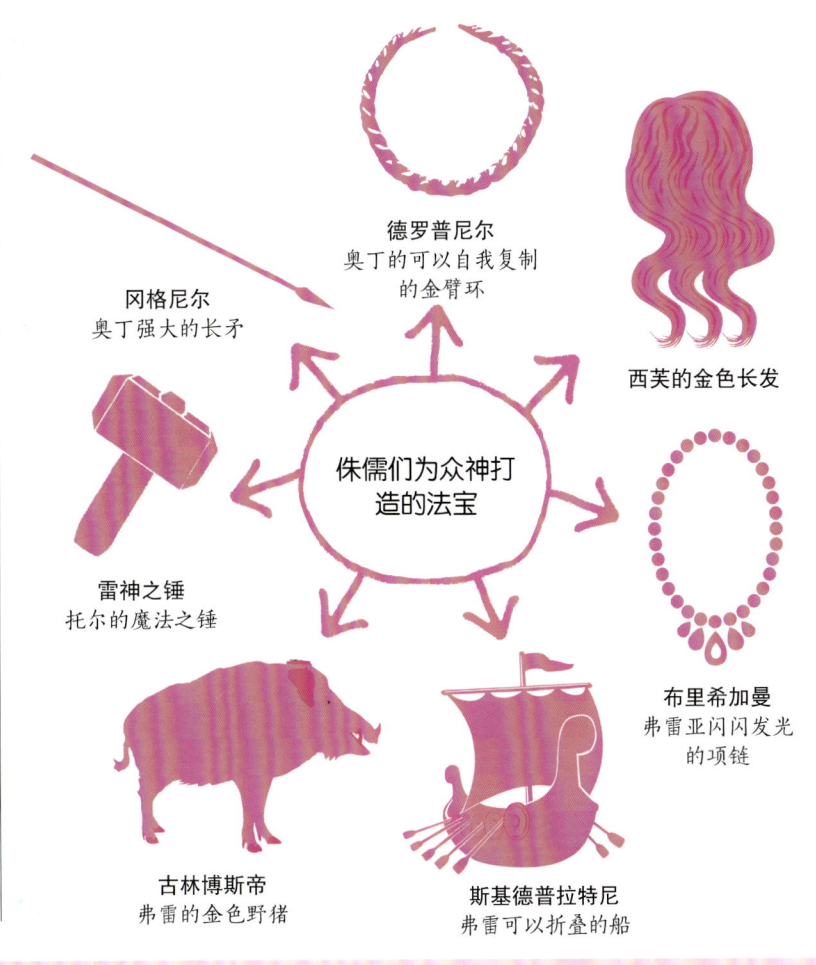

侏儒们为众神打造的法宝

- 冈格尼尔 — 奥丁强大的长矛
- 德罗普尼尔 — 奥丁的可以自我复制的金臂环
- 西芙的金色长发
- 雷神之锤 — 托尔的魔法之锤
- 古林博斯帝 — 弗雷的金色野猪
- 斯基德普拉特尼 — 弗雷可以折叠的船
- 布里希加曼 — 弗雷亚闪闪发光的项链

在这幅由瑞典画家马腾·埃斯基尔·温尼厄创作的画作（1872）中，托尔挥舞着大锤对抗巨人。

雷神之锤

与大多数神不同，雷神托尔对人类的善意十分明确。奥丁是国王、勇士和诗人的神，但普通农民更喜欢托尔。维京人通常会佩戴锤形的护身符来祈求雷神的保护。

凭借强大的力量，雷神之锤保护众神和人类免受巨人的袭击，并在混乱中创造秩序。雷神之锤能够发挥出雷神所希望的力量，而且百发百中。不管它被扔得多远，它总会回到托尔的手中。

雷神喜欢用他的锤子击碎巨人的头骨。在一个神话故事中，巨人索列姆成功地偷走了雷神之锤，并把它藏在了地下深处。他以为神族找不到锤子，于是提出用锤子交换弗雷亚。然而，凭借雷神的力量和洛基的智慧，神族很快就找到了锤子，恢复了阿斯加德的防御力量。

是我的错觉吗？这么小的一个人会是托尔？

托尔和洛基在约顿海姆的冒险之旅

简介

聚焦
神的局限性

来源
《散文埃达》，斯诺里·斯图鲁松，约1220年

背景
巨人的领地约顿海姆

主要人物

托尔 雷神

洛基 托尔的兄弟，诡计之神

提亚尔菲 托尔的人类奴隶，一个农民的儿子

乌特迦-洛基 一个强壮的巨人，托尔希望试试他到底有多强大

洛奇 一个巨人，在吃肉较量中赢了洛基

胡奇 一个矮小的人，在一系列比赛中打败了提亚尔菲

艾力 一个年迈的女人、乌特迦-洛基的女仆

尽管托尔以力量、勇敢和可靠闻名于世，但他也被描绘成一个反应迟钝、容易上当的神。许多关于雷神的神话很幽默，讲述了蛮力的局限性。他经常和洛基在一起，洛基既狡猾聪明，又胆小恶毒，还喜欢骗人。托尔和洛基是对立的，但他们是很好的搭档，经常结伴旅行。

雷神的蛮力和洛基的聪明常常带来成功，但并非总是如此。《散文埃达》里讲了这样一个故事，托尔决定去巨人的领地约顿海姆挑战乌特迦-洛基，看看谁的力气大。他带上了洛基和一个叫提亚尔菲的人类奴隶。

巨人的挑战

当托尔、洛基和提亚尔菲到达约顿海姆时，高大的乌特迦-洛基看到托尔十分失望，抱怨说他想象中的雷神要高大许多。巨人接着解释说，他们只有在某项艺术或技

洛基曾多次前往约顿海姆。有一次，他戏弄了春天女神伊顿，导致伊顿被一个巨人绑架了。洛基乔装成一只猎鹰，飞去救她。

参见： 普罗米修斯帮助人类 36~39页，赫尔墨斯出生的第一天 54~55页，宇宙的创造 130~133页，诗之蜜酒 142~143页，蜘蛛阿南希 286~287页。

爱耍诡计者

在许多文化的神话中，诡计扮演着重要的角色。无论耍诡计的是人、神，还是半人半神，甚至是人格化的动物，他们都打破了规则，违背了人们对他们所接受行为的正常期望。许多善用诡计者，如洛基，拥有变形能力。那些通过狡诈和机智而非力量达到目的的骗子会被视为弱者，他们的诡计被认为是不道德的。善用计谋的蜘蛛阿南希最初来自加纳阿坎人的神话，随后通过奴隶贸易传到西印度群岛，成为抵抗命运的象征。

如果爱耍诡计者的行为使人类受益，那么他们有时会成为文化英雄，如北欧神话中偷取诗之蜜酒的奥丁，以及古希腊神话中偷取火种的普罗米修斯。

在这幅1930年的插画中，雷神试图举起乌特迦-洛基的猫，但并未成功。这幅插画源自一本讲述北欧神话的故事书，由美国画家凯瑟琳·派尔绘制。

能上胜出，才能留在约顿海姆。

洛基主动参加了一场与约顿海姆巨人洛奇吃肉的比赛。洛基吃光了摆在他面前的所有肉，而洛奇不仅吃光了肉，还吃光了骨头和木盘。接着，提亚尔菲不得不与一个叫胡奇的小个子的人赛跑，但提亚尔菲连续输了三场。

接着，乌特迦-洛基向托尔发起挑战，看看他能不能一口气把一个角形酒杯里的酒喝干。在喝了三大口后，托尔发现杯里的酒只下降了一点点。乌特迦-洛基接下来问托尔他能否举起巨人的猫，可托尔只能勉强抬起猫的一只脚。

雷神十分沮丧，问巨人国是否有人愿意与他一战。乌特迦-洛基回答说，鉴于托尔这么弱，他只能与一个名叫艾力的老妇人摔跤。这个年迈的女人是乌特迦-洛基的女仆。当艾力把托尔逼到单膝跪地时，这位神觉得自己已经完全失去了力量。

巨人的恶作剧

当托尔、洛基和提亚尔菲垂头丧气，准备动身回家时，乌特迦-洛基说出了实情，原来他们所经历的一切都是幻觉。与洛基比赛的是火，火吞噬了一切。与提亚尔菲赛跑的是思想，提亚尔菲的速度根本无法与之匹敌。托尔用的角形酒杯与大海相连，他喝下的酒足以引发潮汐。乌特迦-洛基的猫实际上是那条可怕的米德加德蛇（耶梦加得），它十分巨大，包围了整个世界，但托尔几乎把蛇举到了空中。女仆代表岁月，虽然岁月在时间上会打败所有人，但它也只能让雷神单膝跪下。

就像乌特迦-洛基解释的那样，巨人们被托尔的力量吓坏了，他们只能用诡计来对付他。托尔怒不可遏，伸手拿来锤子，但他还没来得及出手，乌特迦-洛基就不见了，原来乌特迦-洛基也是幻觉。这个神话揭露了北欧众神的局限性，说明了宇宙中存在着某种力量，是力气和狡诈都无法战胜的。∎

> " 虽然你说我很小，但还是赶紧派个人出来与我一战吧。我现在正在气头上！"
>
> 《散文埃达》

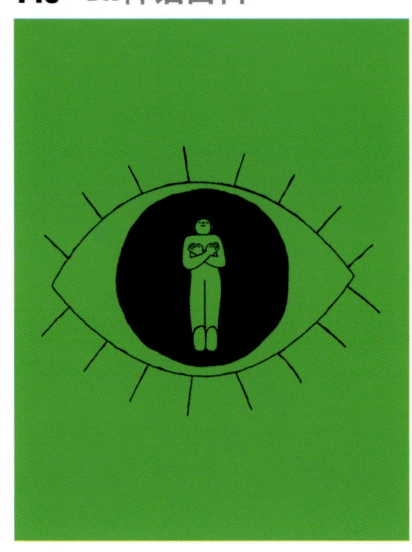

神和人之间最不幸的事
巴尔德尔之死

北欧神话讲述了一个完整的世界史，从创造之初到世界在众神黄昏的大灾变中最终毁灭。在这场灾变中，神也会灭亡。《诗体埃达》中的"女先知预言"明确指出，时间伊始，世界毁灭就不可避免，但奥丁的儿子巴尔德尔的死，迫使众神开始面对他们终有一死的事实。巴尔德尔是奥丁和弗丽嘉的儿子，以俊美著称。人人都称赞他，他的外表如此出众，可以说是光芒闪耀；他的声音如此甜美。他是阿萨神族中最仁慈的一位。巴尔德尔没有一技之长，没有人注意到他说过或做过的任何事。他在神话中所扮演的角色就是美丽、被爱、悲惨死去。

死亡预言

巴尔德尔告诉奥丁，他做了一个令他不安的梦。于是，奥丁前往冥界，唤醒了一个死去很久的女先知，问她那个梦是什么意思。她告诉奥丁，巴尔德尔很快就会被他

简介

聚焦
命运

来源
《诗体埃达》，佚名，8—11世纪
《散文埃达》，斯诺里·斯图鲁松，约1220年

背景
众神之地阿斯加德，冥界赫尔海姆

主要人物
奥丁　众神领袖

巴尔德尔　奥丁之子

弗丽嘉　奥丁的妻子，巴尔德尔和霍德的母亲

女先知　巴尔德尔之死的预言者

洛基　诡计之神

西格恩　洛基的妻子

霍德　盲目之神，巴尔德尔的兄弟

赫尔　冥界统治者

洛基

洛基是个谜一般的人物，出生时是个巨人，但被阿萨神族收养。他在巨人的土地上，就像在阿斯加德一样自在。充满恶意和欺骗的他是不道德的，但也不是纯粹的邪恶。没有证据表明他曾被崇拜过，也没有人清楚地解释过他在北欧万神殿中的地位。有一种理论认为，他是火的化身，火既可以帮助别人，也可以伤害别人。

尽管洛基总搞恶作剧，但阿萨众神还是容忍了他，因为众神觉得他的狡猾可以派上用场。他最常见的作用是通过恶作剧制造危机，然后通过快速思考解决危机。洛基的所有孩子都是怪物，包括八条腿的神马斯雷普尼尔、拥有腐朽容貌的死亡女神赫尔、巨狼芬里尔，还有围绕世界的蛇耶梦加得。后两个将与洛基并肩作战，在"众神黄昏"中扮演重要角色。

参见：宇宙的创造 130~133页，众神之战 140~141页，托尔和洛基在约顿海姆的冒险之旅 146~147页，众神黄昏 150~157页。

的盲人兄弟霍德杀死。为了阻止这场悲剧，弗丽嘉向所有生灵索要不伤害巴尔德尔的承诺。洛基嫉妒人见人爱的巴尔德尔，他知道弗丽嘉没有从无人问津的槲寄生那里得到承诺。阿萨众神没有意识到这一点，玩了一个自娱自乐的游戏——他们把各种各样的东西扔向巴尔德尔，巴尔德尔始终没有受到伤害。随后，洛基用槲寄生造了一支箭，放在霍德手里，然后引导这位眼盲的神瞄准巴尔德尔，结果箭射中了巴尔德尔，巴尔德尔死了。

弗丽嘉希望能救她的儿子，于是派赫尔莫德去冥界恳求赫尔放了巴尔德尔。赫尔同意释放巴尔德尔，但前提是所有人都为他哭泣。

对洛基的惩罚

所有人都为巴尔德尔哭泣，除了一个女巨人——她是洛基乔装而成的。巴尔德尔因此被迫留在冥界。阿萨众神对洛基进行了报复，他们把洛基拴在一块岩石上，上面有一条张着嘴的蛇，蛇的毒液会滴在洛基的脸上。洛基忠实的妻子西格恩在洛基上方举着一个碗，好接住毒液。不过，每当她转身去倒空碗时，毒液就会滴落在洛基的脸上。这时，洛基就会痛苦地扭动身体，引发地震，为他的恶作剧接受惩罚。■

这幅图源自17世纪冰岛农民雅各布·西格尔德森为养父奥拉瓦尔·布林约尔松牧师誊写的《散文埃达》手稿，其中描述了洛基导致了巴尔德尔的死这一事件。

他说服**阿萨神族**将弗雷亚献祭，以建造防御之墙。	他**诱骗**伊顿女神将青春苹果带给阿萨神族，结果导致她被巨人绑架。

洛基的恶作剧经常会伤害其他神

他剪了**西芙**的金发。西芙是托尔的妻子，托尔强迫洛基为西芙重新打造一头金发。	他让霍德杀了巴尔德尔，并拒绝加入阿萨神族为巴尔德尔哭泣的行列。

兄弟之间
将要互相残杀

众神黄昏

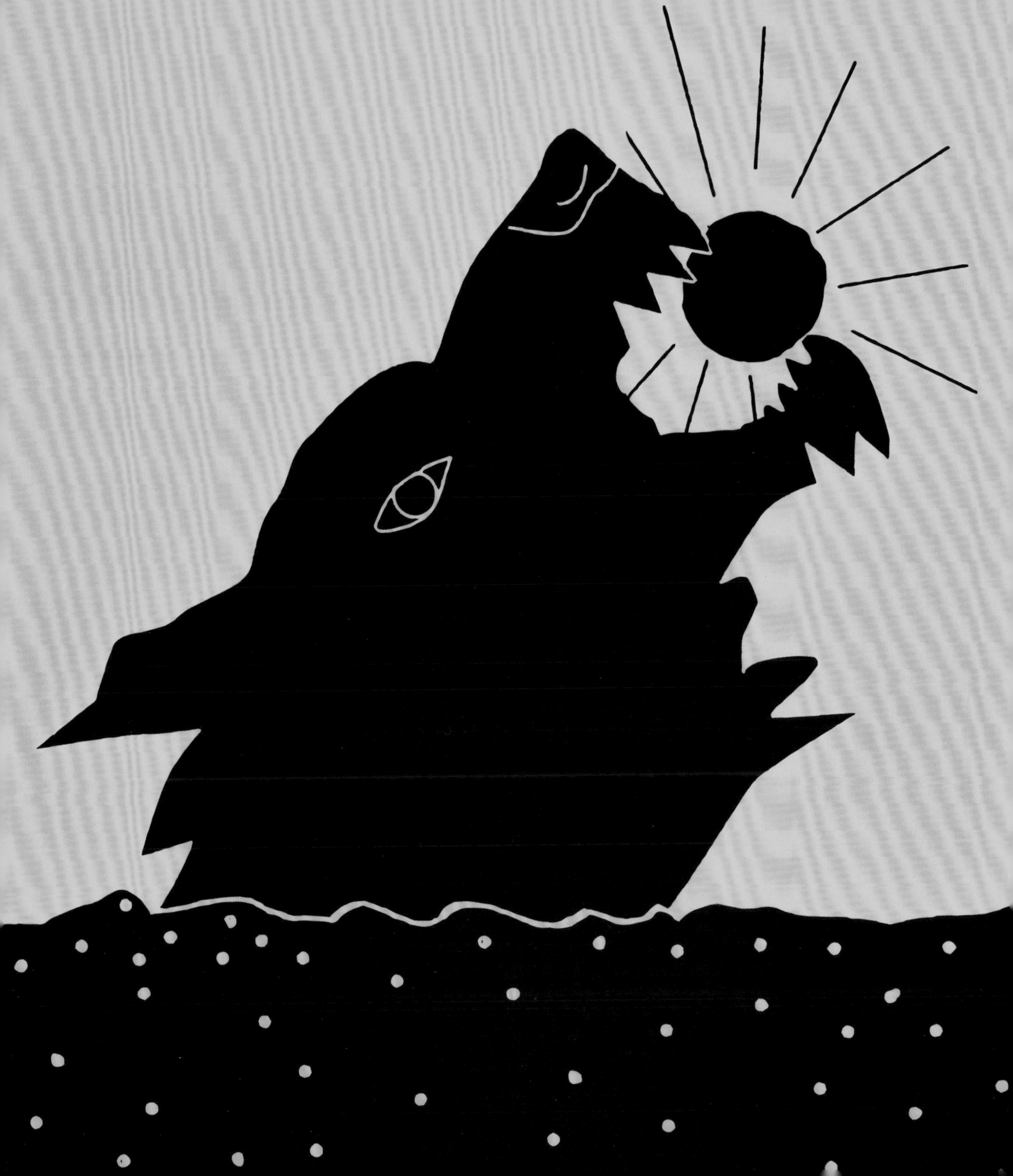

简介

聚焦
世界的终结

来源
《诗体埃达》,佚名,8—11世纪
《散文埃达》,斯诺里·斯图鲁松,约1220年

背景
九大世界

主要人物
海姆达尔 阿萨众神的守护者

奥丁 众神之王

耶梦加得 米德加德蛇,洛基的儿子

洛基 诡计之神

苏特 火焰巨人

芬里尔 一头狼,洛基的儿子

维达 奥丁的儿子,复仇之神

托尔 雷神

在北欧神话中,时间是循环的,没有什么是永恒的,连神也不例外。这个宇宙总有一天会迎来众神黄昏,众神和巨人之间将进行最后的决战,世界将因此毁灭,生灵涂炭。然而,这场灾难不会是最终的结局。幸存者将从避难所中出来,在一个更好的新世界里繁衍生息。

关于众神黄昏,有两处详细的描述,其中较古老的是《诗体埃达》中"女先知预言"的后半部分。女先知渥尔娃在赫尔海姆复活,向奥丁讲述了一系列将毁灭世界的可怕事件。

斯诺里·斯图鲁松在《散文埃达》的第一篇"欺骗古鲁菲"中,也对众神黄昏进行了描述。斯诺里在书中描述了令人敬畏的众神黄昏的画面,它结合了"女先知预言"和《诗体埃达》中的许多其他诗歌,可能还有其他遗失的来源和传说。

北欧宗教不太可能对众神黄昏及其后果有一个明确的评判标准。"欺骗古鲁菲"虽然比"女先知预言"完整,但仍有许多问题没有得到解答。两个版本的描述都没有预测众神黄昏到来的时间,但都警告说,在那一时刻到来前,会发生一系列灾难性事件。

"女先知预言"中的众神黄昏

根据"女先知预言",某个夏天来临的时候,太阳会变黑。当这一切发生时,照顾芬里尔的巨人艾格瑟会坐在一个土墩上,为即将到来的一切高兴地弹着竖琴。接

> **海姆达尔大声吹着加拉尔号角,奏响了命运的音符。**
> 《诗体埃达》

1930年凯瑟琳·派尔所作的这幅插画,描绘了《散文埃达》中生育女神弗雷亚寻找被洛基偷走的闪闪发光的项链的场景。

北欧宗教中的预言

"预言必然实现"在北欧神话中起了核心作用。预言通过一种被称为"赛德尔"(seidr)的仪式来实现。赛德尔是一种萨满式的魔法,与华纳神族有关。这种魔法赋予所选之人与死者交流并预见未来的能力。

华纳神族的生育女神弗雷亚教会了奥丁赛德尔。奥丁用这种仪式复活了一位死去的女先知,让她告诉自己关于众神黄昏的事。

人和神都可以举办赛德尔,主持仪式的大多是女性,被称为"渥尔娃"("执魔棒者")。仪式采用动物心脏,准备好后,渥尔娃会用吟唱和咒语来召唤灵魂,问他们关于未来的问题。

"赛德尔"一词至今仍保留在现代英语中,即"先知"(seer)。盎格鲁-撒克逊语中"先知"这一词源自古挪威语。

北欧 153

参见： 奥丁和宇宙树 134~139页，众神之战 140~141页，众神的法宝 144~145页，巴尔德尔之死 148~149页。

在"女先知预言"中，警告的声音预示着世界的终结。

- 巨人艾格瑟弹奏竖琴。
- 葛林卡姆比唤醒沉睡的英灵。
- 一只没有名字的红锈鸟在赫尔海姆的入口处啼叫；赫尔的狗不断狂吠。
- 第三只鸟法亚拉在木绞刑架上啼叫。

众神开始战争，大地在火中毁灭！

着，三只鸟儿啼叫着宣布众神黄昏的开始——住在瓦尔哈拉的葛林卡姆比（"金梳子"）会唤醒沉睡的英灵，让他们为最后的战斗做好准备；一只没有名字的红锈鸟会在赫尔海姆的入口处啼叫，以唤醒冥界；而第三只鸟法亚拉会在预示不祥的加尔维德尔（木绞刑架）上啼叫。死亡女神赫尔的看门狗加姆会大声吠叫，咬断拴着它的绳子，到处乱跑。

乱作一团

人类社会将开始瓦解，兄弟之间互相残杀，乱伦、通奸盛行，没有人会放过别人。众神的守护者海姆达尔会吹起加拉尔号，发出警告，而奥丁则会去询问智慧之神米密尔的头颅。大地开始颤抖，宇宙树会摇晃呻吟，但不会倒下。巨人们会横冲直撞，无数惊恐的灵魂会坠入冥界。赫列姆将带领东方的冰霜巨人，米德加德蛇耶梦加得会在狂怒中搅动大海，老鹰会尖叫着啄

海姆达尔吹响了他的加拉尔号角。这位警惕的守卫者以其敏锐的视觉和听觉闻名。他是第一个知道众神黄昏到来的神。

食尸体。邪恶的纳吉尔法将在巨人之地穆斯贝尔海姆与火焰巨人一起登船起航。洛基将和他的巨人兄弟拜利斯特一起掌舵。火焰巨人中最伟大的苏特将从南方挺进。岩石悬崖会裂开，裂缝里会吐出女怪。天空也会裂开，精灵和侏儒会在恐惧中哀号。

根据《诗体埃达》，这预示着战争的开始。洛基的儿子芬里尔会杀死奥丁，奥丁的儿子维达会为父报仇，把剑刺进芬里尔的心脏。托尔会杀死耶梦加得，但之后他蹒跚九步就会倒下死亡。苏特会杀死生育之神弗雷。随着战争的激烈进行，太阳会变黑，星星会从天空中消失。蒸汽和火焰喷射得有天那么高，被踩躏的大地将最终沉入海底。

回归寂静

很快，一个崭新的世界将从浪涛中升起。在这个新世界，大地永远是绿色的，不用播种就会长出庄稼。女先知看到一只老鹰在瀑布边猎鱼，还有其他田园风光。几位阿萨神（诗中没有说明具体数量）将会在艾达华尔的平原上再次

《诗体埃达》

- 一个夏天，太阳变黑
- 三只鸟宣布众神黄昏开始
- 人类社会瓦解
- 海姆达尔吹响警钟
- 洛基和巨人们向阿斯加德挺进
- 众神和巨人在战斗中互相残杀
- 被踩躏的大地沉入海底
- 新世界从海中升起

《散文埃达》

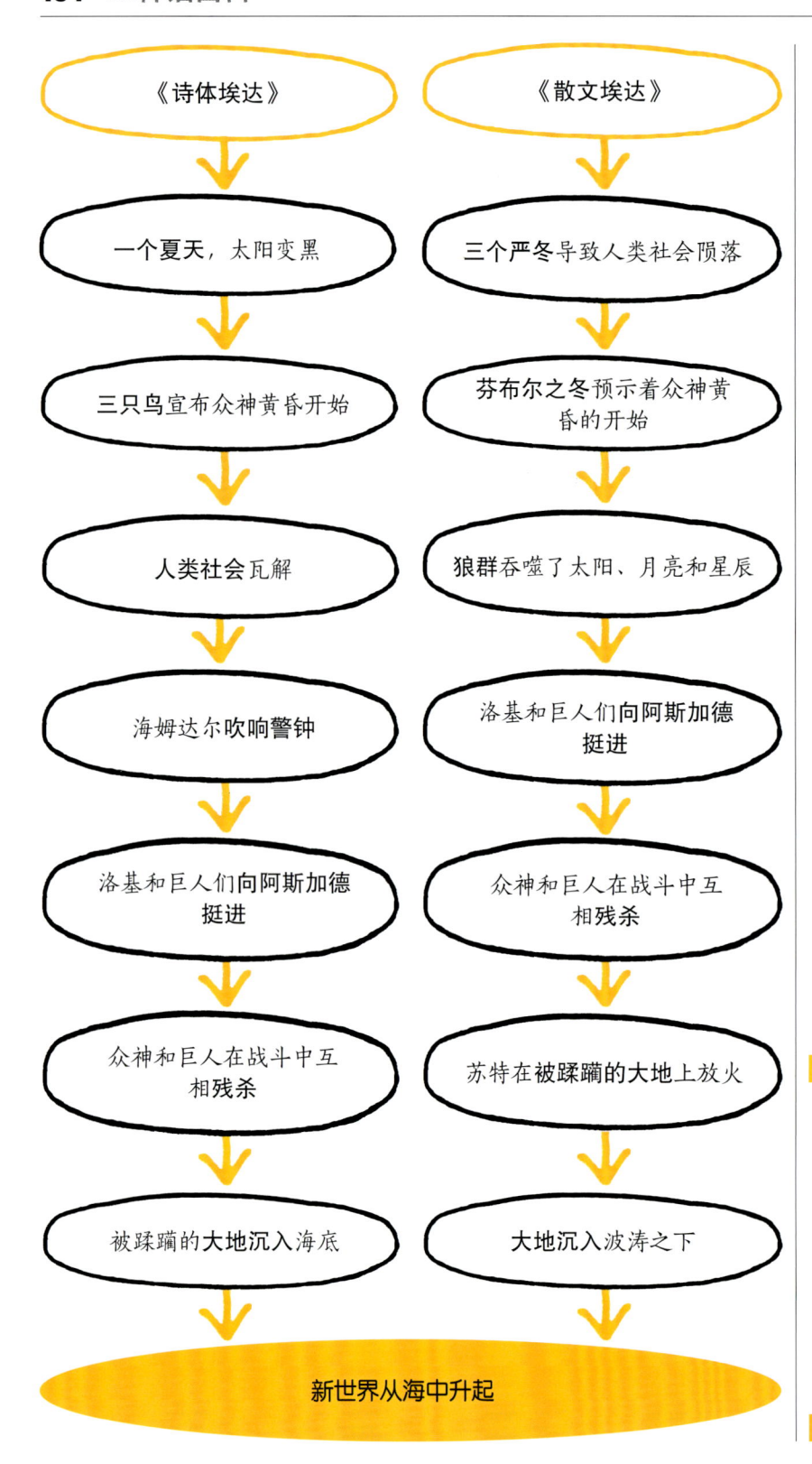

- 三个严冬导致人类社会陨落
- 芬布尔之冬预示着众神黄昏的开始
- 狼群吞噬了太阳、月亮和星辰
- 洛基和巨人们向阿斯加德挺进
- 众神和巨人在战斗中互相残杀
- 苏特在被踩躏的大地上放火
- 大地沉入波涛之下

相遇，这里曾经是阿斯加德的所在地。他们会谈论众神黄昏，回忆他们的过去。巴尔德尔和杀害他的霍德会复活和解，最后和平地生活下去。

预兆和典故

人类也有幸存者：两个不知名的兄弟的儿子。他们的后代将会遍布世界各地。"女先知预言"继而写道，这片土地上的善良人们会在一个叫作"吉姆列"的殿堂快乐地生活，那里崭新漂亮，有着金色屋顶。

这时，一个"强大统治者"会从天而降。"女先知预言"没有指出这个神秘的人物是谁，但许多评论家声称这是对基督教最后审判的暗示。

接着，"女先知预言"以蛇尼德霍格的重现结束。在众神黄昏之前，尼德霍格不停地啃食着永恒的宇宙树树根。现在，尼德霍格将用翅膀载着一堆尸体飞过这个新世界。

"女先知预言"在此未作详细说明，但是，尼德霍格的幸存对未

> 那个冬天将会到来，它被称为'大冬'。
>
> 《散文埃达》

循环时间

根据基督教的宇宙观，时间被视为一个线性过程，从创世纪开始，到审判日结束。其他宗教传统，包括北欧宗教，把时间看作创造和毁灭的循环过程。然而，北欧人没有先进的历法知识，所以对时间周期的描述比较模糊。

相比之下，印度教宇宙观对时间周期的计算十分精确。他们认为，从创世到毁灭的完整周期正好是311.04万亿年。因为印度教的宇宙观接受平行宇宙的概念，所以在任何时候都有无限的时间周期和无数的宇宙被创造和毁灭。

现代物理学家仍在探寻时间究竟是线性的，还是周期性的，或仅仅是虚幻的。这个问题至今仍未得到解决。

来显然是一个坏兆头。它可能暗示着新世界和旧世界一样，最终注定要毁灭。

斯诺里笔下的众神黄昏

斯诺里·斯图鲁松笔下的"欺骗古鲁菲"也描述了众神黄昏，并且明显参考了"女先知预言"，甚至在某些地方直接加以引用。但是，他的作品在几个方面与更早的这部诗歌作品有所不同。

根据斯诺里的记述，众神黄昏来临的第一个迹象是三个严冬，接下来是人类社会的彻底瓦解。就像"女先知预言"的描述那样，战争到处发生，血缘关系毫无意义：通奸、乱伦和自相残杀在这段时期会十分盛行。

紧接着到来的是芬布尔之冬（"大冬"），在这一时期，太阳会变暗，冰雪会持续三年，夏季不会出现。于是，过去常追逐太阳的狼斯库尔终于抓住了猎物，把它吞了下去。与此同时，它的兄弟哈提会吞下月亮。星星会从天空中消失，被另一只巨大的狼玛纳加尔姆吞噬。

黑暗吞没了世界，大地震动，树被连根拔起，群山倒塌。洛基和他的儿子芬里尔——被众神拴着的狼——会打破束缚和拘禁，自由使出最残忍的手段。与"女先知预言"中记述的一样，赫尔海姆的猎狗加姆会弄断绳子，跑出洞穴。

阿斯加德受到威胁

巨人和他们的盟友现在将向阿斯加德挺进。米德加德蛇耶梦加得在盛怒中甩动身子，拍打海岸，巨大的海浪涌向大地。上升的海面会浮出可怕的纳吉尔法（指甲之船）。纳吉尔法是所有船只中最大的一艘，由死人的指甲制成。

预言说，在船完工之前，众神黄昏不会到来。由于神和人都希望尽可能拖延众神黄昏到来的时间，因此斯诺里建议，死者必须修剪指甲，不要为造船提供材料。纳吉尔法将由冰霜巨人的领袖赫列姆掌舵。

洛基的儿子芬里尔正在前进，它的嘴张得很大，下触地面，上及天空。它的眼睛和鼻孔中燃烧着火焰。在它的身边，它的兄弟耶梦加得会向大海和天空吐出毒液。

雪上加霜的是，天空将会裂开，由苏特领导的来自穆斯贝尔海姆的火焰巨人冲过来，这些巨人周身被火焰包围。从苏特的剑上发出的光比太阳还要明亮。巨人的军队

奥丁去见米密尔的头颅，为神与巨人的最后战斗寻求建议和指引。喝了米密尔泉的水便可以获得知识。

会穿过连接阿斯加德和米德加德之间的彩虹桥，同时将其摧毁。军队随后将聚集在维格利德平原上，在各个方向上延伸一百里。

芬里尔、耶梦加得和洛基，还有赫列姆等冰霜巨人，也会出现在那里，而穆斯贝尔海姆的火焰巨人将会形成他们自己的战线。

众神集结

斯诺里写道，海姆达尔将会吹响加拉尔号角，警告众神危险来临。奥丁会赶到米密尔泉，向充满智慧的米密尔头颅寻求建议。与此同时，宇宙树的树枝会颤抖，让生活在九大世界中的一切都充满恐惧。接下来，阿萨神族和战士的英灵会在奥丁的带领下，在广阔的维格利德平原上战斗。奥丁拿着矛枪，戴着金色头盔，身穿甲胄，雷神托尔会与他并肩作战。

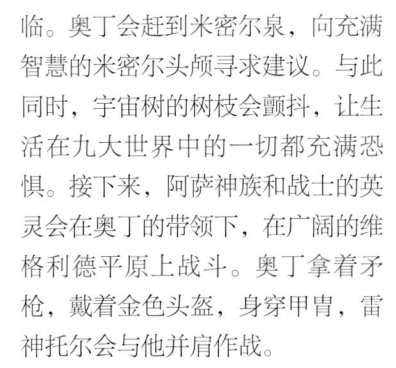

在托尔帮助奥丁之前，耶梦加得会攻击托尔。弗雷会和苏特战斗，苏特会取胜，并杀死对手。小战神提尔和邪恶的冥界猎犬加姆会相互残杀至死。虽然托尔会杀死耶梦加得，但他刚走出九步就会因为毒蛇对他吐出的毒液而倒地死亡。没有托尔的支持，奥丁将会被芬里尔吞下。

奥丁的儿子维达会立即为父报仇，他一只脚踩着芬里尔的下颌，一只手抓住它的上颚，把它撕碎。洛基和海姆达尔会彼此残杀。在这之后，强大的苏特会抛出火焰，整个世界将陷入一片火海，并带着神族、战死的英灵和所有人类沉入大海。湍急的水流会把火焰扑灭。斯诺里在描述众神黄昏时，没有提及冰霜巨人、精灵和侏儒的命运，但一般认为他们也将灭亡。

光明的未来

在斯诺里的描述中，一个美丽的新世界很快就会从海浪中浮

1882年出版的一本关于北欧众神和英雄的书中有一幅版画，画中天空裂开，放出了穆斯贝尔海姆的火焰巨人。

这幅插图来自亚瑟·拉克姆1910年的作品《瓦尔基里的旅程》。瓦尔基里是北欧少女,可以决定战争中谁生谁死。在这幅插图中,她们正前往战场。

现,这一点与"女先知预言"类似。在新的土地上不用播种就能长出庄稼。

幸存的阿萨神族将开始聚集在艾达华尔,也就是阿斯加德曾经的所在地,这里仅剩下一些黄金棋子,散落在草地里。奥丁的儿子维达和威利最先到达,紧随其后的是托尔的儿子莫迪和马格尼,他们把雷神之锤从旧世界的毁灭中拯救出来。最后,巴尔德尔和霍格将从冥界返回,还有那只名叫尼德霍格的蛇。天庭也会幸存下来,善良的人们(在众神黄昏中死去)会在吉姆列和布里米尔宫殿里享用盛宴。

一个叫丽芙("生命")的女人和一个叫雷弗斯拉瑟尔("兴旺的余民")的男人,躲在宇宙树的树枝上,在世界毁灭和苏特抛出的火焰中幸存下来。他们依靠晨露养精蓄锐,生育许多后代,大地又会住满人类。新世界会被新的太阳照亮,因为旧的太阳在被斯库尔吞下之前生下了一个火红的女儿。

天地的再造与"女先知预言"结尾的凶兆形成了鲜明对比。然而,斯诺里对未来世界的乐观看法很可能源自他的基督教信仰。"女先知预言"很可能更真实地反

> 那掌权的、有能力的、统管一切的人,必从天上来。
>
> 《诗体埃达》

映了北欧人对未来的传统看法——他们认为未来可能处于创造和毁灭的无尽循环中。■

基督与众神黄昏

在北欧人皈依基督教的早期阶段,诸如十字架之类的纪念碑将基督教的象征与众神黄昏等北欧神话中的场景结合在一起。

北欧人通常认为基督只是众神中的一个,但基督教要求皈依者相信只有一个神。建造这些纪念碑就是为了帮助皈依。例如,丹麦的耶灵石是该国最早的基督教纪念碑,上面画着基督被绑在树叶缠绕的十字架上,这是为了把基督和奥丁相提并论——奥丁曾把自己吊在宇宙树上。

还有些纪念碑通过将十字架(基督复活的象征)与众神黄昏的场景结合起来,以提醒皈依者:古老的神祇只是凡人,注定要死亡。这些纪念碑要传递的信息是,只有基督是永生的,只有他才能赋予信徒永恒的生命。

耶灵石可以追溯到约965年,有时被称为"丹麦的诞生证明"。

当那条龙来喝水时，刺穿它的心脏

屠龙者西格德

西格德是北欧神话中最受欢迎的人类传奇英雄之一，也是1260年左右在冰岛写成的《沃尔松格萨迦》中的核心人物。

西格德是英雄西格蒙德的遗腹子。西格蒙德是国王沃尔松格的儿子，《沃尔松格萨迦》便是以后者的名字命名的。西格德被雷金收养。一天，雷金向西格德讲述了奥特赎金的故事：阿萨众神因杀死雷金的兄弟奥特而付给了雷金的父亲、侏儒之王赫瑞德玛一堆金子。然而，这堆金子被原来的主人、侏儒安德瓦里诅咒了，因为洛基为凑够赎金而强迫他放弃了一枚金戒指。

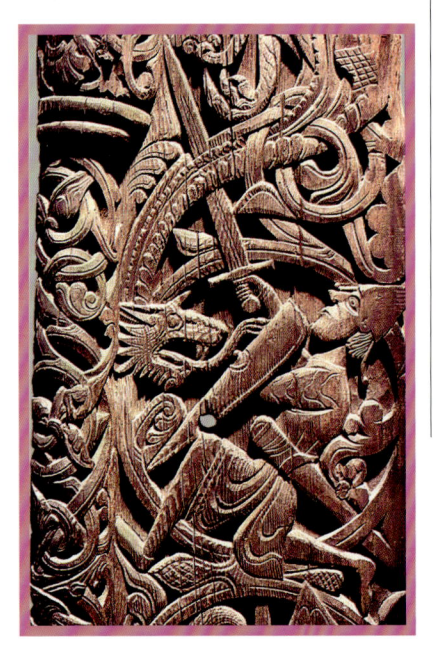

诅咒兑现

雷金的哥哥法弗纳为了得到金子而杀了他的父亲，并变成了一条龙来守护宝藏。雷金也想得到宝藏，所以他催促西格德杀了法弗纳，并计划在此之后杀了西格德。为了确保西格德成功，雷金锻造了神剑古拉姆，并把它交给西格德。杀死法弗纳后，西格德不小心喝了一点龙的血，获得了听懂鸟语的能力。他从鸟儿那里得知了雷金的歹毒意图，于是砍下了雷金的头，并将金子据为己有。西格德成为被诅咒宝藏的主人，注定难逃厄运。

这是挪威许勒斯塔德木板教堂的木雕大门，描绘了西格德屠龙的场景。这个场景是维京时代晚期木雕和石雕的热门题材。

简介

聚焦
英雄对抗怪物

来源
《沃尔松格萨迦》，佚名，约1260年

背景
铁器时代末期的丹麦或德国

主要人物

西格德 英雄西格蒙德的儿子

雷金 侏儒，擅长锻造

奥特 雷金的兄弟

安德瓦里 一个可以变成鱼的侏儒

法弗纳 雷金的哥哥，可以变成龙

布林希尔德 女武神，即"瓦尔基里"

格里希尔德 王后，古德伦、贡纳、古托姆的母亲

古德伦 西格德的妻子

贡纳 古德伦的兄弟

参见: 托尔和洛基在约顿海姆的冒险之旅 146~147页,巴尔德尔之死 148~149页,众神黄昏 150~157页。

在用事实证明自己是一个伟大的战士后,西格德和女武神布林希尔德订婚了。然而,他在喝了格里希尔德王后的药水后忘记了布林希尔德,并娶了格里希尔德的女儿古德伦为妻。格里希尔德王后想把宝藏留给她的家人。古德伦的哥哥贡纳随后向西格德寻求帮助,希望赢得布林希尔德的芳心。布林希尔德所住的殿堂有一圈带有魔力的火,只有西格德才能通过。于是,西格德与贡纳交换了身体,并代表贡纳向布林希尔德求婚。布林希尔德得知自己受骗后,非常愤怒,命令贡纳杀死西格德。

贡纳的兄弟古托姆同意这么做,他杀死了西格德,但自己也付出了生命的代价。布林希尔德悲痛欲绝,扑向西格德的火葬坛。贡纳独自一人把金子扔到了安德瓦里当初找到金子的那个山洞中,打破了金子的诅咒。■

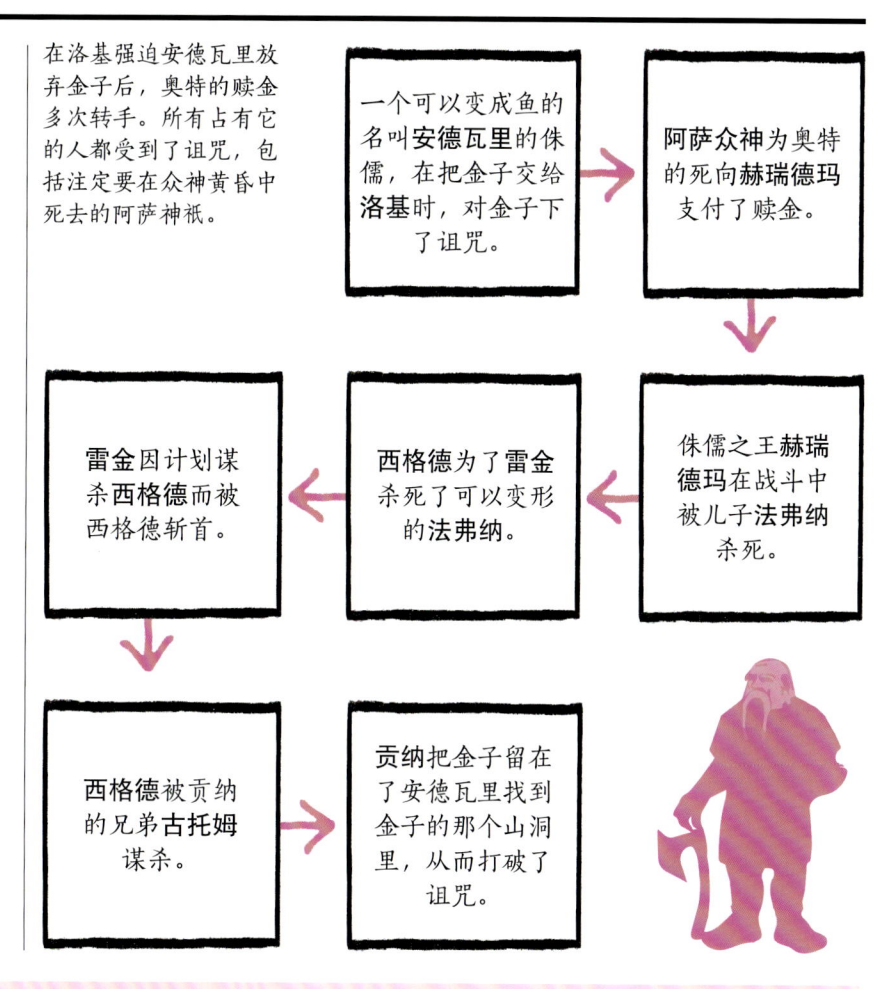

在洛基强迫安德瓦里放弃金子后,奥特的赎金多次转手。所有占有它的人都受到了诅咒,包括注定要在众神黄昏中死去的阿萨神祇。

一个可以变成鱼的名叫**安德瓦里**的侏儒,在把金子交给**洛基**时,对金子下了诅咒。

→ 阿萨众神为奥特的死向**赫瑞德玛**支付了赎金。

↓

侏儒之王赫瑞德玛在战斗中被儿子**法弗纳**杀死。

←

西格德为了雷金杀死了可以变形的**法弗纳**。

←

雷金因计划谋杀**西格德**而被西格德斩首。

↓

西格德被贡纳的兄弟**古托姆**谋杀。

→ **贡纳**把金子留在了安德瓦里找到金子的那个山洞里,从而打破了诅咒。

神话中的龙

在许多神话中,龙与蛇一样,通常长着翅膀,能够喷火或喷出毒液。在印欧神话故事中,龙通常是邪恶的,最终会被神或人类英雄杀死。例如,在吠陀印度教中,名为"布利陀罗"的龙是干旱的化身,被因陀罗神杀死。在北欧神话中,雷神托尔杀死了环绕世界的米德加德蛇。近东神话中也出现过屠龙英雄,如巴比伦神马尔杜克杀死了海龙提亚马特。龙也出现在早期的基督教故事中,例如,在圣乔治和龙的故事中,龙成了撒旦的象征。

相比之下,在中国神话中,龙受人尊敬,对人友善,象征着权威、权力和智慧。它们拥有超越自然的力量,特别是与水有关的力量。它们可以控制降雨、海啸和洪水。

伦敦城的边界立着龙的雕塑,参照的正是英国守护神圣乔治和龙的故事。

神奇的三宝磨给北国带来无尽的荣华

《卡勒瓦拉》

简介

聚焦
民族史诗

来源
《卡勒瓦拉》（"英雄国"），隆洛德，1835年

背景
卡勒瓦拉（今芬兰和俄罗斯卡累利阿），还有北边的波赫尤拉

主要人物
伊玛塔 大气之神，造物女神

万奈摩宁 第一个人，一个聪慧、年老的魔法师和歌手

伊尔玛利宁 一个铁匠

勒明盖宁 一个勇士，探险家

波赫尤拉的少女 一个漂亮的女人

洛希 波赫尤拉的统治者

19世纪中期，民俗学家隆洛德编纂了史诗《卡勒瓦拉》。他把卡累利阿和芬兰无数的神话和传说编织在一起，其中大部分之前从未被记录过。在芬兰文化和语言受到威胁的时代，这些诗歌得以印刷，正式成为芬兰的民族史诗，当时离芬兰摆脱俄国统治获得独立还有数十年。

这些诗歌探讨了创世、英雄主义、魔法、暴力、死亡和担忧等主题，还讲述了英雄们夺取三宝磨的故事。三宝磨是一个神奇的法宝，能给主人带来无尽的荣华。

《卡勒瓦拉》叙述了世间第一个人——万奈摩宁、铁匠伊尔玛利

北欧 **161**

参见：奥德修斯的冒险之旅 66~71页，亚瑟王传奇 172~177页，《吉尔伽美什史诗》190~197页，《罗摩衍那》204~209页。

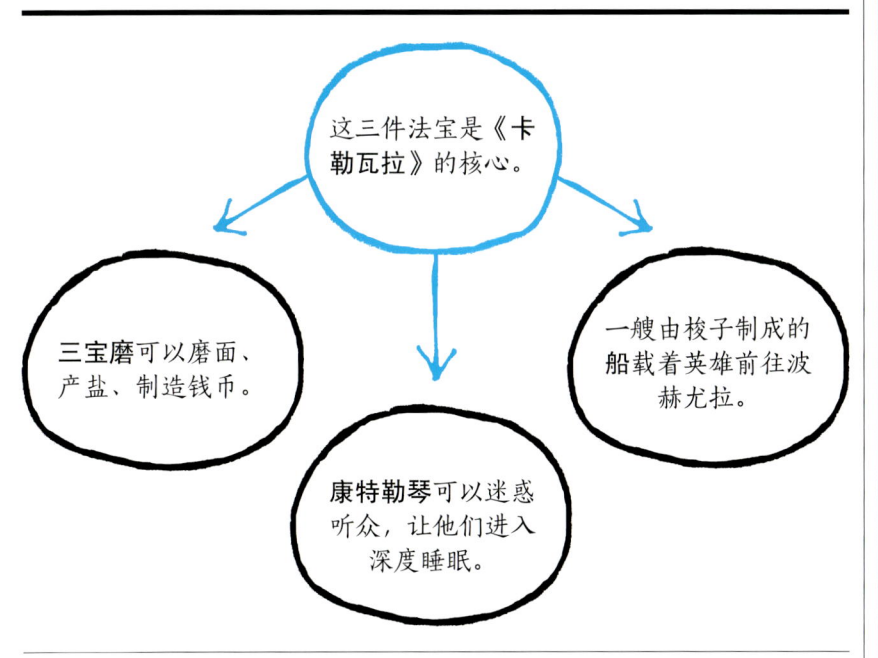

这三件法宝是《卡勒瓦拉》的核心。

- 三宝磨可以磨面、产盐、制造钱币。
- 康特勒琴可以迷惑听众，让他们进入深度睡眠。
- 一艘由梭子制成的船载着英雄前往波赫尤拉。

宁和勇士勒明盖宁的历险。故事从创世开始，当时，女神伊玛塔躺在海里，身怀六甲，却悲叹自己还不能生产。一只鸟在她的膝盖上下了七个蛋，当她挪动身子的时候，鸟蛋掉落，碎片形成了世界。有一段时间，伊玛塔全神贯注于创造世界，但在怀孕700年后，她生下了世间第一个人——万奈摩宁。万奈摩宁一出生便已经年迈且十分睿智，这位英雄通常被描绘成满头白发、留着胡须的样子。

这幅画由浪漫主义画家罗伯特·威廉·埃克曼于1860年创作。画中，伊玛塔正躺在海浪之床上。她是一个纯洁的女神，在海中分娩。

隆洛德

隆洛德1802年出生在芬兰的萨马蒂，当时这里还是瑞典的一部分。隆洛德学习医学，后在卡亚尼担任地区医疗官。作为芬兰文学学会的创始成员，他对自己的母语充满了热情，并对语言学和民俗之间的关系产生了兴趣。他访问了芬兰、拉普兰和俄罗斯卡累利阿的偏远地区，收集了口头流传下来的传统歌曲和故事，最终将它们编入了史诗《卡勒瓦拉》。

关于隆洛德为将不同起源和时代的神话连贯地编织在一起而做了多少编辑工作，尚有争议。尽管如此，他还是因为1849年出版的《卡勒瓦拉》而备受赞誉，并因此被任命为赫尔辛基大学芬兰文学教授。《卡勒瓦拉》包含五十首诗，由四音步扬抑格头韵体（被称为"卡勒瓦拉格律"）完成。这部史诗对语调的强调，非常契合诗的内容：史诗中人物的每一个壮举都是通过咒语完成的。

第一次比试

万奈摩宁用歌声编织了魔法咒语,关于这项技能的消息传到了遥远的北国波赫尤拉。在那里,一个名叫尤卡海宁的年轻吟游诗人被嫉妒冲昏了头脑,向万奈摩宁发出挑战,两人比赛唱歌。尤卡海宁失败后,陷入沼泽。惊慌失措下,他提出把妹妹埃诺嫁给万奈摩宁,以换取自己的性命。可是,当尤卡海宁回家告诉埃诺这个消息时,她想到自己要嫁给这样一位老人,便选择了自溺而亡。

之后,万奈摩宁开始追求另一个女人:波赫尤拉的少女,她的母亲洛希统治着这个国家。尤卡海宁拿着一把有毒的弩埋伏着,准备为他的妹妹报仇,他把万奈摩宁射进了海里。万奈摩宁被洛希救下,洛希答应把他送回卡勒瓦拉,还把女儿嫁给他,条件是他要打造出神器三宝磨。万奈摩宁说,他会派铁匠伊尔玛利宁来打造三宝磨,然后他便匆忙踏上了回家的旅程。

然而,他在路上遇见了这名少女,并向她求婚。她同意了,但他首先必须完成一系列看似不可能完成的任务。万奈摩宁的最后一项任务是用纺锤雕刻木船,结果他用斧头砍伤了膝盖,无法完成任务。

伊尔玛利宁的拒绝

万奈摩宁回到家后发现,铁匠伊尔玛利宁不愿意去波赫尤拉打造三宝磨。于是,他召唤了一阵狂风,把伊尔玛利宁吹到了那里。这位铁匠用白天鹅的羽毛、德行最好的女子的乳汁、一粒大麦和最好的羔羊毛做了三宝磨。这部史诗从来没有明确说过三宝磨为何物。然而,根据对它的用途——磨面、产盐、制造钱币的描述,人们猜想

> 从遥远的地方传来消息,睿智的英雄万奈摩宁和他的歌声远播四海。
> 《卡勒瓦拉》

它是一盘磨。洛希拿到三宝磨后,把它藏在一个石山里,然后把伊尔玛利宁打发回家,并没有送上她的女儿。

死里逃生

与此同时,勇士和冒险家勒明盖宁启程前往波赫尤拉,但在此之前,他给母亲留了一把魔梳。如果他死了,梳子就会滴血。勒明盖宁到达时,看到了波赫尤拉的少女。为了赢得少女的芳心,他需要完成洛希的三项任务:抓住魔鬼的麋鹿、勒住魔鬼的马、杀死图奥内拉(亡灵之地)的天鹅。可惜,勒明盖宁被一个牧人杀死,他的尸体被肢解并被扔进了河里。就在这时,他留下的梳子开始滴血。他的母亲赶到波赫尤拉,把他的尸体重

《伊尔玛利宁打造三宝磨》由波恩特·亚伯拉罕·歌德海勒姆(约1860)所画。打造三宝磨只是万奈摩宁为了迎娶少女需要完成的一项任务。

伊尔玛利宁正在和洛希决斗，洛希变成一只猛禽，想要夺回被盗的三宝磨。这场战斗有时被解释成为芬兰的灵魂而战。

新拼凑起来，涂抹上从神那里得来的药膏，并念咒语使他复活。

第二次比试

万奈摩宁后来和伊尔玛利宁争夺这名少女，但少女更喜欢年轻的铁匠而非睿智的老人。伊尔玛利宁在迎娶少女之前，也必须完成三项看似不可能完成的任务：犁毒蛇之地、猎捕图奥内拉的熊和马那拉的狼、从图奥内拉河中捕鱼。他完成了任务，接着与少女举行了婚礼。

只有勒明盖宁没有被邀请参加宴会。他因为自己被怠慢而感到愤怒，决定了结此事。他向洛希的丈夫发起挑战。在歌唱和剑术比赛之后，勒明盖宁杀了对手，然后逃到了一个岛上。

盗取三宝磨

在伊尔玛利宁的妻子被杀后

> " 他看见三宝磨逐渐成形，盖着鲜艳的盖子。"
> 《卡勒瓦拉》

很久，这三位英雄才重逢。听说三宝磨给波赫尤拉带来了财富，他们决定乘船偷取宝物。在途中，他们的船与一条巨大的梭子鱼相撞。万奈摩宁杀死了这条鱼，用鱼的下颚做了一把只有他才能弹奏的康特勒琴（一种竖琴）。这个神奇的乐器能迷惑众生。万奈摩宁用它使波赫尤拉的人陷入沉睡，之后他和同伴们带着三宝磨划船离开了。

当他们逃跑时，洛希醒了过来，用她的力量设置障碍，挡住了他们的去路。这三位英雄幸存了下来，但康特勒琴却掉入了水中。洛希变成了一只巨大的猛禽，追赶英雄的船。在战斗中，三宝磨也从船上掉入水中。它沉到海底，摔成碎片。散落的碎片继续产盐，而洛希只找到了一个盖子。

为了报复，洛希让卡勒瓦拉人遭遇了九次瘟疫，但万奈摩宁治愈了他们。她派了一只熊去攻击他们的牛，但万奈摩宁打败了熊。随后，洛希把太阳和月亮藏到山中，并拿走了火种。万奈摩宁与波赫尤拉人大战，最终还是要求伊尔玛利宁打造出一把钥匙，以打开波赫尤拉的山放出太阳和月亮。最后，洛希决定不再报复，放出了太阳和月亮。∎

达格达统治了爱尔兰八十年
一位复杂的神

简介

聚焦
神祇、勇士、国王

来源
《征服志》,佚名,约1150年

背景
公元前9世纪的爱尔兰

主要人物

达格达 一个有魔法的"善良之神",亦称"万物之父",也是达努神族(居住在古爱尔兰的神话人物)的领袖

莫里甘 战争与生育女神,达格达的情人之一

达努 女神,达努神族的祖先

瑟丝伦 弗莫尔族王后,女先知

达格达既是达努神族的父神,又是其供养者。在神话中,达努神族在凯尔特人之前居住在爱尔兰。公元前9世纪,达努女神的后代定居爱尔兰,并带来了法宝,包括达格达釜,它可以不断补充饮食来源。

神的两面性

尽管达格达的名字意为"善良之神",但他的形象却更为复杂。他以智慧、魔力、英勇著称,但也被描绘成一个粗犷的滑稽人物,总穿着一件很短的外衣。除了随身携带达格达釜,他还手持魔法棒。魔法棒的一头可以杀人,另一头可以让人复活,这显示了他赋予生命的能力。

达格达一生都是一个可怕的好战者,这要归功于丰盛的粥。他还得到了莫里甘女神——他众多情人中的一位的帮助。她的存在可以影响战争的结果。然而,在摩伊图拉战役后,达格达的统治结束了。在这场战役中,达努神族与巨人弗莫尔族作战。达格达死于飞镖,这个"飞镖"由瑟丝伦投掷,她是弗莫尔国王巴洛的妻子,也是一位女先知。■

名为"达格达釜"的自动饮水器,位于爱尔兰凯里郡的特拉利。这座青铜雕塑上刻画着达格达和古爱尔兰的其他神祇。

参见:众神与泰坦之战 32~33页,众神的法宝 144~145页,伊邪那岐和伊邪那美 220~221页,拉的夜航船 272~273页。

触碰大地的那一瞬，他便成了灰烬
布兰之旅

简介

聚焦
去往另一个世界

来源
《伦斯特集》中的"布兰之旅"，佚名，约1160年

背景
7世纪的爱尔兰

主要人物
布兰 英雄，菲布之子

女人 一个没有名字的诗人和先知，很有可能是位仙女或女神

马纳南 海神，战车御者，里尔之子

尼奇坦 "布兰之旅"船上的一员

布兰是一位传奇的爱尔兰英雄，他要去寻找天堂般的另一个世界。他从一个出现在他的宫殿里穿着奇装异服的女人那里得知了这个地方。这个女人对布兰和宫殿里的人歌唱，说遥远的地方有一个小岛，那里没有悲伤和邪恶，只有无数美丽的少女，这让布兰和宫殿里的人十分着迷。

女人岛

第二天，布兰带领一众人出海寻找这片神奇的土地。在路上，他遇见一位战车御者。御者乘风破浪向他驶来。这位神秘的御者叫马纳南，他给布兰唱了一首歌，讲述了前面的旅程和他那注定会成为英雄的儿子。他还说布兰很快就会到达那个小岛。

当他们到达时，布兰被一缕线拉上岸，这是小岛的女首领扔向他的。布兰等人受到了热情的款待。后来，一个名叫"尼奇坦"

> 耳中没有粗糙刺耳的声音，只有悦耳的乐曲。
> 《伦斯特集》"布兰之旅"

的男子开始思念家乡，他鼓励其他人和他一起返回爱尔兰。然而，女首领警告他们，回去后千万不要登陆。

当他们的船靠近家园时，没有人认出布兰和他的人，也不知道他们是谁，因为许多年已经过去了。尼奇坦不听女人的警告，跳上岸，结果变成了灰烬。布兰开着船走了，从此杳无音信。■

参见：奥德修斯的冒险之旅 66~71页，赫拉克勒斯十二功绩 72~75页，古罗马的建立者埃涅阿斯 96~101页，亚瑟王传奇 172~177页。

人们将会永远铭记库丘林

《夺牛长征记》

简介

聚焦
民族英雄

来源
《夺牛长征记》，佚名，7—8世纪

背景
1世纪的爱尔兰阿尔斯特王国

主要人物

库丘林　一个勇士

梅芙　女神，康诺特王后（康诺特是爱尔兰的一个省）

艾利尔　整个爱尔兰的国王，亦被称作康诺特国王

费迪亚　库丘林被流放的朋友

卢盖德　芒斯特国王，也是杀死库丘林的凶手

莫里甘　战争女神

《夺牛长征记》是爱尔兰最长、最重要的神话故事，是阿尔斯特史诗的一部分。故事主要讲述了库丘林的事迹，他是一个年轻的阿尔斯特战士，是凯尔特神话中最伟大的英雄之一。

故事开始于一对夫妻间的比赛，他们是康诺特王后梅芙和国王艾利尔。在他们争论两个人谁更富有时，梅芙发现是艾利尔更富有，因为他有一头拥有超能力的白角公牛。梅芙王后不想被打败，于是决定找到这片土地上的另一头神牛，即棕色公牛"唐·库利"。可是，公牛的主人不肯交出公牛，于是梅芙和艾利尔计划入侵阿尔斯特，偷走那头牛。

在战斗的前夜，梅芙得知阿尔斯特的战士们不知为什么都生病了，无法参加战斗，除了十七岁的库丘林。梅芙很高兴，她觉得自己很容易获胜，但一位女先知预言："我看到了红色，鲜红的颜色。"第二天，一场血战接踵而至。

艰难获胜

梅芙看着库丘林的身体扭曲痉挛，变成了一个可怕的巨人，一个接一个地屠杀她的战士。王后继续派出最好的战士与他战斗，但他们并不是这个男孩的对手。他那致命的长矛能射出二十四道飞镖，它们能穿透身体的任何部位。在战斗最激烈的时候，库丘林与旧友费迪亚进行了为期三天的战斗。费迪亚是阿尔斯特人，流亡在康诺特。库丘林虽然胜利了，但非常疲惫，无法继续战斗。这时，阿尔斯特的战士们从使他们倒下的咒语中醒来，

> " 第一股痉挛攫住了库丘林，把他变成了一个怪物，没有固定的形态，面目狰狞，闻所未闻。
>
> 《夺牛长征记》

参见： 奥德修斯的冒险之旅 66~71页，古罗马的建立者埃涅阿斯 96~101页，一位复杂的神 164页，亚瑟王传奇 172~177页。

迫使梅芙和她的军队撤退。

库丘林之死

尽管战败了，但梅芙还是设法抓住了公牛"唐·库利"。随后，两头公牛对垒，艾利尔的白角公牛被杀，"唐·库利"也受了致命伤。它终于找到回家的路，但在到达时倒地身亡。梅芙因为夺牛造成严重伤亡，但她不能接受失败。她说服被库丘林杀死的人的亲人去复仇，其中也有芒斯特国王卢盖德，他的父亲也在战斗中牺牲了。这些人密谋杀害库丘林，卢盖德投掷了致命一矛。

库丘林清洗了伤口，在附近的湖里喝了些水。他已经站不起来了，但他拒绝像动物一样倒下死去。他把自己绑在一块立着的石头上，然后死去了。敌人非常害怕他，不敢靠近看他是否还活着。三天后，女神莫里甘变成乌鸦出现在库丘林的肩膀上——乌鸦是凯尔特的死亡象征，证实库丘林已经命殒。

英雄的传说

库丘林的故事至今仍广为流传，说明了爱尔兰人民对这位英雄的同情。20世纪，他代表着对英国统治的反抗。然而，阿尔斯特的统一党更倾向于强调库丘林保护阿尔斯特不受南方来敌的攻击。■

莫里甘是库丘林死亡的信号。德斯蒙德·金尼于1974年在都柏林一面墙上创作的镶嵌画栩栩如生，描绘了《夺牛长征记》中的场景。

丘林的猎犬

库丘林原名塞坦塔，是阿尔斯特国王康纳的侄子，也可能是天空之神卢格的儿子。当他还是个孩子的时候，他曾和叔叔去铁匠丘林家赴宴。

在去参加宴会的路上，塞坦塔落在了后面，当他终于到达时，他发现丘林那只凶残的看门狗正对着自己。这只狗起身攻击塞坦塔，他出于自卫杀死了它。作为补偿，塞坦塔承诺将代替猎犬，保护阿尔斯特王国。后来，人人都叫他"库丘林"（意为"丘林的猎犬"）。

库丘林是一个难以对付的对手，但也是他的战斗能力最终导致了他的失败。在他结婚之前，一个名叫"艾夫"的苏格兰女人偷偷为他生了一个儿子。几年后，一个年轻人出现在库丘林面前，向他提出挑战。在打败了那个陌生人之后，库丘林才意识到他杀了自己的儿子。当他死于芒斯特国王卢盖德手下时，他遍体鳞伤，悲痛欲绝。

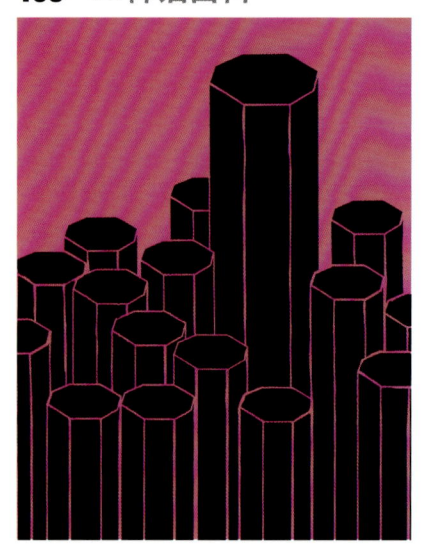

他被誉为爱尔兰最强壮、最勇敢的人

芬恩·麦克库尔和巨人堤

简介

聚焦
交战的巨人

来源
《故事与札记》，威廉·卡尔顿，1845年

背景
古爱尔兰

主要人物
芬恩·麦克库尔 爱尔兰巨人
欧娜 芬恩的妻子
贝南德纳 苏格兰巨人

在凯尔特神话中，北爱尔兰的自然奇迹"巨人堤"是巨人交战的结果。

爱尔兰巨人芬恩·麦克库尔和他的妻子欧娜住在阿尔斯特，而苏格兰巨人贝南德纳隔海而居。一天，贝南德纳奚落芬恩，平时和和气气的芬恩非常生气，从地上抓起一个巨大的土块朝贝南德纳扔去。土块没有击中贝南德纳，落在了爱尔兰海中，形成了马恩岛，土块留下的洞形成了内伊湖。随后，芬恩用石头建造了一条堤道，这样他就可以穿过大海和贝南德纳作战了。

> "舒舒服服地躺在那里，什么都不要说，听我的指示就好。"
> 《故事与札记》

芬恩往对岸走的时候，看到了自己的对手。

苏格兰巨人魁梧无比，比芬恩高大很多。芬恩担心自己打不过对方，于是赶紧逃回爱尔兰，躲在家里。他跑得太急，以至于一只靴子卡在了地上——如今，在那里还能看见一块靴子形状的岩石。贝南德纳对他紧追不舍，芬恩的处境变得很糟糕，好在他的妻子欧娜想出了一个好办法。

近在眼前

欧娜烤了一些面包（里面放有铁盘），又做了一些奶酪凝乳。接着，她做了一个巨大的摇篮，让芬恩躺在里面。贝南德纳找到了他们的房子，欧娜请他进去。当贝南德纳要求见芬恩时，欧娜回答说她丈夫出去了，但实际上他装成了婴儿，静静地躺在摇篮里。

苏格兰巨人坐下来等待。欧娜给了他一块面包。他咬了一口，里面的铁盘硌掉了他的两颗牙齿。当他抱怨面包太硬时，欧娜说芬恩平常就吃这个。贝南德纳的自尊心

参见：一位复杂的神 164页，布兰之旅 165页，《夺牛长征记》166~167页，布罗代韦德 170~171页。

巨人堤位于北爱尔兰的安特里姆。地质学家研究发现，它可能是五六千万年前熔岩迅速冷却形成的。

受到了打击，于是他又吃了一块面包，结果又硌掉了两颗牙齿，他痛苦地咆哮着。欧娜嘲笑他太弱，说她的孩子平时也吃这样的面包。她递给芬恩一块面包，但这个面包里面没放铁盘。让贝南德纳感到惊讶的是，芬恩轻轻松松就吃完了。

惊恐逃跑

随后，欧娜问贝南德纳能不能从一块白色石头中挤出水来，以显示他的力量。不管用多大力气，他都无法做到。扮成婴儿的芬恩拿起被偷偷换成奶酪凝乳的石头，用手一捏，乳清就从他的手上流了下来。贝南德纳看到这么小的孩子就有这么大的力量，简直惊呆了。他把手伸到婴儿嘴里，想看看他的牙齿究竟有多锋利。芬恩残忍地咬下了贝南德纳的小拇指。这时，贝南德纳非常惊慌，如果一个婴儿都这么高大、强壮，那么他的父亲肯定会更可怕。贝南德纳吓坏了，打算趁芬恩回来之前赶紧逃跑。贝南德纳太害怕芬恩了，他故意破坏了爱尔兰和苏格兰之间的通道，创造了现在人们所知的"巨人堤"。

年轻的芬恩遇到了他父亲躲在森林里的旧部下。这幅插图来自T. W. 罗尔斯顿所著的《芬恩的崇高事迹》（1910）。

《芬尼亚传奇》

在爱尔兰和威尔士神话中，芬恩·麦克库尔最为人所知的不是他的巨人身份，而是传说中生活在4世纪的英雄。芬恩和他的"芬尼亚战团"（Fianna）是《芬尼亚传奇》的主人公，他们的故事最早记载于12世纪。

还是个孩子的时候，芬恩抓住了智慧鲑鱼。这条鲑鱼吃了博因河畔一棵圣树上的榛子，因此充满了智慧。芬恩吃了鲑鱼后，获得了鱼的力量和知识，成为一个伟大的领袖。成年后，芬恩因杀死冥界会吐火的怪物艾兰而广受赞誉。随后，他担任"芬尼亚战团"的领袖，带领战团成员经历了许多冒险，建立了很多功绩。芬恩的儿子、诗人奥辛是《芬尼亚传奇》的主要叙述者。

在某些传说中，芬恩从未死去，只是退到了一个山洞里沉睡，准备在爱尔兰最需要的时候醒来。芬尼亚兄弟会成立于19世纪中期，目的是实现爱尔兰独立，该组织的名字便取自"芬尼亚战团"，1926年成立的爱尔兰共和党的名字也来源于此。

他们用花朵造了一位少女

布罗代韦德

简介

聚焦
变出来的女子

来源
12世纪威尔士民间传说《马比诺吉昂的四个分支》中的"麦斯诺威之子麦斯"

背景
约1060—1200年,威尔士西北部的圭内斯

主要人物
布罗代韦德 一个由花变成的女人,利尤·利奥·吉菲斯的妻子

利尤·利奥·吉菲斯 格维迪恩的儿子,布罗代韦德不会死的丈夫

麦斯 魔法师,麦斯诺威的儿子,圭内斯的领主

格维迪恩 麦斯的侄子,也是一个魔法师

格罗恩·佩珀尔 彭林的领主,布罗代韦德的情人

在古威尔士神话中,布罗代韦德(意为"如花脸庞")是伟大英雄利尤·利奥·吉菲斯的妻子。她不是一个真实的女人,而是魔法师麦斯和格维迪恩用金雀花、绣线菊和橡木制成的。布罗代韦德是"麦斯诺威之子麦斯"中的一个重要人物,这个故事充满了魔法和发明,是神话故事《马比诺吉昂的四个分支》中的最后一个分支。

利尤·利奥·吉菲斯只有在魔法或神的干预下才能结婚,因为他的母亲阿里安罗德给他下了诅咒。阿里安罗德为自己失去贞洁而痛心,而儿子的出现仿佛一直在提醒她这件事。此外,阿里安罗德还因为麦斯和他的侄子格维迪恩的一系列恶作剧和羞辱而愤怒不已。所以,她对利尤下了三个诅咒,最后一个是他永远无法娶世间任何种族的女子为妻。

然而,狡猾的麦斯和格维迪恩用魔法打破了最后的诅咒:他们创造了布罗代韦德,并把她许配给利尤·利奥·吉菲斯。他们结婚了,并被赐予了一处宫殿共同居住。

一见钟情

一天,丈夫外出办事时,一个男子追着一头牡鹿来到布罗代韦德的家中,这个男人就是彭林的领主格罗恩·佩珀尔。布罗代韦德十分迷人,又很好客,对来访的人表示欢迎。然而,他们一看对方的眼睛,就双双坠入了爱河。此后,两人开始了恋情,并决定在一起。他们开始谋划如何杀死利尤·利奥·吉菲斯。不过,他们有一个主要的

> **"** 这棵树是仁慈的神赐予的礼物,它的根吸收着血液,把灵魂抱在怀里,等待着被释放到另一个更光明的时代。**"**
>
> "麦斯诺威之子麦斯"

参见：雅典的建立 56~57页，阿拉克涅和密涅瓦 115页，布兰之旅 165页，《夺牛长征记》166~167页。

北欧 171

> 利尤·利奥·吉菲斯变成老鹰飞上天空，发出一声可怕的尖叫。
>
> "麦斯诺威之子麦斯"

障碍：利尤是永生的，他不会死。

布罗代韦德的背叛

布罗代韦德的丈夫似乎不可能被杀死。他曾对她说过，他不能在白天或夜里被杀死，不能在室内或室外被杀死，不能在骑马和走路的时候被杀死，不能在穿衣或赤身裸体的时候被杀死，也不能被任何合法制造的武器杀死。不过，布罗代韦德很快就套出了利尤的秘密。

英国艺术家欧内斯特·沃尔考辛斯为查尔斯·斯奎尔1920年的《凯尔特神话与传奇词典》所作的插图，描绘了布罗代韦德在她家附近遇见正在猎鹿的格罗恩·佩珀尔的场景。

他向她透露，黄昏时用网罩住他，将他的一只脚放在水槽里，将另一只脚放在山羊身上，在河岸边用一种特制的矛可以刺死他。这把矛需要用一年时间打造，且要在每个人都应该做弥撒的时候打造。

有了这些信息，布罗代韦德做好准备，等待利尤的死亡。她和格罗恩准备伏击，但事情并没有按计划进行。格罗恩抛出长矛，击中了利尤，伤了他，但没有杀死他。在那一瞬间，利尤变成一只老鹰飞走了。利尤的父亲格维迪恩发现一只受伤严重的老鹰栖息在一棵橡树上。他意识到那只鹰是利尤，于是把自己的儿子变回人形。格维迪恩和麦斯悉心照料，使利尤恢复了健康，接着召集军队从格罗恩和布罗代韦德手中夺回了土地。布罗代韦德逃走了，但格维迪恩继续追赶，把她变成了一只猫头鹰。他告诉她，她再也无法见到白天，并将永远孤独一人。她的名字将永远是布罗代韦德，在现代威尔士语中，它的意思是"猫头鹰"。■

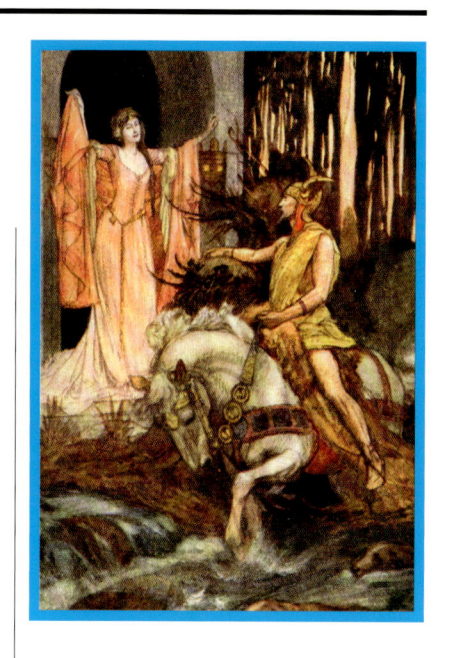

猫头鹰

夜行动物猫头鹰在许多文化中被视为神圣的。因为它能在黑暗中看清事物，所以它是智慧的象征。此外，它还象征着死亡和灵性的更新。

在古威尔士神话中，这种鸟有黑暗和不祥的意义。格维迪恩把布罗代韦德变成一只猫头鹰，因为她密谋杀死她的丈夫。格维迪恩认为她不该再见天日。他知道，如果她在白天出现，其他害怕猫头鹰的鸟类就会攻击她。爱尔兰神话中也有猫头鹰。女英雄、黑暗女神艾克塔克是一只幽灵般的猫头鹰，在隆冬时节的黄昏可以听到她的尖叫声。据说，她经常出没于她那吃人的姐妹埃希特格丝居住的地区。

在艺术作品中，古希腊智慧与战争女神雅典娜旁边常常有一只小猫头鹰，这被认为是一个好兆头。古罗马智慧与艺术女神密涅瓦的画像中，也有一只猫头鹰栖息在她的右手上。

上图为古希腊硬币的背面。这只猫头鹰代表了女神雅典娜，她的头像在另一面。

谁拔出这把剑，谁就是英格兰的天生王者

亚瑟王传奇

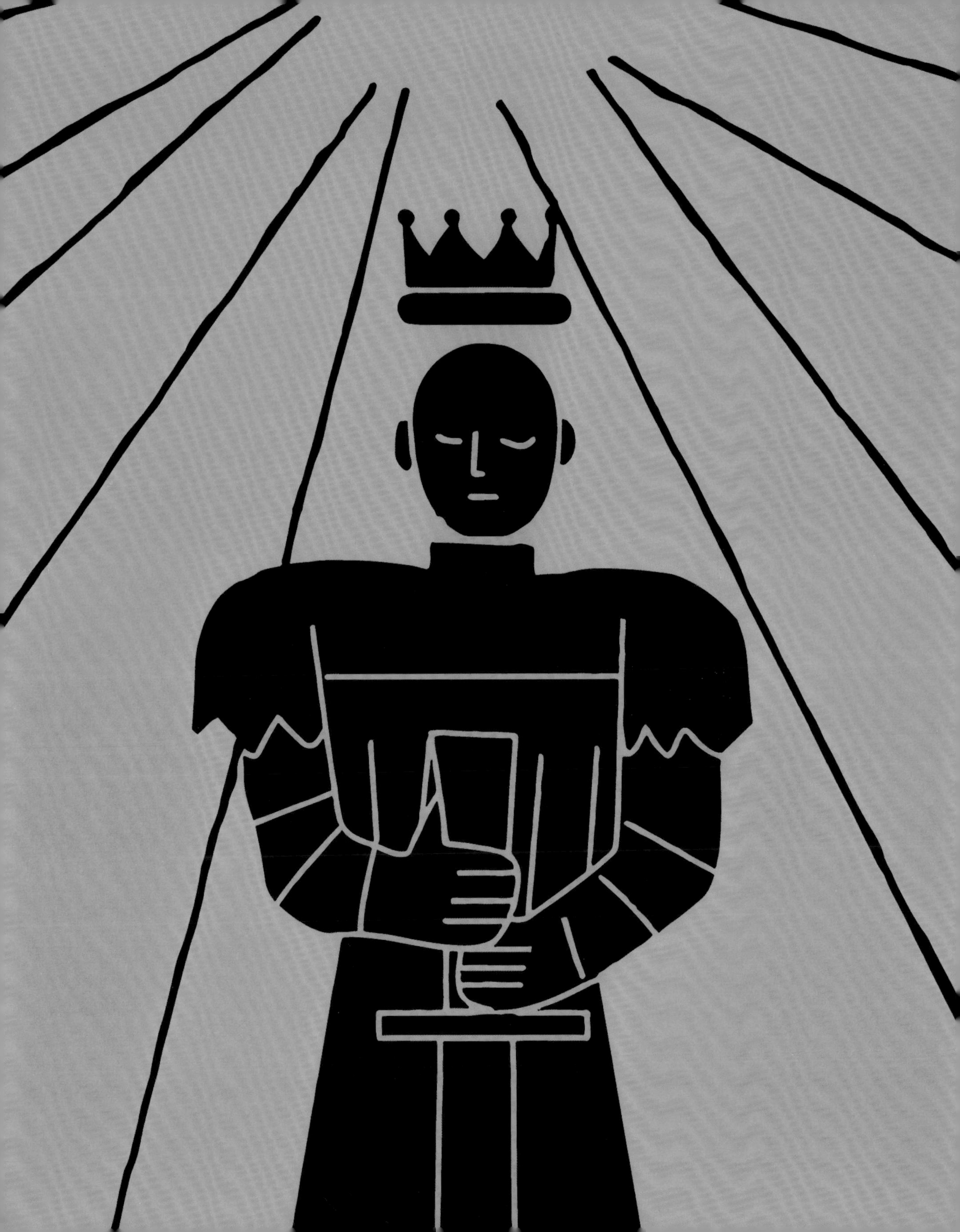

简介

聚焦
王权与英雄的追求

来源
《亚瑟王之死》，托马斯·马洛礼爵士，1485年

背景
5世纪末至6世纪初的英国西南部

主要人物

亚瑟 不列颠之王，伟大的勇士，拥有一群忠诚的骑士。他因拔出石中的剑证明了自己，从而当上了国王

梅林 女魔法师，后来为亚瑟王提供建议

莫德雷德 亚瑟与同母异父的妹妹所生的私生子。莫德雷德篡夺了王位，后来杀了他的父亲

桂妮维亚 亚瑟的妻子，与兰斯洛特骑士有染

兰斯洛特 圆桌骑士，爱上了桂妮维亚

> 亚瑟自己就是指挥官。
> 《不列颠史》

亚瑟王在古罗马军队撤离后的混乱时期统治着不列颠，他在野史中被塑造成一个军阀。约828年，威尔士信奉基督教的僧侣南尼厄斯写成了《不列颠史》，他是第一个提到亚瑟王的人。在书中，亚瑟王被描写成十二场战役的胜利领袖，在最后的巴顿山战役（约公元前490）中，他打败了入侵的盎格鲁人、朱特人和撒克逊人。蒙茅斯的神职人员杰弗里在《不列颠诸王史》（1136）中描写了聪明的勇士亚瑟王，他征服了丹麦、冰岛、挪威、高卢等地。

亚瑟王传奇在12世纪迅速流行起来，这要归功于英格兰王后阿基坦的埃莉诺。她很喜欢富有浪漫色彩的骑士故事，常把吟游诗人请到宫廷中为她讲述亚瑟王的故事。托马斯·马洛礼是讲述亚瑟王传奇最著名的人物之一，他在伦敦纽盖特监狱里写出了这个故事。马洛礼1485年的作品《亚瑟王之死》建立廷塔哲城堡的遗址如今仍在。这座城堡建于13世纪，但考古发现表明，在亚瑟王时代，那里有一座雄伟的堡垒。

在《头韵体亚瑟王之死》（约1400年的一首中古英语诗歌）、亚瑟王传奇拉丁文通俗本系列（13世纪法兰西传奇系列）和诗人克雷蒂安·德·特罗亚的作品之上。

命定的孕育

1485年，印刷商威廉·卡克斯顿将《亚瑟王之死》分成了二十一卷本。第一卷讲的是促使亚瑟成为不列颠国王的事。命运决定了亚瑟的一生，甚至包括他的孕育。他的出生离不开女魔法师梅林的黑魔法。亚瑟的父亲尤瑟王迷上了康沃尔公爵哥罗亚斯的妻子伊格莱因。为了躲避尤瑟王的追求，伊格莱因藏到了康沃尔的廷塔哲城堡里。梅林和尤瑟王达成协议，梅林可以把

参见： 赫拉克勒斯十二功绩 72~75页，古罗马的建立者埃涅阿斯 96~101页，《卡勒瓦拉》160~163页，《夺牛长征记》166~167页。

尤瑟王变成哥罗亚斯的样子，送进伊格莱因的房间，前提是尤瑟王同意将他俩结合生出的孩子交给梅林抚养。根据马洛礼的记述，亚瑟是在哥罗亚斯阵亡三小时后怀上的。后来，寡居的伊格莱因嫁给了尤瑟王，这意味着亚瑟后来可以宣称自己是合法出生的。

尤瑟王履行诺言，把孩子交给了梅林。梅林把亚瑟带走，交给了艾克托爵士抚养。艾克托是一个正义忠诚的骑士，有一个和亚瑟差不多大的儿子，名叫"凯"。亚瑟从小就不知道自己的出身，这也导致了他后来的失败。亚瑟觊觎国王洛特的妻子莫格斯，并最终与之同床。莫格斯是伊格莱因和哥罗亚斯的女儿。在这件事上，亚瑟不仅犯下了通奸的罪行，也在不知情的情况下犯了乱伦罪。他俩的结合给了亚瑟一个私生子——莫德雷德，梅林预言这个孩子会毁灭亚瑟和他所有的骑士。

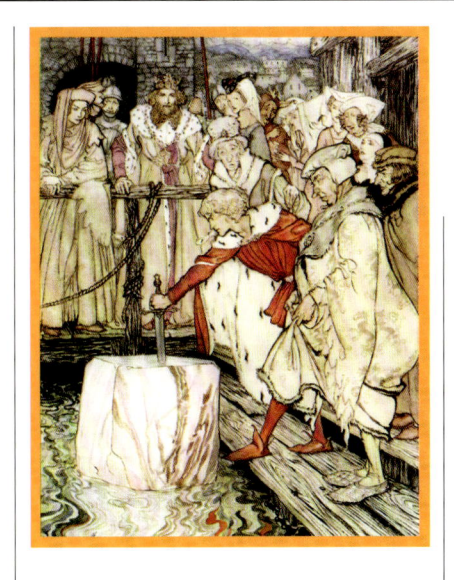

石中剑

尽管亚瑟是尤瑟王的儿子，但他并不是通过简单继承王位而成为国王的。相反，亚瑟必须证明自己的价值。根据马洛礼的记述，在尤瑟王死后的一天，伦敦一处教堂墓地里出现了一块四平方英尺的石头，石头中间有一个铁砧，铁砧上

勇敢的加拉哈德是圣杯三骑士之一，他在国王和大臣的面前从一块石头上拔出"王者之剑"来证明自己的价值，就像亚瑟当年所做的那样。

插着一把上好的剑，剑刃上镌刻着金字："谁拔出这把剑，谁就是英格兰的天生王者。"这把剑注定要被真正的国王拔出。

坎特伯雷大主教号召举行一场比赛，以找到真正的国王。然而，即使最强壮的人也不能把剑从铁砧中拔出。许多骑士，包括艾克托的儿子凯，都去了伦敦，希望证明自身的价值。然而，当凯到达时，他发现自己的宝剑不见了，于是他派亚瑟再去取一把。亚瑟看到石头中的剑，并不知道剑的意义，结果轻轻松松就把剑拔了出来。在几次证明自己可以拔出宝剑后，亚瑟被誉为不列颠的合法国王。

在有关亚瑟的传奇故事中，有名的并非只有石中剑。"王者

托马斯·马洛礼

《亚瑟王之死》的作者托马斯·马洛礼出生于1416年，他是英格兰沃里克郡纽伯德庄园约翰·马洛礼爵士的儿子。托马斯·马洛礼出身于乡绅家庭，于1434年继承了家族的头衔和财产。他受过良好的教育，但到1451年，他因一系列惊人的暴力罪行，包括抢劫、勒索和强奸，被判入狱。他很有可能是利用在监狱里的十年时间写下这部作品的。《亚瑟王之死》有时被称为第一部英国小说。马洛礼于1469年完成《亚瑟王之死》的写作，1485年，该小说由威廉·卡克斯顿印刷出版。

托马斯·马洛礼的身份一直是人们争论的话题。虽然大多数人认为《亚瑟王之死》的作者是来自沃里克郡的马洛礼，但由于关于马洛礼本人的信息很有限，一些19世纪的学者认为他实际上是一位威尔士诗人。

> " 他必成王，战胜一切仇敌。他将长长久久地做全英格兰的国王，受威尔士、爱尔兰和苏格兰人民的爱戴。
>
> 《亚瑟王之死》

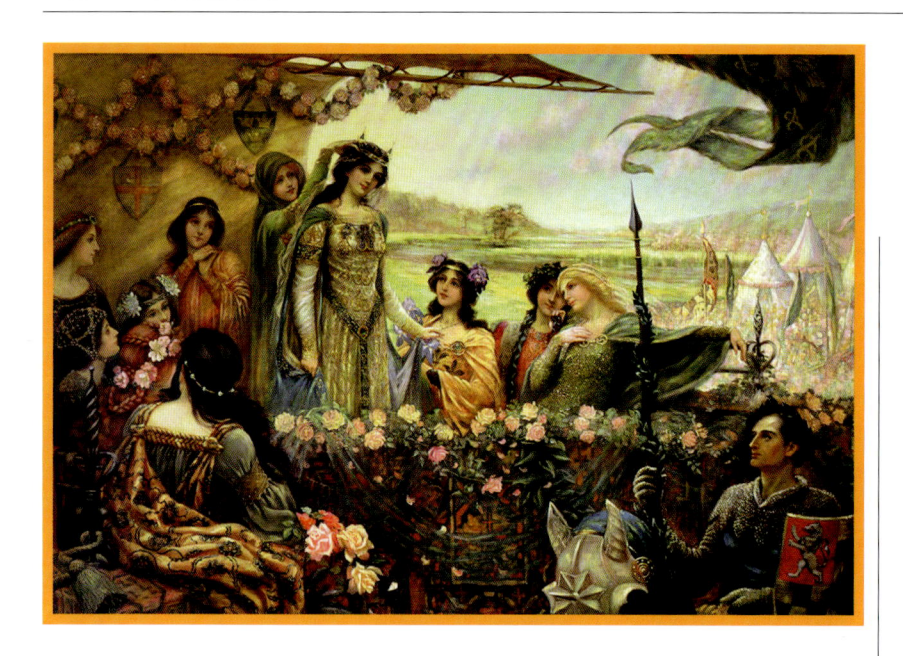

《兰斯洛特和桂妮维亚》（约1890）是赫伯特·詹姆斯·德雷珀的作品。亚瑟王死后，桂妮维亚成为一名修女。她认为是自己和兰斯洛特的私情导致了圆桌骑士的毁灭。

之剑"出现在许多亚瑟王传奇故事中，有人认为这就是他从铁砧中拔出的那把剑。但在马洛礼的记述中，亚瑟王是从"湖中仙女"那里得到这把剑的。亚瑟在湖的中央看到神剑和剑鞘被一只空灵的手举起，他答应给湖中仙女一份未来的礼物以交换那把剑。

寻找圣杯

马洛礼在书的第十三卷到第十七卷中描述了亚瑟王和他的骑士们对圣杯的追寻。这个故事在中世纪的法国文学作品，如亚瑟王传奇拉丁文通俗本系列中非常流行。马洛礼参考了这本书中寻找圣杯的故事。根据这则故事，圣杯在基督教五旬节出现在圆桌上，五旬节是庆祝耶稣的门徒被赋予圣灵的节日。圣杯为圆桌上的人带来了美酒佳肴，之后便消失了。之后，亚瑟王和他的骑士们开始了寻找圣杯之旅。

悲情浪漫

圆桌是国王列奥德格兰斯送给亚瑟王的结婚礼物，亚瑟王娶了国王的女儿桂妮维亚为妻。这张桌子是亚瑟王传奇故事中的关键元素。在五旬节期间，亚瑟王在卡梅洛特（他的城堡和宫廷）中召集他所选的骑士，并授予他们圆桌席位，以换取他们的忠诚。每一个骑士都发誓决不为了爱情或世俗利益而在错误的争吵中拿起武器。

尽管如此，《亚瑟王之死》的很多章节中有为爱情争吵的故事，这些故事常常以悲剧告终。特里斯坦爵士就是这样的，他喜欢美丽的伊索尔德，却最终被她的丈夫——一位国王——杀死。在亚瑟王传奇故事中，最著名的爱情故事发生在亚瑟王的妻子桂妮维亚和他最好的骑士兰斯洛特之间。两人之间产生了私情，但他们太过轻率，很多人计划向国王揭发他们的丑事，其中也包括亚瑟王的私生子莫

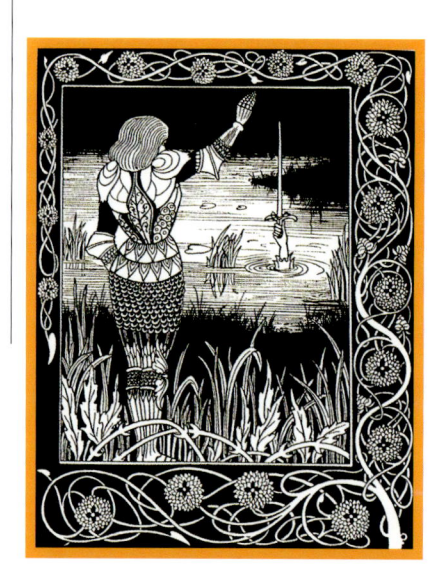

> 梅林暗中警告国王说，娶桂妮维亚为妻没有好处，因为兰斯洛特会爱上她，她也会爱上兰斯洛特。
>
> 《亚瑟王之死》

"王者之剑"被贝德维尔归还给"湖之仙女"。在马洛礼的故事中，有两个女人拥有这个头衔：把剑举起的少女和阿瓦隆岛的统治者尼缪。

德雷德。事情败露后，国王被迫向兰斯洛特宣战，并追击他到法国，圆桌骑士因此分裂。然而，当亚瑟王在法国作战时，莫德雷德篡夺了他的王位，这一背叛行为促使亚瑟王和他的骑士们重新团结起来。

亚瑟之死

正如书名所示，《亚瑟王之死》以亚瑟王命殒告终。亚瑟王和莫德雷德在卡姆兰战役中均让对方受了致命伤。当亚瑟王奄奄一息躺卧在地时，他命令贝德维尔爵士把神剑扔进湖里。贝德维尔爵士照做了，之后"湖中仙女"抬起手臂，挥剑三次，然后消失了。贝德维尔爵士把亚瑟王带到湖边，在那里，他们遇到了戴着黑色兜帽的女人，她们用小船把亚瑟王带走了。马洛礼留下了一个悬念，那就是"永恒之王"有一天是否会归来。■

圆桌十二骑士在中世纪的传说中都被命名。不同的资料显示，圆桌骑士的总人数从12人到250人不等。

圣杯

据说，圣杯就是耶稣在最后的晚餐上使用的酒杯，他受难时也是用这个杯子接伤口流出的血的。根据马洛礼的说法，圣杯被亚利马太的约瑟带到了不列颠。圣杯最初在亚瑟王的骑士面前出现时，盖着一块精美的白布，同时伴随着雷电。

马洛礼强调，寻找圣杯是灵与肉之旅——需要精神努力来克服罪恶。虽然兰斯洛特是一个无人能敌的骑士，但他与桂妮维亚的私情成为他的瑕疵，使他无法真正了解圣杯。

在早期的故事中，圣杯并没有被明确地称为"圣物"，但它与基督教有关。克雷蒂安·德·特罗耶将它描述为一个装饰精美的碗，里面装着一块天主教弥撒用的圣饼。有些学者认为，"圣杯"的概念可以追溯到凯尔特神话中的神秘之釜。

圣杯被放置在圆桌中央。在不同文本中，圣杯被想象成酒杯、碗或石头。

ASIA

亚洲

约公元前2100—公元前1800年	公元前539年	公元前440年	公元前221—公元前206年
记录《吉尔伽美什史诗》的泥板在古代美索不达米亚制成。	巴比伦的陷落标志着巴比伦人和阿卡德人在亚述的统治结束。	古希腊作家希罗多德在《历史》中描绘了波斯和其他文化的古老传统。	在中国，秦朝统一了汉字的书写形式。

约公元前1595—公元前1157年	约公元前450年	约公元前400年	约公元前140年
巴比伦史诗《天之高兮》描述了原始神灵创造宇宙的情景。	传说由圣人蚁垤所作的印度教史诗《罗摩衍那》阐述了人类的责任。	古印度史诗《摩诃婆罗多》中现存最古老的部分被记录下来。	淮南王刘安在《淮南子》的一系列文章中讨论了神话和理想的社会秩序。

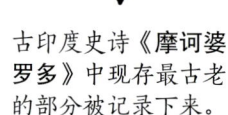

大约公元前4000年，美索不达米亚南部的苏美尔出现了第一批大型城市。不久之后，该地区的人们发明了楔形文字，以前口口相传的神话，如生育女神伊南娜的神话，因此得以被记载下来。苏美尔是《吉尔伽美什史诗》的发源地，这部史诗是现存最古老的文学作品之一，可追溯到公元前2100年。在对古城尼尼微的考古研究中，人们在亚述巴尼拔图书馆（以公元前7世纪的国王的名字命名）发现了泥板，《吉尔伽美什史诗》便记录在其上。16世纪的巴比伦创世神话《天之高兮》也出土于此地。

波斯是在中东地区出现的另一个文明。波斯第一帝国在公元前550年至约公元前330年间蓬勃发展。波斯神话围绕善与恶展开，这一观念在公元前650年至公元前600年的波斯帝国国教琐罗亚斯德教中也很明显。

来自主要信仰的神话

大约公元前1900年在印度次大陆发展起来的印度教信仰，为古印度神话提供了很多框架。最初，这些神话是口口相传的，其中包括古印度最伟大的两部描述众神生活的史诗《罗摩衍那》和《摩诃婆罗多》。然而，印度教并不是影响古印度和整个亚洲神话体系的唯一信仰。公元前6世纪前后，乔达摩·悉达多出生于今天尼泊尔的所在地，他成佛后收获了许多信徒，他的教义也从古印度传播到了整个大陆，影响了日本、中国和韩国等国家的神话。从公元前1世纪开始，亚洲的这些地区逐渐将故事记录下来。神话是用梵语记录的，梵语也成为印度教、佛教和其他起源于该地区的宗教信仰的主要书面语言。

书面记录

中国最早的朝代出现在公元前2200年左右。几百年来，中国统治者的政治影响力从他们的权力中心延伸至亚洲各地。在公元前第二个千年，汉字得到发展，中国古代学者得以将神话传说记录下来，如《山海经》和后来徐整的《三五历纪》。日本的编年史《古事记》和朝鲜的《三国遗事》都是用汉字写

亚洲 181

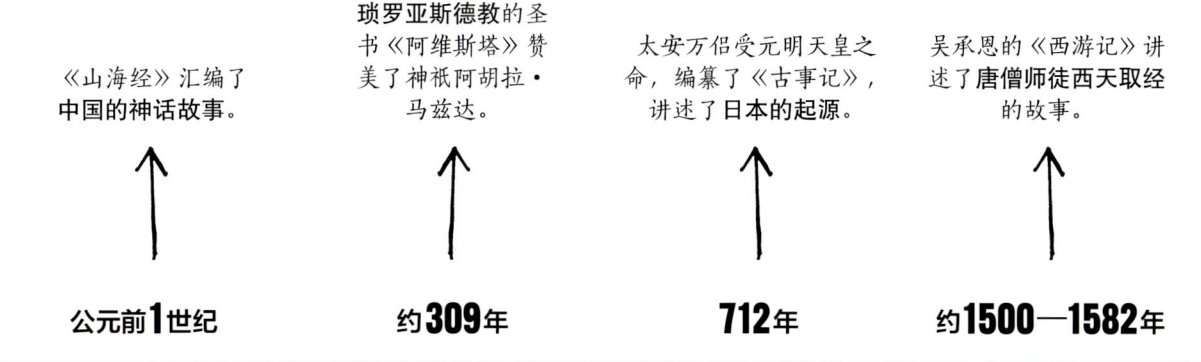

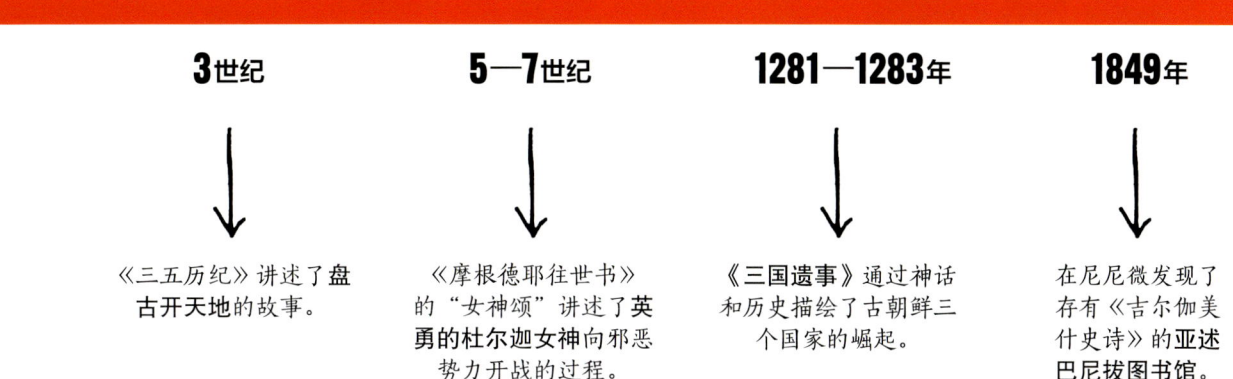

《山海经》汇编了中国的神话故事。

↑

公元前1世纪

琐罗亚斯德教的圣书《阿维斯塔》赞美了神祇阿胡拉·马兹达。

↑

约309年

太安万侣受元明天皇之命，编纂了《古事记》，讲述了日本的起源。

↑

712年

吴承恩的《西游记》讲述了唐僧师徒西天取经的故事。

↑

约1500—1582年

3世纪

↓

《三五历纪》讲述了盘古开天地的故事。

5—7世纪

↓

《摩根德耶往世书》的"女神颂"讲述了英勇的杜尔迦女神向邪恶势力开战的过程。

1281—1283年

↓

《三国遗事》通过神话和历史描绘了古朝鲜三个国家的崛起。

1849年

↓

在尼尼微发现了存有《吉尔伽美什史诗》的亚述巴尼拔图书馆。

成的。

在亚洲的一些地区，神话直到20世纪才在西方探险家的鼓动下被记录下来。例如，菲律宾的伊富高人在1000多年的时间里以口头方式讲述神话，创造了许多不同的版本，人类学家直到20世纪40年代才开始记录这些故事。

秩序与混乱

亚洲神话的一个主题是追求平衡，无论是在天上还是在地上。巴比伦神灵马尔杜克击败了混乱的邪恶力量，命名了宇宙万物，从而建立了秩序。这种对平衡的追求出现在很多故事中，如盘古开天地的故事。盘古从蛋中出生，为无形的宇宙带来了秩序，确保了阴阳之间的平衡——卵生这一主题也出现在了朝鲜的朱蒙神话中。达摩存在于宇宙和世界的平衡中，这一观念是印度教神祇罗摩故事中的一个重要主题。日本神话中天照大神和须佐之男之间的竞争也体现了这种无序与和谐之间的冲突。

琐罗亚斯德教的神话建立在宇宙二元论的基础之上。善良之神阿胡拉·马兹达创造了一个纯净的世界，而邪恶之神阿里曼则用衰老、疾病和死亡来攻击这个世界。阿里曼和阿胡拉·马兹达是一对双胞胎，这两位神完全对立，一个是创造者，另一个是破坏者。

神祇与建国者

在世界各地的许多神话体系中，神灵具有多种身份或形式是十分常见的，在亚洲尤其如此。毗湿奴是印度教的主神，也是三相神中的维护之神。他有多个化身，肩负恢复世界秩序的重任。传说中的建国者是亚洲神话另一个常见的主题。在有些神话中，神创造了整个国家，如日本的伊邪那岐和伊邪那美。而在有些神话中，创建国家的是具有传奇色彩的人，如朝鲜第一个王朝的建立者檀君。■

天之女王决心
前往冥界

伊南娜下冥界

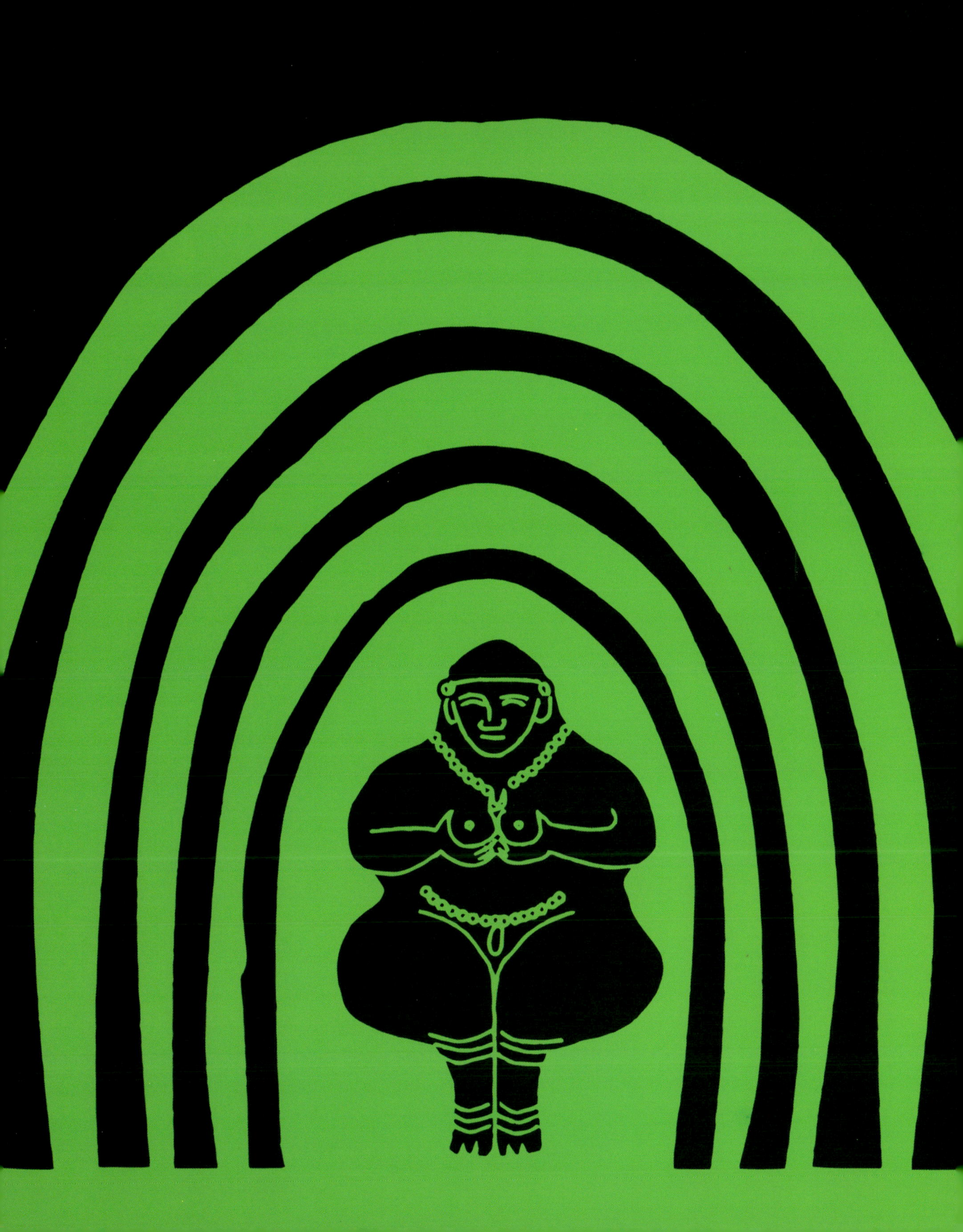

简介

聚焦
多产和四季

来源
《伊南娜下冥界》，佚名，公元前3500—公元前1900年
《伊南娜的赞美诗》，恩西杜安娜，公元前2285和公元前2250年
《伊什塔尔下冥界》，佚名，公元前700年
《天地女王伊南娜的故事和苏美尔的赞美诗》，戴安·沃克斯坦和塞缪尔·诺亚·克莱默，1983年

背景
冥界

主要人物
伊南娜 丰收与战争之神，天之女王

埃列什基伽勒 冥界女王，伊南娜的姐姐

吉尔伽美什 半神

安努 天神，伊南娜的父亲

古伽兰那 大天牛，埃列什基伽勒的第一任丈夫

尼苏伯 伊南娜的侍女

恩尼尔 众神之主

南纳 月神

恩基 水神

杜姆兹 伊南娜的丈夫，牧者之神和丰收之神，后来成为巴比伦神塔姆兹

葛丝堤安娜 杜姆兹的妹妹，取代了杜姆兹的位置

美索不达米亚文明本质上是城市化文明，人们居住在有城墙的城市里，但是同时，他们也重视土地的问题。人们在城内或城外有自己的土地。如果他们有牲畜，他们会把这些牲畜带到城外放牧，到了晚上再把它们赶回城里。

在这样一个社会中，人、动物和土地的多产都具有重大的文化意义。人们在自己家里设有祭祀丰收之神的神龛，有时会用神像装饰他们的房子。许多神话，包括《伊南娜下冥界》，都表现了季节和生产周期。

复仇和死亡

伊南娜是美索不达米亚的一位伟大的神，掌管着现实生活中的重要元素，即丰收、生产、纵欲、情爱，还有战争。公元前4000年的文献中首次提到了这位女神，当时她是苏美尔重要城市乌鲁克的守护神。伊南娜是一些古老神话的主题。苏美尔赞美诗《伊南娜下冥界》也以她为题，讲述了这位天之女王去拜访她那丧偶的姐姐、冥界女王埃列什基伽勒的故事。

伊南娜希望参加姐夫的葬礼，因为她知道是自己的行为导致了他的死亡。伊南娜曾向半神吉尔伽美什求婚，但遭到拒绝和嘲弄。她请求父亲、天神安努派大天牛——埃列什基伽勒的丈夫古伽兰那——向吉尔伽美什复仇。人们可以在夜空中看见古伽兰那——古罗马人称其为"金牛座"。大天牛拥有消耗庄稼、使河流干涸、引发大地震的力量。

安努同意派出大天牛，但拥有超人力量的吉尔伽美什杀死并肢解了大天牛。伊南娜对古伽兰那的死负有不可推卸的责任，所以她想陪姐姐一起在冥界哀悼。然而，有

大天牛被杀在《吉尔伽美什史诗》中也有记载。这幅画来自唐纳德·A.麦肯齐的《巴比伦和亚述神话》（1915）。

亚洲 **185**

参见：诱拐珀耳塞福涅 50~51页，狄俄尼索斯崇拜 52页，奥西里斯和冥界 276~283页。

《伊南娜的赞美诗》

《伊南娜的赞美诗》是公元前3000年美索不达米亚乌尔市的高级女祭司恩西杜安娜所写的。她是阿卡德帝国第一任国王萨尔贡的女儿，大概也是世界上第一位我们知道姓名的作家。在《伊南娜的赞美诗》中，女祭司写道，这位天之女王比最厉害的神还强大——她拥有公牛般的力量，极具毁灭性，还把敌人的武器浸泡在鲜血里。在赞美诗中，伊南娜的呐喊震撼大地，众神匍匐在她的脚下。"她的愤怒仿佛具有毁灭性力量的洪水一般，无人能够承受……她贬低那些她鄙视的人。"

恩西杜安娜是一位多产作家，她创作了一系列庙宇赞美诗和几十首不同主题的诗。她在政治上也颇具影响力，至少经历过一次叛乱，但后来重新掌权。

伊南娜经常被描绘成站在两个动物身上，长着翅膀的模样，就像这个公元前2世纪的陶瓦浮雕里刻画的那样。她还戴着圆锥形的王冠。

些人对这个故事有其他解读，说伊南娜想要征服姐姐的王国，以便将自己的力量延伸到冥界。

不受欢迎的客人

对于美索不达米亚平原上的人来说，冥界与真实世界没什么不同，只不过那里是黑暗无光的，人们赤身裸体，面包和啤酒也不新鲜。这个名叫"库尔"的地方既不好也不坏，而是存在于天地之间，死去的人也被困在这两者之间。

伊南娜知道此番前往冥界可能有去无回。为了保护自己，她加持七种神力——以她戴着和拿着的物品为象征。伊南娜戴着头巾，脖子上挂着青金珠项链，胸前挂着双卵形状的珠子，身穿漂亮的帕拉裙子，还佩戴着名为"来吧，人，来吧"的胸饰，手上戴着金戒指。作为天之女王，她还握着用来测量疆界的青金石手杖和带子。

伊南娜精致的长袍、迷人的饰物和让她极具诱惑力的睫毛膏象征着性感、美丽和丰饶。青金石手杖和带子是她权威的象征，是从美索不达米亚的众神之主恩尼尔那里获得的。恩尼尔制定了建立文明社会基础的法令。在前往冥界之前，伊南娜告诉她的侍女尼苏伯，如果她没回来，就去寻求其他神的帮助。

当伊南娜到达冥界的入口处

> " 当她走进第七道门的时候，她脱下了穿着的帕拉裙。
>
> 《伊南娜下冥界》

时，守门人赶忙告诉埃列什基伽勒。埃列什基伽勒让守门人立即锁上七道门，以阻止伊南娜进来。每通过一道门，伊南娜就得舍弃她的一部分神力。她被迫摘下她的头巾和饰物，扔掉青金石手杖和带子。在过最后一道门时，她不得不脱下衣服，于是她像其他人一样赤身裸体。

在阿卡德版本的故事中，伊南娜下冥界时，发生了另一件事：人间失去了繁殖能力——动物和人类都丧失了繁殖能力，土地一片贫瘠。如果世界陷入混乱，天界也逃脱不了。美索不达米亚宗教创造了天地必须共存的层级和结构。

伊南娜的宿命

伊南娜来到埃列什基伽勒的

伊夫林·保罗在《母亲女神伊什塔尔》（1916）中，描绘了伊南娜在进入冥界前身着华丽服饰的模样。伊什塔尔是伊南娜在巴比伦神话中的名字，与伊南娜实为同一个女神。

约公元前5300—公元前2335年：关于**伊南娜**的最早记载来自**古城乌鲁克**的花瓶。

约公元前3500—公元前1900年：一首叫作《伊南娜下冥界》的415行诗作在苏美尔写就。

约公元前2334—公元前2218年：伊南娜的流行影响了对阿卡德女神伊什塔尔的崇拜，这两个神合二为一。

约公元前2285—公元前2250年：在苏美尔成为阿卡德帝国的一部分之后，女祭司恩西杜安娜描写了伊南娜。

约公元前1300—公元前1000年：伊南娜在《吉尔伽美什史诗》的一个片段"吉尔伽美什、恩奇都和冥界"中出现。

约公元前700年：一首叫作《伊什塔尔下冥界》的145行诗写成于阿卡德。

宝座前，坐在了姐姐的位置上。冥界七判官阿努纳出现了，他们给了女神一个"死亡的眼色"，并对她大声喊叫，宣布她犯了傲慢之罪。伊南娜被变成一具腐烂的尸体，并被挂在钩子上。

重复使用数字"七"是有意为之，因为这个数字表示结束。七种神力、冥界的七道门和七判官象征着神所规定的自然的基本要素，并且可能涉及生命、死亡和神圣法则。

以灵魂换灵魂

在苏美尔版本的叙述中，伊南娜的忠实侍女尼苏伯到众神那里寻求帮助，请他们解救伊南娜。众神之主恩尼尔和月神南纳不愿意帮助她，只有最具智慧的水神恩基同意帮忙。他创造了"嘉拉图拉"和"库雅拉"，他们可以像幽灵一样溜进冥界。

到了那里，他们背诵恩基教给他们的仪式词，拒绝了河水和田地的馈赠，以换取伊南娜。他们说道："把挂在钩子上的尸体给我们。""嘉拉图拉"将一种赋予生命的植物撒在她身上，"库雅拉"则为她洒上生命之水，就这样，伊南娜复活了。

就在伊南娜离开冥界时，阿努纳又出现了，并且说："如果伊南娜想离开冥界，她就得给自己找一个替死鬼。"女神也不能逍遥法外，冥界要求以灵魂换灵魂。

回到人间，伊南娜被一群魔鬼纠缠，他们急于抓一个人来代替她。伊南娜见到了家人和忠实的仆人，包括尼苏伯，但是，她不想让这些人去做替死鬼。于是，她让魔鬼跟随她到平原上的一棵大苹果树下。

对杜姆兹的惩罚

坐在苹果树下的是伊南娜的

亚洲 **187**

> "她没有回来,去了冥界的她被留在了那里。"
> 《天地女王伊南娜的故事和苏美尔的赞美诗》

丈夫杜姆兹,他原本是一位凡人国王,但已被神化,成为丰收和牧者之神。杜姆兹"穿着华丽的衣服,神气地坐在宝座上"。伊南娜十分生气,因为丈夫没有为她哀悼。于是,伊南娜把他交给了魔鬼。杜姆兹向他的妹夫、太阳神乌图祈求,希望能把他变成蛇,但尽管如此,他还是被带到了冥界。

然而,伊南娜十分想念她的丈夫,为他哭泣。他的妹妹葛丝堤安娜同意每半年代替他待在冥界,这样杜姆兹就可以在春天时回到伊南娜的身边,土地也会在此时变得肥沃。收割庄稼后,杜姆兹再次返回冥界,在那里度过贫瘠的冬天,四季便因此产生。

人与死亡

伊南娜的故事不仅解释了季节的循环,而且解释了生而为人的意义和生活的规律。在人间,人是神的子女;死后,他们成为埃列什基伽勒的孩子。这决定了他们如何生活。他们认为,有衣穿、有饭吃、与所爱之人在一起是很幸福的。■

圆筒印章为美索不达米亚的生活和传说提供了重要的图像证据。这个印章来自公元前2250年,描绘了水神恩基身上流过生命之水的场景。

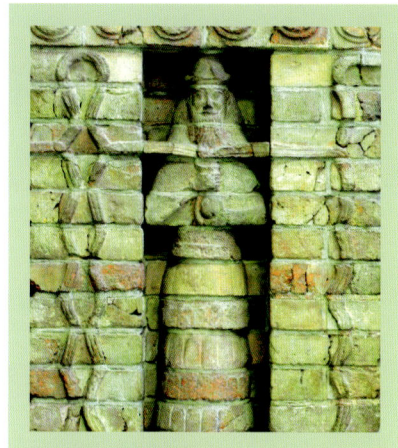

伊南娜的祭司

伊南娜的祭司通常被认为既非男性也非女性,他们的作用是促进土地的肥沃。他们在主要的崇拜中心乌鲁克的伊南娜神庙里侍奉女神,也在美索不达米亚许多其他神龛和庙宇中侍奉女神。

作为丰收之神,伊南娜有时被描述为既是男性又是女性,据说她能把男人变成女人,把女人变成男人。不符合美索不达米亚性别规范的人,经常成为伊南娜的祭司。性别模糊也使伊南娜成为一个容易接近的神,因为男人和女人都能与她产生共鸣。

在一个被称为"神圣婚姻"的仪式中,为了确保国家繁荣,国王将扮演杜姆兹的角色。

统帅众神，先毁灭再创造

马尔杜克与提亚马特

简介

聚焦
秩序战胜混乱

来源
《天之高兮》，佚名，公元前17—公元前11世纪
《缪斯之前：阿卡德文学选集》，本·福斯特，1993年

背景
天堂和巴比伦

主要人物

阿普苏 众神之父

提亚马特 众神之母，海之女神

钦古 提亚马特的战士丈夫

埃阿 达姆金娜的丈夫，马尔杜克的父亲

马尔杜克 巴比伦宗教主神，达姆金娜和埃阿之子

《天之高兮》来自1849年从伊拉克尼尼微国王亚述巴尼拔的图书馆里收集的七块泥板。这些泥板揭示了巴比伦的创世神话。然而，它们的主要目的是描述马尔杜克升为巴比伦主神的过程，加强国王作为神在人间的代表的力量。"天之高兮"来自石板上的第一句话，宣告了空间位置，表达了神高于一切存在的信仰。书中经常提醒我们，天地万物都"没有名字"。对巴比伦人来说，除非神命名，否则世界上没有任何东西可以自己存在。

众神之家

根据《天之高兮》中的说法，世界伊始除了淡水和海水，什么也没有。淡水是男神阿普苏，海水是女神提亚马特。当两种水交织在一起时，第一代神就被孕育了出来。由于众神喋喋不休，因此阿普苏决定杀死他和提亚马特创造的这些神。

最聪明的神埃阿发现了父亲的阴谋，于是先发制人，杀死了阿普苏，并在他身上建了一座水庙。当提亚马特发现阿普苏被杀时，她制造出了可怕的怪物和恶魔，并发誓要毁灭每一个神。她创造了一个

马尔杜克杀死了变身为龙的海之女神提亚马特。这幅插画由伊夫林·保罗所画，选自刘易斯·斯彭斯的《巴比伦和亚述的神话传说》（1916）。

亚洲 189

参见：众神与泰坦之战 32~33页，《吉尔伽美什史诗》190~197页，阿胡拉·马兹达和阿里曼 198~199页。

> "如果我真的征服提亚马特，拯救你的生命，你就要召集议会，提名我为至高无上的天神。"
>
> 《缪斯之前：阿卡德文学选集》

名叫"钦古"的战士，使他成为自己的丈夫，并给了他命运泥板，这些泥板可以决定所有生物的命运。由于害怕母亲的力量，众神需要有人打败提亚马特。埃阿和他的妻子达姆金娜有一个儿子，名叫"马尔杜克"，他拥有比他的父母更强大的力量和更多的智慧。据说，他还有一种神圣的光辉。

新的领袖

马尔杜克说服其他神，如果他们给他权力并使他成为众神之王，他就可以击败提亚马特。经过多次辩论，他们达成一致意见。马尔杜克攻击了提亚马特，用布下的网抓到她，并杀了她。马尔杜克把她的身体撕成两半，一半化作天，另一半化作地。马尔杜克还用她的眼睛创造了底格里斯河和幼发拉底河，因此古希腊人所说的"美索不达米亚"意为"两河流域"。打败了提亚马特后，马尔杜克攻击并摧毁了她的战士丈夫钦古，然后用他的血创造了人类。众神对他的这一行为感到困惑，但马尔杜克解释说人类可以成为有用的仆人。然后，他创造了巴比伦，这里是众神的人间家园和他们从天上来到地上的通道。巴比伦的意思是"神之门"。

这个神话故事最初强调所有事物都是无名的，与之形成鲜明对比的是，故事的结尾宣告马尔杜克为众神之王，并宣布他所有的五十个名字，其中许多与给他力量的神有关。这个神话的重要主题是马尔杜克的至高权力，这意味着它可以追溯到公元前17世纪（当时，巴比伦是美索不达米亚的首都），或者更晚的时期（那时，城市正在重建并试图重新确立其地位）。《天之高兮》记录的文字说明了巴比伦人将创世视为众神战胜混乱的胜利。■

阿基图节

巴比伦会在每年的三月或四月庆祝阿基图节。"阿基图"这个词的意思是"大麦"，这种作物在春天收获。在这个为期十二天的节日里，人们会吟唱《天之高兮》。巴比伦主神马尔杜克的雕像会被拉着在街上游行，然后被带到城外向北的一个"房子"里。这意味着混乱占据首要地位。为了重新建立秩序，马尔杜克的雕像会再次被拉着游行，并被送回他在巴比伦市中心的埃萨吉拉神庙的王位上。国王会去庙里迎接马尔杜克，跪在他的雕像前。大祭司会在国王的脸上打一拳，力量大到足以使国王流泪——这是国王谦卑的标志，提醒他马尔杜克的权威在他之上，国王要服从于神。

巴比伦的每个人都会参加这一庆典。在这一过程中，人们聚集在一起，重新肯定自己的信仰。阿基图节可以追溯到公元前2000年甚至更早，并一直延续至公历纪元。据说，罗马帝国皇帝埃拉伽巴路斯（公元前218—公元前222年在位）将这个节日引入了意大利。

马尔杜克-巴拉苏-伊克比是为数不多和神拥有相同名字的一位巴比伦国王。上图是公元前9世纪其长子献给他的石碑，上面雕刻着国王的执剑者阿达-埃蒂尔。

谁能与他的
王者地位相媲美?

《吉尔伽美什史诗》

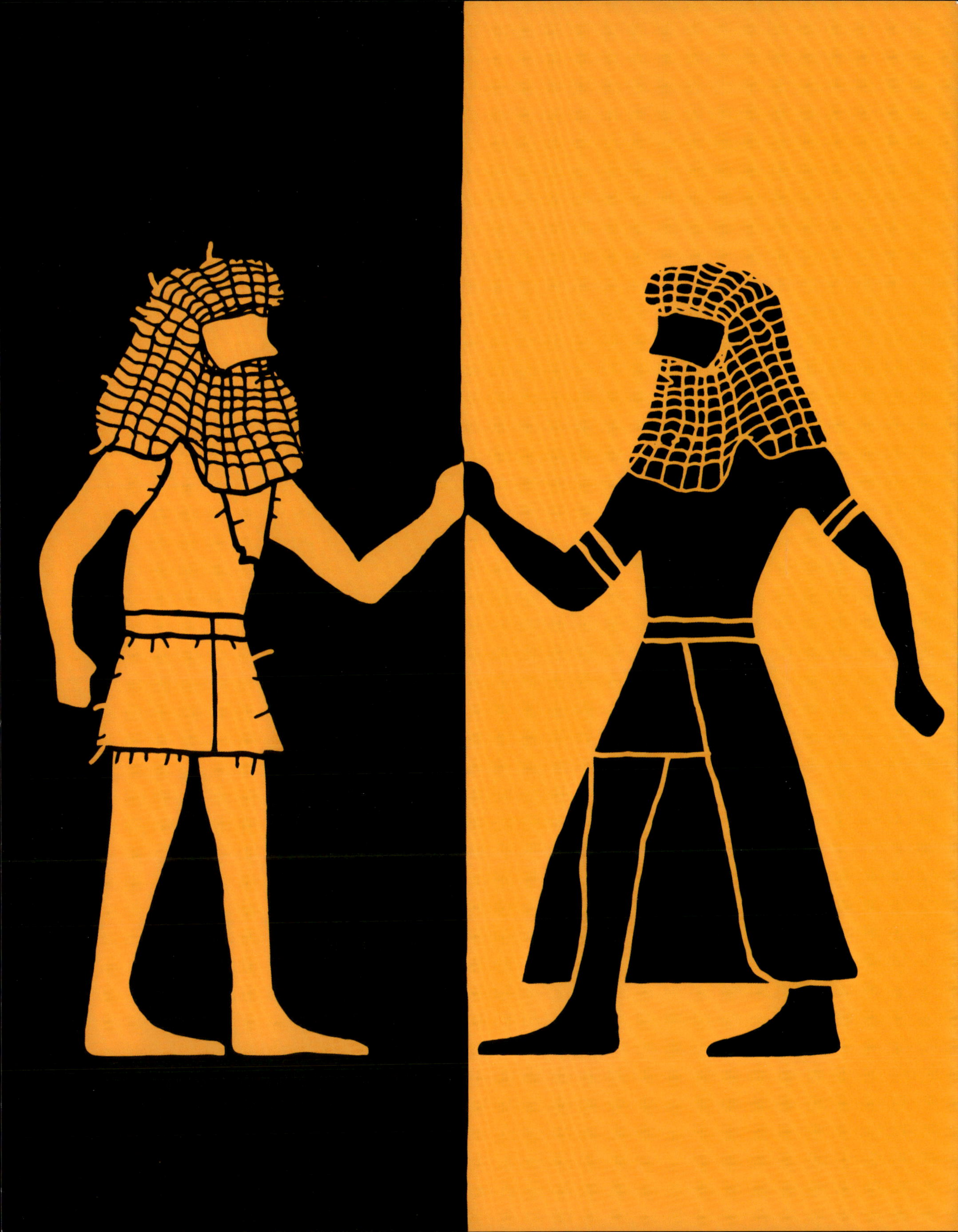

简介

聚焦
必死的命运

来源
在尼尼微国王亚述巴尼拔（约公元前668—公元前627）图书馆发现的泥板

《吉尔伽美什史诗》，本杰明·福斯特，2001年

背景
大洪水之后，美索不达米亚南部苏美尔城市乌鲁克

主要人物

吉尔伽美什　乌鲁克国王

恩奇都　吉尔伽美什亲密的朋友

沙玛什　太阳神和正义之神

伊什塔尔　丰收和战争女神

乌特纳皮什提姆　有大智慧的永生之人

> 女神阿鲁鲁洗了手，捏起一块泥土，扔了下去……在野外，她创造了恩奇都。
>
> 《吉尔伽美什史诗》

吉尔伽美什和恩奇都都与狮子搏斗，这个公元前3000年苏美尔圆筒印章上的图案展示了他们二人的力量。

吉尔伽美什的故事讲述了这位英雄如何与必死的命运搏斗，如何发现真正的友谊，如何理解王权的责任。著名的《吉尔伽美什史诗》是现存最古老的文学作品之一，它将一系列故事编织在一起。人们认为，这些故事的灵感来源于公元前2800—公元前2500年苏美尔的乌鲁克国王。

制服暴君

吉尔伽美什国王喜欢沿着乌鲁克的城墙丈量王国的大小。据说，知道城墙长度的国王是高贵且善良的。然而，事实上，吉尔伽美什虐待他的臣民，欺男霸女。人们祈求神帮助他们约束国王。众神之主、苍天之神安努认为，吉尔伽美什需要一个能驯服其野性的同伴。

安努把这个任务交给了创造女神阿鲁鲁。阿鲁鲁创造了恩奇都。起初，恩奇都是一个野蛮人，他和动物一起游逛、吃草。在美索不达米亚，如果一个人住在城墙外或者像游牧人一样，那么别人会认为他粗鲁且危险。恩奇都只有进入文明社会，才能完成驯服吉尔伽美什野性的任务。

当恩奇都弄乱了当地猎人设置的陷阱时，猎人去找国王，乞求国王给恩奇都一个能制服他的妓女。吉尔伽美什派了一个叫"姗汉特"的神妓和恩奇都同住了七天。之后，当恩奇都试图和动物一起奔跑时，动物都不理睬他。恩奇都意识到，某些事情已经改变了——通过性觉醒，他开始变得文明。

姗汉特把恩奇都带到乌鲁克城中，她给恩奇都穿上衣服，给他面包和啤酒。恩奇都第一次被当作一个人对待，他完成了从动物到人的转变。同时，吉尔伽美什梦见了一个比起女人他更爱的人，一个像他一样强壮的人。吉尔伽美什的母亲宁孙是一位女神，也是寺庙的女祭司。她解释了这个梦，并告诉他，他将遇到一个男人，这个男人和他不相上下，并会成为他冒险时

参见：奥德修斯的冒险之旅 66~71页，伊南娜下冥界 182~187页，马尔杜克与提亚马特 188~189页。

的伙伴。

当恩奇都阻止吉尔伽美什进入一个新娘的闺房时，他们最终相遇了。两人摔跤搏斗，虽然吉尔伽美什击败了恩奇都，但他承认，恩奇都和他势均力敌。因此，两人结为了兄弟。

猎杀洪巴巴

吉尔伽美什早就想去证明他的力量。他决定去打败雪松森林的守护者洪巴巴并盗取最高的树木作为乌鲁克的宝贵木材。无论对于人还是兽，洪巴巴都是一个强大的对手，他口吐烈火，力量巨大无比。吉尔伽美什全副武装，并寻求神庙祭司们的祝福。城中的长老们十分担心，警告吉尔伽美什，不要高估了自己的能力——国王甚至难以到

> 洪巴巴口吐烈火，声如洪水，呼出剧毒，令人死亡。
>
> ——《吉尔伽美什史诗》

达森林，更不用说打倒洪巴巴了，他必须带上恩奇都。听了长老们的劝告，吉尔伽美什寻求恩奇都的帮助。之后，两人离开王国前往森林。吉尔伽美什的母亲恳求太阳神和正义之神沙玛什保护他们。

到达森林的时候，吉尔伽美什和恩奇都遭到了洪巴巴的嘲弄，

黏土上的记载

19世纪中期，在尼尼微发掘亚述巴尼拔图书馆的过程中，人们发现了由泥板拼合而成的《吉尔迦美什史诗》的最全版本。根据口头传统和早期神话，这十二块泥板将吉尔伽美什的许多不同故事结合成一部史诗。虽然史诗中有些诗句可以追溯到公元前2100年，但由阿卡德楔形文字写成的最新版本，可以追溯到新亚述时期（公元前9—公元前6世纪）。阿卡德楔形文字是美索不达米亚的一种古老的闪米特语。

在其他遗址中发现的中巴比伦时期（公元前15—公元前11世纪）的文本，填补了尼尼微版本中的空白。泥板的发现，改变了学者对古代美索布达米亚日常生活的认知。

在神话中

- 作为冥界判官受人崇拜
- 有时与牧羊人杜姆兹有关
- 在苏美尔的记载中，他是伊什塔尔（伊南娜）的兄弟

在历史中

- 传统上被视为乌鲁克第五代国王
- 在苏美尔国王名单中
- 2003年考古学家声称发现了吉尔伽美什墓

吉尔伽美什国王

这块泥板可以追溯到公元前9—公元前7世纪，重现了《吉尔伽美什史诗》的一部分。这是著名的十二块泥板中的第十一块，讲述了乌特纳皮什提姆和大洪水的故事。

左图为洪巴巴的黏土面具。洪巴巴是被吉尔伽美什杀死的巨兽。这个面具是在伊拉克幼发拉底河的古都西普尔发现的。

> 梦境表明苦难最终会降临在健康人身上，生命的终点充满悲伤。
>
> 《吉尔伽美什史诗》

但在恶魔伤害他们之前，沙玛什吹起狂风困住了洪巴巴，吉尔伽美什和恩奇都因此占了上风。虽然洪巴巴苦苦哀求吉尔伽美什饶他一命，但吉尔伽美什还是杀了他。吉尔伽美什砍下雪松，造了一只木筏，乘船返回乌鲁克。

伊什塔尔的暴怒

回城之后，吉尔伽美什洗掉战斗的污秽，穿上新袍子。阿卡德女神伊什塔尔注视着吉尔伽美什，想让他成为自己的新一任丈夫。她说，如果他同意，他将得到他做梦都想不到的财富。但是，吉尔伽美什拒绝了她。

伊什塔尔感觉受到了侮辱，十分愤怒，就去找她的父亲——苍天之神安努。她恳求父亲给予她大天牛，这样她就可以去惩罚乌鲁克人民，以报复吉尔伽美什。安努最终同意了，但警告他的女儿，这只野兽会给乌鲁克带来七年的饥荒。当大天牛到达城中时，大地被它撕开，数以百计的人掉进裂缝中死去。在大天牛第三次袭击城市时，吉尔伽美什和恩奇都杀死了它。他们把它的心献给沙玛什，之后轻蔑地把它的后腿扔到伊什塔尔面前，丝毫不掩饰对神的不敬。

那天晚上，恩奇都做了一个梦，梦中，安努、沙玛什和恩尼尔（授予王权的神，曾是洪巴巴的主人）讨论了洪巴巴和大天牛的死，安努和恩尼尔决定要么杀死恩奇都，要么杀死吉尔伽美什。沙玛什反对道，这两人只是在他的保护下去了雪松森林而已。尽管沙玛什尽了最大努力为他们辩护，但众神还是决定必须处死恩奇都。

死亡与追寻

由于恩奇都的梦预示了他的死亡，所以他拼命向沙玛什祈祷，并诅咒神妓姗汉特，因为是她为他指明了去乌鲁克的路。沙玛什斥责他，并告诉他应该为自己的冒险经历感到高兴。她向恩奇都保证，

> 恩奇都，我爱的人，和我一起度过每一个苦难，但人类的命运限制了他。
>
> 《吉尔伽美什史诗》

吉尔伽美什会给他的身体提供最好的安眠之所。不久，恩奇都得了重病，十二天后就死了。

吉尔伽美什为朋友之死感到悲痛，他邀请所有的人和动物一起为恩奇都哀悼。吉尔伽美什召集了人间最优秀的工匠，为恩奇都造了一尊金色雕像。他放弃文明，披上兽皮，在荒野中哀恸地徘徊。吉尔伽美什的做法再现了恩奇都的早期生活。恩奇都曾经是一个野蛮人，后来学会了文明，而恩奇都死后，吉尔伽美什这样一个曾经的文明人，却变得狂野起来。

随后，吉尔伽美什离开乌鲁克，去寻求永生，他不想像他的灵魂伴侣一样死去。当他沿着沙玛什夜间穿过天空的那条路走时，他找到了通天之路。他与看守者交谈，得知了大洪水的幸存者乌特纳皮什提姆的故事。乌特纳皮什提姆和他的妻子一起获得了永生，并参与了众神的集会。吉尔伽美什决心找到永生的秘密，于是开始寻找乌特纳皮什提姆。

在去冥界的路上，吉尔伽美什遇到了一个叫西杜里的酒馆老板，她试图说服吉尔伽美什放弃去冥界。她告诉他，这段旅程对于人类来说很危险。当他坚持要继续时，她无奈地告诉了他乌尔先纳比的所在地。乌尔先纳比负责帮死人渡过冥河。吉尔伽美什找到乌尔先纳比，他同意帮助吉尔伽美什完成任务。

当他们过河的时候，乌尔先纳比问吉尔伽美什为什么要去冥界。吉尔伽美什告诉乌尔先纳比，在恩奇都死后，他悲痛万分，这促使他去寻找永生的秘密。他的话说服了乌尔先纳比带他去找乌特纳皮什提姆。

当吉尔伽美什最终找到乌特纳皮什提姆时，这位长生不老的人注意到了国王的疲惫不堪。吉尔伽美什解释道，他看着朋友死去悲痛万分，还说他害怕自己也终将死亡。乌特纳皮什提姆问吉尔伽美什为什么徒劳地追寻，而不去享受生活所给予的东西："哦，吉尔伽美什，你为什么要增加自己的痛苦呢？"乌特纳皮什提姆告诉吉尔伽美什，人类是不能永生的。他说道，神决定了每个人生命的长度，但不会透露死亡的时间。因此，寻找避免死亡的方法没有任何意义。

长生不老的人

乌特纳皮什提姆告诉吉尔伽美什，他因在大洪水中拯救人类获得了永生。但是，这样的事情只会

> **"** 我能做什么，乌特纳皮什提姆？我可以去哪里？死亡无处不在。 **"**
>
> 《吉尔伽美什史诗》

众神创造了恩奇都，以制服暴虐的统治者吉尔伽美什。

↓

战斗中两人势均力敌，建立了友谊。

↓

恩奇都对吉尔伽美什的爱鼓励吉尔伽美什学会同情自己的人民。

↓

恩奇都的死令吉尔伽美什悲痛不已，促使他踏上了寻找永生之路。

↓

吉尔伽美什没有完成任务，接受了死亡的必然性。

发生一次，吉尔伽美什永远不会以这种方式获得永生。为了向仍坚信自己值得长生不老的吉尔伽美什证明这一点，乌特纳皮什提姆向他发起挑战，要求他六天七夜保持清醒。乌特纳皮什提姆还命令妻子在吉尔伽美什每晚睡觉时烤一块面包，这样他就无法否认自己的失败了。

下图的石膏雕像是在伊拉克尼普尔的神龛下挖掘出来的，可以追溯到公元前2600年。据说，乌特纳皮什提姆和他的妻子是这个雕像的原型。

吉尔伽美什接受了挑战，但他马上就睡着了。当他最终醒来时，乌特纳皮什提姆斥责他的傲慢，说他连自己睡觉的欲望都克服不了，居然还想克服死亡。乌特纳皮什提姆不想有人再找到他，于是赶走了摆渡者乌尔先纳比，送走了吉尔伽美什。

离别礼物

在吉尔伽美什和乌尔先纳比离开之前，乌特纳皮什提姆同样长生不老的妻子说服丈夫送给吉尔伽美什一份礼物。于是，乌特纳皮什提姆告诉他，如果想要永葆青春，湖底的一朵花可以帮助他。

为了得到这份礼物，吉尔伽美什把石块绑在脚上，跳进湖里，找到了那朵花。他把石块解开后，浮上水面，找到乌尔先纳比并告诉他，他将在乌鲁克最老的人身上测试这株植物是否有效，然后再把它用在自己身上。然而，在回家的路上，吉尔伽美什停下来在泉中洗澡。就在那时，一条蛇偷吃了那朵花，之后蜕皮变年轻了。吉尔伽美什心碎不已，他意识到自己已经失去了永生的机会。现在，他注定要衰老和死亡。吉尔伽美什国王的故事结束了，和开始时一样，他沿着城墙走路丈量他的领土。虽然吉尔伽美什不能长生不老，但他已经成为一位好国王。他不仅知道了自己管辖之地的界限，也知晓了人类努力的极限。他接受了死亡的命运和他自己的人性，给乌鲁克人民留下了极其深刻的印象，使得他的故事

> " 你找不到你所追寻的永生。当神创造人类时，他们为人类设定了死亡的命运，为自己保留了永恒的生命。
>
> 《吉尔伽美什史诗》

亚洲

> 所以，终有一天你会离开，但在那天到来之前，请尽情歌舞，吃热腾腾的食物，喝凉爽的啤酒，珍惜你的孩子，是你的爱创造了这些生命。在温水中洗去生命的污垢。
>
> 《吉尔伽美什史诗》

一代一代地流传了下来。

大洪水神话

乌特纳皮什提姆和他的妻子在大洪水中幸存下来的故事，与近东地区的其他洪水神话相似，如苏美尔神话中的祖苏拉德、圣经中的诺亚，以及古希腊神话中的丢卡利翁和皮拉。每一个神话中的主人公都乘坐大船躲过了洪水。

《吉尔伽美什史诗》讲述的故事与诺亚和方舟的圣经故事非常相似。乌特纳皮什提姆曾是美丽的城市舒鲁帕克的国王。恩尼尔主张毁灭人类，尽管他的动机并不明确，但众神同意了他的计划，除了智慧之神和水神埃阿。埃阿帮助乌特纳皮什提姆和他的妻子幸存下来。埃阿让乌特纳皮什提姆造一艘船，带上所有生物的种子，并最终将种子重新撒满人间。当船完工时，乌特纳皮什提姆把动物、食物和啤酒带到船上。

乌特纳皮什提姆建造的船在大洪水中得以幸存。据描述，船有六个甲板，相当于五十五米高。

洪水肆虐了七天七夜。当雨停了时，船停在了尼慕什山，也就是现在伊拉克库尔德斯坦的 Pir Omar Gudrun。在那里，乌特纳皮什提姆先放了一只燕子，又放了一只鸽子，最后放了一只乌鸦去寻找干燥的陆地。结果，一只鸟也没有回来，乌特纳皮什提姆知道这时下船是安全的了。他献祭众神，就像诺亚的故事一样，众神感谢他的行为，于是创造了一道彩虹。∎

酒馆老板的智慧

一些学者认为，吉尔伽美什的救赎源自他与永生的乌特纳皮什提姆的相遇。另一些学者则认为，是住在海边的酒馆老板西杜里起了作用。在偏僻的酒馆里，西杜里看到一个身穿兽皮的男人从远处走来。起初，她害怕地锁上了门，但后来，她对他生出了怜悯之心。这个男人就是吉尔伽美什。她给他食物，但他拒绝了，说他不再有这样的需要，因为他在追寻长生不老。

西杜里告诉他，死亡是人生的一部分，他不应该去寻求永生，而应该尽可能保持快乐。她说他应该为自己的孩子感到骄傲，享受他们牵着他的手，和他的朋友分享他的快乐。西杜里说，这些东西才是生而为人的真正意义。

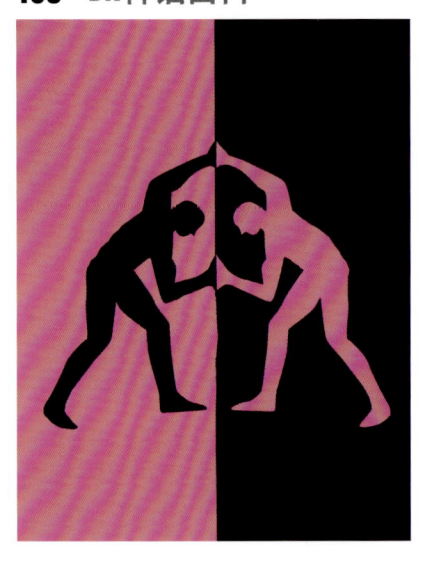

两位神祇，在思想、言语和行为上表现得一善一恶

阿胡拉·马兹达和阿里曼

简介

聚焦
善良对抗邪恶

来源
《阿维斯陀》，佚名，收集整理于约3世纪
《班达希申》（《创世纪》），佚名，约8—9世纪

背景
时间的伊始和尽头

主要人物
苏尔凡 时间之神

阿胡拉·马兹达 光明之神，所有美好事物的创造者

阿里曼 黑暗之神，与阿胡拉·马兹达是双胞胎，所有邪恶事物的创造者

苏什扬特 救世主

琐罗亚斯德/查拉图斯特拉 阿胡拉·马兹达的先知，琐罗亚斯德教圣典的作者

根据古代琐罗亚斯德教的分支"苏尔凡教派"的说法，时间之神苏尔凡早于宇宙中任何其他事物出现，并且有能力从虚无中创造出生命。

苏尔凡十分渴望孩子，所以他创造了一对双胞胎儿子：阿胡拉·马兹达和阿里曼。他们代表自然界最基本的对立面——光明和黑暗，善良与邪恶，这是宇宙平衡的基本要素。阿胡拉·马兹达十分善良，他创造了光、人间、月亮和星星，最后，他创造了"善良的心灵"——世界上存在的每一个人和物最本质的善良。

作为回应，邪恶的阿里曼决定创造一个他自己的世界。他憎恶一切美好的事物，与他兄弟所创造的东西完全相反，他制造了恶魔和危险的生物。通过他的恶意创造，疾病、痛苦和死亡进入人间。阿胡拉·马兹达决心阻挠他邪恶兄弟的创造。

最早的人类

阿胡拉·马兹达创造了人类，把他们设计成本性善良的生物。他首先创造了奎穆尔（或称"盖约莫"）——琐罗亚斯德教的一些典籍称他为第一个统治大地的国王。阿里曼尽其所能去破坏他兄弟创造的人，并最终毒死了盖约莫，取得了胜利。盖约莫的死意味着人类注定死亡的命运。然而，他的遗骸滋养了大地，地上长出了两株大黄叶柄植物。阿胡拉·马兹达将灵魂吹入植物中，灵魂变成了玛什耶和玛什耶那，这个男人和这个女人被认

这只咆哮的野兽可能是代表邪恶的阿里曼的狮鹫，大约于2世纪由金属工匠创造出来，发掘于阿富汗赫尔曼德河附近。

亚洲 199

参见：众神之战 140~141页，众神黄昏 150~157页，盘古开天地 214~215页。

> 阿胡拉·马兹达最坚定，最睿智，最完美，他绝对无误地达到了目的。
>
> 《阿维斯陀》

为是人类的祖先。阿胡拉·马兹达告诉二人，他们是完美无缺的，应该遵守律法，不可崇拜恶魔，但他们有选择善与恶的自由。

不久，玛什耶和玛什耶那开始质疑他们对阿胡拉·马兹达的服从和他们对他的创造的依赖。因此，他们开始提出自己的新想法，如火、衣服、建筑和战争。他们最初只靠植物生存，但后来开始打猎吃肉。恶魔对人类的影响力越来越强。最终，阿胡拉·马兹达给了玛什耶和玛什耶那生育孩子的能力，他们开始为大地繁育后代。

时间的尽头

阿胡拉·马兹达和阿里曼都不能完全击败对方，所以两兄弟一直困在善与恶的永恒斗争中。阿胡拉·马兹达和阿里曼之间的战争最终将在时间的尽头达到高潮，一场战争将在世界末日到来之时爆发，死亡的人将被复活和审判。一个名叫"苏什扬特"（"带来利益的人"）的救世主将出现，并帮助阿胡拉·马兹达抗击阿里曼所创造的恶魔。

当阿里曼最终被击败时，苏什扬特将复活死者，而人类将重新开始。阿胡拉·马兹达的孩子们将是第一批被复活的。这一次，阿里曼不会有任何影响力，也不会创

伊朗亚兹德的一座火神庙上描绘了阿胡拉·马兹达。这个公元前6世纪的图案融入并改编了亚述古神阿舒尔的有翼太阳盘。

造邪恶，甚至是死亡。人类将有能力在生活中发挥全部潜能，没有恶魔、疾病或毁灭，善良的意志终将战胜邪恶。■

琐罗亚斯德教圣典

琐罗亚斯德教的圣典建立在古代波斯文学，尤其是《阿维斯陀》的基础之上。公元前550—公元前330年波斯阿契美尼德王朝统治期间，之前以口头形式流传了几个世纪的《阿维斯陀》被收集并记录下来。

《阿维斯陀》最关键的部分是"伽泰"，这是先知查拉图斯特拉（古希腊称为"琐罗亚斯德"）所唱的赞美诗。据说，"伽泰"是阿胡拉·马兹达亲自送给先知的，其中包含了琐罗亚斯德教的许多神话和宇宙观。查拉图斯特拉很可能将当时的多神论宗教改成了二元论宗教。

《班达希申》主要于8世纪和9世纪在波斯和印度编纂而成，进一步发展了《阿维斯陀》关于宇宙起源和命运的故事。虽然它并不被视为经文，但仍有助于琐罗亚斯德教信仰体系的建立。

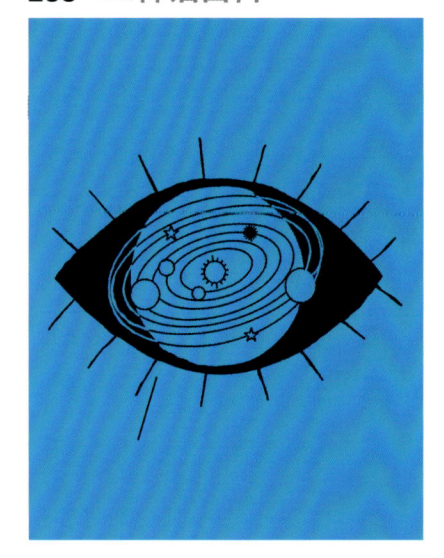

梵天睁开双眼，发现自己无人陪伴

梵天创造宇宙

简介

聚焦
宇宙创造

来源
《梵卵往世书》，佚名，450—950年

背景
宇宙时间的开始

主要人物
那罗延　至高无上的神

梵天　印度教三位一体神灵中的创造者。印度教三大主神包括梵天（创造者）、毗湿奴（保护者）和湿婆（毁灭者）

生主　梵天创造的十个人，开始在大地上繁衍后代

辩才天女　梵天的女儿和妻子，艺术和知识女神

古印度神话中，不止一个创世传说，也不止一位创世者。不过，那罗延绝对是至高无上的存在。当他第一次从宇宙中醒来时，他从自己的身体里创造了造物主梵天。梵天用自己的意念创造了宇宙和四个儿子。他的儿子们不知道怎样繁衍，于是梵天又创造了十个知道如何生养的人，即生主。这些生主请求梵天赐给他们一个妻子。

女儿和妻子

梵天把自己一分为二，左半部分变成了一个漂亮的女子。梵天对这个女儿的渴望十分强烈，于是又长出三个头（两边各一个，后面一个），这样他就可以一直看着她。他的贪婪凝视令女儿十分不适，于是她升上天空，可梵天又长出了第五个头来凝望天空。

女儿逃跑了，变成各种各样的雌性动物，有鹅、马、牛、鹿，

> 梵天变成雄鹿，追逐着变为雌鹿的女儿。
>
> 《梵卵往世书》

但所有伪装都是徒劳的。她的父亲分别变成对应的雄性动物。他们一起创造了大地上所有的动物物种。

梵天的女儿名叫"莎塔如帕"（"一个有一千种形式的神"）。她也被尊为辩才天女和智慧女神。她掌管艺术和智力，创造了梵文。■

参见：伽内什的诞生 201页，赌骰 202~203页，《罗摩衍那》204~209页，鱼眼女神找丈夫 211页。

湿婆把象头放在男孩的肩膀上，他苏醒了过来

伽内什的诞生

简介

聚焦
神的重生

来源
《湿婆往世书》，佚名，750—1350年

背景
喜马拉雅山脉的冈仁波齐峰

主要人物
雪山神女 湿婆的妻子，生育女神，神圣的创造力"沙克蒂"的一种形式

湿婆 印度教三位一体神灵中的毁灭者

伽内什 象头神，破除障碍之神，书吏的守护神，根据圣人毗耶娑的口述写下了史诗《摩诃婆罗多》

毁灭者湿婆娶了雪山神女，她平衡了他的好战倾向。雪山神女急切地想要一个孩子，但她的丈夫却不想。当他再次拒绝她时，雪山神女决定洗个澡，并让守卫阻止任何人进入。当雪山神女洗澡时，她用皮肤上的污垢变出了一个孩子。还在洗澡的雪山神女告诉她的新儿子把门守好。

当湿婆试图进入妻子的房间时，他被一个年轻人拦住了。"你知道我是谁吗？"湿婆问。男孩说这无关紧要，他的工作就是看守母亲的门。"你母亲？那我就是你的父亲。"愤怒的湿婆怒吼道。雪山神女的儿子还是不让他过去，于是湿婆大发脾气，砍掉了男孩的头。

雪山神女的心都碎了。她要求湿婆必须复活她的儿子，否则她会从格刹（创造女神）变成迦梨（破坏女神）。湿婆命令他的妖怪侍从们把能找到的第一个生灵的头拿回来，结果侍从们找到了一头大象。湿婆将象头放在男孩的肩膀上，他的儿子复活了。湿婆给他取名"伽内什"。■

象头神伽内什经常被描绘成骑着老鼠的样子。这幅水彩画创作于19世纪，出自一位不知名的印度画家之手。在这幅画中，伽内什正在敲双面手鼓。

参见：梵天创造宇宙 200页，赌骰 202~203页，《罗摩衍那》204~209页，杜尔迦杀牛魔 210页。

哦，国王，赌博可不对

赌骰

"赌骰"是古印度史诗《摩诃婆罗多》中的关键部分。《摩诃婆罗多》被认为是有史以来最长的一部史诗，反映了印度教文明的历史和文化，讲述了家族之间争夺权力的故事。

"赌骰"讲述了古印度一个统治家族的两个分支俱卢族和般度族之间的传奇冲突。"赌骰"是一种神圣的仪式：国王不能拒绝"赌骰"，正如不能拒绝战斗一样，它不仅与命运有关，而且事关人类与神灵行动之间的平衡。"赌骰"的故事说明了达摩法典（宇宙的道德

难降试图脱下黑公主的莎丽服，但奎师那保护了她的尊严。她一直站在"赌骰"的十字形棋盘上。在印度，"赌骰"至今仍很流行。

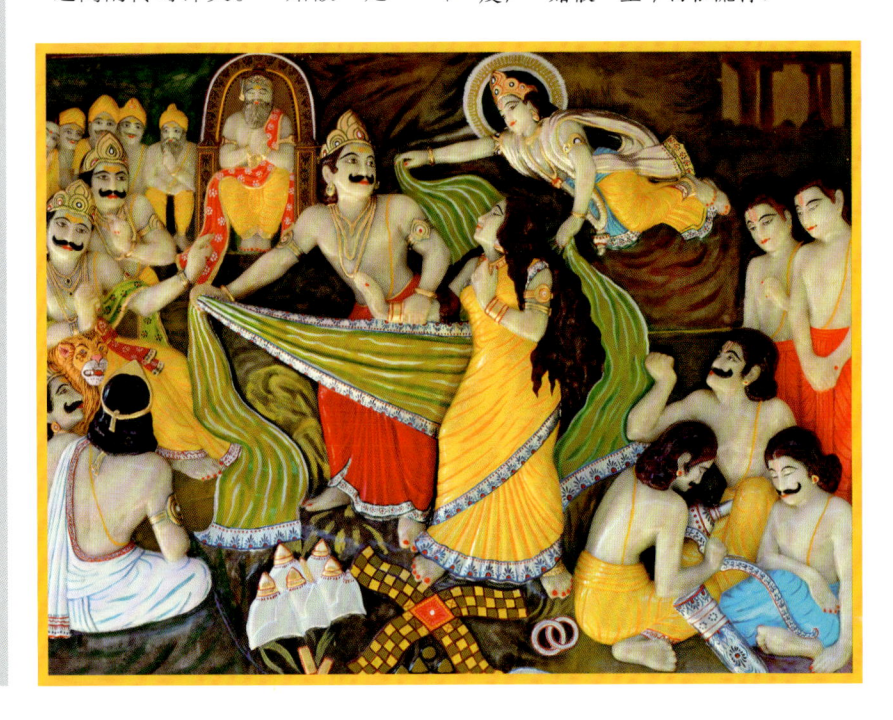

简介

聚焦
亲属间的战争

来源
《摩诃婆罗多》，毗耶娑，公元前4—公元2世纪

背景
古印度的俱卢王国（今哈里亚纳邦，邻近德里）

主要人物
俱卢族兄弟　难敌和难降
般度族兄弟　坚战、阿周那和怖军
黑公主　般度族兄弟的妻子
奎师那　毗湿奴的化身，爱神，最受尊敬的古印度神祇之一

参见：阿胡拉·马兹达和阿里曼 198~199页，梵天创造宇宙 200页，伽内什的诞生 201页，《罗摩衍那》204~209页。

"薄伽梵歌"

《摩诃婆罗多》详细描述了俱卢族和般度族之间的权力斗争，同时讲述了毗湿奴的第八个化身奎师那在其中扮演的角色。"薄伽梵歌"通常被看作圣灵之歌。作为《摩诃婆罗多》的一部分，"薄伽梵歌"详细描述了奎师那和般度族领袖阿周那王子的对话。奎师那以王子的朋友和御夫的身份出现。当阿周那说他不想进行战争，并认为杀戮是错误的时候，奎师那质疑他的逻辑，指出阿周那作为王国达摩法典的守护者必须履行他的职责。

阿周那对奎师那的哲学知识深表敬畏，于是问他的这位朋友到底是谁。奎师那展现真身，即宇宙相，他有很多头和四肢。阿周那看到宇宙存在于奎师那体内，意识到自己在宇宙中如此渺小，于是决定拿起武器战斗。

这幅插图源自17世纪的《摩诃婆罗多》，奎师那骑在阿周那的马上，鼓励阿周那去战斗。

秩序）和其瓦解后道德的混乱。

黑公主的耻辱

难敌是俱卢族王子，是双目失明的国王的长子，他羡慕般度族的宫殿。虽然他继承了王国在哈斯蒂纳普尔的绝对控制权，但他妒忌般度族兄弟。有一次，难敌参观他们的宫殿，却几次让自己难堪，最后竟滑倒掉进了池塘里。般度族兄弟的妻子黑公主嘲弄了他。

之后，难敌邀请他的堂兄弟们"赌骰"。坚战应邀参加，却输掉了他的王国、兄弟和妻子。他的损失使一些家人遭受奴役，其他人被判流放十二年。当一个仆人被派去把黑公主带到奴隶营房时，黑公主正在皇家浴池里。她拒绝离开，但被拽着头发拖进了宫廷。

黑公主只穿了一层织物——一件没有衬的莎丽服，上面还沾有血迹。没有人来帮助她保住尊严。为了证明这种行为的正当性，男人们声称黑公主不应该受到尊重，因为她嫁给了同一个家族的五兄弟。五兄弟的母亲规定，一个兄弟所赢得的一切都应该与其他兄弟分享。

俱卢族兄弟命令般度族兄弟和他们的妻子脱去衣服。黑公主乞求奎师那帮助，当难敌的兄弟难降扯她身上的衣服时，他每扯开一寸，神都会增加一寸。他竭尽全力，却无法脱完黑公主无止境似的莎丽服。最后，难降筋疲力尽，承认失败，般度五兄弟之一的怖军发誓终有一天要杀了他复仇。

流亡与战争

被放逐十二年的般度族人利用这段时间准备战争。然而，当奎师那发现他们的阴谋时，他们被禁止返回王国。奎师那试图调解，但战争一触即发。怖军在战斗中杀了难降，其他的俱卢族兄弟也都被杀了。最终，般度族成为哈斯蒂纳普尔的统治者。■

> "从黑公主的身上扯下的织物已经在她旁边堆了一堆，但那件莎丽服仍然穿在她的身上。"
> 《摩诃婆罗多》

罗摩是
所有正义的人中
最高尚的

《罗摩衍那》

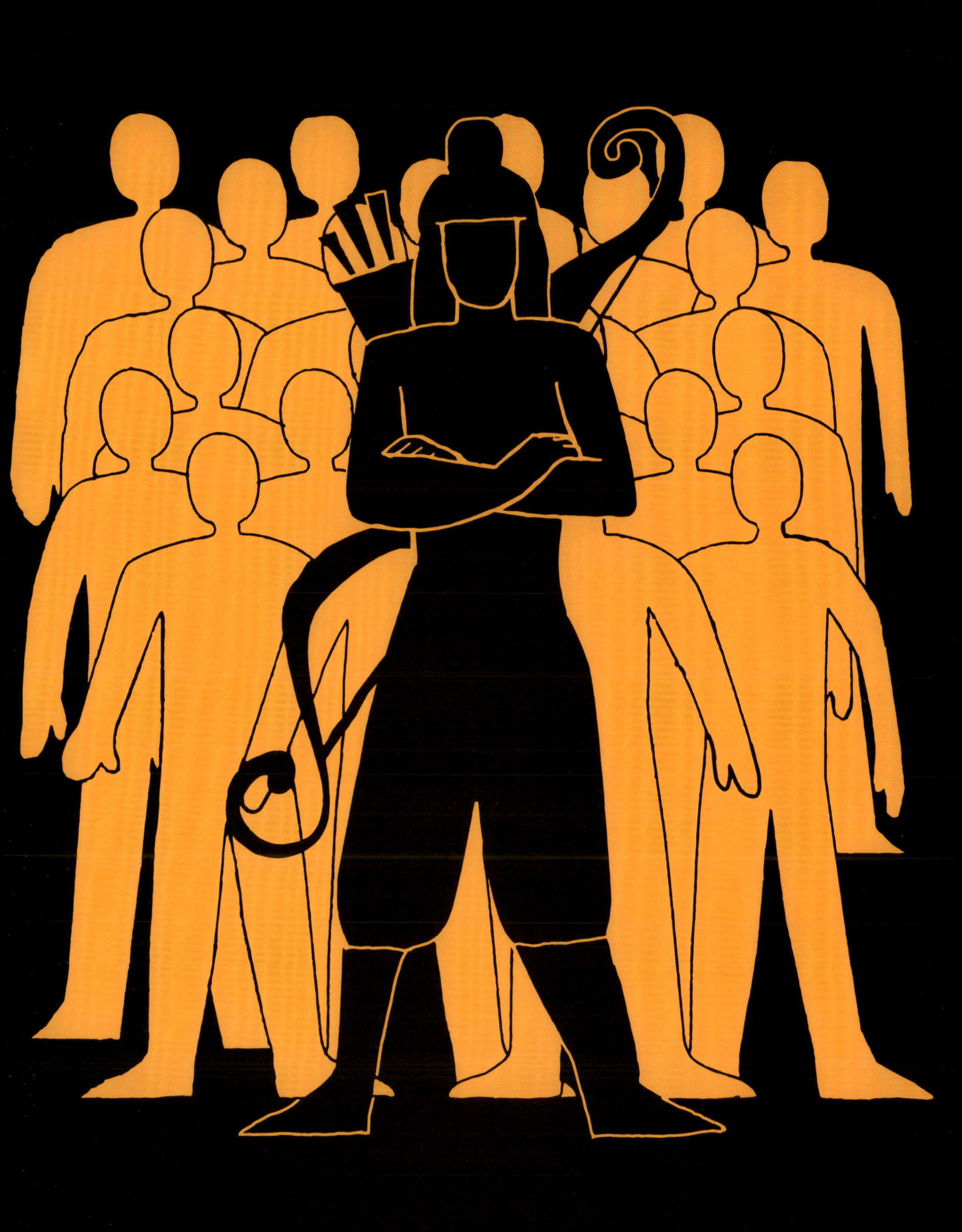

简介

聚焦
德行

来源
《罗摩衍那》，蚁垤，公元前5世纪

背景
古印度的阿逾陀；
岛屿要塞楞伽

主要人物

罗摩　毗湿奴的第七个化身，阿逾陀国的王子

悉多　罗摩的妻子

罗波那　十首魔王

梵天　印度教三位一体神灵中的创造者

十车王　阿逾陀国的国王

罗什曼那　罗摩同父异母的弟弟

婆罗多　罗摩同父异母的弟弟

吉迦伊　十车王的妻子之一，婆罗多的母亲

哈奴曼　大颔神猴

> 罗摩，你的荣耀、才能和对父亲的忠诚使你在三界闻名。你充满了正直和美德。
>
> 《罗摩衍那》

毗湿奴的十个化身

1. 马特斯亚 灵鱼
2. 卡契亚帕 龟
3. 瓦拉哈 野猪
4. 那罗辛哈 狮面人
5. 瓦摩纳 侏儒
6. 帕拉罗摩 持斧罗摩
7. 罗摩 阿逾陀国的王子
8. 奎师那 黑天
9. 佛陀 觉悟者
10. 卡尔基 终结的预言者

梵文史诗《罗摩衍那》是印度教的主要文学作品，讲述了主人公阿逾陀国王子罗摩从十首魔王罗波那手里拯救妻子悉多的故事。罗波那是阿修罗国王，是邪恶的化身。

罗波那苦修一万年，得到了梵天的赐福，罗波那请求梵天让他成为任何神都不可战胜的人。罗波那的愿望实现了，他开始大肆破坏三界，即地界、天界、空界，众神要求梵天介入。与此同时，阿逾陀国的国王十车王尽管娶了三个妻子，但仍然没有子嗣。他十分渴望有一个继承人，于是安排了一场巨大的火祭，以献祭梵天。

罗摩的诞生

梵天从天界俯瞰国王的祭祀烈焰时突然想到，罗波那在祈求不会受到神和魔的伤害时，忘记了人的存在。所以，梵天决定将毗湿奴带到人间，让他以人的化身击败罗波那。十车王的祈祷被应允，他的三个妻子都诞下了麟儿；考萨雅生下了罗摩；苏密特拉生下了双胞胎

参见：梵天创造宇宙 200页，伽内什的诞生 201页，赌骰 202~203页。

这幅袖珍画（约1700—1750）描绘了罗摩王子和他的兄弟们结婚的场面。这幅帕哈里（意为"来自山上"）绘画来自印度的喜马偕尔邦地区。

罗什曼那和沙特路那；吉迦伊生下了婆罗多。

王子们一天天长大，学习战争之道，阅读神圣的经文。有一天，仙人众友前来寻求帮助，希望有人能打败那些在森林中破坏祭祀仪式的恶魔。罗摩和他同父异母的兄弟罗什曼那跟随仙人学会了如何使用神器。仙人众友称赞罗摩的技艺，说他生来就是要打败邪恶世界的。

王子被放逐

十二年后，年迈的十车王准备把王位传给罗摩。罗摩是最勇敢、最贤能的儿子，也是他最喜欢的儿子。但在加冕前夕，十车王的第三个妻子吉迦伊提醒他，很多年前他曾答应会实现她的两个愿望。现在，她要求十车王把罗摩放逐到荒野十四年，并加冕她的儿子婆罗多为王。

无奈之下，国王命令他的爱子罗摩前往荒野。罗摩的妻子悉多请求和丈夫在一起，罗摩同父异母的弟弟罗什曼那也一样。当三人离开宫殿开始流亡时，十车王也因此郁郁寡欢离开了人世。

婆罗多发现了母亲的阴谋，跟着罗摩走进森林，乞求他回来继承王位。但是，罗摩坚定不移地执行父亲的命令。因此，婆罗多勉强在他同父异母的哥哥不在的情况下统治国家，他把罗摩的金色凉鞋放

在大约1700年，对开本的《罗摩衍那》描述了罗摩与超人阿修罗（有时被称为"泰坦"）对战的画面。

罗摩崇拜

罗摩是毗湿奴的第七个化身，也是印度教的一位主神。从公元前第一个千年开始，罗摩就被广泛地认为是毗湿奴的化身，是"理想的人"。12世纪左右，他被尊为神。

16世纪末，对罗摩的崇拜得到了有力的加强。诗圣、罗摩的信徒杜勒西达斯撰写了史诗《罗摩功行录》，将罗摩与婆罗门的最高形象等同起来。罗摩忠诚正义，有责任心。在他的统治下，阿逾陀国呈现出完美乌托邦社会的盛景，罗摩的统治延伸至全世界，被称为"罗摩之治"。在领导印度反抗英国殖民统治，开启独立运动期间，莫罕达斯·甘地用这一理想盛世描绘了一个民主、宗教宽容、平等正义的新时代。1947年，印度独立。

每年春天的罗摩诞辰节用来庆祝罗摩的生日，秋天的九夜节用来庆祝罗摩一生的功绩。

在宝座上，为他的归来做好准备。

悉多被绑架

十三年后，在闪闪发光的哥塔瓦里河畔的森林里，妖女首哩薄那迦爱上了英俊的罗摩。她未能引诱到罗摩，于是就去追求罗什曼那。可首哩薄那迦再次遭到了摒弃，她愤怒地向悉多飞奔而去。兄弟俩抓住妖女，砍掉了她的鼻子和耳朵。

第二天，当首哩薄那迦的兄弟们来报仇时，罗摩和罗什曼那射出雨点般的箭杀了他们。但他们不知道的是，首哩薄那迦还有一个哥哥，名叫"罗波那"，他也会来报复。

有一天，悉多在他们的森林聚居地发现了一只金鹿，她被它迷住了。罗摩想取悦妻子，于是试图为她抓住它。鹿逃走了，引着罗摩进了森林深处。罗什曼那听到罗摩的呼救声，他在悉多周围画了一个保护圈，让她留在圈里，然后便顺着声音去救罗摩。现在，只剩悉多一人了。此时，出现了一个隐士向她求取食物。为了证明自己民族的好客美德，悉多走出圈子。隐士卸下伪装，露出了十头二十臂的真面目，原来他是罗波那变的。他把悉多抛在肩上，召唤他的飞行战车。老秃鹫佳塔由一直监视着三个流亡者，它试图阻止战车，但罗波那砍掉了它的一只翅膀。

罗波那的战车从海上飞向楞伽岛——罗波那称王的地方。悉多把佩戴的珠宝一件一件扔下，在身后留下了线索。当他们着陆时，悉多拒绝住在罗波那的宫殿里，所以他把她留在了一座种着无忧树的花园里。罗波那决心向她求爱，他对着她唱歌，给她讲故事，给她以赞美、香甜的鲜花和精美的珠宝，但悉多仍然忠于罗摩。

与此同时，罗摩和罗什曼那正在寻找悉多的路上。他们经过猴岛时，遇见了大颌神猴哈奴曼。哈奴曼的猴子们指着坠落的珠宝，这些珠宝形成了一条通往楞伽的小径。罗摩意识到，唯一不见了的珠宝是他妻子的发夹。

救援与战争

哈奴曼变成了一只巨大的猴子，越过海洋直达楞伽。他在岛上四处寻找悉多，但怎么也找不到，直到他看到花园里有一个美丽而孤独的女人，她只戴着一个发夹。

哈奴曼走近悉多，向她证实了自己的良好品格和神性血统，并给了她罗摩的戒指，以证明他是罗摩派来寻找她的。哈奴曼让悉多跳到他的背上，这样他就可以安全地把她送到大海对岸，但她拒绝了，她坚持认为只有丈夫才能解救她。哈奴曼向她要一个可以安慰罗摩的

> "他（罗摩）可能很穷，他可能被逐出王国，但是我的尊重永远不会离开我的丈夫。"
>
> 《罗摩衍那》

在这幅18世纪康格拉风格的手稿插图中，秃鹫佳塔由试图阻止罗波那绑架悉多，结果它受伤了，躺在罗波那战车的残骸中。

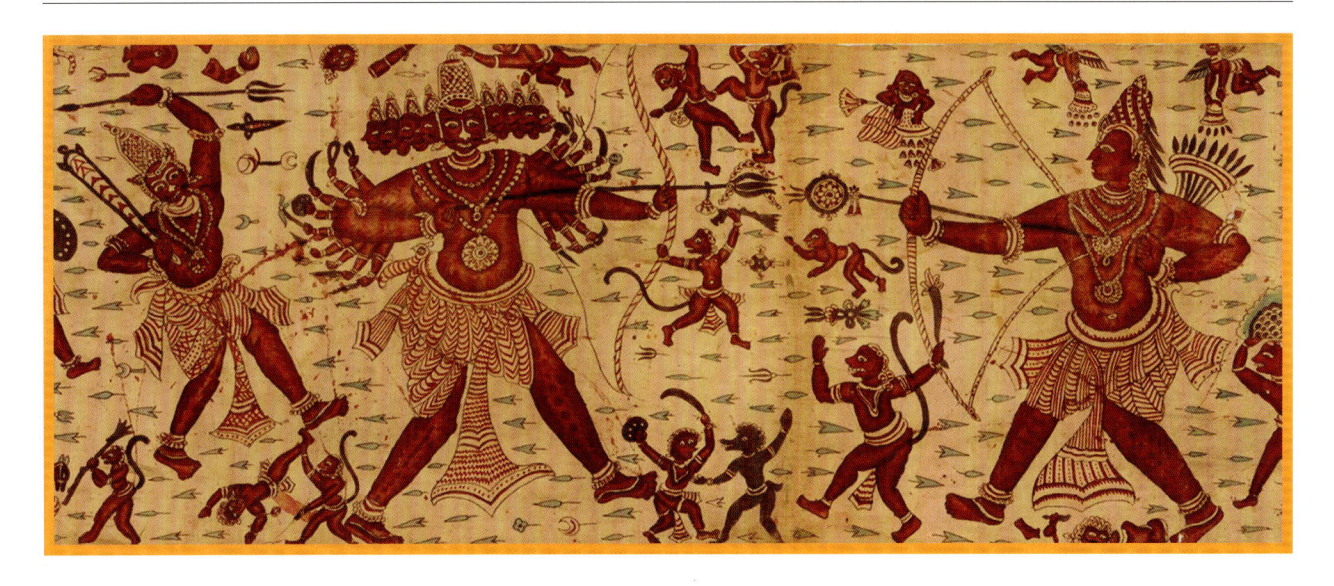

信物，于是悉多给了他她的发夹，她把发夹看作已婚妇女的象征。

随后，哈奴曼在楞伽制造混乱，杀死了罗波那的许多战士，然后他特意让自己被抓。哈奴曼被带到罗波那面前，他催促罗波那放了悉多，但罗波那放火烧了哈奴曼的尾巴。哈奴曼逃了出来，用炽热的尾巴让城堡燃起熊熊大火。

在接下来的五天里，他的猴子们建造了一座通往楞伽的长长石桥，石头上刻有罗摩的名字。罗波那和罗摩的军队之间展开了一场血战，最终罗摩杀死了罗波那，并与他心爱的妻子悉多重聚。罗波那死后，他高贵的弟弟维比萨那加冕为楞伽的国王。

罗摩考验悉多

现在，罗摩和悉多终于团聚了，他要求悉多投火，以证明她住在另一个男人的房子里还保有贞洁。悉多跳进火中，火神阿格尼将她完好无损地送了回来，证明了她的清白。罗摩在流亡十四年后回到阿逾陀国，终于加冕为王。

《罗摩衍那》的最后一卷可能是后来添加的。在这一卷中，悉多的贞操受到了进一步的质疑。因为城中的流言蜚语，罗摩把他的爱人驱逐到了森林里。她得到了圣人蚁垤的照看，当时蚁垤正在创作《罗摩衍那》。悉多生下了一对双胞胎男孩，他们学会了背诵圣人的诗。罗摩听到这个故事时，悲痛欲绝。蚁垤把悉多带到他的身边，但她召

18世纪末的一个仪式幔帐上，描绘了英雄罗摩和十首魔王罗波那正用弓箭互相瞄准对方。这是印度南部一幅上好的卡拉姆卡里织锦画。

唤生下她的大地之母，将她从这个不公正的世界中解放出来。就这样，大地打开了，悉多从人间永远消失了。■

传诵不绝的史诗

《罗摩衍那》是世界上篇幅较长的史诗之一，印度教传统将其奉为诗歌的典范。这部史诗由受人尊敬的诗人蚁垤写成，核心材料来自约公元前500年。但人们认为，这个故事当前的版本是在1000年后才形成的。

《罗摩衍那》的故事在印度次大陆的印度教徒、耆那教徒和佛教徒之间广泛流传。一直以来，穆斯林学者和诗人喜欢诠释其中的文字，用袖珍画描绘其中的场面。16世纪，莫卧儿帝国阿克巴皇帝命人把《罗摩衍那》翻译成波斯语，并画在宫里的墙壁上。

《罗摩衍那》中提到的主要地方仍然被尊崇为宗教和朝圣地点，其中所讲的故事以不同的方式继续流传，包括诗歌、戏剧、歌曲、舞蹈、木偶戏、电影、卡通和漫画等形式。20世纪80年代的电视剧版本吸引了1亿多名观众。

我是统治三界的女王

杜尔迦杀牛魔

简介

聚焦
正义战胜邪恶

来源
《摩根德耶往世书》的"女神颂",佚名,5—7世纪

背景
天界

主要人物

摩西娑苏罗 水牛恶魔

梵天 印度教三位一体神灵中的创造者

毗湿奴 印度教三位一体神灵中的保护者

湿婆 印度教三位一体神灵中的毁灭者

因陀罗 众神之王

杜尔迦 尚武女神和预先存在的宇宙力量,也被称为"提毗"和"萨克蒂"

在印度教神话中,水牛恶魔摩西娑苏罗寻求永生,以保证他的同伴阿修罗可以战胜仁慈的神灵提婆。但是,创造者梵天拒绝了他的祈求。于是,摩西娑苏罗又提出要求,希望自己不会被任何男子杀死,也不会被三主神梵天、毗湿奴和湿婆杀死。梵天应允了,因为他对未来的事了若指掌。

摩西娑苏罗召集他的军队,首先摧毁大地,然后打败天上的提婆,迫使他们逃跑。众神之王因陀罗向三位一体神灵寻求解决办法。梵天、毗湿奴和湿婆合力创造出巨大的火焰,女神杜尔迦从中诞生了。她作为预先存在的宇宙力量,被誉为"宇宙的创造者"。杜尔迦拥有多条手臂,她拿起神赐予她的武器,骑着狮子奔赴战场,摧毁了阿修罗的军队。摩西娑苏罗时不时进行变身,不停地攻击杜尔迦,直到女神最后砍掉他的头,结束了他的可怕统治。

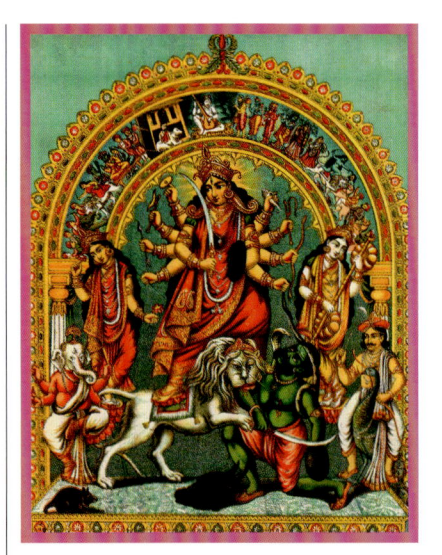

在这幅19世纪印度画家拉贾·拉维·瓦玛所画的作品中,杜尔迦骑在狮子身上,坐在众神中间,在摩西娑苏罗变为有角的雄性形象时杀死了他。

很多地方每年会有为期十天的节日来庆祝杜尔迦的胜利,这个节日在印度东北部被称为"杜尔迦女神节",而在尼泊尔则被称为"德赛节"。■

参见:梵天创造宇宙 200页,赌骰 202~203页,《罗摩衍那》204~209页。

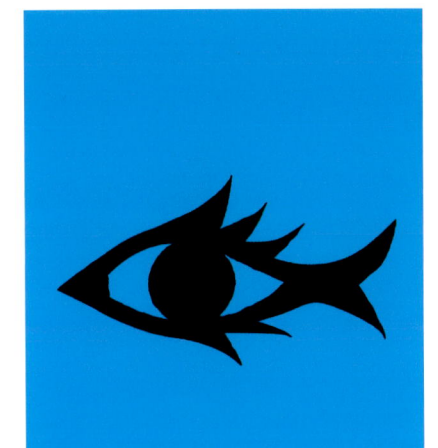

哦，米纳克希，鱼眼女神，请赐福于我！
鱼眼女神找丈夫

简介

聚焦
婚姻

来源
《湿婆的神圣功绩》，帕兰乔西·穆尼瓦尔，17世纪

背景
古印度南部泰米尔纳德邦的马杜赖

主要人物

米纳克希 潘地亚王朝的神圣统治者，雪山神女的化身

马拉亚德瓦加 潘地亚王朝的第二任国王，米纳克希的父亲

梵天 印度教三位一体神灵中的创造者

毗湿奴 印度教三位一体神灵中的保护者

湿婆 印度教三位一体神灵中的毁灭者

雪山神女 生育女神，毁灭者湿婆的妻子

米纳克希被称为"鱼眼女神"，因为她有着美丽的鱼形眼睛。她被视为潘地亚王朝的神圣统治者，那里的海商和水手会在他们的硬币和旗帜上印上鱼的图案。

鱼眼女神的传说给很多赞美诗和仪式带来了灵感。在这个故事中，马杜赖的潘地亚国王马拉亚德瓦加祈祷能有一个孩子。众神从火坑里为他创造了一个三乳女儿。一个神圣的声音告诉国王，当他的女儿遇到她的真命天子时，她的第三个乳房就会消失。国王为她取名"米纳克希"，教她圣典，为她以后统治国家做准备。

神圣的婚配

父亲死后，米纳克希成为一个强大的战士。她奔赴北方，向敌人开战。她征服了梵天、毗湿奴和提婆，之后前往湿婆的住处。她战胜了湿婆的侍从和他的圣牛守护者南迪。下一个攻击的目标就是隐居的湿婆本人。但是，当他们四目相对时，她意识到自己一定是他妻子雪山神女的一个化身。雪山神女是掌管生育、爱情和奉献的女神。那一刻，米纳克希的第三个乳房消失了。湿婆和米纳克希一起前往马杜赖，两人喜结连理。■

> 你闪耀着绿宝石般的光辉！你是湿婆之妻。你的眼睛像鱼一样美丽。
> V. K. 苏布拉曼尼亚，《印度圣歌》

参见：赌骰 202~203页，《罗摩衍那》204~209页，杜尔迦杀牛魔 210页。

你将成为全世界的王
拜加部落的起源

简介

聚焦
保护大地之母

来源
《拜加部落》，维里尔·埃尔温，1939年

背景
创世不久，古印度中部的中央邦地区

主要人物
南迦·拜加 拜加部落的男性祖先

南迦·拜金 拜加部落的女性祖先

达蒂·马塔 拜加部落的大地之母

塔库尔·德奥 拜加部落的村落之王

薄伽梵 造物主

古印度中部门德拉山附近的拜加人认为，他们的男性祖先南迦·拜加是一位伟大的魔法师。根据传说，他是第一个男人，而南迦·拜金是第一个女人。

拜加人认为，他们的早期祖先孕育于大地之母达蒂·马塔的体内，出生在竹子树下。达蒂·马塔是村落之王塔库尔·德奥的配偶，塔库尔·德奥也是最古老和最受崇拜的拜加神。每年五月雨季来临之前，拜加人会祭拜达蒂·马塔，据说那时她正准备受孕。

世界的守护者

造物主薄伽梵将大地展开摊平，却无法阻止它四处移动。他请南迦·拜加和南迦·拜金帮助他保卫大地的四个角落。南迦·拜加献给了达蒂·马塔一头母猪，献给了塔库尔·德奥一只白公鸡。

达蒂·马塔本来一直在摇晃，可当母猪的血落在她身上时，她得以保持不动。她很满意这次献祭，并告诉南迦·拜加，从现在起，当她生气并开始摇摆时，她会听从于他。

南迦·拜加和南迦·拜金找到四颗大钉子，把它们钉进大地的角落，使之保持稳定。薄伽梵告诉拜加夫妇，他们必须保护大地，保持钉子稳定。就这样，他们成了世界的守护者。

薄伽梵创造完世界后，要求所有部落聚集到一起，因为他想给他们指定一个国王。所有人都到了，薄伽梵看到很多人穿着华丽的衣服，而南迦·拜加（南迦意为

> 世界上的万国都要灭亡，但他由大地所造，是大地的领主，永远不会灭亡。
>
> 《拜加部落》

参见：梵天创造宇宙 200页，伽内什的诞生 201页，赌骰 202~203页，《罗摩衍那》204~209页。

拜加人参加在印度印多尔举办的为期三天的达罗哈尔节。这是每年8月9日的世界部落日的庆祝活动，也是部落文化的一次展示。

"裸体"）身上除了树叶什么也没穿。他选择了南迦·拜加，助他登上王位，成为全世界的王。

南迦·拜加很高兴。因为一个贡德人曾经对他表现出极大的善意，因此他说："让他做贡德王，因为他是我的兄弟。"造物主答应了这个请求，并给南迦·拜加赐福。

大地之母的仆人

薄伽梵告诉南迦·拜加，只要他们不放弃大地，拜加人就会活着。随后，薄伽梵告诉他如何耕种。南迦·拜加说，拜加人可以挖根吃，也可以摘叶卖，但绝不能犁地，因为大地是他们的母亲。于是，薄伽梵让他们砍伐灌木丛，并烧掉它们，在灰烬中播种。他们虽然不会大获丰收，但足以生存。

薄伽梵接着给南迦·拜加示范了这种刀耕火种的耕作方式，并告诉他要下雨的时候是播种的最好时期。造物主教会南迦·拜加需要知道的每一件关乎生存的事，接下来该是拜加接受种子的时候了。南迦·拜加把种子从薄伽梵的手里接过来，但有些从他手中掉落了。造物主告诉他："这样很好，本应如此，因为只有穷人才会愿意做达蒂·马塔的仆人。"■

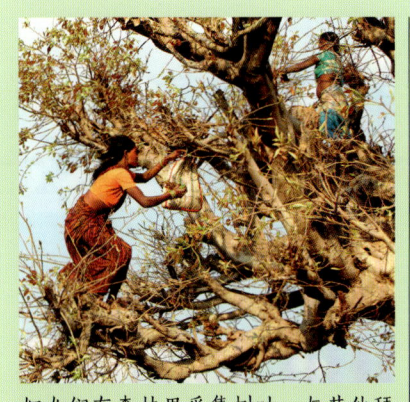

妇女们在森林里采集树叶。与其他拜加农民一样，她们仍在遵循薄伽梵教给他们的耕作方式。

拜加部落如今的耕种方式

拜加农民大多居住在印度中部的中央邦及其周边地区。他们往往选择丘陵地带，避免犁地，而且遵照传统的刀耕火种的耕作方式，正如上面拜加神话中所描述的那样。

出于对大地之母的尊重，拜加一直是半游牧民族。拜加人坚持轮作制度，每隔几年就会搬迁到一块新的土地上，而不是留在原地，不断耕种，耗尽土地。

19世纪，殖民地的林业官员迫使许多拜加人犁地。据报道，一个拜加人说："我们第一次触碰犁的时候，每个村庄都有一个人死了。"

拜加人与贡德人共同生活，已经延续了几百年。贡德人喜欢同样的耕作方式，这种方式在气候变化的今天是可持续的。

阳清为天，阴浊为地

盘古开天地

简介

聚焦
混沌中创宇宙

来源
《三五历纪》及《五运历年纪》，徐整，3世纪
《抱朴子内篇》，葛洪，4世纪

背景
时间的开端

主要人物
盘古 第一个人，大地的创造者

根据被广为接受的中国（道家）创世传说，宇宙被创造出来之前，只有无形的混沌。最终，一个像鸡蛋一样的宇宙从混沌中诞生了，世间第一个生命盘古就生在其中。根据徐整的描述，盘古半人半神，头上长角，身披毛发，是一个高达数千万丈的巨人。其他对盘古长相的描述有龙首蛇身、长着老虎的爪子。他取名"盘古"，是因为在他从蛋中孵化出来之前，他的身体因空间受限而扭曲。

上升的天空

盘古受不了蛋的束缚，于是用斧劈开了蛋。蛋清变成天空，蛋黄变成大地，大块的蛋壳变成太阳和月亮，小块的蛋壳变成星星。

在另一个神话版本中，盘古孵化后，他把阳清和阴浊分开——阴阳是自然界的对立法则，产生于混沌之中。

盘古一日九变，立于天地之间，让它们分开。"天日高一丈，地日厚一丈，盘古日长一丈。如此万八千岁，天数极高，地数极深，盘古极长……故天去地九万里。"九万里也就是阴和阳之间的距离。

盘古比天更神圣，比地更神圣，但有些说法表明，他在创造宇宙时得到过其他神灵的帮助，如上古神兽麒麟、凤凰、龟和龙的帮助。

这幅画源自一本作者不详的手稿（约1800），其中描绘了中国重要的传说人物。在这幅画中，盘古身披树叶。

参见： 宇宙起源 18~23 页，宇宙的创造 130~133 页，后羿射日 216~217 页，朱蒙 230~231 页，切罗基人的创世故事 236~237 页。

盘古的手脚和身躯变成了五座圣山，对应中国的五个基本方位：东、南、西、北、中。

左臂：（恒山，山西省）
元素：水

脚：（华山，陕西省）
元素：金

腹：（嵩山，河南省）
元素：土

头：（泰山，山东省）
元素：木

右臂：（衡山，湖南省）
元素：火

亚洲 215

> 气成风云，声为雷霆，
> 左眼为日，右眼为月。
>
> 《五运历年纪》

塑造大地

天稳地固之时，盘古筋疲力尽。临死时，他的身体化为世间万物：他呼出的气变成风和云，发出的声音变成雷霆；左眼化为太阳，右眼化为月亮；血液化作滔滔的江河，筋脉变成山川道路；皮肤肌肉化作肥田沃土，头发和髭须变成天上的星星，皮肤上的汗毛变成草木；牙齿和骨头变成金属和岩石，精气和骨髓变成珍珠美玉，流下的汗水则变成润泽万物的甘露。有记载云，盘古身上的小虫子被风一吹，变成了人类。还有记载云，盘古用泥土创造了人类。

盘古的手脚和身躯变成了中国的五座圣山，对应五行和五个基本方位。泰山是由盘古的头幻化而来的，因为它位于太阳升起的东方。■

阴和阳

维持宇宙平衡是道家思想的一个重要主题，主要体现在阴和阳的概念上。"阴阳"这个词很常见，表示了事物双重或对立的特征。

"阴"和"阳"可以解释为山坡的"阴面"和"阳面"。更广泛地说，它们代表了构成宇宙的双重特征，比如男和女、生和死、天和地。虽然两者看似对立，但实际上它们是互补的。阴和阳没有谁更优越的说法，也不可能独立存在。据《易经》记载，自然灾害，如饥荒和洪水，都是由阴阳失衡造成的。

十日并出，焦禾稼

后羿射日

简介

聚焦
拯救人类

来源
《淮南子》（又名《淮南鸿烈》），西汉皇族淮南王刘安及其门客，公元前2世纪
《山海经》，作者不详，公元前1世纪

背景
古代中国

主要人物

羲和　太阳女神

帝俊　羲和的丈夫，东方天帝，农业之神

尧　一位具有传奇色彩的中国帝王（约公元前2400），智慧和美德的典范

后羿　技艺精湛的射手

西王母　女神

嫦娥　后羿的妻子

宇宙最初有十个太阳，为太阳女神羲和与她的丈夫、农业之神帝俊所生。太阳的精灵是三足乌。羲和每天遣一只神圣的太阳鸟驾车，由东至西，给人类带来光和热。一天，十只太阳鸟同时飞向天空，灾难发生了。大地的温度飙升，烧焦了土地，妨碍了植物生长。人们热得喘不过气来，也没有能吃的东西。更糟糕的是，各种可怕的怪物到处游荡，其中包括猰貐、大风、凿齿。羲和与帝俊无法说服太阳们离开天空。

尧君救日

这时，尧作为君王请求帝俊支援，帝俊派来了弓箭手后羿。后羿带着帝俊送给他的红弓白箭来到人间。后羿猎杀怪物，救民于水火之中，随后开始解决十个太阳的问题。后羿拉开弓，向一个太阳射出一箭。这个太阳爆炸了，三足乌落到了地上。一个接着一个，后羿击落了九个太阳，只留下一个。尧告诉后羿，得留下最后的太阳，因为人们需要光和热。因为拯救了人类，恢复了世界秩序，尧被推为"天子"。他在中国传说中被尊为"明君"。

左图描绘了后羿射日。有一个版本的神话故事写道，太阳落入海中，形成岩石，蒸发海水，以阻止水淹没陆地。

亚洲 **217**

参见：盘古开天地 214~215页，美猴王的历险记 218~219页，五个太阳的传说 248~255页。

> 羿是始去恤下地之百艰。
>
> 《山海经》

悲剧发生

后羿和妻子嫦娥、徒弟逢蒙来到人间。作为对后羿射日的奖励，西王母赐给他一包长生不老药，但也就此种下了祸根。后羿是个凡人，不想与妻子分离，所以他不想吃长生不老药。

逢蒙嫉妒他主人的技艺和名望。有一天，逢蒙在后羿外出狩猎时闯进了他的家，让嫦娥交出长生不老药，嫦娥没有把药交给他，情急之下自己吞下了药。嫦娥成仙后，飞到了月亮上，因为这里离地球很近，她还可以看到丈夫。后羿发现妻子不见了，为她摆设香案，摆上她最爱的食物。他每年都这样做，以纪念妻子离开的那一天。

凶残的逢蒙用桃木枝把后羿打死，他认为，如此一来，自己便可以成为大地上最伟大的射手。后羿死后，被封为宗步神，可以阻止灾难。他的妻子现在被尊为月亮女神。

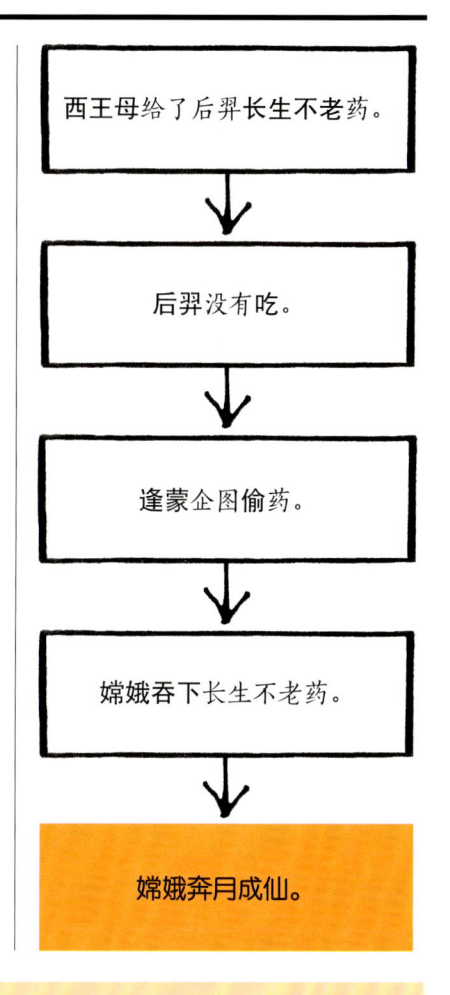

```
┌─────────────────────────┐
│ 西王母给了后羿长生不老药。 │
└───────────┬─────────────┘
            ↓
┌─────────────────────────┐
│ 后羿没有吃。             │
└───────────┬─────────────┘
            ↓
┌─────────────────────────┐
│ 逢蒙企图偷药。           │
└───────────┬─────────────┘
            ↓
┌─────────────────────────┐
│ 嫦娥吞下长生不老药。     │
└───────────┬─────────────┘
            ↓
┌─────────────────────────┐
│ 嫦娥奔月成仙。           │
└─────────────────────────┘
```

中秋节期间，在中国浙江金华，一个打扮成嫦娥的演员飞到了一个月亮模型上。

中秋节

每年的农历八月十五，中国会庆祝中秋节，全球各地的华人也会庆祝中秋节。这个节日可以追溯到公元前1600年左右，传统上是为了感恩一年的丰收，人们会团聚在一起祈求来年的丰收。

这个节日的一个主要特点是对月亮女神嫦娥的纪念。晚上，人们和亲朋好友聚会，给月亮女神摆上食物，就像嫦娥离开人间时后羿所做的那样。最有名的食物是月饼，圆圆的月饼象征着团圆。人们除了将月饼献给月亮女神，还经常将包装精美的月饼送给朋友和家人。

我要云游海角，远涉天涯

美猴王的历险记

简介

聚焦
启蒙之路

来源
《西游记》，吴承恩，约1500—1582年

背景
古代中国

主要人物

孙悟空 美猴王，玄奘的徒弟

玉皇大帝 天庭之主

如来佛祖 公元前6—公元前4世纪在古印度生活并传授佛经

玄奘 一个和尚，也被称为唐僧

观音 大慈大悲的菩萨

猪八戒 玄奘的徒弟

沙僧 玄奘的徒弟

孙悟空的经典故事始于天地交合。花果山产一石卵，生出一猴，名叫孙悟空。起初，孙悟空和花果山上的其他动物一起玩耍。后来，他雄心勃勃，自称"美猴王"。孙悟空变得威力无比，技艺高超。他学会了七十二变，只需翻一个筋斗就能飞十万八千里。他的兵器金箍棒可以根据需要奇迹般地变大或变小。

不朽与禁锢

尽管孙悟空自称美猴王，但到了阳寿将终时，他还是被带到了阴间。然而，他没有屈服于命运，而是把自己的名字从生死簿中抹去了，从此他便长生不老了。

听说了孙悟空的事情后，天庭之主玉皇大帝招他上界，授予他官爵，希望以此来约束他的行为。孙悟空本期望可以加官晋爵，结果只被封为弼马温。当意识到自己的官职很低时，他勃然大怒，返回花果山，自封"齐天大圣"，要与玉皇大帝平起平坐。

起初，玉皇大帝试图安抚孙悟空，让他看管蟠桃园。一日，孙悟空因未受邀与其他神仙一起参加蟠桃会而偷吃了仙桃，大闹天宫，打败了玉皇大帝派来的天兵天将。眼看孙悟空无人能降，玉皇大帝请如来佛祖救驾。佛祖将五指变成五行山，将孙悟空压于山底。

尽职的徒弟

几百年后，一位名叫"玄奘"的和尚去西天取经。玄奘得到了大慈大悲的观音菩萨的帮助。观音安排了几个徒弟一路上保护玄

> " 这般藐视老孙！老孙在那花果山，称王称祖。
> 《西游记》 "

参见：众神与泰坦之战 32~33页，盘古开天地 214~215页，后羿射日 216~217页。

奖，以弥补他们过去的过错。

第一个徒弟就是孙悟空，玄奘把他从五行山下放了出来。为了管住他，观音给他头上戴了一个紧箍，只要玄奘念咒，孙悟空头上的紧箍就会越来越紧。第二个徒弟是猪八戒——一个被逐出天宫的神仙，他以猪妖的身份在人间重生。第三个徒弟是沙僧，之前也是一个神仙，因为打碎琉璃盏而被贬下天庭，变成了河妖。

一路上，佛祖给玄奘安排了各种劫难，以此让其修养心性。最后，玄奘将经书带回长安（唐朝的都城，也就是现在的西安），并被封为旃檀功德佛。孙悟空也证明了自己是一个忠诚且尽职的徒弟，他保护玄奘免受许多恶魔的伤害。作为奖励，孙悟空也得以成佛，被封为"斗战胜佛"。

玄奘在孙悟空和猪八戒的陪同下，穿过河流，到达了甘肃省张掖的大佛寺。

玄奘

文学作品中的玄奘是以历史人物为基础塑造的。约602年，他出生于洛阳，13岁时出家，7年后受具足戒。

公元前3世纪，佛教传入中国。但是，僧人研习的佛经往往不完整，也不准确，于是玄奘决定亲自去印度学习并收集经文。尽管当时的皇帝禁止国人越境出国，但玄奘还是在629年启程了，十几年后他返回长安，并带回来几百部梵文佛经。

应唐太宗提请，玄奘口述、辩机编撰了《大唐西域记》。这部作品后来给予了吴承恩撰写《西游记》的灵感。《西游记》被誉为中国的四大名著之一。玄奘余生都住在长安，不断学习研究，将印度佛经翻译成中文。

他们生下国土后，又生下众神

伊邪那岐和伊邪那美

简介

聚焦
日本建国和众神的由来

来源
《古事记》，太安万侣，712年

背景
神话时代的日本

主要人物

伊邪那岐 父神

伊邪那美 伊邪那岐的妻子

迦具土 火神

黄泉丑女 一个丑陋的女鬼

月读 月夜之神

天照大神 太阳和宇宙女神

须佐之男 海洋和雷电之神

第一代天神给了伊邪那岐和伊邪那美建立日本（"创造土地"）的任务。他们二人的结合将创造出大八洲（古代日本），包括日本八大岛屿和六个小岛。为了完成任务，这对夫妇在人间安家。伊邪那岐站在天之浮桥，用天沼矛搅动海水。他将矛提起时，盐从矛尖落下，形成了一个小岛，伊邪那岐和伊邪那美便在那里完婚。在结婚仪式上，伊邪那美先开口，赞赏她的丈夫："哎呀，真是个好男子。"

生与死

伊邪那美很快就生下了两个小岛，但它们都是畸形的。这对夫妇问神灵原因，被告知是因为伊邪那美在婚礼上抢先发言了。于是，他们重办婚礼，并让伊邪那岐先发言。接下来他们生出了美丽的日本群岛。

随后，伊邪那岐和伊邪那美生下众神，分别代表日本的自然景物。一切都很美好，直到伊邪那美生下火神迦具土。迦具土在伊邪那美分娩期间把她烧伤，并最终导致她死去。伊邪那岐拿起剑砍下迦具土的头颅，用他的尸首制造了八个武神和八个山神。

伊邪那岐随后前往黄泉国，想要找回伊邪那美。他站在伊邪那美所在的大殿外面，乞求她回到人间。伊邪那美回答说，她必须得到许可才能离开，因为她吃了黄泉国的食物，所以她只能待在那里。

伊邪那岐迫不及待地想知道结果，他朝大殿里面望去，看到伊邪那美腐烂的身体，上面爬满蛆虫。伊邪那美看到伊邪那岐的表情，十分生气，于是派了黄泉丑女

古代日本的八岛

- 伊伎岛
- 佐渡岛
- 隐岐岛
- 大倭丰秋津岛
- 对马岛
- 伊豫岛
- 筑紫岛
- 淡路岛

参见：宇宙起源 18~23页，宇宙的创造 130~133页，梵天创造宇宙 200~201页，切罗基人的创世故事 236~237页。

神道教

日本的主要宗教神道（"众神之道"）借鉴了日本的本土信仰，最早记录在8世纪初的《古事记》和《日本书纪》中。这两本书都记录了伊邪那岐和伊邪那美的创世神话。神道教没有特定的创始人，也没有严格的教条，它包含着许多不同的传统和影响。它最重要的特征是对神灵的崇拜。神灵通常是自然的力量，存在于自然之中，如岩石和河流中。神灵还包括受人敬仰的祖先，他们扮演着后代守护者的角色。

神灵通过祈祷和仪式受到尊敬，这种仪式可以在家里的神棚里举行。神棚是供奉家族神灵的地方，也是摆放供品的地方。

在这幅19世纪日本画家河锅晓斋创作的插画中，伊邪那岐挥舞长矛搅动海水，创造了日本造物神灵们居住的岛屿——淤能碁吕岛。

和从她尸体中出现的八个雷神及一千五百名黄泉军追赶他。

伊邪那岐逃回人间，把千引石推到了黄泉的入口。伊邪那美和伊邪那岐站在千引石的两边，伊邪那岐宣布他们"离婚"了。伊邪那美完全丧失了理智，发誓每天杀死一千人，但伊邪那岐发誓每天必生一千五百人。

因感到与死者接触不洁，伊邪那岐脱掉衣服洗澡。他丢弃的衣服变成了十二个神。当他洗澡时，他身上的污垢又创造出了十四个神，其中最后三个神最为强大：他清洗右眼创造了月夜之神月读；清洗左眼创造了太阳神天照大神；清洗鼻子创造了海洋和雷电之神须佐之男。天照大神也是生育女神，她和毁坏庄稼的须佐之男之间的冲突可与伊邪那岐和伊邪那美之间史诗般的敌意相比。■

伊邪那岐和伊邪那美的结合由神圣的夫妇岩代表，夫妇岩由绳桥连接，位于日本南部的伊势神宫附近。

灾祸四起
须佐之男和天照大神

简介

聚焦
姐弟对立

来源
《古事记》，太安万侣，712年

背景
神话时代的日本

主要人物
伊邪那岐 父神

天照大神 太阳和宇宙女神，伊邪那岐的女儿

须佐之男 海洋和雷电之神，伊邪那岐的儿子

思兼神 智慧之神

大气津比卖 保食神

足名椎 老神仙，他的女儿栉名田比卖嫁给了须佐之男

八岐大蛇 长着八个头的巨型怪物

太阳女神天照大神和她的弟弟海洋之神须佐之男经常吵架。须佐之男经常捉弄他的姐姐。由于厌倦了他的恶作剧，他们的父亲伊邪那岐将其流放到黄泉。离开之前，须佐之男到高天原去看望姐姐。

天照大神得知弟弟的到来，以为他是来侵占高天原的，十分警惕。她把头发分开，挂上珍贵的垂饰，同时也给胳膊戴上垂饰。然后，她用弓和一千五百支箭武装自己。

参见: 阿胡拉·马兹达和阿里曼 198~199页，盘古开天地 214~215页，伊邪那岐和伊邪那美 220~221页。

> "当他上天的时候，山河轰鸣，大地震动。"
>
> 《古事记》

当须佐之男到达时，天照大神一脚跺在地上，问他来访的原因。须佐之男说他只是来告别的，并建议他们互赠信物，用于繁育神灵后代，以示诚意。

为了证明自己没有恶意，须佐之男把自己的十拳剑交给天照大神。天照大神将剑折成三段，用高天原的井水冲洗，之后放入口中咬碎，再吐出来，生出了三个海之女神。须佐之男接着要来天照大神的饰物。他把它们咬成碎片，然后吐出来，生出了五个男神。

须佐之男手持宝剑，杀死了吃掉七个姐妹的怪兽。他救下了足名椎最后一个女儿，他此前的行为得到了原谅。

姐弟冲突

在这次交换之后，最初天照大神和须佐之男之间是和平的。然而，须佐之男很快恢复了以前的不良行为。他宣称，那些从他的剑下生出的孩子都是"软弱无力的女人"。他在姐姐的高天原乱闯乱撞，肆无忌惮。他毁坏稻田，在她庆祝丰收盛宴的大殿里乱扔粪便。

然后，须佐之男去了天照大神和其他神灵织布的地方。他在房顶上钻了个洞，把一匹剥了皮的小马扔到她们之间，造成混乱。

《古事记》

《古事记》是日本现存最古老的文字作品。它以口头传承为基础，融对话、歌曲、叙事和评论为一体，记录了日本四岛漫长而广博的历史。

上卷写"神代"，讲述了日本和众神是如何诞生的。中卷和下卷以"人代"为背景，详细描述了人类英雄的传奇事迹和日本统治者的皇室血统，一直写到628年推古天皇去世。

《古事记》由贵族、编年史者太安万侣编写。他受元明天皇之命编写这本书，希望日本的神话和传说可以有更准确的记载。《古事记》一完成，就对神道教的信仰、仪式和习俗的发展产生了巨大的影响。

因为受到惊吓，一个女神撞到了自己的织布梭子上，受到了致命的伤害。天照大神惊恐万分，躲在大地深处的天岩户中，不肯出来，世界因此陷入了黑暗。

神灵聚集在洞外，劝说天照大神出来。智慧之神和高天原众神的参谋思兼神，想出了一个狡猾的计划。他从天安河上游取来天坚石，从高天原的山上采来铁。利用这些材料，他指示其他神灵共同打造出八尺琼勾玉和八咫镜。

思兼神拔出一棵树，把它栽在天岩户的入口处。他在上枝上系上八尺琼勾玉，在下枝上系上用白桑纸和蓝麻布做成的祈祷带，在树中间挂上八咫镜。之后，黎明女神天宇受卖命在洞口附近倒扣了一个桶，并开始在上面跳舞。跳舞时，她把腰带拖到腰部以下，引得其他神灵大笑起来。

听到骚动，天照大神好奇地从洞中窥视。当她出现时，她看到了镜子里的倒影。在她疑惑的瞬间，躲在旁边的天手力男命一把把她拽了出来并立刻在洞口挂上注连绳，以阻止她返回洞穴。其他神灵告诉天照大神，她不能再掩盖自己的光芒。她同意不再躲藏，世界再一次沐浴在她的光芒中。

死亡与重生

天照大神出来后，众神商议该如何处罚须佐之男。须佐之男的行为极具破坏性，严重违背了日本传统的道德观。为了惩罚他的行为，众神拔掉了他的手指甲、脚指甲，剪掉了他的胡须，然后把他逐出了高天原。

此外，众神还要求须佐之男准备一千桌食物，作为对他的惩罚。须佐之男请保食神大气津比卖帮助寻找食物。她同意了，从自己的鼻子、嘴巴和肛门处变出了很多食物。须佐之男觉得自己受到了冒犯，于是杀了她。

但是，大气津比卖又活了过

> **因此，高天原被黑暗覆盖……无尽的夜晚笼罩着世界。**
>
> 《古事记》

天照大神躲在山洞里，但众神诱使她离开。在歌川国贞19世纪的这幅木版画中，天照大神在黑暗中放出神圣的光芒。

日本皇室国宝，亦称"日本三神器"，由天照大神的孙子传给天皇，并用于即位大典。它们代表智慧、仁慈和勇敢。

八咫镜
神用它来诱骗天照大神走出天岩户

八尺琼勾玉
挂在一棵树上，天宇受卖命在这棵树旁边跳舞

草薙剑
由须佐之男送给天照大神

来，这反映了收获、死亡和重生周期。她的身体里长出蚕、大米、小米、红豆、大麦和大豆。这些谷物和豆类变成了种子，须佐之男播种收割，以还清自己的"债"。

须佐之男被逐出高天原后，去了出云国肥河上游一个叫"鸟发"的地方。当他穿过乡间时，他看见一只筷子顺着河漂流。

顺着筷子漂来的方向，他看到一对老夫妇带着一个漂亮的女儿，三个人都在哭泣。老人足名椎说，他们曾经有八个女儿，但每年都有一个女儿被八岐大蛇吃掉，现在他们只剩下小女儿栉名田比卖了。

降服八岐大蛇

他们告诉须佐之男，八岐大蛇有八头八尾，体型巨大，横跨八个山谷和八个山峰。须佐之男同意杀死它，但作为回报，栉名田比卖要与他结婚。

须佐之男让这对年迈的夫妇做一批烈酒，再筑起篱笆墙，篱笆墙上开八个门，每个门上放一桶烈酒。八岐大蛇到达时，把每个桶里的酒都喝光了。酒太浓烈了，八岐大蛇很快就睡着了。须佐之男用他的剑将其碎尸万段。

他在八岐大蛇的体内发现了一把强大的剑，后来被称作"草薙剑"。他后来把剑交给了天照大神，以弥补他之前的错误。八岐大蛇被杀死后，须佐之男和栉名田比卖结婚，并有了六代子孙。■

苍穹之界的水稻无与伦比

火与水稻

简介

聚焦
农业的起源

来源
《伊富高宗教》，罗伊·富兰克林·巴顿，1946年
《伊富高神话》，罗伊·富兰克林·巴顿，1955年

背景
菲律宾吕宋岛的稼秧

主要人物
维甘 伊富高猎人，卡比噶特的兄弟

卡比噶特 伊富高猎人，维甘的兄弟

布甘 维甘的妻子

里杜姆 赐予者，苍穹之界的一位男神

黑努边 苍穹之界的一位男神，与里杜姆住在一起

蒂尼帕安 上游地区的一位匠神

伊富高是一个源自菲律宾高地的部落，维甘和卡比噶特的故事是伊富高神话的基础。故事探讨了人类的大地之界和众神的苍穹之界的共生关系，还讲述了他们如何协商共同维持生计。

住在稼秧的维甘和卡比噶特想去打猎。他们想看看狩猎是否会成功，于是，维甘选了最肥的鸡，将其献祭给几位小神，包括住在上游地区和下游地区的疲倦之神，还有生活在山区掌管狩猎的阿拉巴特神。预兆很好，所以维甘和卡比噶特带上长矛和狗，去山里寻找野猪。

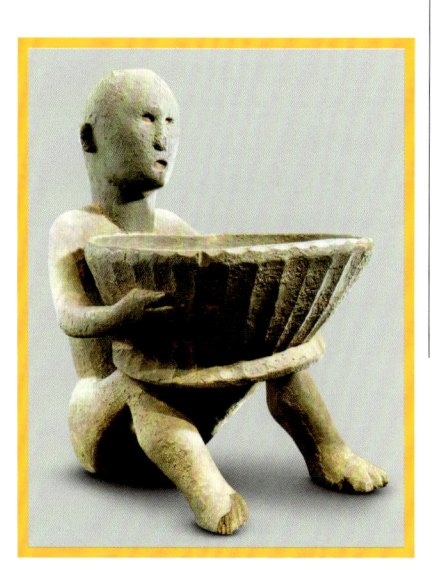

进入苍穹之界

兄弟俩来到森林里，看到了一只野猪，于是放狗去追赶猎物，还叫嚷着给狗打气。他们一直朝山顶追去，野猪爬上了苍穹之界，兄弟俩紧跟其后。他们在神祇里杜姆和黑努边的房子旁边找到了这只猪，维甘用长毛刺死了它。

当黑努边斥责维甘杀死苍穹之界的猪时，维甘回答说："这不是你们的猪，是我们从稼秧一路追到这里的。"维甘和卡比噶特将死猪抬到里杜姆和黑努边的粮仓里，将它切开，与两位神分享。

神把小块的肉与血液和大米混在一起，生吃下去。他们问维甘和卡比噶特为什么不吃，维甘说他

坐着的布鲁尔（稻神）拿着一个用来收粮食的篮子。这尊为伊富高家庭或粮仓制作的木雕（15世纪），来自菲律宾吕宋岛。

参见：普罗米修斯帮助人类 36~39页，拜加部落的起源 212~213页，杀掉卢玛卢玛 308~309页。

们不吃生肉。

互赠礼物

维甘和卡比噶特把他们分得的猪肉带回大地之界，用竹钻取火，并煮熟了米和肉。他们召唤当地的神灵（他们都是里杜姆或黑努边的孩子），并邀请他们一起吃饭。这些神灵将食物带到苍穹之界，和他们的父亲分享。

里杜姆和黑努边很高兴能吃到这么美味的食物，于是召唤维甘和卡比噶特，向他们讨取火种，并愿意用珠宝交换如此珍贵的礼物。但是，维甘坚持要苍穹之界的水稻，因为那里的水稻比大地上有芒的水稻要好得多。

神打开粮仓，给了维甘两大捆水稻种子。作为回报，维甘为他们生了火。神兴奋地将火带入房间，却不小心把房子点着了。他们要求维甘把火收回去，维甘用水扑灭了火，然后建了壁炉来盛放火焰。两位神十分感谢维甘和卡比噶特，于是告诉了他们如何种植并储存水稻。

养活人类

维甘回到稼秧，告诉妻子布甘，要想种好水稻，她就必须将自己裹在毯子里，并且在他用挖掘棒反复掘地时保持一动不动。在他种出八块稻田之后，布甘动了。从那时起，维甘每戳一下，便只能翻动一小块地。

维甘训斥布甘，但布甘说："我们已经有足够的田地了，孩子们可以再增加田地。"听了这话，维甘的怒气平息了，他把棍子插到田地上方的堤岸边，水涌出来灌溉田地。一切做完后，维甘知道，自己很快就会成为第一个收获神赐水稻的人。

> 水稻种在这里，结出多如沙粒的稻谷……
> 《伊富高宗教》

吕宋岛山区的伊富高水稻梯田建于2000年前。在复杂灌溉系统的浇灌下，它们代代相传。

当水稻成熟时，匠神专门做了收割用的刀具，并用它们和维甘交换了鸡。维甘将水稻储存在粮仓中，并且为了苍穹之界、大地之界、上游地区和稻神布鲁尔举行了献祭仪式。维甘再一次召唤众神，因此稼秧水稻的产量不断增长，同时，这也映射了生、死、重生的周期循环。■

从前有一个叫作檀君的人,他建了一座城,创造了一个民族
朝鲜的建立神话

简介

聚焦
民族的起源

来源
《三国遗事》,一然,1281—1283年

背景
太伯山和古朝鲜

主要人物
桓因 天帝

桓雄 天帝的儿子,人间的第一个统治者

熊女 一只变成女人的熊

檀君 桓雄和熊女的儿子,朝鲜的开国国君

关于朝鲜的建立神话,最古老的一个便是桓雄和他儿子的故事,这个故事将朝鲜人都源自同一个祖先的概念根植于朝鲜文化中。根据这个神话,所有朝鲜人都是公元前2333年建立朝鲜的传奇人物的后代。

后代

桓雄是桓因的儿子,桓因是天帝,是至高无上的神祇。有一天,桓雄问父亲,他能不能去凡间统治自己的土地。尽管桓因因儿子要离去而悲伤,但他意识到,儿子将是一个很好的人类统治者。接着,桓因打开天堂之门,让儿子前往太伯山(今妙香山)。

三千个神灵陪伴着桓雄从天界下凡到人间,抵达太伯山之巅。桓雄来到了一棵檀香树下,在那里

太伯山是传说中桓雄在神市的家园,这座神秘之山的位置现已无法探寻。

参见：雅典的建立 56~57页，罗马城的建立 102~105页，伊邪那岐和伊邪那美 220~221页，朱蒙 230~231页。

《三国遗事》

关于檀君的神话故事最古老的记载，源自1281—1283年佛教僧侣一然编纂的《三国遗事》。这部作品写于蒙古帝国时期（1206—1368），是一本朝鲜民间故事集。

檀君神话追溯了朝鲜人民的原始起源，证明他们拥有神授的权力统治家园。几个世纪以来，朝鲜半岛不断被外族入侵。这个故事在20世纪重新受到关注，当时它被用来证明朝鲜的民族主义、领土主张和统一是正当的。这发生在1948年冷战期间。当时，朝鲜半岛出现了国际紧张局势，朝鲜和韩国对抗。这一分裂持续至今。

建立了神市，设立了"风伯""雨师""云师"等职位，让他们掌管三百六十余事，而桓雄则被称为"人间的神圣统治者"。

此后，他便能够监督农业，保护生命，治愈疾病，实施惩罚，并建立一个反映天界价值观的道德秩序。

> 如果你们吃掉这些东西，一百天不见阳光，你们就会变成人。
>
> 桓雄

王位继承人

一天，一只熊和一只老虎找到桓雄，请求他把它们变成人。桓雄同意了，给予它们一株神圣的艾蒿和二十头大蒜。他告诉它们，把这些全部吃掉，在黑暗中待够一百天，就能变成人。它们接受了这个条件，找到了一个暗无天日的洞穴。但是，老虎很快就因为饥饿放弃了，它离开了洞穴，而熊耐心地等了一百天后，变成了一个美丽的女人。

熊女很感激桓雄，每天都在太伯山的山顶为桓雄献祭。虽然她没有丈夫，但她也每天祈求能有一个儿子。桓雄被她的诚意打动了，他将自己变成一个男人，和熊女生下了一个孩子，取名为檀君。

檀君长大后成为一个睿智且有能力的领导者，最终接管了曾经由他父亲统治的土地。檀君建立了第一个王朝，并称其为"朝鲜"。他在朝鲜现在的首都平壤附近建立

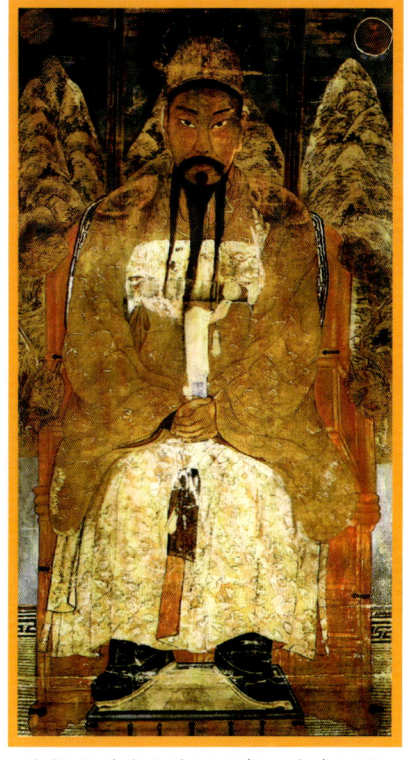

这幅画创作于约1850年，出自19世纪著名肖像画家蔡龙臣之手，他画的是檀君，背景是山顶。

了都城。

后来，檀君把首都迁到太伯山上的阿斯达。他统治了朝鲜民族长达1500年，在1908岁的时候，他回到太伯山的神市，成了山神。■

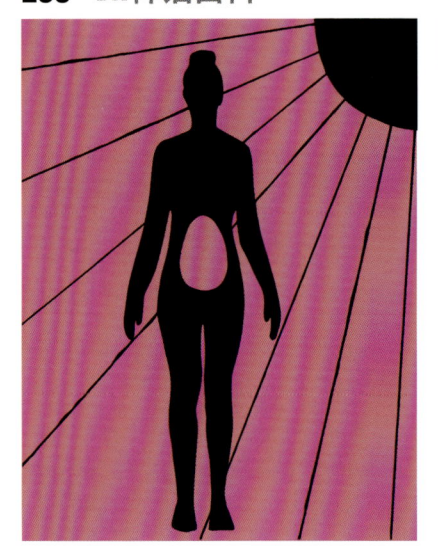

解慕漱让阳光轻抚柳花的身体

朱蒙

东明圣王朱蒙的神话可以追溯到高句丽王国的建立。高句丽王国是古代朝鲜半岛的三个国家之一，在公元第一个千年的大部分时间里统治着朝鲜半岛。这个故事记录了这个新王国的创立及其长期的统治。

有一天，天帝派他的儿子解慕漱下凡。解慕漱恰好遇见柳花和她的两个妹妹在熊心渊边洗澡。解慕漱被柳花的美貌迷住了，他把三姐妹带到熊心渊下面鸭绿江畔的宫

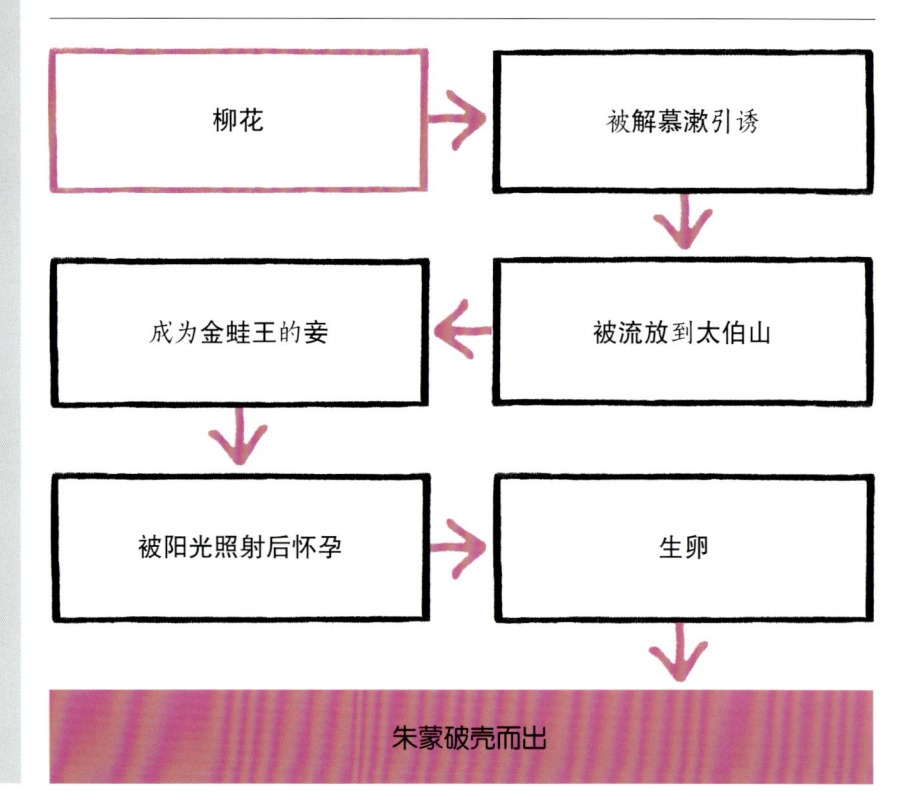

简介

聚焦
王朝的建立

来源
《三国史记》，金富轼，1145年
《创世神话词典》，戴维·亚当斯·利明和玛格丽特·亚当斯·利明，1996年

背景
高句丽王国

主要人物
天帝 天上的皇帝

解慕漱 天帝之子

柳花 河伯神的女儿

河伯神 柳花的父亲，鸭绿江的河神

金蛙王 东扶余的国王，柳花的爱人

朱蒙 解慕漱和柳花的儿子，从卵中出生

```
柳花 → 被解慕漱引诱
                ↓
成为金蛙王的妾 ← 被流放到太伯山
    ↓
被阳光照射后怀孕 → 生卵
                    ↓
            朱蒙破壳而出
```

参见: 宇宙起源 18~23页,《卡勒瓦拉》160~163页, 朝鲜的建立神话 228~229页。

殿,并把她们困在那里。柳花的两个妹妹设法逃走了,只留下柳花和解慕漱单独在一起,解慕漱引诱了她。

柳花的父亲河伯神发现后,十分愤怒,并找到解慕漱。解慕漱告诉河伯神,他是从天上来的,打算娶柳花为妻。为了测试他是否拥有神的力量,河伯神向他发起挑战。当河伯神意识到解慕漱有神的力量时,他把解慕漱灌醉,装进一个巨大的皮袋里。解慕漱冲破袋子逃走了,之后再没见到河伯神和柳花。

年轻的射手

柳花被她父亲流放到太伯山南边。东扶余国王金蛙王发现了柳花,他被她的美丽和悲伤所感动,决定让她做他的妾。

因被柳花父亲击败而愤怒的解慕漱,让阳光轻抚柳花的身体。解慕漱乘坐由五条龙拉的金色马车下凡。解慕漱在他的儿子朱蒙建立新王朝之前就死了。

就这样,柳花怀孕了,五天后产下一卵。金蛙王很快便意识到这并非他所生,而是来自天帝之子。他想把卵砸碎,可是它坚不可摧,于是他把卵还给柳花。柳花把它裹在一块布里,放在一个温暖的地方。最后,一个孩子破壳而生。七岁时,他便能自己制作弓箭,于是被命名为"朱蒙"("神弓手")。

死里逃生

当朱蒙十二岁的时候,金蛙王的儿子们非常嫉妒朱蒙的能力,想要谋害他。得知自己有生命危险,朱蒙逃到了奄利大水,在水边高喊自己是天帝的孙子。从湍急的河水中升起一座由鱼和龟搭成的桥,他从上面通过了。当他安全到达对岸后,桥消失了,把追捕他的人留在了另一边。

朱蒙继续前行,在公元前37年到达卒本川,并在那里建立了首都。他把新国家命名为"高句丽",自己则取姓为"高"。∎

卵

卵作为一个有力的原始主题,经常出现在世界各地的创世神话中。在某些神话中,如中国盘古开天地的故事中,宇宙起源于卵,所有生命都在这个卵中孵化成长。在其他神话中,如朱蒙的故事中,人在奇迹般的环境中从卵中诞生,这违反了自然规律,预示着英雄将在未来扮演命中注定的角色。

在塑造英雄主人公的过程中,卵不仅是新生命的有力象征,而且是宇宙赐予的礼物,使国家得以建立。在朱蒙的故事中,朝鲜在他的领导下开创了一个新时代。类似的民族起源神话可以在许多国家(包括芬兰、埃及、安哥拉和印度)的古代民间故事中找到。

在古希腊神话中,俄耳甫斯蛋生出了雌雄同体的神祇法涅斯,亦称"普洛托革诺伊",所有其他的神都是法涅斯的后代。

THE AMERICAS

美洲

约公元前750—公元800年	玛雅人在中美洲的低地耕种生活。
1345年	阿兹特克帝国的首都特诺奇蒂特兰建立,这是当时美洲最大的城市。
1438年	印加帝国在萨帕·印加·尤潘基的指挥下不断扩大版图。
1492年	探险家克里斯多弗·哥伦布登陆巴哈马,发现了美洲新大陆。
约1554—1558年	《波波尔·乌》记录了基切人的创世神话,其中包括英雄双胞胎的故事。
1558年	《奇马尔波波卡法典》写成,记录了阿兹特克人的传奇故事。
1572年	佩德罗·萨姆尼托·德·甘博亚的《印加文明史》详细叙述了印加文明及其神话。
1830年	美国的《印第安人迁移法》迫使美国原住民离开他们的土地,导致他们的大部分文化被破坏。

第一批定居美洲的人类是古印第安人,他们大约在22000年前从亚洲到达北美洲。在随后的几千年里,他们不断向南迁徙,公元前16500年,特维尔切等部落在南美洲南端的巴塔哥尼亚定居下来。

大约从公元前3500年起,中美洲文明开始兴起,大约于公元前1800年建立了第一批城市。这些早期民族的神话和传说对后来的文明,例如公元前750年至公元9世纪蓬勃发展的玛雅文明、13—16世纪发展起来的阿兹特克帝国,产生了很大的影响。12—16世纪,南美洲的印加帝国开始崛起,相应的神话也随之发展起来。北美的原住民也发展出了高度多样化的文化和传说——从11世纪北极的因纽特人到大约1400年迁移到西南边的纳瓦霍人。

旧世界与新世界

15世纪末欧洲人的到来改变了新大陆,他们携带的疾病杀死了数百万人,皈依基督教和西方化抹去了许多原住民神话。虽然欧洲移民的到来给美洲造成的损失无法估量,但随后他们与原住民的直接接触意味着,从16世纪开始,许多神话第一次以书面形式被保存下来。它们被约翰尼斯·威尔伯特等欧洲作家记载,旧世界未曾发现的偏远地区得到探索。

然而,由于新定居者和殖民者攻击原住民文化,迫使原住民按照他们的生活方式生活,到18世纪末,美洲原住民和加拿大原住民的许多神话失传了。

讲故事的方法

在第一次接触白人殖民者之前,美洲原住民基本不使用书面语言。美洲神话的所有分支最初都是通过口述的方式保留下来的,但一些中美洲民族,如玛雅人和阿兹特克人,发明了象形文字,因此他们可以通过文学集的方式记录他们的神话,如《波波尔·乌》和《奇马尔波波卡法典》。其他民族的人使用不同的方式记录他们的故事,例如,印加人可能使用结绳记事的方法。

美洲　**235**

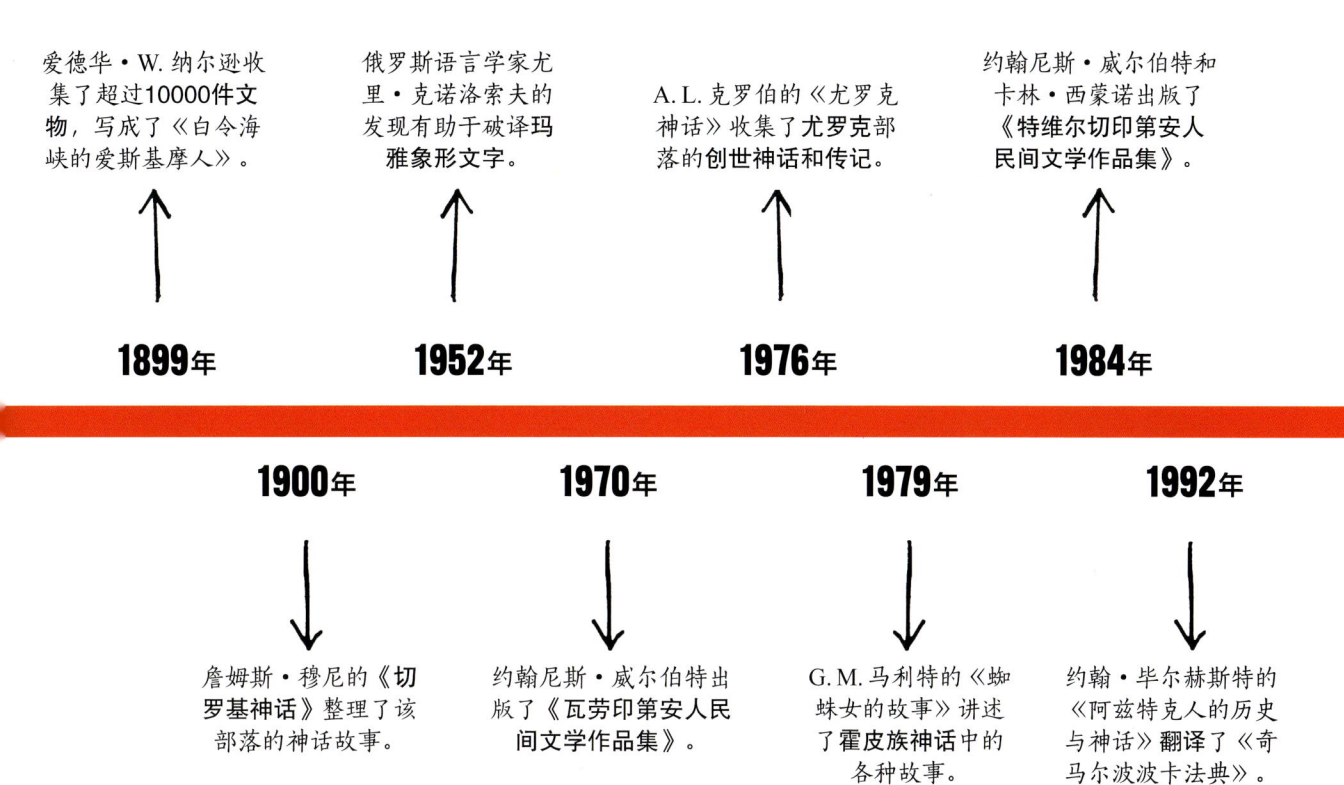

1899年 爱德华·W.纳尔逊收集了超过10000件文物，写成了《白令海峡的爱斯基摩人》。

1952年 俄罗斯语言学家尤里·克诺洛索夫的发现有助于破译玛雅象形文字。

1976年 A.L.克罗伯的《尤罗克神话》收集了尤罗克部落的创世神话和传记。

1984年 约翰尼斯·威尔伯特和卡林·西蒙诺出版了《特维尔切印第安人民间文学作品集》。

1900年 詹姆斯·穆尼的《切罗基神话》整理了该部落的神话故事。

1970年 约翰尼斯·威尔伯特出版了《瓦劳印第安人民间文学作品集》。

1979年 G.M.马利特的《蜘蛛女的故事》讲述了霍皮族神话中的各种故事。

1992年 约翰·毕尔赫斯特的《阿兹特克人的历史与神话》翻译了《奇马尔波波卡法典》。

共同的开端

一般来说，美洲大多数民族相信有一位造物主。美洲最核心的神话大多详细描述了天地和万物是如何被创造出来的。对于印加人来说，这位神就是维拉柯卡，他创造了宇宙。特维尔切人的天空之父科赫也扮演了类似的角色。阿兹特克人相信，宇宙最初是由一个叫奥梅特库特利的男女双生神创造的，奥梅特库特利还创造了最初的四个神。另一个关键的创造者是大地之母，她在美洲原住民的许多神话中以蜘蛛的形象出现，是人类的老师。

帮助或教导人类的英雄是美洲神话中反复出现的主题。南美洲的瓦劳人尊崇一个名叫"哈布里"的人，他发明了独木舟。玛雅的英雄双胞胎击败了地府的死神，让人类免于被献祭。英雄双胞胎与诡计之神也有共同的特征。这些狡猾的神灵在北美神话中也很受欢迎，如因纽特人和加拿大第一民族的乌鸦故事。

理解宇宙

美洲神话深深地根植于原住民对灵性和宗教的看法中，尤其展示了人类、自然界和宇宙之间的深层联系。美洲神话以独特的方式将宇宙概念化。例如，切罗基人的创世神话把世界描绘成一个漂浮在海上的岛屿，由绳索支撑；而瓦劳人则把他们的世界想象成一个完全被海洋包围的大陆。

天体经常出现在美洲神话中。太阳和月亮之间的较量就很常见，如在阿兹特克人、印加人和特维尔切人的神话中。特别是对阿兹特克人来说，存在的基础是一个由五个太阳和时代组成的循环，每个太阳和时代都以毁灭而告终，人类的献祭对于防止第五个也就是最后一个太阳的陨落十分关键，因为随之而来的将是世界末日。∎

大地是漂浮在海面上的一个巨大岛屿

切罗基人的创世故事

简介

聚焦
创世

来源
《切罗基神话》中记载的口头传统，詹姆斯·穆尼，1900年

背景
时间伊始

主要人物

水甲虫 大宇尼西（"河狸的孙子"），创造陆地的第一个生物

秃鹫 创造山峰和山谷的动物

斯卡几里 红龙虾

一对兄妹 最早的人

美洲原住民的创世神话通常与自然界和灵界密不可分，往往赋予动物、天空和大地神的属性。许多神话中有一位创造世界和万物的大神。

虽然这些神话之间存在广泛的相似性，但每个部落的神话还是有很大差别的。对于生活在北冰洋边缘的因纽特人来说，女神赛德娜十分重要，她创造了所有的海洋生物。在源自东北部林地的易洛魁神话中，大地形成于一只大海龟的背上。

岛屿

切罗基人居住在东南部的林地。与易洛魁人的神话一样，切罗基人的创世故事也从一个水汪汪的世界开始。有些版本认为，动物出现于大地之前，那时到处都是水。这些动物生活在水上方一个被称为"加仑拉提"的灵界里。

动物们俯视水面，想知道水下面是什么。水甲虫说，它可以去探索一番。因为没有地方着陆，所以它潜入了水的深处，发现了黏黏的泥土。于是，它带着泥土游了上来，把土放在了水面上。

泥土蔓延，形成了一个大岛。大岛东南西北四个方向上各有一根长长的绳子，将大地与天上的灵界固定在一起。在将来的某个时候，当大地变得太老时，绳索会断裂，大地会沉入水中。

天上的动物们看着岛屿越变越大。鸟儿飞下来查看新大陆，发现泥土还是又软又黏，又等了一段时间，秃鹫俯冲下来，飞过岛屿。它的翅膀拂过地面时，地面上就会

这尊水甲虫大宇尼西木雕由雕刻家约翰·朱利叶斯·威尔诺蒂制作，他是东切罗基族印第安人部落的成员。

参见：宇宙起源 18~23页，盘古开天地 214~215页，桑人的创世神话 284页。

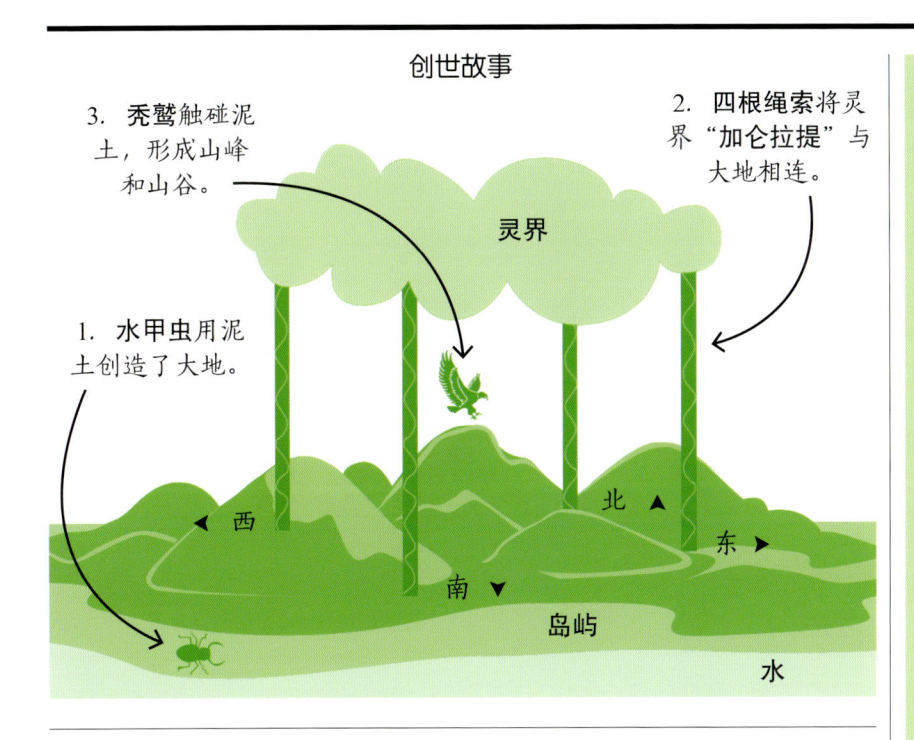

创世故事

1. 水甲虫用泥土创造了大地。
2. 四根绳索将灵界"加仑拉提"与大地相连。
3. 秃鹫触碰泥土，形成山峰和山谷。

灵界
西、北、南、东
岛屿
水

出现深谷；而它再次飞起时，地面上就会出现山峰。这就解释了为什么切罗基人的传统家园有如此多的山脉。

白天和黑夜

当泥土完全变干时，动物们从天上来到地上，它们发现地上一片漆黑。于是，它们找到太阳，让它每天从东到西穿过天空。起初，太阳离大地太近了，导致地面太热，把龙虾斯卡几里都烤成了红色。切罗基人认为这破坏了龙虾肉，于是他们决定不再吃它。

动物们把太阳往上移，直到移到七手高的位置，太阳正好在苍穹之下。接下来，动植物坚持七天七夜不睡觉，守望着一切。在大地诞生之前很久，创造它们的神就告诉它们要这样做。那些成功保持清醒的动物得到了奖励，所以，猫头鹰和黑豹等动物在夜间可以看到猎物。雪松、松树等植物也坚持住了，所以，它们可以四季常青。

人类

最后，人类来到岛上生活。首先来的是一对兄妹。每隔七天，妹妹就会生下一个孩子。然而，人口增长太快，世界开始变得拥挤。从那时起，女人每年只能生育一次。■

阿尼索

在切罗基的神话中，在一对兄妹来到大地上生活之前，鸟类与其他动物之间有一场比赛。鸟把一些小动物变成了蝙蝠和会飞的松鼠，这样它们就可以加入鸟的行列，与其他动物比赛了。

这个神话故事体现在一种被称为"阿尼索"的球类游戏中。阿尼索是切罗基人身份的核心。作为长曲棍球的前身，这个游戏已经被切罗基人玩了几百年。即使在今天，长者们也会在比赛前向参加比赛的人讲述有关首次比赛的神话故事。

阿尼索是一项非常剧烈的运动，允许擒抱并摔倒对方球员，但它也有深深的属灵含义。一个被称为"魔法师"的部落成员通过净化仪式来帮助球员在比赛前做好准备，而其他部落成员则表演舞蹈，准备典礼。

> " 因为你（落叶树）没有坚持到最后，所以每年冬天你都会落叶。 "
>
> 《切罗基神话》

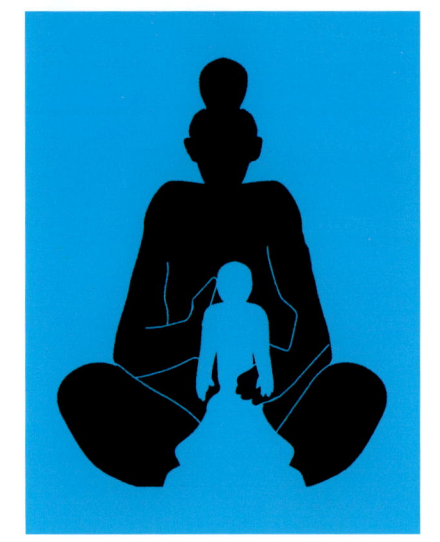

我是生命的编织者

蜘蛛女

简介

聚焦
创世

来源
《蜘蛛女的故事》中记载的口头传统，G.M.马利特，1979年
《创世神话词典》，戴维·亚当斯·利明和玛格丽特·亚当斯·利明，1995年

背景
时间伊始，美国西南部

主要人物
塔瓦 太阳父神,创世神
蜘蛛女 大地之母,创世女神

美国西南部的许多部落，如霍皮人、克尔斯人，乔克托人和纳瓦霍人，有着类似的创世神话。在霍皮人的创世神话中，一开始，世界上只有水，处于天界和下面即将成为大地的地界之间。太阳父神塔瓦掌管天界，大地之母蜘蛛女统治地界。

蜘蛛女，又称"思想女神"或"蜘蛛祖母"，是造物女神。据说她古老而永恒。

对纳瓦霍人来说，蜘蛛女教给了人类编织的神圣艺术。霍皮人在他们的语言中把造物女神称为"高庆吾提"，但也尊崇"蜘蛛祖母"为智慧之神和药神。女神住在地下，因此霍皮人将那里视为生命诞生的地方。

创造自然

根据霍皮人的说法，塔瓦和蜘蛛女共同创造了世界。蜘蛛女凝视着空荡荡的天空，织了一张巨大的网，点缀上露珠，然后把它扔向天空，创造了星星。之后，塔瓦和蜘蛛女决定给大地增添动物。

塔瓦梦见鸟儿在天上飞翔，

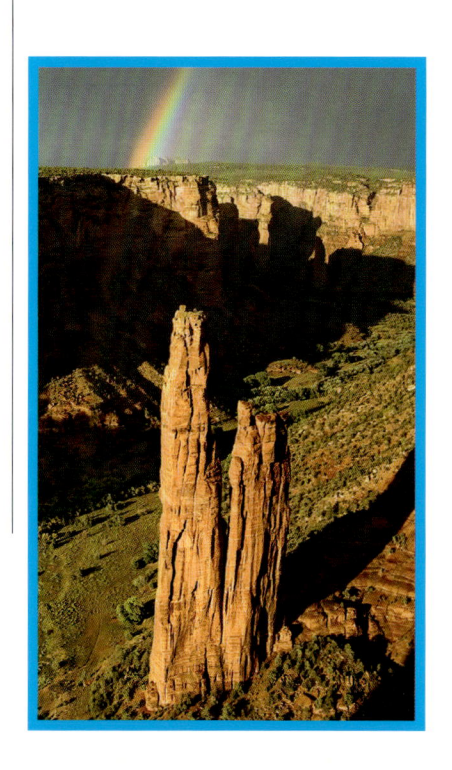

蜘蛛岩高250米，呈尖塔状，形成于2.3亿年前的美国亚利桑那州的切利峡谷。传统上，它被视为蜘蛛女的巢穴。

参见: 切罗基人的创世故事 236~237页，瓦格解决争端 240~241页，渡鸦和鲸鱼 242~243页。

在这个来自美国密西西比州的贝壳圆盘上，蜘蛛女拿着一个象征火的十字架（约1000）。乔克托人相信，火是蜘蛛女在动物拒绝这份礼物之后赐予人类的。

鱼儿在水中游泳，于是，蜘蛛女用泥土一个一个地创造出了这些动物。一开始，它们静静地躺着，后来，蜘蛛女用她编织的毯子把它们盖住，并对着它们喃喃自语，这些动物便活了过来。蜘蛛女将灵魂赋予每一个动物。

接下来，塔瓦和蜘蛛女决定创造人类来照顾这些动物。同样，蜘蛛女用泥土造人，之后她和塔瓦把毯子盖在人的上面。然而这一次，人没有动。

于是，蜘蛛女和塔瓦把他们抱在怀里，唱起歌来，直到人类苏醒。塔瓦每天都会给他们带来阳光和雨水。太阳父神和大地之母认为，他们已经完成了任务，不必再创造更多的生命，而应让人类自己繁殖。

临别指导

蜘蛛女把逐渐增多的人分成部落，给部落命名，教他们语言。霍皮人、祖尼人、尤特人、科曼奇人和普韦布洛人是蜘蛛女从地下带出来的。当他们到达地面时，蜘蛛女向他们展示了土壤的力量。

她让土壤从她的指缝间落下，教他们如何种植庄稼。她说庄稼会在大地上生长，因为塔瓦赐予了它

> 最初的两位神把神圣的毯子盖在新生命上，唱着生命之歌，它们便活了过来。
>
> 《创世神话词典》

们阳光和雨水。蜘蛛女随后回到地下，并向人们承诺她和塔瓦会永远看顾他们所创造的一切。■

纳瓦霍人的纺织技艺

许多历史学家认为，纳瓦霍人从普韦布洛人那里学会了纺织技艺。但是，纳瓦霍人的神话告诉我们，是蜘蛛女将纺织技艺传授给这个部落的，她还与他们分享她的知识。根据纳瓦霍人的说法，蜘蛛女的儿子用闪电制造了第一个纺锤，用太阳、天空和大地制造了第一台织布机。

编织毛毯现在仍是纳瓦霍人的重要收入来源。不过，它也是他们整体灵性的核心——不区分艺术和日常生活。通过以身作则和他们的故事，今天长辈们仍在向下一代传授这种世界观。

年轻的织布者聆听关于这门艺术起源的神话，同时开始学习如何织布。在他们开始之前，长辈们会让他们在清晨找一张有露水的蜘蛛网，将手掌放在网上但不要破坏它。这样，他们就可以得到蜘蛛女神圣的编织天赋。

开始跳鹿皮舞吧，因为它会让诸事顺利

沃格解决争端

简介

聚焦
给世界带来平衡

来源
《世界复兴：加利福尼亚西北部原住民的仪式》记录的口头传统，阿尔弗雷德·L.克罗伯和E.W.吉福德，1949年

背景
沃格时期的加利福尼亚西北部

主要人物
沃格 尤罗克部落的第一民族，这一民族的人住在克拉马斯河边

凯佩尔人 尤罗克部落的祖先，居住在图里普人的上游

图里普人 在凯佩尔人下游居住的部落

以神圣舞蹈为主的传统仪式在尤罗克和其他美洲原住民文化中占据中心位置。其中，最重要的是鹿皮舞（鹿是重要的食物来源），目前仍会在世界复兴仪式中表演，以保护大地。在尤罗克神话中，舞蹈还与鲑鱼坝的建造有特殊关系。20世纪初，吉姆向美国人类学家阿尔弗雷德·L.克罗伯讲述了这种舞蹈的起源。吉姆是一个来自佩克万（位于今天美国的洪堡县）的尤罗克人。

沃格被尤罗克人视为部落的第一民族。在沃格时代，大鲑鱼不再游到凯佩尔人居住的克拉马斯

在爱德华·S.柯蒂斯1923年拍摄的这幅照片中，一个胡帕男子手持长矛，正准备插鱼。当时，鲑鱼对于有权捕鱼的部落来说十分重要。

参见：切罗基人的创世故事 236~237页，蜘蛛女 238~239页，渡鸦和鲸鱼 242~243页，第一艘独木舟 258~259页。

精神领袖

如今，美洲原住民的精神领袖仍然受到极大的尊重。虽然许多部落不再使用"萨满"一词，但据说这些领袖主要在梦中从远古神灵那里获得权力和知识。当人类到来时，这些神灵有的离开，有的变成动物、树木、岩石和植物。今天的许多精神领袖是治疗师，他们用精神力量和天然药物来治疗疾病。在过去，他们经常被请来预测未来，或祈求捕鱼和狩猎时可以获得丰收。

传统上，加利福尼亚西北部的精神领袖在每年的世界复兴仪式中起着关键作用。为了准备仪式，他们会去附近的山上斋戒祈祷，从远古神灵那里召唤治愈的力量。在仪式中，他们戴着面具，身穿传统服饰，举行治疗仪式，还跳着神圣的舞蹈。

传统上，尤罗克和胡帕萨满是那些在梦中受到召唤的女人。这张照片拍摄的是胡帕萨满，拍摄于1923年。

河，凯佩尔人只能捉到小鱼。因为鲑鱼是他们的主要食物，所以他们十分沮丧。造成这一现象的原因是图里普人在河口附近建了一座水坝，从海里游到河上游产卵的鱼无法越过那个水坝。

一个凯佩尔人说，他们应该拆除水坝，并将其移到他们的村庄。在部落其他人的帮助下，他从河里把水坝挪走了。图里普人因失去水坝而十分恼怒。他们想要回水坝，于是出发前往凯佩尔人的所在地。

和平解决

当图里普人快走到时，他们的首领看到凯佩尔的许多村民在安装新水坝。由于担心他的人会受到袭击而被杀害，首领决定不与凯佩尔人交战。当他们站在山坡上俯瞰水坝时，首领告诉他的人："我们最好放弃水坝，让凯佩尔人保留它。我们可以时不时来看看。"

负责移走水坝的那个凯佩尔人宣布，水坝将留在他们村庄，他们应该开始跳鹿皮舞，"因为它会让诸事顺利"。他呼吁人们跳舞，并每年重建水坝，还警告说，不这样做将导致"许多疾病"。

看顾一切的神灵

赞成修建水坝的沃格人开始离开凯佩尔，去寻找可以看顾所有人的地方。每到一个新的地方，他们都发誓要创造一个鹿皮舞以带来好运，那里的人都很高兴。例如，在奥拉的上游，他们说："当世界每况愈下时，他们在这里跳舞，就会让世界好起来。"

有些沃格人住在凯佩尔部落附近的十个小山丘上。他们俯瞰村庄，密切关注村民生火所冒出的烟。这表明，如承诺的那样，他们已经聚在克拉马斯河边开始重建鲑鱼坝了。

每年，尤罗克人都会在鲑鱼盛产的秋季重建水坝。鹿皮舞是仪式的高潮，男人们拿着系有鹿皮的杆子跳舞。克罗伯曾观看过这一仪式，并将其记录在书中。这种仪式一直持续到20世纪。■

> 66
>
> 很好，保持住。只要坚持跳鹿皮舞，就会得到好运。
>
> 《世界复兴：加利福尼亚西北部原住民的仪式》
>
> 99

她是鲸鱼的灵魂

渡鸦和鲸鱼

简介

聚焦
行诡计的动物

来源
《白令海峡的爱斯基摩人》中记载的口头传统,爱德华·W. 纳尔逊,1899年

背景
古代北极

主要人物
渡鸦 世界的创造者,诡计之神

鲸鱼 因纽特人崇拜的海洋生物

一个女人 鲸鱼的心脏、灵魂或精神

对于阿拉斯加和北极其他地区的因纽特人来说,渡鸦是强大的造物神。他创造了世界,带来了光,还创造了人和动物。同时,渡鸦还是一个诡计之神,可以变换形态。他把自己的人类形态隐藏在鸟的身体里。这是美洲原住民神话中动物英雄的一个共同特征。

因纽特人关于渡鸦和鲸鱼的故事,探索了渡鸦变换形象的双重本质:他改变了自己的形态,但也从降临到他身上的灾难中吸取了教训。在这个故事的很多重述版本中,这个爱耍诡计的英雄自私自利,喜欢摆布他人。在一些改编版本中,渡鸦通过有治愈作用的舞蹈和歌曲来救赎自己。然而,每一个故事的中心都是献祭鲸鱼和对它的灵魂的敬拜。

渡鸦看见鲸鱼

因纽特人的一个神话故事讲到,渡鸦从岸边眺望大海,欣赏他创造的世界。在广阔的蓝色大海中,他看到了一个体型庞大且优美的东西在水中穿梭。渡鸦很好奇,于是飞近一看,发现是一条鲸鱼。他不知道这头庞然大物的内部是什么样子,于是命令它张开嘴。鲸鱼服从了他的指示,渡鸦便带着从不离身的火钻飞了进去。

他发现自己在一个漂亮的房间里,房间的一头点着一盏灯,一位年轻女子守在一旁。渡鸦意识

因纽特人会雕刻可以在舞蹈仪式中佩戴的面具,左图是19世纪渡鸦风格的面具。动物面具很受欢迎,但面具也可以代表人物或特征。

参见：切罗基人的创世故事 236~237页，蜘蛛女 238~239页，沃格解决争端 240~241页，英雄双胞胎 244~247页。

> 渡鸦举起一只翅膀，把喙像面具一样推到头顶，他立刻变成了一个男人。
>
> 《白令海峡的爱斯基摩人》

这个木制面具为鲸鱼的形状，但也很像独木舟的桨。因纽特人可能在仪式上戴着它，以确保捕猎成功。

到，这个女人是鲸鱼的灵魂。女人叫渡鸦离那盏灯远点儿。他照做了，但同时他发现油从一根沿着鲸鱼脊骨的管子滴进了灯里。

被油诱惑

女人说要去为客人取浆果和油。离开房间前，她警告渡鸦她不在时不要碰那个滴油管子。第二天和第三天依旧如此。每次女人去给渡鸦拿吃的东西，她都会警告渡鸦不要碰滴油管子。

前三天，渡鸦很有耐心，但到了第四天，他无法控制自己的贪婪。女人一离开房间，渡鸦就抓住管子，疯狂地舔油。当他把油管从房顶上扯下来以便油滴得更快时，油一下子涌了出来，充满了鲸鱼的肚子，灯熄灭了，整个房间变得一片漆黑。

女人再也没有回来过。鲸鱼在大海里扭动身体，肚子里的渡鸦也随着滚来滚去。当海浪把鲸鱼的尸体冲到岸边时，一切才停下来。人们一听说岸边有鲸鱼，就赶紧跑来抢肉，渡鸦趁人不注意逃走了。回来时，他变成了一个男人的形象。他警告人们，如果他们在鲸鱼体内找到火钻，他们就会死。

人们惊恐地逃走了，这时渡鸦又变成了鸟，祝谢了女人，开始享受盛宴。■

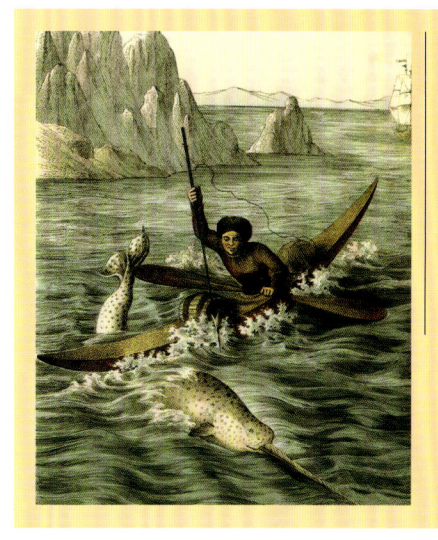

神圣的捕鲸

捕鲸是古代因纽特人的一种习俗，对住在北极的人的生存和信仰至关重要，这种习俗至今仍在延续。捕鲸人会制作新衣服和船盖，为每年的捕猎做好准备。捕鲸人会参加净化仪式，用特别雕刻的护身符和武器武装自己。这些仪式显示出对鲸鱼及其灵魂的高度尊重，并代表了捕猎的成功取决于灵魂合作的坚定信念。

捕猎结束后，因纽特人用礼器（水桶）装满新鲜的水来欢迎死去的鲸鱼。他们唱歌庆祝鲸鱼的牺牲。以这种方式向鲸鱼致敬，可以确保来年的成功，因为他们认为，鲸鱼的灵魂会回到大海，告诉其他鲸鱼它受到了很好的对待。

因纽特人传统上捕猎独角鲸和其他鲸鱼、海獭和海豹。他们还砸破冰层，钓取鲑鱼。

一人变成太阳，一人变成月亮

英雄双胞胎

简介

聚焦
牺牲与重生

来源
《波波尔·乌》，佚名，约1554—1558年

背景
时间伊始，大地、西瓦尔巴（玛雅人的地府）

主要人物

胡恩·胡纳赫普 英雄双胞胎的父亲

希齐克 月亮女神，英雄双胞胎的母亲

乌纳普和斯巴兰克 英雄双胞胎，胡恩·胡纳赫普和希齐克的儿子

沃卡布·卡基什 金刚鹦鹉神，齐巴纳和卡布拉冈的父亲

第一死神和第七死神 地府的两个最高级别的神

胡恩·胡纳赫普和维科布·胡纳赫普是月下老人伊希皮亚洛克和助产女神希穆坎的双胞胎儿子。胡恩·胡纳赫普的妻子是一个神灵，名唤"西巴吉亚洛"。他们结合生下了一对双胞胎：胡恩·乔文和胡恩·巴茨。这对双胞胎玩球的喧闹声招致地府死神的愤怒。地府是一个充斥着疾病和腐烂的死亡之地。

死神引诱双胞胎到地府和他们来一场球赛。不过，在球赛开始之前，这对双胞胎不得不接受一系列挑战。如果他们失败了，他们将

参见：托尔和洛基在约顿海姆的冒险之旅 146~147页，《吉尔伽美什史诗》190~197页，五个太阳的传说 248~255页。

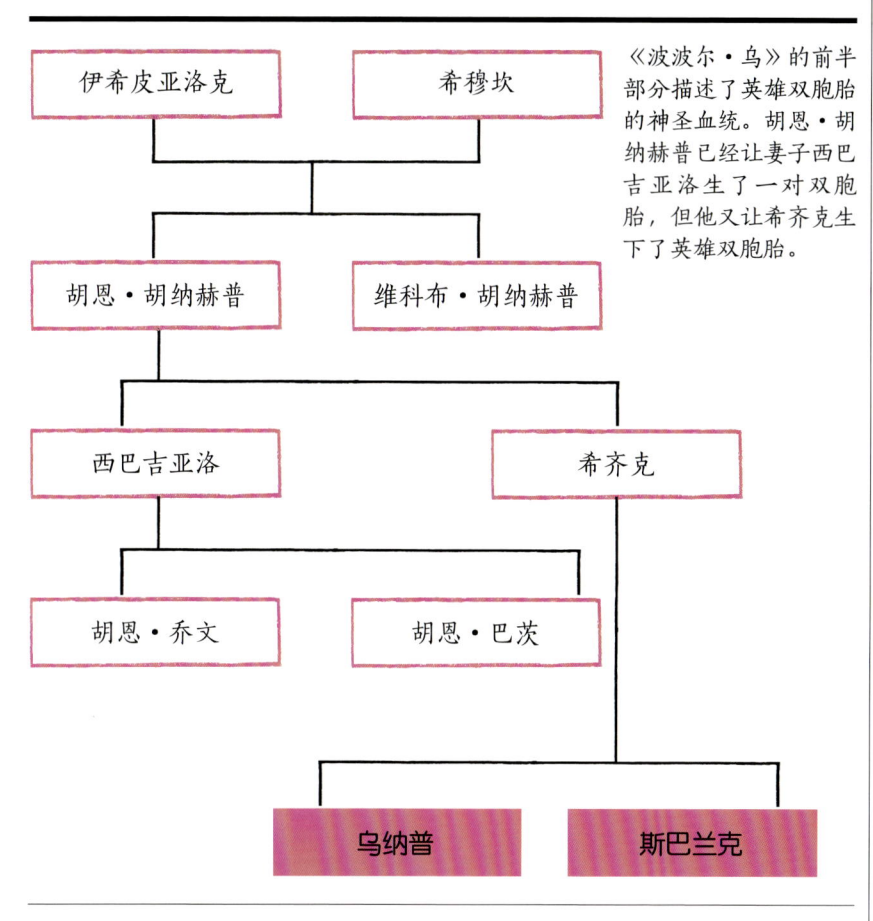

《波波尔·乌》

《波波尔·乌》对许多重要的玛雅神话做了最全面的描述，它也许是中美洲现存最重要的圣书。全书共分为三个部分：第一部分讲世界的创造，第二部分讲乌纳普和斯巴兰克的故事，第三部分讲基切王朝的建立。

《波波尔·乌》记载了几百年的口头传统，最初于约1554—1558年由玛雅象形文字写成。基切领主开会时，总会查阅《波波尔·乌》（又称"议会之书"）。16世纪初，西班牙人到达后，焚烧了用玛雅象形文字写的书，但《波波尔·乌》得以幸存，并被秘密地用罗马字母誊抄为基切语（一种玛雅语言）。

一本手抄本流传到了危地马拉高地的小镇奇奇卡斯特南戈。1701—1703年，教区牧师弗朗西斯科·席梅内兹将文本翻译成基切语和西班牙语的对照形式。他的手稿是目前《波波尔·乌》最古老的版本。

《波波尔·乌》的前半部分描述了英雄双胞胎的神圣血统。胡恩·胡纳赫普已经让妻子西巴吉亚洛生了一对双胞胎，但他又让希齐克生下了英雄双胞胎。

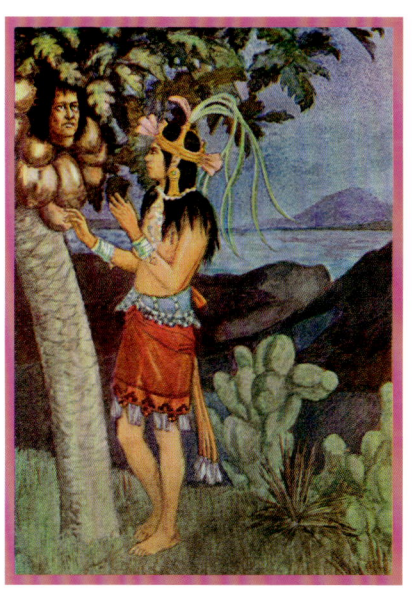

```
伊希皮亚洛克 ─── 希穆坎
        │
   ┌────┴────┐
胡恩·胡纳赫普  维科布·胡纳赫普
   │
西巴吉亚洛 ─── 希齐克
   │            │
胡恩·乔文    胡恩·巴茨
            │
       ┌────┴────┐
     乌纳普     斯巴兰克
```

被处死，并被埋在地府的球场之下。结果，双胞胎输了，他们的父亲胡恩·胡纳赫普被斩首，他的头颅被挂在葫芦树上，以警告那些想要挑战死神的人。即使死去，胡恩·胡纳赫普仍有神力。他的唾液掉到月亮女神希齐克的手上，使她怀了孕。

希齐克从禁树上摘下胡恩·胡纳赫普的头颅，误认为它是个葫芦。这幅插图由吉尔伯特·詹姆斯所画，源自刘易斯·斯宾斯所写的《墨西哥和秘鲁神话》（1913）。

席梅内兹翻译的《波波尔·乌》手稿的摘录，保存在危地马拉奇奇卡斯特南戈的罗斯堡考古博物馆中。

这块石刻浮雕来自墨西哥古城埃尔塔津的南部球馆，上面刻画着英雄双胞胎和地府死神的比赛。

为了逃离愤怒的父亲，希齐克不得不向胡恩·胡纳赫普住在地上的母亲希穆坎寻求帮助。希穆坎把她迎进房子里。希齐克诞下了乌纳普和斯巴兰克，他们长大后成了英雄双胞胎。

狡猾的年轻人

英雄双胞胎同父异母的哥哥胡恩·乔文和胡恩·巴茨担心这对新生的双胞胎会掩盖他们的光芒，所以试图杀死他们。他们强迫乌纳普和斯巴兰克为他们打猎，但英雄双胞胎趁机打败了他们：英雄双胞胎告诉胡恩·乔文和胡恩·巴茨，他们射中的几只鸟挂在了高处的树枝上，胡恩·乔文和胡恩·巴茨爬上去拿鸟，可树长得太高了，他们下不来了。他们被困在那里，只好变成猴子，因为羞于以这种面孔示人，所以他们离家出走了。

驯服不守规矩的神

暴风雨之神胡拉坎要求英雄双胞胎去打败自吹自擂的金刚鹦鹉神沃卡布·卡基什。沃卡布·卡基什声称自己的金属鼻子是月亮，闪亮的巢穴是太阳。他在树上吃东西时，英雄双胞胎用吹箭筒袭击了他，可他逃走了。英雄双胞胎又想出了其他计策。他们劝说两位年长的神——大白野猪神和大白浣熊神——假装成治疗师接近沃卡布·卡基什。金刚鹦鹉神接受了这两位神的治疗，但这两位神拔走了他引以为傲的器官，还用玉米粒代替了他的双眼。光辉被夺去后，金刚鹦鹉神陨灭了。

事成后，胡拉坎又要求英雄双胞胎杀死沃卡布·卡基什同样自负的儿子：鳄鱼怪齐巴纳和地震之神卡布拉冈。齐巴纳之前杀死了四

> 之后，你们还会活过来……你们召唤我们来此，难道不是为了取悦你们、你们的儿子，还有你们的臣仆吗？
>
> 《波波尔·乌》

百个酒神男孩。乌纳普和斯巴兰克用花和岩石做了一只假螃蟹，把它放在悬崖下的缝隙里。当齐巴纳爬进缝隙，想要抓住螃蟹时，英雄双胞胎把山移到了他的身上，把他变成了石头。

齐巴纳的弟弟、地震之神卡布拉冈，为自己能将山夷为平地而自豪。英雄双胞胎告诉他，他们知道一座越变越高的山。卡布拉冈让他们告诉他山在哪，他好去毁掉它。跟着英雄双胞胎前往那座山的路上，卡布拉冈觉得饿了，英雄双胞胎给他烤了一只被施了魔法的鸟。他吃完这只鸟后感觉四肢无力，英雄双胞胎便把他捆起来埋了，这样他就只能举着山而不能摧毁山了。

决赛

有一天，英雄双胞胎玩球时的吵闹声，再次惹烦了地府的死神，死神召唤乌纳普和斯巴兰克去地府比赛。

地府的死神们赢了第一场比赛，英雄双胞胎只好在石刀屋里过夜，那里满是可以随意移动的锋利石刀。英雄双胞胎通过说服石刀不要移动而幸存下来。接下来，他们顺利通过了冰屋、美洲虎的兽窝和火焰屋。对他们最终的试炼是蝙蝠屋。他们进去时，灾难发生了。一只蝙蝠猛扑过来，砍下了乌纳普的头。斯巴兰克用葫芦为哥哥做了一个新头，英雄双胞胎用乌纳普的头当球，重新开始比赛。英雄双胞胎分散对手的注意力，重新接上了乌纳普的头，最终赢得了比赛。

地府的死神因为失败而愤怒，他们密谋在一个石坑里烧死英雄双胞胎。英雄双胞胎早已知晓他们的阴谋，自愿跳进了火海。他们的骨头被烧成粉末，并被倾倒在河里。五天后，他们重生了，先是变成鲶鱼，随后幻化为人形。英雄双胞胎以匿名的流浪者身份漫游地府，作为魔法师赢得了美誉。地府死神不知道他们的真实身份，召唤他们前来表演。

表演时，斯巴兰克看似将乌纳普献祭，他在地上滚动乌纳普被斩掉的头颅，掏出乌纳普的心脏，最后又让乌纳普重生。第一死神和第七死神让斯巴兰克在他们身上实施同样的魔法，斯巴兰克和乌纳普立即将他们献祭。他们亮明了真实身份，拒绝复活死神。他们宣布，从此以后，将不再有人被献祭给地府的死神。英雄双胞胎随后升上天空，斯巴兰克变成了太阳，乌纳普变成了月亮，宇宙从此有了现在的秩序。■

中美洲球赛是一项仪式性的运动，可以追溯到公元前2000年。大约公元800年的球场浮雕表明，球赛可能包括将人献祭的仪式。场地长约60米，包括两个球门，比赛之人的目标是将沉重的橡皮球射入球门。

球门侧视图

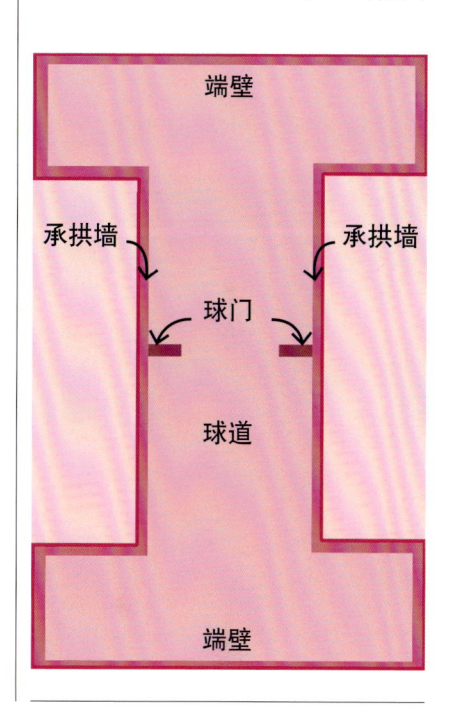

解读英雄双胞胎

有些学者对乌纳普变成月亮的解释提出了质疑，因为玛雅人通常认为月亮是女性化的。因此，有人认为，乌纳普实际上变成了金星。

另有故事认为，英雄双胞胎代表太阳的不同阶段，乌纳普象征白天，斯巴兰克代表夜晚。甚至还有一种说法认为，乌纳普只代表满月，而他的母亲希齐克则代表其他月相。还有人将这个神话故事描述为通过祭祀探索重生的可能性。

这些不确定的元素大多源于《波波尔·乌》本身。尽管它借鉴了古代神话，但原始的玛雅圣书是在西班牙人到来几十年后创作的，这可能是内容不一致的一个原因。

于是，
太阳升上了天空

五个太阳的传说

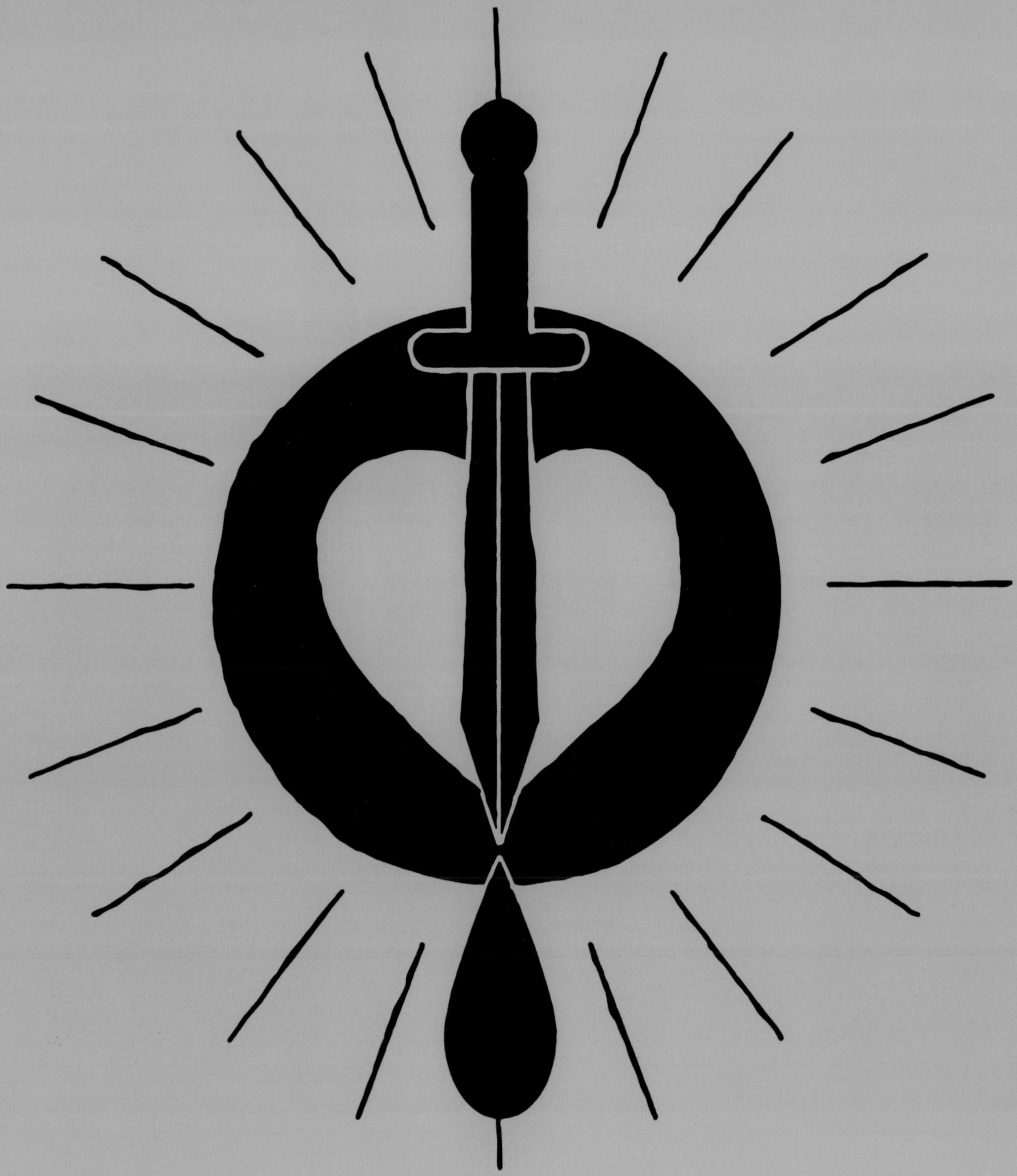

简介

聚焦
创造的周期

来源
《奇马尔波波卡法典》中"太阳的传说",佚名,1558年
《阿兹特克人的历史与神话》,约翰·毕尔赫斯特,1992年

背景
时间伊始

主要人物
奥梅堤奥托 创世神

特兹卡特利波卡、克查尔科亚特尔、西沛托提克、威齐洛波契特里
第一代神

特拉洛克 丰收之神,雨神

查尔丘特利奎 特拉洛克的第二个妻子

特拉尔泰库特利 海怪

米克特兰堤库特里 冥界的死神

托蒂纳乌 第五个太阳

在阿兹特克神话中,现在的世界并不是最初存在的那个世界。在现在的世界出现之前,还有四个世界。每个世界都开始于一个新人阳的创造,结束于它的毁灭。

在创世之前,天上只有一位最高的神——奥梅堤奥托,他的名字意为"双重宇宙能量",他既是男性又是女性。奥梅堤奥托生下了第一代神:特兹卡特利波卡、克查尔科亚特尔、西沛托提克和威齐洛波契特里。这四位神创造了所有其他神祇,然后又创造了世界万物。为了照亮这个世界,特兹卡特利波卡(意为"烟镜")被选为第一个太阳。当时,一个只靠根和橡子生存的原始巨人族在大地上居住着。

克查尔科亚特尔("羽蛇")与特兹卡特利波卡的关系成为创世的动力。这两位神性格明显不同。克查尔科亚特尔代表着和谐、平衡和学习,而特兹卡特利波卡代表着毁灭、冲突和变化。克查尔科亚特尔妒忌特兹卡特利波卡被选为第一个太阳,于是把他从天上推入了海

> 这是很久以前的智慧故事,关于大地和万物是如何被创造的,所有太阳纪是如何开始的。
>
> 《阿兹特克人的历史与神话》

中。特兹卡特利波卡变成巨大的美洲虎从水中升起。在狂怒中,他命令世界上的美洲虎去吞噬巨人族。大地陷入黑暗之中。676年之后,第一个太阳纪结束了。

另一个种族被创造了出来。克查尔科亚特尔成为第二个太阳。这个世界只持续了364年。特兹卡特利波卡为了报复克查尔科亚特尔早先对他的轻蔑,将其击落,并制

阿兹特克帝国

1250年左右,阿兹特克人北下,到达墨西哥中部,并在沼泽地定居下来。根据传说,他们看到一只老鹰吃了仙人掌上的一条蛇,因此选择了建都之地——特斯科科湖的一个岛屿,也就是现在墨西哥城所在的位置。他们于1325年建城,并将其命名为"特诺奇提特兰城"("仙人掌果实之地")。为了保护自己,阿兹特克的统治者与其他城邦联姻。阿卡玛皮茨提里便是联姻的"产物"。1376年,他建立了阿兹特克帝国。1428年,伊茨科特尔皇帝与其他两个城邦结盟,率领大军征服了其他邻近城邦。1519年,西班牙征服者到达时,特诺奇提特兰城已是庞大的阿兹特克帝国的首都,是世界上最大的城市之一。然而,阿兹特克人无法抵挡欧洲人的武器和西班牙人带来的疾病,帝国最终灭亡了。

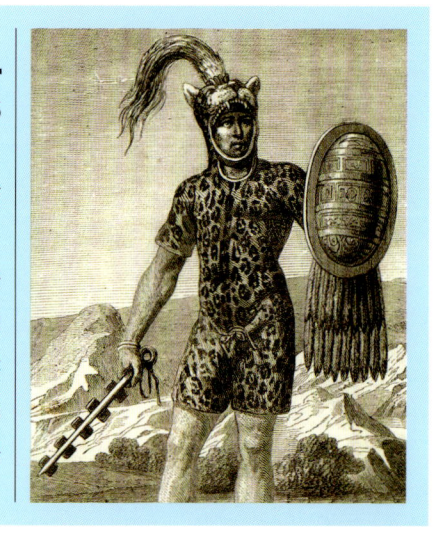

美洲　251

参见：《吉尔伽美什史诗》190~197页，切罗基人的创世故事 236~237页，蜘蛛女 238~239页。

造了一场大飓风，吹走了所有人。

旱灾和洪水

由于克查尔科亚特尔和特兹卡特利波卡的自私和竞争给世界带来了混乱，其他神决定让别人成为新的太阳。第三个太阳是雨神特拉洛克，他娶了美丽女神苏凯琪特莎。然而，特兹卡特利波卡绑架并引诱了苏凯琪特莎，导致二人的婚姻就此结束。为了怀念他心爱的妻子，悲痛的雨神拒绝降雨滋养大地，世界因此变得干涸。人们不断恳求他结束旱灾，但无济于事。特拉洛克厌倦了他们的请求，放出烈火，把世界烧为灰烬。第三个太阳纪持续时间最短，只有312年。

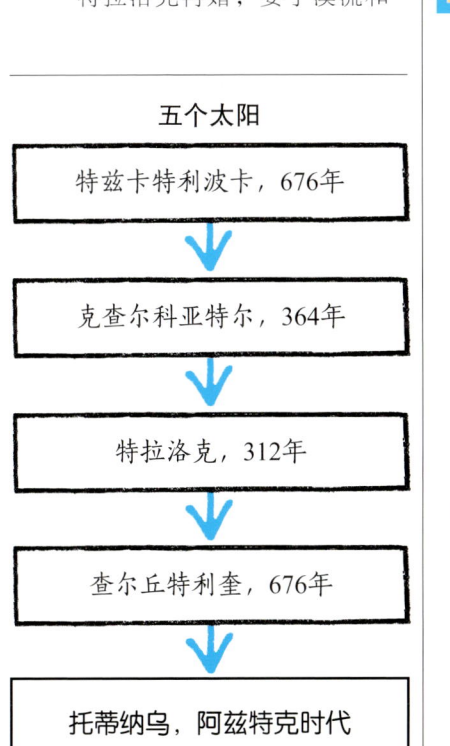

特拉洛克再婚，娶了溪流和静水女神查尔丘特利奎。克查尔科亚特尔与她结盟，使她成了第四个太阳。然而，特兹卡特利波卡再一次导致了世界的结束。他告诉查尔丘特利奎，她并不是真心爱这个世界，只是想得到赞美才表现得仁慈。

查尔丘特利奎大哭起来，她的眼泪造成洪水泛滥，淹没了世界。除一对夫妇外，其他人都变成了鱼。幸存下来的那对夫妇叫作塔塔和宁宁。他们漂浮在一个中空的原木上，每人仅靠一穗玉米维持生命。这两穗玉米是特兹卡特利波卡给的，条件是他们不吃别的东西。洪水退去后，塔塔和宁宁抓到一条鱼，不顾特兹卡特利波卡的指示，烤着吃掉了鱼。神发怒后，把他们

这幅图来自《波旁尼克手抄本》（约16世纪），描绘了战斗中的克查尔科亚特尔和特兹卡特利波卡。阿兹特克的书吏用植物、树木、岩石和昆虫做成颜料来画画。

变成了狗。第四个太阳纪在持续了676年后结束了。

联合抗敌

克查尔科亚特尔和特兹卡特利波卡意识到他们的争端只会造成破坏，于是开始合作。一个叫"特拉尔泰库特利"的邪恶海怪栖息在海中，它身上长了很多张嘴，以满足它无休止的食欲。为了打败这个可怕的敌人，克查尔科亚特尔和特兹卡特利波卡变成巨蟒。特兹卡特利波卡将他身体的一部分作为诱

五个太阳

```
┌─────────────────────────┐
│ 特兹卡特利波卡，676年    │
└─────────────────────────┘
            ↓
┌─────────────────────────┐
│ 克查尔科亚特尔，364年    │
└─────────────────────────┘
            ↓
┌─────────────────────────┐
│ 特拉洛克，312年          │
└─────────────────────────┘
            ↓
┌─────────────────────────┐
│ 查尔丘特利奎，676年      │
└─────────────────────────┘
            ↓
┌─────────────────────────┐
│ 托蒂纳乌，阿兹特克时代   │
└─────────────────────────┘
```

阿兹特克人使用双重历法：阳历365天，神历260天。神历由20个神将一年分为20个相等的时期。每位神均以太阳神托蒂纳乌为中心，统治着自己的领域。

时，米克特兰堤库特里说，如果克查尔科亚特尔边吹响海螺边绕着他转四圈，他就会把骨头交出来。这是个骗局，因为克查尔科亚特尔拿到的海螺没有孔可以吹。克查尔科亚特尔毫不畏惧地完成了任务，他用虫子在壳的一边打洞，然后把蜜蜂放在里面使它们嗡嗡作响。在艺术作品中，克查尔科亚特尔经常被描绘成胸前挂着海螺的形象。

米克特兰堤库特里的阴谋失败了，他把骨头交给克查尔科亚特尔，但随后又派仆人赶在克查尔科亚特尔的前面挖一个坑来诱捕他。克查尔科亚特尔带着骨头走在回地上的路上，结果摔进了坑里。虽然他爬了出来，但骨头都碎了。

克查尔科亚特尔寻求生育女神西乌阿科阿特莉的帮助。她把骨头碾碎，把骨灰倒入釜中。两位神一起扎破他们的身体，让他们的血液流入骨灰中。他们用这种混合物创造了现在的人类，其中，第一个女人和第一个男人分别被称为"奥

饵，试图抓住特拉尔泰库特利。当海怪浮出水面时，克查尔科亚特尔和特兹卡特利波卡抓住它，将它撕成了两半——一半抛向高空，变成了天空和星星；另一半漂浮在海面上，变成了大地。在战斗中，特兹卡特利波卡失去了右脚。在艺术作品中，他的右脚经常被画成一块黑曜石。

虽然特拉尔泰库特利的肉身被暴力分开了，但他仍然活着，西沛托提克和威齐洛波契特里将它变成未来能够维持人类生存的东西——他的头发变成了树和草，皮肤变成了植物，鼻子变成了山丘和峡谷，眼睛和眼窝变成了井和洞，肩膀变成了高山。特拉尔泰库特利的贪婪仍未泯灭，他要求用人血献祭。

再造人类

克查尔科亚特尔决定去冥界搜集前几代人类的骨头，为大地重新创造一个种族。首先，他必须征得冥界之王米克特兰堤库特里的同意。当克查尔科亚特尔要这些骨头

> '神啊，人吃什么呢？让我们寻找食物吧。'这时，一只蚂蚁出现了，它的背上驮着一粒玉米……
>
> 《阿兹特克人的历史与神话》

霍穆科"和"西帕克托纳尔"。

供养新世界

新创造的人类需要食物。克查尔科亚特尔发现了一只红色蚂蚁，它驮着一颗玉米粒。他跟着它，直到它消失在山间的裂缝中——这座山名叫"波波卡特佩特"，意为"食粮之山"。克查尔科亚特尔很想知道里面有什么，于是，变成一只黑色蚂蚁，爬过了狭窄的洞口。他在那里发现了一个装满了种子和谷物的洞。

克查尔科亚特尔很清楚，这座山有可能养活人类。这位神试图用绳索把山吊起来，但它纹丝不动。他问可以预测未来的奥霍穆科和西帕克托纳尔该怎么办。他们告诉他，纳纳华特辛——一个谦卑但体弱的神——注定会帮助他。纳纳华特辛被召唤到了食粮之山。他在雨神和闪电之神的帮助下，把山劈开，随后里面的东西散落到世界各地，滋养着人类。

追求幸福

众神看到人类有了食物很高兴，这给了人类劳作的力气。但是，克查尔科亚特尔发现他们的生活没有快乐，他认为人类需要一些能让他们感到兴奋和快乐，以及可以让他们跳舞唱歌的东西。他踏上天堂之旅，去寻找解决办法，结果他遇到了一位名叫"马亚韦尔"的美丽女神。他们疯狂地相爱了。为了表达对彼此的深情，他们来到地上，合为一棵树。

马亚韦尔的祖母来自逊逊米媞尔神族，这个神族由皮包骨头的夜行性生育女神组成。她发现孙女和克查尔科亚特尔私奔了，勃然大怒，与其他女神一起从天而降，去寻找马亚韦尔。当她们发现那棵树时，他们将它砍倒劈开。逊逊米媞尔神族的人落在马亚韦尔身上，把她撕成碎片。克查尔科亚特尔在这次袭击中幸存下来。他非常伤心，将马亚韦尔零散的遗骸收集起来并埋在地里，他的泪水滴在地上，从中长出了龙舌兰——这就是

米克特兰堤库特里是死神、冥界的统治者，经常被画成骷髅的样子。据说为了安抚他，阿兹特克人会用活人献祭，还会嗜食同类。

女子、儿童、被征服的勇士，是阿兹特克人祭神的牺牲品。

鲜血与献祭

献祭作为人报答神的方式，是阿兹特克宗教的重要特征。放血是阿兹特克祭司经常在自己身上实施的一项重要行为。他们用荆棘或鱼骨刺破脸颊、手臂、腿等部位。

阿兹特克人还会献祭活人以安抚众神，献祭的人既包括他们自己的人，也包括战俘。最常见的献祭方法是挖心。这个过程是在寺庙顶部的一个祭坛上进行的。在每个为期18个月的"循环"中，阿兹特克祭司每个月都会以这种方法献祭一个人，每年有数千人因此丧生。阿兹特克人还通过角斗、溺水、斩首、焚烧、活埋等方式献祭。

克查尔科亚特尔所要寻找的快乐之饮的源泉。龙舌兰的汁液可以用于制造一种牛奶色的浓郁酒精饮料，即龙舌兰酒。阿兹特克人和其他中美洲人认为，龙舌兰酒是神圣的，他们会在神圣仪式上饮用龙舌兰酒。

第五个太阳

世界仍在黑暗中。众神在特奥蒂瓦坎召开议会，决定谁将成为第五个太阳，为人类提供光明。选中的人必须从上方的一个高台上跳到烈火中牺牲自己。第一个竞争者是傲慢而富有的特克西斯特卡特尔，他是特拉洛克和查尔丘特利奎的儿子。尽管体弱多病的纳纳华特辛很勉强，但他仍参加了这项竞争。

在众神做出选择之前，两个竞争者必须斋戒，通过放血仪式来净化自己。特克西斯特卡特尔炫耀地燃烧昂贵的熏香。到了放血的时候，他躺在羽毛上，而不是常用的冷杉树的树枝上，从金球上拔出玉刺扎他的肌肤。纳纳华特辛则用龙舌兰刺放血，因为他买不起香料，所以他烧掉了身上的疥疮。

当纳纳华特辛和特克西斯特卡特尔做好准备时，其他神搭起火堆。经过四天的仪式，决定性的时刻到来了。首先证明自己的是特克西斯特卡特尔，这位傲慢的神登上高台，但由于恐惧，他不敢跳下去。纳纳华特辛没有犹豫，从高台上一跃而下，跳入火中，焚烧殆尽。羞愧的特克西斯特卡特尔也迅速跟着跳了下去。

火焰熄灭了。突然间，纳纳华特辛升上天空，变成了第五个太阳，再次给世界带来了光明。他的新名字叫"托蒂纳乌"。不久之后，特克西斯特卡特尔也飞上了天空。

现在，天空中有两个太阳同时出现。这并不是神所想要的——特克西斯特卡特尔的怯懦表明他不值得被封为新的太阳。龙舌兰酒神帕帕茨塔克把一只兔子扔到特克西斯特卡特尔的脸上，遮盖住了他的光线，确保他永远不会像太阳那样明亮。因此，他成了带有兔子印记的月亮梅茨特里。

这幅画来自《博尔吉亚手抄本》（约1450），画中的托蒂纳乌（最后一个太阳）正接受鸟血。图中还画了13只圣鸟，代表阿兹特克的13位神。

> 可（第五个太阳）四天一动不动，只是待在原地。
>
> 《阿兹特克人的历史与神话》

众神献祭

第五个太阳托蒂纳乌在天空中一动不动地待了四天。众神恳求他移动，但他拒绝了，除非他们血祭自己。这时，生气的维纳斯之神托拉维斯卡帮提克乌托里用梭镖投射器（阿兹特克人用来提高梭镖速度的工具）向太阳发射了一枚飞镖，但没有射中。托蒂纳乌回射了一镖，飞镖刺穿了维纳斯之神的头，把他变成了在黎明时布霜的伊兹特拉科利赫基。

众神意识到，他们必须献祭才能说服托蒂纳乌移动。许多神灵主动献祭，他们的血得以保证第五个太阳在天空中移动。众神为了帮助人类牺牲了自己。

阿兹特克人相信，众神的献祭是人类生存的关键。阿兹特克勇士有责任俘虏敌人以祭祀托蒂纳乌。他们认为，如果停止血祭，世界将会以一系列的地震而结束。只有牺牲才能确保第五个太阳继续在天空中移动，才能确保世界继续存在。■

特奥蒂瓦坎

古城特奥蒂瓦坎是阿兹特克人朝圣的地方，阿兹特克人仰慕其宏伟的遗址，认为它是文明的摇篮。特奥蒂瓦坎（"神被创造的地方"）是阿兹特克人对该城的称呼，它的原名已无从考证。这座城位于首都特诺奇提特兰东北方向48千米处，建于公元1—7世纪。在公元5世纪中叶的鼎盛时期，它可能是哥伦布发现新大陆之前美洲最大的城市。城市的要道"死者大道"两侧是民居、寺庙和坟墓。

这座城市最令人印象深刻的是巨大的太阳金字塔。此外，这里还有一个稍小的月亮金字塔。这两座金字塔在第五个太阳的神话中均有提及，即里面所说的众神遭难之前建造的"山丘"，特克西斯特卡特尔和纳纳华特辛也是在这里净化自己的。

特奥蒂瓦坎的中心有一座城堡，包括一个巨大的庭院，其中矗立着建于约公元200年的金字塔，这也是城中的第三座金字塔。七层的克查尔科亚特尔神庙建成时，城外的200多人被献祭，其中包括36名年轻战士。

阿兹特克宗教领袖

阿兹特克国王是众神的代表，也是特诺奇提特兰的大祭司。

神的**大祭司**威齐洛波契特里是首都特诺奇提特兰所有祭司的领袖。

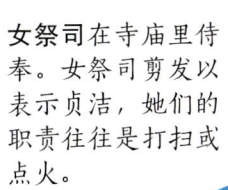

特拉洛克的**大祭司**享有领导权，指挥低阶祭司。

女祭司在寺庙里侍奉。女祭司剪发以表示贞洁，她们的职责往往是打扫或点火。

每一座庙宇和每一位神都有各自的祭司级别。

祭司负责仪式和典礼，他们还负责教导新祭司。

在世界被创造出来之前,维拉科查就已经存在了

创世神维拉科查

简介

聚焦
创世

来源
《印加历史》,佩德罗·萨姆尼托·德·甘博亚,1572年
《印加寓言与仪式》,克里斯特巴尔·德·莫丽娜,约1575年

背景
时间伊始,安第斯山脉

主要人物
维拉科查 创世神,太阳神,暴风神

伊马马纳 维拉科查的仆人

托卡波 维拉科查的仆人

的的喀喀湖位于安第斯山脉,海拔超过3800米,横跨玻利维亚和秘鲁边界。它是南美洲最大的湖,印加人将其广阔的水域视为所有生命的圣湖。

在万物出现之前,的的喀喀湖被黑暗笼罩,创世神维拉科查从中诞生。在黑暗中,维拉科查创造了一个巨人族,让他们住在空荡荡的世界里。维拉科查意识到他们体型过于巨大,于是摧毁了他们,创造了人类。维拉科查要求人们在生活中不要骄傲,不要贪婪,但他们没有听话。维拉科查十分愤怒,制造了一场大洪水,把人类尽数冲走。

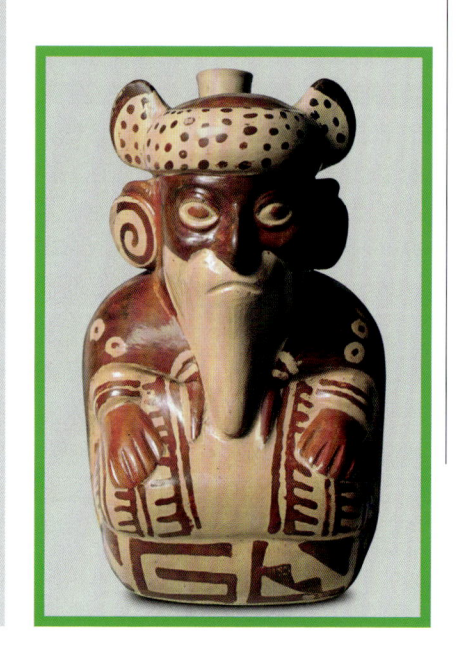

教导人类

土地干涸后,维拉科查重新开始。首先,他给黑暗的世界带来了光明。的的喀喀湖的南面是太阳岛。太阳、月亮和星星在这个岛上沉睡。维拉科查将它们从沉睡中唤醒,并将它们安置在天上。太阳嫉妒月亮的光辉,所以维拉科查把灰烬撒在月亮的脸上,使它变得阴暗而朦胧。

然后,他招募了两个被从洪水中救下的仆人——伊马马纳和托卡波。在其他版本的故事中,他们二人是维拉科查的儿子。在他们的帮助下,维拉科查从的的喀喀湖

这件陶器上描绘了创世神维拉科查,白发和胡须是他的标志性特征。这件陶器由公元1—7世纪生活在秘鲁北部的莫切人所制。

美洲 257

参见： 伊邪那岐和伊邪那美 220~221页，五个太阳的传说 248~255页，马克马克和哈娃 324~325页。

海岸边收集泥土，并用泥土来制造人类和所有的动物。他给每只动物安排了位置，赋予了鸟儿明亮的歌声。

维拉科查和他的仆人们从的的喀喀湖呈扇形散开，向西北方向走去，一边走一边喊叫，告诉人们找个地方定居。他们给所有的树和植物命名，告诉人们哪些可以安全食用，哪些可以用作药物。为了不吓到任何人，维拉科查伪装成一个老人，穿着白袍，留着长长的胡须，拿着一根棍子和一本书。他从一个城镇走到另一个城镇，观察人们的行为，惩罚所有亏待他的人，奖励所有善待他的人。

仁慈的神

维拉科查在到达卡查之前，一切都很平静。到达卡查后，那里的居民没有认出他，并且袭击了他。维拉科查从天上降下火焰，烧毁了村庄。畏惧的人们恳求神的饶恕，维拉科查应允了，用他的神杖扑灭了火焰。感恩的卡查人为维拉科查建了一座神庙来供奉他。后的的喀喀湖由数十个有人居住的岛屿组成，其中包括维拉科查命令太阳升起的太阳岛。

来，印加人在这个发生过奇迹的遗址上建造了最大的维拉科查神庙。

维拉科查继续前行，到了乌尔科斯，那里的人们对他很好。作为感谢，他在那里建立了一座纪念碑，也就是印加人所说的"瓦卡"。再后来，维拉科查到达库斯科，他宣布那里将形成一个强大的帝国——库斯科最终成为印加帝国的首都。维拉科查旅程的最后一站是曼塔，也就是现在的厄瓜多尔。在那里，他向西行走穿过水域，最终消失在地平线。

印加人相信，在渡水的过程中，维拉科查把他的灵性和对人类的控制交给了印加众神和自然。从那一刻起，维拉科查便不再参与人类事务。■

> " 有的被泥土吞没了，有的被海水吞没了，这里遭遇了一场巨大的洪水。"
>
> 《印加历史》

瓦卡

在印加人看来，瓦卡包括神圣的建筑、物体和景观。从形状奇怪的玉米穗到天然的泉水，几乎任何东西都具有这种神圣的属性。最具代表性的瓦卡是祭司举办仪式的圣地。"瓦卡"一词来源于克丘亚语"瓦切"，意思是"号啕大哭"。这是因为人们向神祈祷时往往会哭号。瓦卡是崇拜者与超自然世界沟通的桥梁，他们以此说服神灵赐予恩惠，如丰收、战争的胜利、不得疾病。

最重要的瓦卡位于科里坎查，即库斯科的太阳神因蒂的寺庙，靠近瓦纳卡雷山。1572年，西班牙征服印加帝国，试图根除瓦卡，说服当地人皈依天主教。然而，许多瓦卡幸存至今。

独木舟是一大奇迹

第一艘独木舟

简介

聚焦
逃离超自然

来源
《瓦劳印第安人的民间文学》，由约翰尼斯·威尔伯特收集，1992年

背景
委内瑞拉东北部的奥里诺科三角洲——瓦劳人的故乡

主要人物
马亚库托 一个猎人，亦称"炙烤者"

哈布里 马亚库托的两个孩子之一

哈胡巴 双头蛇神

瓦塔 一个年老的青蛙女

道瓦拉尼 一位被称为"森林之母"的女神

马亚库托是奥里诺科三角洲的一个猎人，他和两位妻子同住，每个妻子都给他生了一个儿子，小儿子名叫哈布里。马亚库托随身带着一支长笛，在钓鱼回家的路上，他会吹响笛子，两位妻子听到后，就会点燃炊火。

有一天，马亚库托被蛇神哈胡巴吞了。哈胡巴变成马亚库托的样子，去了他家。不过，马亚库托的妻子们知道有什么不对劲，因为丈夫回来时没有吹笛子。于是，她们带着孩子们逃到了丛林里。哈胡巴追赶她们，但她们设法逃走了。其中一人把一绺一绺的头发扔在地上，变成了荆棘篱笆。

她们来到年老的青蛙女瓦塔家门口。起初，瓦塔不让她们进来，但听到婴儿的哭声，她就心软

在这张图中，委内瑞拉奥里诺科三角洲的瓦劳印第安人坐在独木舟上。瓦劳人（"船民"）以捕鱼、狩猎和采集浆果为生，现在仍然以独木舟为交通工具。

参见： 火与水稻 226~227页，创世神维拉科查 256~257页，克奥赫创造了太阳和大地 260~261页。

了。哈胡巴追上了她们，使劲砸瓦塔的门。青蛙女开了一个缝隙，当哈胡巴窥视时，她用斧头砍掉了蛇神的头，剩下的无头身子跑进了丛林。

瓦塔的贪婪

马亚库托的妻子们在瓦塔的家里住了下来，可有一天，当她们外出采集食物时，瓦塔把两个婴儿变成了男人。她们回来后，发现孩子们不见了，瓦塔假装不知道发生了什么事。男人没有认出他们的母亲，女人也认不出她们的儿子。瓦塔让男人为她猎鸟，把其中最好的猎物据为己有。而他们的母亲只有小鸟可以吃，并且在给她们之前，瓦塔还会在食物上撒尿。

有一天，当男人外出打猎时，一些水獭变成的人告诉了他们事实真相。男人回到瓦塔的家里，把真相告诉了母亲，他们决定一起逃走。

> 头落在地上，弹起又落下。
>
> 《瓦劳印第安人的民间文学》

哈布里想要建造独木舟，方便逃走。他先用泥土，后来又试了蜡，但都行不通。最后，他用树皮做了一艘完美的独木舟——这是世界上第一艘独木舟。男人和他们的母亲坐着独木舟逃走了。瓦塔在水中扑腾扑腾地追赶，终于爬上了独木舟。眼看就要抓到他们了，瓦塔看到了一个蜂巢。贪婪的女人跳下独木舟，扑在树上吮吸蜂蜜。眼疾手快的哈布里赶紧把树干扔过去，把她困在那里，她永远只能是一只青蛙了。

世界的尽头

男人和他们的母亲划到世界尽头的山边，瓦劳人相信众神在这里居住。当他们的旅程结束时，独木舟变成了雌性巨蟒，桨变成了一个男人。他们成了爱人，回到了奥里诺科三角洲。在那里，妻子成为女神道瓦拉尼，即"森林之母"。

道瓦拉尼不喜欢湿漉漉的沼泽，于是把爱人留在了大地边缘的山脉。她的灵魂生活在太阳升起的东方，身体位于太阳落下的西方。■

哈胡巴

瓦劳人认为，世界被大海包围，中间的土地是瓦劳人的家乡，而土地之下有一个双头蛇神，被称为"哈胡巴"。他包围了瓦劳人的土地，他两个头之间的空隙是奥里诺科河的河口，河水从那里流入大西洋。

哈胡巴的移动引起了潮汐运动，沙洲是哈胡巴浮出水面的部分。瓦劳人生活在土地的最高处，把房子建在柱子上，免受每年洪水的侵袭。

当婴儿出生时，瓦劳人相信哈胡巴会吹起温暖的微风欢迎孩子。在日常生活中，婴儿和小童常常被挂在母亲的脖子上，由母亲带着四处走动。生活在委内瑞拉奥里诺科三角洲的沼泽环境中，许多瓦劳人还没学会走路就已经学会了游泳和划桨。

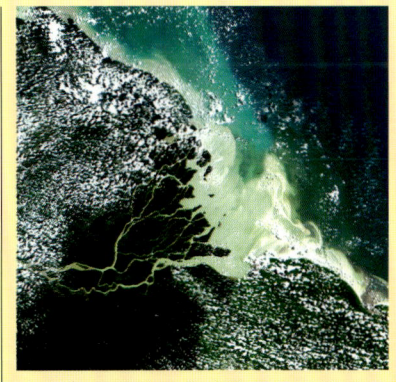

这张奥里诺科三角洲的卫星图像显示了三角洲的广阔水域，包括入口和支流，这里是大约两万名瓦劳人的家园。

永在的创世神

克奥赫创造了太阳和大地

简介

聚焦
创世

来源
《特维尔切印第安人民间文学作品集》，约翰尼斯·威尔伯特和卡林·西蒙诺，1984年

背景
巴塔哥尼亚特维尔切狩猎采集者的神话中世界开始的时候

主要人物
克奥赫 造物主，一个创造海洋、太阳、月亮和星星的神

诺什特克斯 黑夜创造的巨人，埃拉尔的父亲

云女 被诺什特克斯霸占，埃拉尔的母亲

埃拉尔 动物的朋友，特维尔切人的创造者

克奥赫（意为"天空"）是特维尔切人的创世神，人们相信他一直存在。因为没有太阳，他很长一段时间独自生活在东方的乌云之中。他意识到自己是多么孤独，于是潸然落泪。他哭了很久，哭得那么厉害，结果创造了自然界的第一样东西——海洋。然后，他深深地叹了口气，他的呼出的气变成风，驱散了乌云，并创造了黄昏。

克奥赫被昏暗的海洋包围着，他想要看看这个世界。他升上天空，但仍看不清楚。他伸出手指，在幽暗中划了一下，一个明亮的火花从他手中跳了出来，变成了太阳，照亮了海洋和天空。

克奥赫创造了海洋、风和太阳之后，从海底托起一个小岛。他在上面创造了各种各样的动物，鸟和昆虫在天空飞翔，鱼儿在海中

大约公元前7000年，特维尔切人在阿根廷巴塔哥尼亚"手洞"的墙壁上画了动物、猎人和人手。

参见：切罗基人的创世故事 236~237页，五个太阳的传说 248~255页，创世神维拉科查 256~257页，第一艘独木舟 258~259页。

游泳。太阳发出光和热，云带来了雨。

太阳和月亮

克奥赫看到太阳下山后岛上漆黑一片，于是把月亮挂在天空。起初，太阳和月亮彼此不认识，但云很快成为他们的传声筒。他们渴望见面，但是当他们相遇时，他们打了三天架，争论着谁应该在白天划过天空。他们吵架时，太阳划伤了月亮的脸，但同时他们也爱上了对方。

夜因为光而不高兴，还被太阳和月亮的欢愉所激怒，因此他创造了巨人。其中一个是诺什特克斯，他霸占了云女，生下了埃拉尔。后来，诺什特克斯杀死了云女，人们在日出时仍能看到她的血，并相信她对他下了诅咒。诺什特克斯从云女体内拽出婴儿，想吃掉他，但埃拉尔被他的田鼠祖母救了，祖母把他送到了陆地上的安全地带。

这幅画是英国探险家乔治·查沃斯·马斯特斯创作的《相聚在巴塔哥尼亚人的家中》（1871）。画中，特维尔切青年把用羽毛做成的角戴在头上，跳舞庆祝一个女孩进入青春期。

创造特维尔切人

埃拉尔继承了诺什特克斯的超自然力量，并在巴塔哥尼亚建立了一个新家。他把岛上的所有动物带到巴塔哥尼亚。巨人前来追赶，但埃拉尔将他们一一打败，其中也包括他的父亲诺什特克斯，正如克奥赫所预言的那样。埃拉尔用海狮创造了特维尔切人，把火赠予了他们，并教会了他们如何生存。之后，他离开陆地，永远生活在天空之中。■

埃拉尔和卡洛

夜晚之星卡洛是太阳和月亮的女儿。她有时被描绘成妖艳迷人的女人。神话中的英雄埃拉尔爱上了她，乘坐天鹅飞往星空，请求卡洛嫁给他。埃拉尔通过许多试炼后，卡洛的父母同意了他们的婚事，两人结婚了。后来，埃拉尔把卡洛变成美人鱼，她生活在海里，为月亮母亲创造潮汐。她的歌曲在宗教仪式中起着重要的作用。从那以后，埃拉尔就生活在星空中，等待特维尔切人死后的灵魂。这些灵魂被善良的神灵文德克指引着，文德克记录着他们的行为，并把他们一生中所做的一切告诉埃拉尔。人死后会变成星星，从天上俯视那些他们留下的人。

> 当月亮与太阳搏斗的时候，这个世界被创造了出来。
>
> 《特维尔切印第安人民间文学作品集》

ANCIENT EGYPT AND AFRICA

古埃及和非洲

公元前2494—公元前2181年　约公元前1550—公元前50年　公元1世纪　　1881—1914年

↑《金字塔铭文》被书吏刻在十位古埃及法老的坟墓上。

↑指引人们通过地狱的咒语和建议被收集在《亡灵书》里。

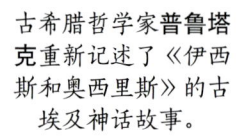

↑古希腊哲学家普鲁塔克重新记述了《伊西斯和奥西里斯》的古埃及神话故事。

↑在"瓜分非洲"的过程中，欧洲列强将非洲大陆划分为多个殖民地。

约公元前2055—公元前1650年　公元前30年　17世纪　1906年

↓数以百计的丧葬咒语被刻在普通古埃及人的坟墓上，后来被收集在《棺椁文》中。

↓随着马克·安东尼的战败和克利奥帕特拉的自杀身亡，古罗马征服了古埃及。

↓欧洲商人开始奴役非洲人并将他们运送到海外，最终造成了全球移民。

↓E. A. 华理士·布奇在《埃及亡灵书》中记录了他对阴间的研究。

非洲大陆的神话丰富多样，可以分为两类：一类是从古代铭文和手稿中得知的古埃及神话；另一类是丰富多彩、生机勃勃的撒哈拉以南非洲的神话，这是从人类学家19世纪开始记录的口头传统中了解的。

古埃及神话

　　古埃及的发展大致经历了三个主要时期：古王国（公元前2686—公元前2181）、中王国（公元前2055—公元前1650）和新王国（公元前1550—公元前1069）。然而，它的历史可以追溯到公元前3100年早期王朝的建立，并且延伸至罗马帝国时期和公元纪年开始。如此长的一段时间涵盖了由文化发展所界定的独立时代，所以，古埃及神话也可能发生演变。但事实上，在整个古埃及历史上，神话有着惊人的一致性。其中一个原因是神话总是非常灵活的，能够消除歧义和极大的矛盾。

　　古埃及文献中提到了"数以万计的神"，但所有这些神本质上都是原始造物主"无限制的主"的不同方面。因此，神可以根据需要一分为二或与其他神合并。

　　法老阿肯那吞（公元前1352—公元前1336）试图使古埃及神灵的重叠混乱合理化，并把所有崇拜集中在由太阳圆盘代表的阿吞神上，人们将其视为世界的唯一创造者和维持者。

　　这一激进举措使古埃及陷入了混乱。阿肯那吞的继任者是幼年便君临天下的图坦卡蒙国王。一段以他的名义撰写的铭文写道："众神的庙宇倒塌了……这片土地变得乱七八糟，众神都背弃了它……如果有人祈求神的帮助，神也不会来，他们的心已碎。"

　　3000年来，最初只适用于国王的古埃及神话范围扩大，所有古埃及人死后都希冀能在芦苇之地获得新生。尼罗河三角洲这里理想化的古埃及生活景象位于太阳升起的东方。最早出现在古王国法老金字塔中的咒语和祈祷铭文（《金字塔铭文》），到了中王国被改编，并为个人所用（《棺椁文》），而到了新王国，人们把它们编入了古埃及最著名的文献《亡灵书》中。大

古埃及和非洲 **265**

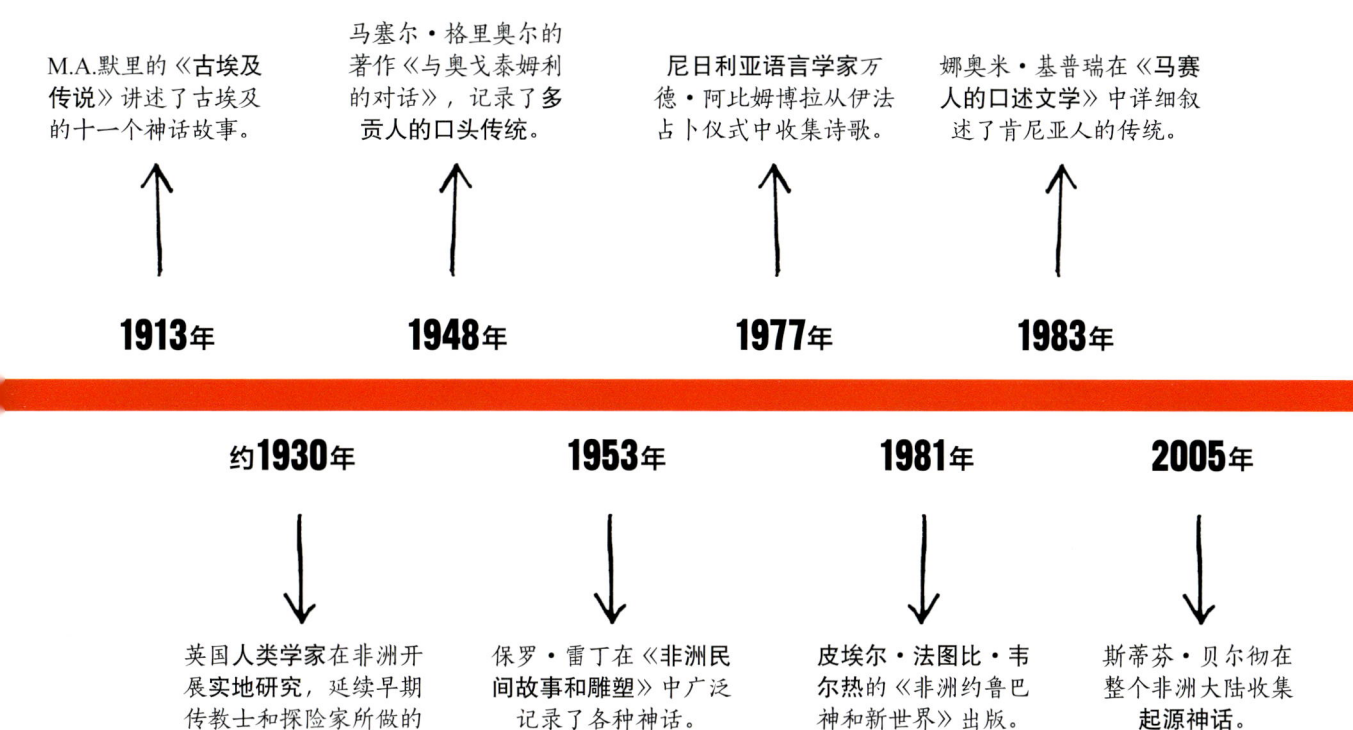

1913年 — M.A.默里的《古埃及传说》讲述了古埃及的十一个神话故事。

1948年 — 马塞尔·格里奥尔的著作《与奥戈泰姆利的对话》，记录了多贡人的口头传统。

1977年 — 尼日利亚语言学家万德·阿比姆博拉从伊法占卜仪式中收集诗歌。

1983年 — 娜奥米·基普瑞在《马赛人的口述文学》中详细叙述了肯尼亚人的传统。

约1930年 — 英国人类学家在非洲开展实地研究，延续早期传教士和探险家所做的非正式研究。

1953年 — 保罗·雷丁在《非洲民间故事和雕塑》中广泛记录了各种神话。

1981年 — 皮埃尔·法图比·韦尔热的《非洲约鲁巴神和新世界》出版。

2005年 — 斯蒂芬·贝尔彻在整个非洲大陆收集起源神话。

多数古埃及神话必须从这些咒语中拼凑出来，但是有一些以叙事形式被记载了下来，尤其是《荷鲁斯与塞特的争斗》，这个充满暴力的喜剧故事讲述了两位神之间的较量。

撒哈拉以南非洲的神话

阿坎-阿散蒂的魔法师阿南希既是一个人，又是一只蜘蛛，是喜剧和暴力故事的源泉。阿南希的故事已经传遍西非、加勒比海和美国。口述故事具有很好的流动性和适用性，很容易跨越国界进行传播。约鲁巴人和丰人等西非民族的神祇和传统，被为奴的非洲人带到新世界，为伏都教奠定了基础。约鲁巴神埃舒成了伏都教神灵雷格巴。

埃舒可以变出256种不同的形象。他掌管的伊法占卜术看起来很复杂，但与马里多贡人神话中复杂的玄学相比，就是小巫见大巫了。多贡人高度复杂的信仰体系，体现了人类是宇宙"种子"的基本理念，人类形态既与创造的第一时刻相呼应，又与整个被创造的宇宙相呼应。每个多贡村庄都被布置成人体的形状，并被视为具有生命力的存在。

永恒的信仰

撒哈拉以南非洲的神话对人们日常生活的影响仍然非常显著。东非恩凯造牛并把它们送给马赛人的神话，为马赛人的生活方式奠定了文化基础。非洲南部卡拉哈里沙漠的圣布须曼人的诗歌神话，讲述了早期既是人又是动物的种族，如创造者卡昂。卡昂既是人，又是螳螂，在梦中创造了世界。今天，圣萨满仍会进入类似的梦境状态，祈求降雨、医治、狩猎的成功。∎

只有我和原始海洋，别无其他

创世与第一代神祇

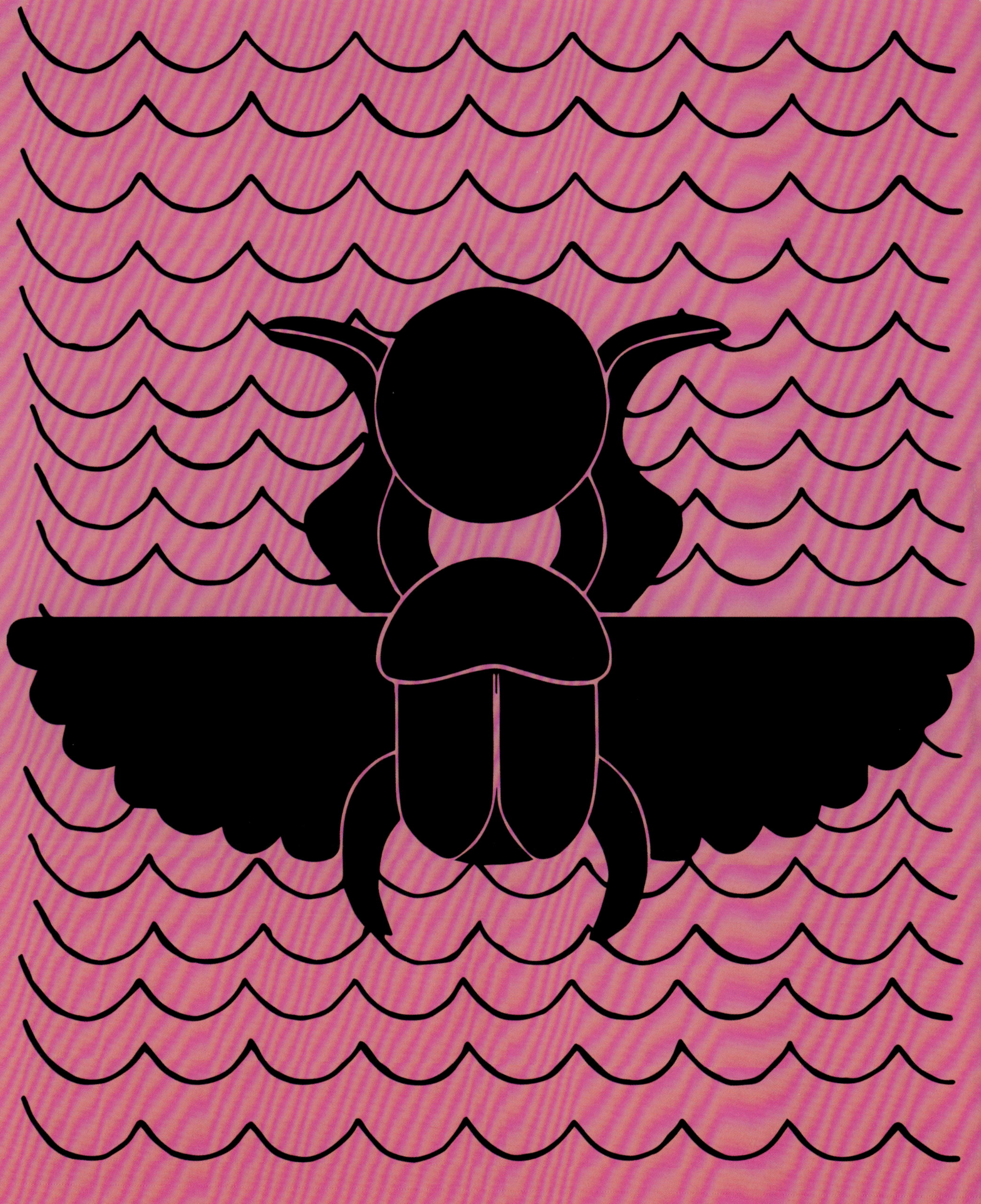

简介

聚焦
创世

来源
《金字塔铭文》,佚名,公元前2494—公元前2181年

《棺椁文》,佚名,约公元前2055—公元前1650年

《亡灵书》,佚名,约公元前1550—公元前50年

《人类的毁灭》,佚名,约公元前1279年

《孟菲斯神系》,法老夏巴卡,约公元前710年

《战胜阿波菲斯书》,佚名,约公元前312年

《诸神传说》,E.A.华理士·布奇,1912年

背景
古埃及

主要人物

阿图姆 创世神,太阳神(拉)

舒 空气之神

泰夫努特 湿气之神

哈托尔 拉的右眼,母狮塞克迈特

盖布 大地之神

努特 天空女神

托特 审判之神

奥西里斯 大地和冥界之王

荷鲁斯 天空之神

塞特 沙漠和战争之神

伊西斯 婚姻、生育和魔法女神

奈芙蒂斯 死亡和暗夜女神

根据古埃及墓墙上有关创世神话的图画和象形文字记载,起初世界除了原始海洋,没有别的东西,原始海洋被称为"努恩",意为"非存在"。赫利奥波利斯是古埃及最古老的城市之一,现在是开罗的一部分。在那里,人们崇拜太阳神(拉)。拉作为造物主,在当地被称为"阿图姆"(或"阿图姆-拉"),意为"万物"。

第一代神祇

阿图姆孕育于混沌的努恩之中。他从自己的身体里创造出了其他神。阿图姆打了个喷嚏,从鼻孔里喷出了空气之神舒,从嘴里吐出了湿气之神泰夫努特,因为力量很大,两位神都到了离水域很远的地方。后来,阿图姆派他的右眼"太阳"寻找舒和泰夫努特。这只眼睛就是女神哈托尔,她是一团可以吞噬一切的火焰,充满野性和不可预知的力量。当她与舒和泰夫努特一起回来的时候,她看到阿图姆又长出了一只眼睛,取代了她的位置,很是生气。她泪流满面,这些眼泪就变成了第一代人类。

阿图姆把哈托尔放在自己的

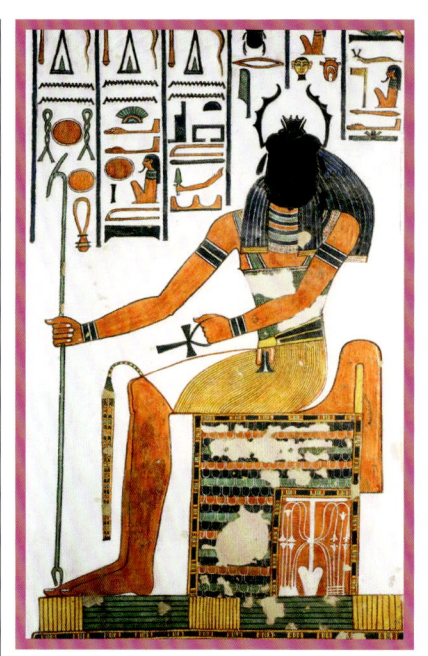

后来与阿图姆合并的神凯布利被刻画为圣甲虫。因为甲虫似乎可以从无到有孵化出来,所以古埃及人把它的诞生比作世界万物的创造。

前额上,变成了愤怒的眼镜蛇的形态,统治世界,直到时间的尽头(届时,万物都将消逝,世界会再次被大洪水淹没)。阿图姆让原始海洋的水退去,这样就有一个岛屿供他站立了。

阿图姆在这个叫作"奔奔"的小丘上休息,并创造了世界。他

起初,只有混沌之海。 → 这片海洋拥有创造万物的**潜力**。

↓

这个拥有无限力量的神创造了万物。 ← 一个有无限力量的神阿图姆醒来了。

参见: 普罗米修斯帮助人类 36~39页, 拉的夜航船 272~273页, 拉的秘密名字 274~275页, 奥西里斯与冥界 276~283页。

用三种天生的力量来召唤所有的造物元素,这三种力量分别是创造力或魔力赫卡、洞察力希亚、领导力胡。这三种力量最终也成为神,并成为阿图姆在太阳船上的伙伴。太阳船是阿图姆作为太阳神(拉)在天空中航行的船。所有这些都是由第四种力量——代表宇宙和谐的玛特女神来调节的。

众神繁衍

阿图姆最早的孩子是代表平静的干燥空气的舒和代表变化的潮湿空气的泰夫努特,他们二人一起创造了干燥的大地男神盖布和潮湿的天空女神努特。努特在盖布上方,天空与大地相交。

努特和盖布的孩子是不计其数的群星。如此强大的繁殖能力激怒了舒,他诅咒女儿在一年中的任何一个月里都不能生育。然而,审判和学习之神托特与月亮之神孔苏打赌,为努特争得了额外的五天时间,这五天在太阴历的12个月(每月30天)之外。在这五天的时间里,努特生下了奥西里斯、荷鲁斯、塞特、伊西斯和奈芙蒂斯。

为了保护子孙后代,或者根据另一种说法,为了给阿图姆留些创造和繁衍的空间,舒决定分开这对夫妇。他把女儿努特拉走,用手把她举到高处,然后用脚把儿子盖布踩在地上。这个故事可能激发了后来古希腊阿特拉斯的传说——这位泰坦神被罚把天空扛在肩上。

九柱神

努特、盖布,还有他们的五个孩子,加上舒和泰夫努特,被统称为"九柱神",是阿图姆之下的九大神祇。和阿图姆一样,他们蕴含着秩序和混乱两种力量。奥西里斯先是大地之王,后来成为冥界之王,体现了秩序。住在沙漠中的塞特试图夺取奥西里斯的权力,这体现了混乱。他们两个都娶了自己的姐妹为妻,奥西里斯娶了伊西斯,塞特则娶了奈芙蒂斯。塞特同时觊觎伊西斯,而奥西里斯则与奈芙蒂斯生下了一个孩子,名叫"安努比斯"。

尼罗河

古埃及的创世神话受到尼罗河三角洲洪水的影响,一年一度的洪水是古埃及灿烂文明产生的基础。洪水将新的肥沃淤泥冲到河岸上,使古埃及人得以大规模耕种。尼罗河的洪水被人们奉为生育之神哈碧的杰作。哈碧住在阿斯旺第一大瀑布的一个洞穴里。一首赞美诗写道:"他灌溉了太阳神(拉)所创造的所有田地,也给予了万物生命。"雌雄同体的哈碧是荷鲁斯的孩子。

几乎可以肯定的是,反复发生的尼罗河洪水启发了努恩之水的创世理念。古埃及人相信,原始海洋最初覆盖了整个世界。在古埃及神话中,太阳神和创世者阿图姆从这片海洋中诞生绝非巧合,正如在每年秋天洪水退去时尼罗河三角洲的田地就会出现一般。

在编纂于公元前16世纪的《亡灵书》中的一幅场景中,拉在大地之神盖布上方和努特的拱形下方航行。

荷鲁斯之眼化身为女神乌加特，在复活和重生时往往会起保护作用。这个手镯来自法老舍顺克的坟墓。

天空之神荷鲁斯也是盖布和努特的孩子，他的名字意为"高高在上者"。荷鲁斯往往被刻画为一只张开翅膀的猎鹰，它的眼睛是太阳和月亮。由于他在黑暗的无月之夜看不见东西，因此他有时也被称为"无目者荷鲁斯"。

镇压叛乱

阿图姆创造世界之后，面临着来自子女的反抗，在有些记载中，反抗来自塞特的追随者。阿图姆已经年迈，身体虚弱，无法亲自与反抗者对抗。他听了托特的建议，任命荷鲁斯为他的守护者。荷鲁斯变成一个巨大的、拥有翅膀的太阳圆盘，独自一人与他们战斗。他的对手则变成鸟、鱼、河马和鳄鱼，但荷鲁斯很快抓住并打败了他们。

第二场战斗接踵而至。塞特挖出了荷鲁斯的左眼（月亮），荷鲁斯则扯下了塞特的睾丸。荷鲁斯处于狂怒的状态，在没有月光的情况下暂时失明了。他不仅打败了反抗者，还砍断了许多忠于阿图姆的神的脑袋。其他神都逃走了。在混乱中，支撑天空的四根柱子中的一根落入海中，太阳船停了下来，宇宙即将坍塌。

荷鲁斯的涅槃

奥西里斯挺身而出，想要恢复秩序，羞愧的塞特不得不背着他。奥西里斯把睾丸还给塞特，并给荷鲁斯安上了眼睛，这是完整、保护、力量和完美的一个有力象征。然而，荷鲁斯受伤后太虚弱了，他将眼睛给了奥西里斯之后就死了。奥西里斯用这只眼睛使宇宙恢复了平衡，让被砍头的众神重新活了过来。

反抗者败给荷鲁斯之后，被阿图姆召到跟前，阿图姆将他们一并吞下。在他的肚子里，众神争吵不休，互相残杀。众神的"死亡"并不等于灭绝，相反，他们几乎与以前一样继续存在着。荷鲁斯是唯一在叛乱中死去的神，他的元神与奥西里斯合为一体，被称为"奥西里斯体内的荷鲁斯"。伊西斯和奥西里斯生下的孩子意味着荷鲁斯的重生。正因如此，第一个荷鲁斯有时被称为"老荷鲁斯"，但是他奇迹般的重生意味着，两个神实际上是同一个神。伊西斯和奥西里斯的儿子荷鲁斯，后来被蝎子蜇死了，但被他的母亲用魔法复活了。

哈托尔恐吓人类

人类也如先前的众神一样，反抗阿图姆的权威。为了惩罚这些新的叛乱分子，阿图姆把他的右眼，也就是女神哈托尔派到人间。女神变为母狮，人称"塞克迈特"。阿图姆的本意是警告并惩罚忘

> **年轻的荷鲁斯在和平中到来，他在旅途中显露出伟大的力量。**
>
> 托特
> 《伊德富荷鲁斯神庙墙上的匿名铭文》

古埃及和非洲

> 我（阿蒙）创造的每一个人都与他的邻居一样，我没有命令他们做奸邪之事，但他们的心违背了我的话。
>
> 《棺椁文》

这个上部为一圆环的十字形叉铃是用来崇拜哈托尔的。叉铃的手柄（约公元前664—公元前525）是奶牛女神长着犄角的头。

恩负义的人类，减少他们的数量。但是，当塞克迈特尝过鲜血的滋味后，她就失去了控制。她渴望更多的鲜血，于是杀死了她所发现的每一个人，蹚过他们血淋淋的遗骸。

黄昏时，为了安抚塞克迈特，阿图姆把红赭石和大麦啤酒混在一起，混合后的液体看起来像血一样。然后，他把7000罐这样的液体倒在塞克迈特正打算进行大肆杀戮的土地上。黎明时分，塞克迈特看见了"血"，便狼吞虎咽地舔了起来。她喝得醉醺醺的，睡了三天，醒来时，她的嗜血欲望消失了，剩下的人幸免于难。从那时起，哈托尔便与一年一度的庆祝人类幸存下来的节日联系了起来。节日期间，人们会喝掺有石榴汁的啤酒。

复杂的女神

阿图姆看重哈托尔暴躁的天性和强大的力量，希望哈托尔可以在他身边保护他。当哈托尔回到他身边时，据说创造神阿图姆欢迎她回家，并称她为"美丽之神"，这是这位女神众多名字中的一个。

哈托尔是一位颇受欢迎的女神，在古埃及各地受到广泛崇拜，被赋予了多重角色。她有时作为荷鲁斯的妻子和音乐之神伊希的母亲受到崇拜。她是爱情、美丽、舞蹈、快乐之神。最重要的是，她还是生殖和母性女神。女人去她的神庙祈祷生子。据说，对她的崇拜在王国时期以前就出现了，可能根植于早期的生育仪式。人们还相信哈托尔可以帮助灵魂在来世重生。∎

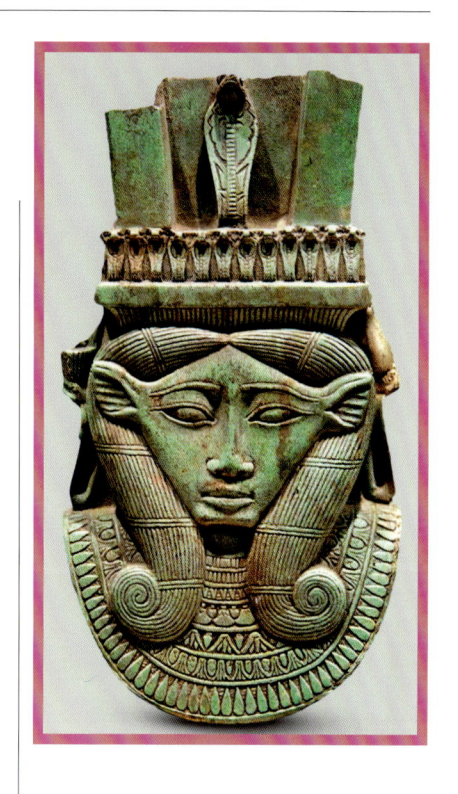

古埃及的三位一体神

古埃及的主要城市赫利奥波利斯、孟菲斯、赫尔莫普利斯和底比斯有着不同的创世神话。孟菲斯有一块黑色石碑，上面把造物主命名为"普塔"——一个拥有无限力量的万能的神。这块石碑曾被用作磨石，上面的文字几乎无法辨认。普塔被称为"随心所欲的生命赐予者"，他先在心中构想所有的被创造物，并通过命名的方式来赋予其生命和形式。在底比斯，造物主是蛇形的"隐秘之神"阿蒙。在古埃及的其他地方，造物主是太阳神阿图姆，亦称"拉"。

拉米西斯二世统治时期（公元前1279—公元前1213）的一首赞美诗唱道："造物主是三神一体——阿蒙、拉和普塔。他的本性像阿蒙一样隐秘，不被发现，他的特点是拉，身体是普塔。"这些话表明，这三位神被视为同一造物主的不同方面。

普塔是工匠的守护神，在古埃及大城市孟菲斯受到人们的崇拜。据说，普塔创造了现实世界。

拉，向你致敬每一天

拉的夜航船

简介

聚焦
重生与更新

来源
《棺椁文》，佚名，约公元前2055—公元前1650年
《亡灵书》，佚名，约公元前1550—公元前50年
《来世之书》，佚名，约公元前1425年
《古埃及传说》，M. A. 默里，1913年

背景
古埃及和冥界

主要人物
拉 太阳神
赫卡、希亚、胡和玛特 拉在夜航船上的伙伴
托特 月亮之神和舵手
伊西斯 魔法女神
塞特 拉的守护者
凯布利 重生之神

拉是太阳神，也是造物主，他在混沌中创造了自己。他每天乘着"万年之船"穿过天空，把太阳带到人间。早晨拉驾船从东方升起时，这条船被称为"曼杰特"（"变得强壮"）；日落时，这艘船被称为"麦塞克泰特"（"变得虚弱"）。

每天晚上，拉乘坐夜航船穿过冥界，完成一次致命的旅行。与他一同在船上的是他的力量的化

这是古埃及一位书吏的灵柩（约公元前984）上的局部图案，画着塞特刺穿蛇神阿波菲斯，代表了战胜黑暗势力，太阳神会再次升起。

身：赫卡（创造力）、希亚（洞察力）、胡（领导力）、玛特（宇宙和谐）。整个晚上，玛特都举着"安可"——一个古埃及的象形文字，意为"生命"。这样一来，拉虽然当时死了，但之后仍可以重

参见: 创世与第一代神祇 266~271页,拉的秘密名字 274~275页,奥西里斯和冥界 276~283页。

> 在危险时刻,蛇神迈罕盘踞在拉的上方,形成保护伞。
>
> 《古埃及传说》

生。和他一起在夜航船上的还有其他神,包括舵手托特、用咒语使船移动的伊西斯和守护者塞特。他们会穿过十二道大门,每道大门都标志着黑暗时刻慢慢过去,也标志着冥界的十二国。在此过程中,塞特一直保护着拉没有生命的身体。

进入冥界

过了第一道大门,一大群神灵前来迎接拉。他们为船的通宵航行做好准备,拉着贯穿冥界十二国的拖绳,沿河拖动船。

在冥界第七个也是最危险的国家,伊西斯召唤蛇神迈罕做一个神圣的保护伞罩住拉。不过,还有一条蛇在等着太阳神,它就是拉永恒的敌人、混沌之蛇阿波菲斯(或"阿佩普")。阿波菲斯绕在河中央的沙洲上,掩饰自己庞大的身躯。它用催眠的目光凝视众神,张大嘴巴吞下河水和夜航船。女神伊西斯用咒语使阿波菲斯丧失能力,塞特用矛刺它的身体,拉变成

赫利奥波利斯之猫("太阳城")砍掉它的头。接下来的一天,混乱不再,可到了第二天晚上,复活的阿波菲斯又会等在那里,希望吞下拉,永远消灭太阳。

太阳再次升起

当拉经过冥界的第八个国家"众神石棺"时,不朽的木乃伊众神呼喊着赞美拉。在第十个国家,重生之神圣甲虫凯布利把自己的灵魂和拉的灵魂结合在一起,陪伴拉度过余下的旅程。

第十二个也是最后一个国家变成巨蟒的样子,这头巨蟒被称作"众神的生命"。不过,船安全通过了巨蟒的嘴,拉完全变成了凯布利,他的尸体被扔下船。紧接着,太阳船"曼杰特"出现在灿烂的黎明里。

> 拉,向你致敬,感谢你的升起。黑夜已逝,黎明将至。
>
> 《古埃及传说》

太阳神

拉不是古埃及众神中最古老的,但他被尊为万物的创造者。从第二王朝(约公元前3000)起,他的主要崇拜中心就是赫利奥波利斯(今开罗的一部分)。到了第五王朝(约公元前2500),古埃及法老们自称拉的化身,为拉建造神庙。后来法老自称"拉神之子",并将拉的名字加到自己的名字里。拉主要有三种形象,当太阳从东方升起时,他是圣甲虫凯布利;作为正午的太阳,他就是拉,通常表现为鹰首人身的样子,头顶上有一日盘,日盘上盘着一条蛇;当太阳从西方落下时,他是造物神阿图姆,有时被描绘成一个挂着拐杖的老人。每天死亡和重生的循环,象征着人类的生命周期,人们希望像拉一样,在生命结束时能获得新生。

这是公元前1000年一具木乃伊身上的胸饰,呈现圣甲虫的形状,拉在结束冥界旅程时就会变成圣甲虫。

精通咒语的女神伊西斯

拉的秘密名字

简介

聚焦
众神之争

来源
《都灵莎草纸》，佚名，约公元前1295—公元前1186年
《切斯特·贝蒂莎草纸》，佚名，约公元前1295—公元前1186年

背景
古埃及

主要人物
拉 太阳神，被骗泄露了自己的秘密名字

伊西斯 魔法女神，拉的妹妹和妻子；她的埃及名字是"阿赛特"（意为"御座上的女王"）

名字对每一个古埃及人来说都是必不可少的。在死后抹去某人的名字相当于毁了这个人的来生。拉作为众神和众人之王，拥有非常多的名字，甚至连众神都知道得不全。精通咒语的魔法女神伊西斯开始了解万物的名字，如此一来，她将变得和拉一样伟大。最后，伊西斯唯一不知道的就是拉的秘密名字。

拉每天穿过天空。他一天天老去，嘴巴变得松弛，口水滴落到了地上。伊西斯接住拉的口水，将口水和着泥土做成一条蛇。她将蛇放在拉的必经之路上，拉踩到蛇时被咬了一口，他惨叫一声摔倒在地。其他神听见他的叫声问道："出了什么事？"但是，拉无法回答，因为蛇的咬伤夺去了他的生命之火，毒液渗入了他的身体，他的四肢颤抖不已。当拉可以发出声音时，他召唤其他神前来相助。拥有神奇力量的伊西斯可以用咒语让一个窒息而死的人再次活过来，她主动提出帮助太阳神清除蛇毒，但他必须说出他的秘密名字。最后，由于害怕死亡，拉的内心说出了自己的秘密名字。伊西斯用这个名字吟诵了一个咒语，蛇毒离开了拉的身体，他又变得强大了起来。■

这个雕刻的石碑来自古埃及第三中间期（约公元前1069—公元前664），上面画着正接受献祭的拉，他的身后站着伊西斯。拉因为头上的太阳盘而很容易被辨识出来。

参见：创世与第一代神祇 266~271页，拉的夜航船 272~273页，奥西里斯和冥界 276~283页。

拉	伊西斯

拉： 拉痛苦大叫。

伊西斯： 出了什么事？

拉： 我被某个致命的东西咬伤了，这个东西不是我创造的。

伊西斯： 蛇敢向你发起攻击吗？我会用咒语来驱逐它。

拉： 快点儿，我的眼睛看不清了，我浑身发抖，直冒冷汗。

伊西斯： 告诉我你的名字，只有这个名字的力量才可以让你活下去。

拉： 天地是我创造的。我织山造水。当我睁开眼睛时，世界就变得光明，当我闭上眼睛时，它就变得黑暗。

伊西斯： 告诉我你的名字，我才能治愈你。

拉： 我的名字将通过我的身体传递给你——这个名字从时间伊始就一直是个秘密。

伊西斯把拉从蛇毒的死亡边缘救了回来，但这只是伊西斯的一种伎俩，为的是知道他的名字，并拥有与太阳神一样的力量。伊西斯后来把这些力量传给了她的儿子荷鲁斯。

伊西斯： 毒液，流到地上！他的名字已经从他的心传到我的心，以他名字的力量，拉将继续活下去。

古埃及和非洲

阿蒙-拉

太阳神（拉）是肉眼可见的（尤其是以阿吞的太阳盘形象），但这位造物神也被古埃及人奉为神秘的阿蒙神。阿蒙经常和拉融合为"阿蒙-拉"。他的崇拜中心是底比斯（今卢克索）的卡纳克神庙。虽然神庙仪式是奉国王之命行事的祭司的专属权利，但有证据表明，阿蒙是穷人和无依无靠之人可以请求帮助的神。在古埃及的一首赞美诗中，他被描述为"伟大的神，倾听祈祷，倾听穷人和苦难者的声音，抚慰可怜的人"。在阿蒙和拉融合后，阿蒙-拉成为古埃及人的主神，作为万物的创造者而被崇拜。他通过说"我在"而出现——这是所有存在的根源和支撑。

伟大的努特说：
"奥西里斯是我的初生子。"

奥西里斯和冥界

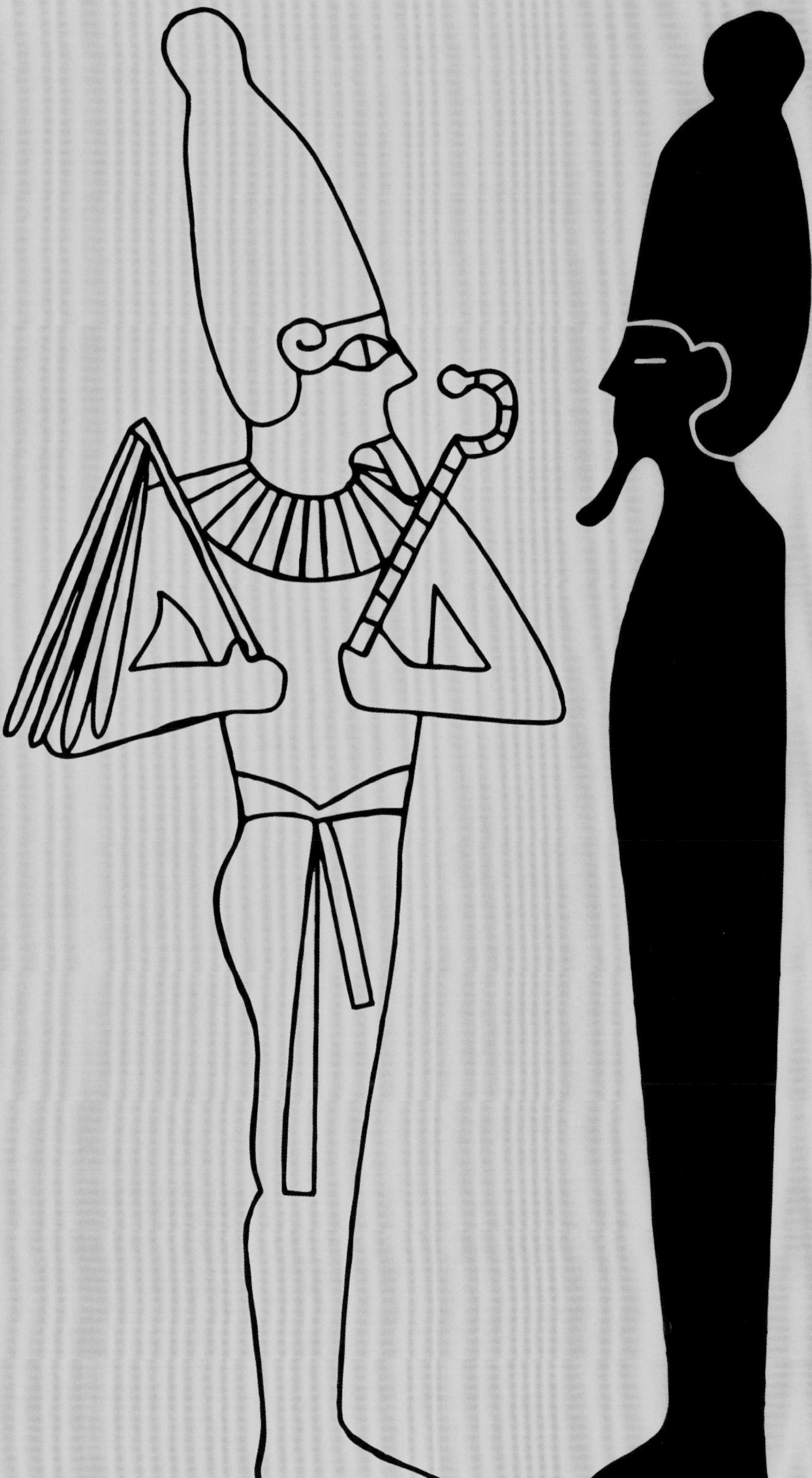

简介

聚焦
死亡与来生

来源
《亡灵书》，佚名，约公元前1550—公元前50年
《来世之书》，佚名，约公元前1425年
《荷鲁斯与塞特的争斗》，佚名，约公元前1147—公元前1143年
《伊西斯和奥西里斯》，普鲁塔克，公元1世纪

背景
古埃及、腓尼基和冥界

主要人物
奥西里斯　明智的统治者
伊西斯　奥西里斯的妹妹和妻子
塞特　奥西里斯善妒的弟弟
拉　太阳神
奈芙蒂斯　伊西斯的妹妹
荷鲁斯　奥西里斯和伊西斯之子
阿努比斯　长着胡狼头的死神

> 当消息传到伊西斯耳朵里时，她立刻剪掉一缕头发，穿上丧服。
>
> 《伊西斯和奥西里斯》

大地之神盖布和天空女神努特的儿子奥西里斯最初是人类的国王。正是他教会了古埃及人如何生存，如何制造和使用工具，如何种植和收获小麦和大麦。他的妹妹和妻子伊西斯教女人如何纺织，如何用谷物制作面包和啤酒。整个古埃及都崇拜伊西斯，她被奉为母亲、生育、魔法、医治和葬礼女神。对她的信仰后来传到古希腊和整个罗马帝国。

奥西里斯让伊西斯做摄政王，自己则前往各地将他的技能教给其余的人，因此获得了"文内弗"（意为"永恒的美好"）的美誉。奥西里斯的弟弟塞特嫉妒哥哥的天赋和美誉，并因奥西里斯让伊西斯而不是他做摄政王而感到愤怒。

塞特的阴谋

当奥西里斯归来时，塞特想要谋害他，夺取王位，并娶伊西斯为妻。他邀请奥西里斯参加一场盛大的宴会，并用香柏木做了一具上好的棺材，上面镶着乌木和象牙。

塞特许诺把这个棺材送给最适合的人。客人们一一尝试，但没有一个适合的人。最后，轮到奥西里斯了，他的尺寸与棺材的尺寸完全匹配——因为塞特就是严格按照奥西里斯的身材打造的这具棺材。

奥西里斯还没从棺材里出来，塞特和他的七十二个帮凶便关上棺盖，把棺材钉死了。他们用熔化的铅密封棺材，并将其扔进尼罗河中。棺材被冲下河流，漂到海岸边，之后横渡大海，到了腓尼基。一棵柽柳树围绕着它长大，把棺材包裹在树干里，里面躺着死去的国王。

此图为青铜所铸的梅德杰鱼。据说，当奥西里斯的尸体散落各地时，梅德杰鱼吃了他的一部分尸体。它是城市佩-梅德杰的圣物，后来该城被称作"俄克喜林库斯"。

寻找奥西里斯

比布鲁斯城的国王看到柽柳树，惊叹它如此庞大。他命人把它砍倒，用来建造宫殿。藏有棺材的树干被做成柱子，支撑宫殿的屋顶。

与此同时，伊西斯因奥西里斯的死而感到悲痛，并开始寻找丈夫。找了很长时间后，她来到了比布鲁斯，并坐在泉边哭泣。比布鲁斯王后的女仆来到泉边，伊西斯给她们编了辫子，让她们的头发散发着好闻的香味。

王后派人去请伊西斯，和她成为朋友，并让她照顾自己的孩子。伊西斯让孩子吮吸她的手指，想让孩子获得永生。晚上，她用火焰包裹孩子，烧掉他凡人的部分。之后她变成燕子，继续寻找她的丈夫。她在藏有棺材的树干上盘旋，悲伤地鸣叫，她知道奥西里斯就在附近。

比布鲁斯王后看到她的孩子被火焰包围时，吓得尖叫起来，并

古埃及和非洲 279

参见：创世与第一代神祇 266~271页，拉的夜航船 272~273页，拉的秘密名字 274~275页。

右图是公元前1世纪的一具镀金棺材上刻画的场景——伊西斯和奈芙蒂斯正在为被谋杀的奥西里斯哀悼。

打破了魔法，孩子因此未能获得永生。伊西斯说出了自己的真实身份，恳求王后把柱子卸下来。伊西斯砍掉长在棺材周围的木头，里面躺着她心爱的奥西里斯。她扑倒在棺材上，发出骇人的哀号，吓死了王后的孩子。

塞特找到尸体

伊西斯把棺材放在船上，驶过大海，回到古埃及。她上岸后来到一个安静的地方，打开棺材，把脸贴在奥西里斯的脸上，痛哭起来。女神把装着尸体的棺材藏在茂密的纸莎草丛中。当天晚上，塞特出去打猎时发现了棺材。他用力打开棺材，把奥西里斯的尸体切成十四块，扔到了古埃及各地。

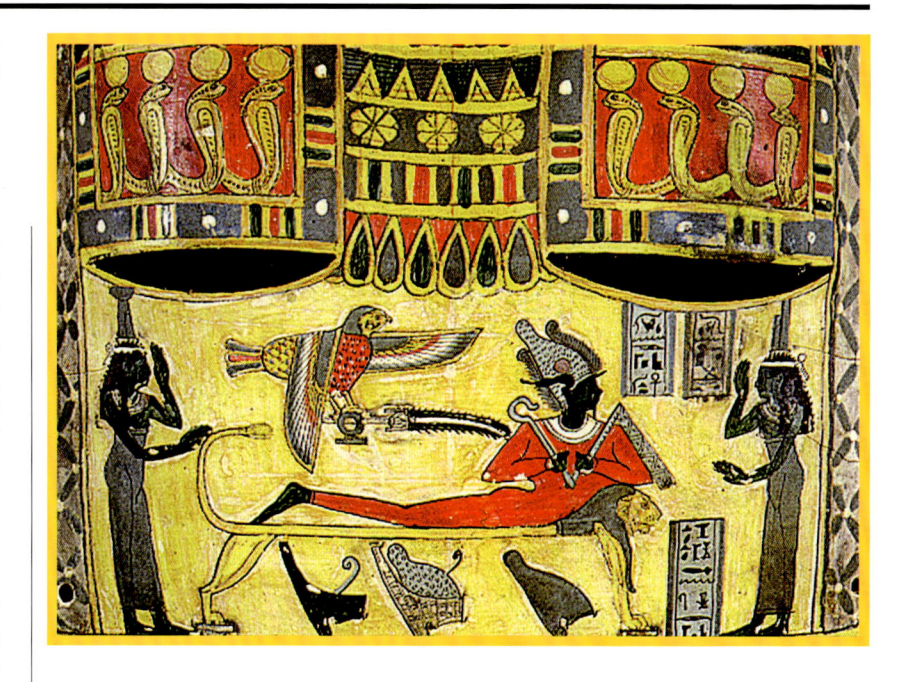

然而，伊西斯和她的妹妹奈芙蒂斯找回了奥西里斯分散的尸块。每找到一块，伊西斯就会施展魔法用蜡做一个模型，并把模型交给当地的祭司保管，因此奥西里斯神庙遍布整个古埃及。

当姐妹俩将奥西里斯的各个部分找齐时，她们坐在旁边哭泣。太阳神（拉）怜悯她们，派长着胡狼头的阿努比斯和鹭首托特帮助她们。他们一起把奥西里斯的尸体拼成原样。阿努比斯用香膏涂抹

图中色彩鲜艳的石头浮雕可以追溯到公元前12世纪，装饰着阿比多斯这座宏伟神庙的墙壁。

阿比多斯

奥西里斯的崇拜中心位于上埃及的阿比多斯，距尼罗河约十千米。两千多年以来，每年洪水退去前的最后一个月，人们都会为奥西里斯举办祭拜仪式。尽管人们对神庙的仪式知之甚少，但仪式的目的是确保死者灵魂在进入奥西里斯统治的冥界时可以永生。在公开仪式上，祭司还会把奥西里斯的神像从神庙抬到神的坟墓里，奥西里斯的很多崇拜者会前来祭拜。

同时，在公共节日期间，奥西里斯被谋杀的故事、伊西斯和奈芙蒂斯的悲伤、塞特的审判、塞特和奥西里斯支持者之间的战斗会重演。在戏剧的结尾，扮演奥西里斯的演员将以胜利者的姿态在圣船中凯旋，象征着他重生的节德柱（用一捆玉米代替）将被竖起。

奥西里斯被杀及其后果

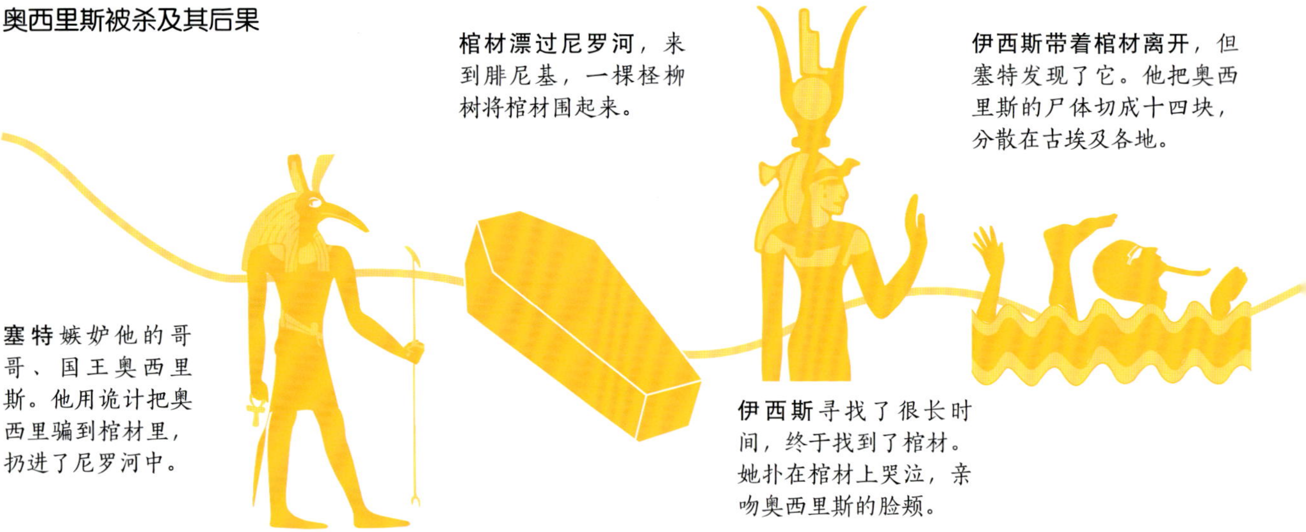

塞特嫉妒他的哥哥、国王奥西里斯。他用诡计把奥西里斯骗到棺材里，扔进了尼罗河中。

棺材漂过尼罗河，来到腓尼基，一棵柽柳树将棺材围起来。

伊西斯寻找了很长时间，终于找到了棺材。她扑在棺材上哭泣，亲吻奥西里斯的脸颊。

伊西斯带着棺材离开，但塞特发现了它。他把奥西里斯的尸体切成十四块，分散在古埃及各地。

尸体，再用亚麻绷带将尸体包扎起来，放在狮头棺材中。经过防腐处理并被包裹起来的奥西里斯尸体成为第一个木乃伊，为后来的古埃及法老开创了先例。

奥西里斯的神圣力量并没有完全耗尽。伊西斯把自己变成风筝，在木乃伊上方盘旋，将生命的气息长久地注入奥西里斯体内，直到她怀上孩子，也就是荷鲁斯——他将为父报仇。后来，奥西里斯到了冥界并成为那里的统治者。伊西斯一直看顾她死去丈夫的神龛。

随着时间的推移，荷鲁斯开始挑战塞特，想要夺回他父亲奥西里斯的王位。荷鲁斯和塞特出现在九柱神前，这九位主神的议会持续了80年，但没有就哪一个更值得被授予王位得出结论。

争夺王位

奈斯是宇宙的创造者、太阳神（拉）的母亲、战争女神。托特写信给她，请她给出决断。奈斯把王位授予了荷鲁斯，但是拉更喜欢塞特，因为塞特保护他每天晚上不被混沌之蛇阿波菲斯攻击。奈斯的决定激怒了拉，拉开始擅离职守，只有哈托尔女神出现并逗他笑的时候，他才能高兴起来。

尽管奈斯给出了决断，但众神仍在争论应该由谁统治，直到伊西斯让塞特自己否决了自己。愤怒的塞特挑战荷鲁斯，两个神灵都变成河马，待在水下，看谁潜水的时间更长。

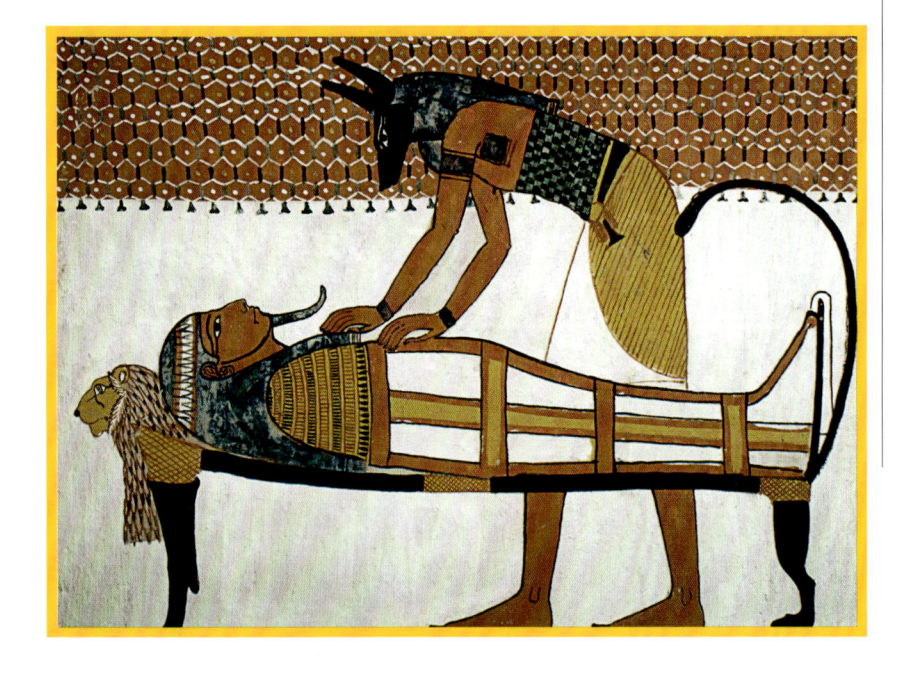

公元前12世纪，一位名叫森尼杰姆的工匠在底比斯附近的塞特马特，为自己建造了一座墓穴。墓穴的壁画上画着阿努比斯照料死者的场景。

古埃及和非洲 **281**

伊西斯和奈芙蒂斯找回奥西里斯的尸体，阿努比斯把尸体做成了木乃伊。

伊西斯把自己变成风筝，将生命的气息注入奥西里斯体里，这样她就可以生子报仇了。

这个名叫荷鲁斯的孩子挑战塞特，并在众神会议上要求拿回他父亲的王位。

塞特和荷鲁斯在一场比赛中变成河马，双方无人获胜。

最后，死神奥西里斯为他的儿子调停，荷鲁斯加冕为王。

这块墓碑是塞提一世（公元前1290—公元前1279）统治时期献给阿比多斯诸神的，鹰首荷鲁斯与他的父亲奥西里斯和母亲伊西斯站在一起。

伊西斯将一个铜制的倒钩做成鱼叉，并把鱼叉扔到水里。第一次，它击中了荷鲁斯。他大声叫喊母亲，伊西斯赶紧收回鱼叉。她又把鱼叉扔回水中，这次它刺到了塞特。塞特问伊西斯怎么能如此对待

> 在九柱神面前欺骗我，剥夺我对父亲奥西里斯王位的继承权，这是不对的。
> 《荷鲁斯与塞特的争斗》

她的兄弟，她又把鱼叉收了回去。这激怒了荷鲁斯，他跳出水面，砍掉了母亲的头。女神把自己变成了一尊无头的燧石雕像，这样九柱神就能看到她的儿子荷鲁斯对她做了什么。

争吵继续

众神寻找荷鲁斯想要惩罚他。塞特发现他在一棵树下睡觉，便挖出他的双眼，把它们埋在地下，后来那里长出了两朵莲花。当哈托尔女神发现荷鲁斯在荒漠中哭泣时，她想办法捕获了一只羚羊，把奶挤出来。她跪在年轻的荷鲁斯旁边，把牛奶倒进他的眼窝里，恢复了他的视力。

哈托尔把塞特的所作所为告诉了众神，但他们厌倦了争吵，宣布休战。后来，塞特要求和荷鲁斯再次比赛在尼罗河上驾驶石船。塞特用山顶的坚硬石头造了一艘石船，而荷鲁斯的船是用柏木做的，外面裹着石膏，看起来像是用石头做的。荷鲁斯的船可以浮在水面上，而塞特的船却沉入了水底。狂怒之下，塞特又把自己变回了河马，击沉了荷鲁斯的船。

众神没有达成最后的决议，于是让托特给冥界的奥西里斯写信。奥西里斯问，为什么要骗走他儿子合法的王位继承权？荷鲁斯最终成为古埃及国王。塞特跟随太阳神（拉）到天上掌管雷鸣，成了暴风、暴力和沙漠之神。

可怕的冥界

奥西里斯成为冥王。古埃及人认为，冥界是一个狭窄的山谷，其间有河流穿过。它与人间由山脉分隔。太阳每天早晨从东边的尽头升起，晚上在西边的尽头落下。通

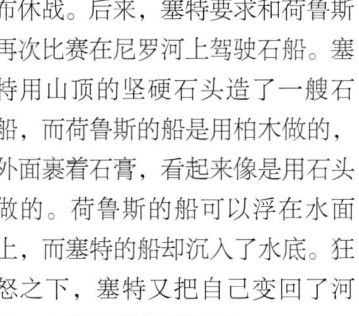

这幅插画源自《亡灵书》，画的是"称心仪式"，这是死者在来世经历的一种审判。

> 哦，多面的心啊！不要站在我的对立面，在天平守护者的面前不要与我为敌。
>
> ——《亡灵书》

往冥界的道路充满危险，偶尔会有休憩的机会。例如，女神哈托尔在鹰首塞克沙漠王国的尽头遇到死者时，会让他们在神圣的悬铃木的树荫下休息，给他们水和果子以补充精力。但是，总的来说，从这个世界到下个世界的路被可怕的生灵包围着，比如住在火湖旁的无名狗头兽，它会撕碎人心，吞下影子。

死者会使用咒语来越过这些可怕的障碍，许多咒语被收录在古埃及的《亡灵书》中。死者不得不通过七道门，每道门都由可怕的守卫守护着。然后，他们由阿努比斯领进真理殿，他们的心将被放到天平上称重，天平的另一端是真理正义女神玛特的羽毛。阿努比斯检查天平，托特作为众神的书吏，在生命之树的叶子上记录结果。

邪恶的思想和行为会让心变重，超过玛特的羽毛的重量。这样的心就会被丢下，被妖怪阿穆特吞掉。这个妖怪长着鳄鱼头、狮子的前肢和河马的屁股。

冥界从死亡到新生之路

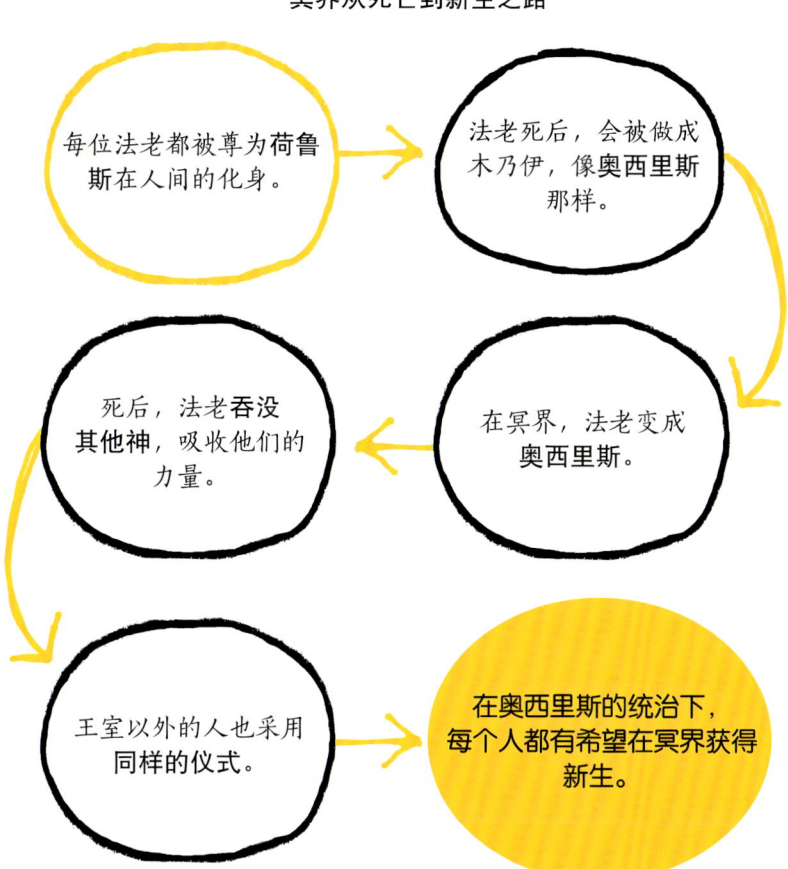

- 每位法老都被尊为荷鲁斯在人间的化身。
- 法老死后,会被做成木乃伊,像奥西里斯那样。
- 在冥界,法老变成奥西里斯。
- 死后,法老吞没其他神,吸收他们的力量。
- 王室以外的人也采用同样的仪式。
- 在奥西里斯的统治下,每个人都有希望在冥界获得新生。

最后的审判

如果心没有羽毛重,死者就可以继续前进。荷鲁斯也下到冥界,和他的父亲还有其他神在一起。他亲手领着死者,把他们带到奥西里斯面前。死亡之神坐在圣位上,伊西斯和奈芙提斯站在他身后,荷鲁斯的四个儿子在他前面的四朵莲花上。四十二位冥界判官协助奥西里斯进行审议。那些让奥西里斯愉悦的人会在芦苇之地得到永生,可能像星星一样划过夜空,也可能加入太阳神(拉)的太阳船,每天早晨跟着太阳一起重生。

拉让奥西里斯掌管冥界时,曾说他的统治会持续成千上万年,但总会有结束的时候。拉说:"我将会摧毁万物,大地会被无尽的水淹没……在把我自己变回一条蛇后,我会和奥西里斯留下来。"这条蛇是拉的原形,包含着创造和混乱的力量。这条蛇会在宇宙的海洋里沉睡,将尾巴含在嘴里,直到醒来重新创造世界。■

《亡灵书》

在古王国时期,只有古埃及国王能保证自己或者其他人在死后获得新生。在中王国时期,普通人开始仿照国王安排葬礼。古王国时期的祈祷铭文和咒语收录在来自王室坟墓的《金字塔铭文》中,到中王国时期被改编为《棺椁文》,为个人所用,并在新王国时期被编入《亡灵书》中。《金字塔铭文》说明,法老相信死后会成为奥西里斯的化身,努特和盖布会把他们当成自己的儿子,他们会成为冥界的统治者。有一个咒语是这样说的:国王猎杀并吃掉其他神,"以智慧之神的肺为食,靠他们的心和魔力得到满足"。当国王吸收了每一个神的力量后,"他就会获得新生"。

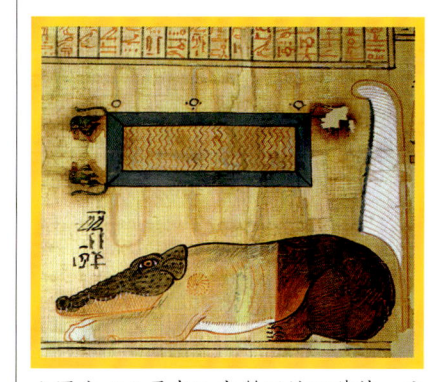

上图为《亡灵书》中所画的阿穆特。这个妖怪在火湖里等待那些没有通过真理羽毛测试的人。

如果点火，邪恶将至

桑人的创世神话

简介

聚焦
人类与动物的关系

来源
《非洲神话起源》，斯蒂芬·贝尔彻，2005年

背景
时间伊始，如今的博茨瓦纳和南非

主要人物
桑人 亦称"布须曼人"，非洲南部的土著狩猎采集者

卡昂 桑人至高无上的神，桑人的创造者

桑人相信，一开始人们住在地下，即使没有太阳，那里也是既光明又温暖的。然而，造物之神卡昂决定在地上创造另一个世界，于是他造了一棵又高又大的树。他为自己的创造感到骄傲，叫地下的一个男人上来看看这棵树。男人后面跟着一个女人，其他所有的生物也都接踵而至。

人和动物很快在卡昂创造的新世界里安家落户。他告诉他们要彼此交谈，安居乐业。他还禁止他们生火，因为火有很大的破坏性。

然而，这个新世界有一个缺点：虽然白天有太阳，很暖和，但是到了夜晚，就变得又黑又冷。人们意识到自己同鸟类和其他动物有所不同，没有用来保暖的皮毛或羽毛。人们决定违反卡昂的禁令，开始生火。虽然火使人们暖和起来，也给了他们一些光亮，但是火光吓坏了其他动物。

卡昂因为人类违反他的指示而惩罚人类，他让人类和动物之间无法相互理解。动物们再也听不懂人类的语言，它们所听到的只有号叫和哭喊，于是它们仓皇逃走，这也就破坏了人类和其他生物之间曾经存在的和谐关系。■

右图是德拉肯斯堡山脉砂岩遮盖处的岩画，上面画着布须曼猎人先用带毒的箭射羚羊，再在接下来的几天里追踪垂死的羚羊。

参见：创世与第一代神祇 266~271页，恩凯和牛 285页，蜘蛛阿南希 286~287页，多贡人的宇宙 288~293页。

我将把牛赐给你
恩凯和牛

简介

聚焦
心爱之物

来源
《马赛人的口述文学》，娜奥米·基普瑞，1983年

背景
东非大草原

主要人物
恩凯 马赛族至高无上的神

马赛族 在东非大草原上放牛的游牧民族

多洛巴族 马赛族的一个部落，该部落的人以前主要是狩猎采集者和铁匠

马赛族是游牧民族，以放牛为生，历史上曾以凶猛好战而闻名。他们可能起源于尼罗河下游，于15世纪迁徙到东非大草原。恩凯是他们唯一至高无上的神，经常与带来雨水的雷云联系在一起。有了雨水，草木便会发芽，为他们放牧提供新鲜的牧草。

最初，恩凯告诉第一个马赛人马森塔，要用荆棘圈一块地。接着，恩凯从一团乌云中放下一根皮绳，让很多牛顺皮绳而下——这种动物世间从未有过。

多洛波是多洛巴族的第一人，和马森塔住在一起。他感到很沮丧，因为他一头牛也没有得到。在某些版本的故事中，多洛波大声喊叫，恩凯便收回了绳子。在另一些版本中，多洛波打造了一把刀，割断了绳子。不管怎样，再也没有牛从天上下来了。马森塔对多洛波的行为感到很生气，诅咒他和他的族人永远贫穷，没有牛养，只能靠狩猎野生动物为生。这就解释了为什么多洛巴族的人之前是猎人和铁匠，而非牧民。

马赛人相信，恩凯把世界上所有的牛都赐予了他们的民族。当马赛人把其他人的牛牵走时，他们认为这不是偷窃，只是在收回当初恩凯赐予他们的东西。■

> 如果你胆敢喝我的牛所产的奶，它就会变成毒药。
>
> 《马赛人的口述文学》

参见：蜘蛛女 238~239页，沃格解决争端 240~241页，桑人的创世神话 284页，多贡人的宇宙 288~293页。

把葫芦系在身后，你就能爬树了
蜘蛛阿南希

简介

聚焦
智慧传播

来源
《非洲民间故事和雕塑》中记录的口头传统，由保罗·雷丁编辑，1953年
《新世界的非洲民间故事》，威廉·巴斯科姆，1992年
《爱耍诡计的蜘蛛阿南希》，琳恩·加纳，2014年

背景
时间伊始，西非

主要人物
尼阿美　至高无上的神，造物主，亦称"尼扬库蓬"
阿南希　善用诡计的英雄，以蜘蛛的形象出现
恩提库马　阿南希的儿子

起初，阿散蒂人的天空之神尼阿美是所有故事和知识的宝库。善用诡计的英雄阿南希来到尼阿美面前，明目张胆地问："要获取这些智慧需要付出多少代价？"尼阿美对阿南希的胆大感到惊讶，并给他布置了一个看似不可能完成的任务。为了获得天空之神的智慧，阿南希需要带回四样东西：一条蟒蛇、一只豹子、一群黄蜂和一个仙女。

阿南希出发了。他站在蟒蛇的洞外，大声地说他想知道蟒蛇是否比他头顶上的一根棕榈枝还

> "一只蜘蛛想获得世界上所有已知的故事。"
> ——《新世界的非洲民间故事》

长。蟒蛇听到这句话后，从洞里钻出来。它说它会搭在树枝上伸展身体，让他量一量。蟒蛇搭在树枝上，可它的身体总是动来动去。阿南希提议把它绑在树枝上，这样他就能精确量出它的长度。蟒蛇同意了，阿南希趁机把它捆起来，带到了尼阿美面前。

蜘蛛的诡计

阿南希继续使用诡计完成剩下的任务。为了抓住豹子，阿南希挖了一个深洞，用树叶把洞口盖住。豹子掉了进去，看到阿南希在洞口，便请求他帮忙。阿南希说，他可以在豹子周围织一张密网，把它拉出来。豹子同意了，但后来发现自己困在了阿南希的网里。阿南希就这样抓住了豹子。

为了捕捉黄蜂，阿南希将水引到它们的巢穴，然后用小棍子在地上敲鼓，制造出下雨的声音。接着，他大声喊"下雨了"并请黄蜂飞到他干燥的葫芦里避雨。感激的黄蜂飞了进去，阿南希立即堵住出口，把捕获的黄蜂带到尼

参见：桑人的创世神话 284页，恩凯和牛 285页，多贡人的宇宙 288~293页，爱耍诡计的埃舒 294~297页。

> 伟大的国王们无法买到天空之神的故事，但阿南希却得到了。
>
> 《非洲民间故事和雕塑》

阿美面前。

最后，阿南希抓住了仙女。他在一碗山药旁边放了一个涂满黏胶的柏油娃娃，仙女感谢娃娃送来山药，然而娃娃没有回答，仙女摸了一下娃娃，结果就被粘住了。随后，阿南希把她带到尼阿美那里。尼阿美很惊讶蜘蛛竟然完成了他布置的所有任务。他履行诺言，让阿南希成为故事和寓言之神。

聪明但不明智

阿南希获得了世界上所有的智慧，他把它储存在空心葫芦里，然后开始寻找一个安全的地方把葫芦藏起来。他走进森林，发现了一棵树皮很扎人的大树，于是决定爬上去，把葫芦藏在树冠处。然而，葫芦很大，当他把它捆在胸前爬树时，他无法抱住树干，于是他一次次摔下来。阿南希没想到的是，他的小儿子恩提库马跟着他进了森林。恩提库马建议说："你为什么不把葫芦绑在后面呢？那样你就能爬树了。"阿南希很生气，因为儿子居然看到了自己的失败，但他听从了恩提库马的建议。然而，当他准备把葫芦系到后背上时，葫芦掉到地上摔了个粉碎。就在那时，一场猛烈的暴风雨来袭，把葫芦里的东西冲进了河里，最后，葫芦里的东西流入了海里。尼阿美的智慧因此传遍全世界，所有人都继承了一部分。

当阿南希和恩提库马一起回家时，他安慰自己，那些智慧实际上并没有很大价值，他竟然需要一个小孩来纠正自己的错误。■

这是一根镀有金箔的木制手杖顶部，中间是蜘蛛阿南希。这根手杖大约可以追溯到1900年，由阿散蒂人的一位语言学家（"讲故事的人"）携带。

阿南希和布雷尔兔

当非洲人被当作奴隶带到新大陆时，他们的故事也随之传播到那里。阿南希的故事与西非黄金海岸（今加纳）的阿散蒂人一起到达美国和加勒比海地区。还有一个来自非洲的、在美国家喻户晓的诡计之才，就是布雷尔兔。布雷尔兔的故事来自非洲南部和中部的民间传说，通过《雷木斯大叔讲故事》系列而广为人知。故事由美国南部一位虚构的奴隶讲述，由乔尔·钱德勒·哈里斯改编，于1881年首次出版。

阿南希和布雷尔兔的故事有着相似的主题。一只狐狸用柏油娃娃诱捕了布雷尔兔。阿南希偷妻子的豌豆时也曾被一个柏油娃娃粘住。他还用同样的方法抓住了仙女，完成了尼阿美提出的任务。

所有不洁之物都被水冲走了
多贡人的宇宙

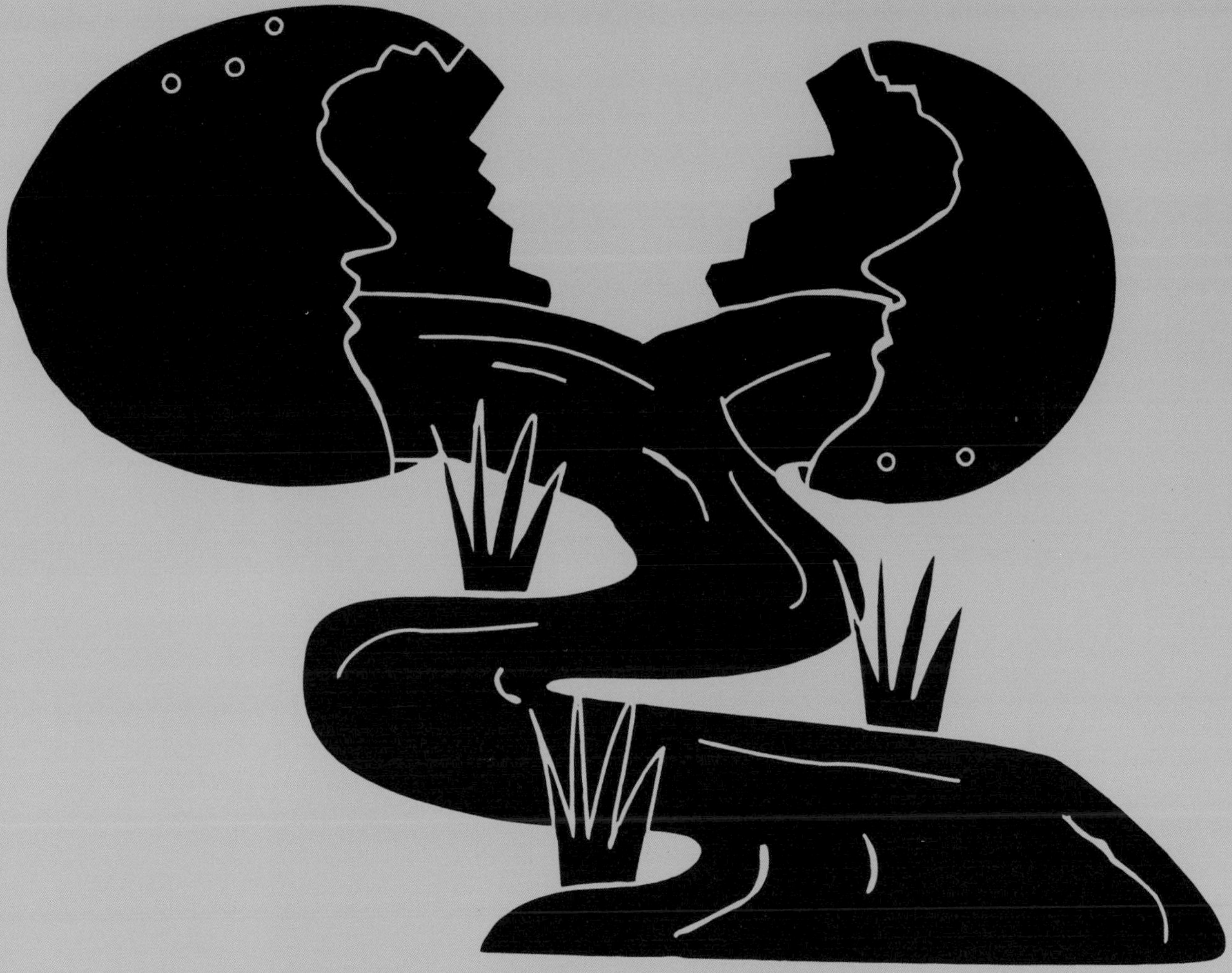

简介

聚焦
人类的二元性

来源
《与奥戈泰姆利的对话》，马塞尔·格里奥尔，1948年

《当代人类学》中的"多贡再研究：评马塞尔·格里奥尔的作品"，W. E. A. 范贝克，1991年

《多贡：悬崖边上的非洲人》，斯蒂芬妮·霍利曼和W. E. A. 范贝克，2001年

背景
时间伊始，西非

主要人物
安玛 造物主，多贡最重要的神

诺莫 安玛创造的第一对双胞胎神灵，也是多贡人八位祖先的名字

莱贝 最古老的人类祖先，一个祭司

> 这片平坦的土地是一个女性的身体。
> 《当代人类学》，'多贡再研究：评马塞尔·格里奥尔的作品'

多贡人生活在西非一个与世隔绝的地方，从东南部的马里延伸到西北部的布基纳法索。多贡神话高度复杂，主要依赖口头传统而非文字传承下来，因此产生了很多版本。他们的核心神话主要讲的是多贡最高神安玛创造宇宙、双胞胎神灵诺莫的诞生和莱贝的死亡。安玛、诺莫、莱贝是人类学家记录下来的多贡神话中的主要人物。

诺莫的诞生

多贡人的造物主安玛用泥土塑造了宇宙。他先把小小的泥球抛向天空做成星星，然后将两个泥碗做成太阳和月亮，陶艺便来源于此。太阳被红色的铜环绕着，月亮则被白色的铜环绕着。装扮完天空之后，安玛把目光转向了地面。他拿起泥土，用双手压实，将泥土从北到南、从东到西铺成一片象征女性的平坦大地。

安玛很孤独，他渴望与大地结合。然而，他的行为打破了宇宙的平衡，所以他只生出了一只豺狼——多贡人将豺狼视为畸形和混乱的象征。当安玛再次与大地结合时，他生出了"天生完美、完整"的双胞胎，被称为"诺莫"，孪生本性代表着创造的完美平衡。

成对男女的大型雕像是多贡人祖先的代表，供奉这些雕像是为了保护部落免受苦难。

参见：桑人的创世神话 284页，恩凯和牛 285页，蜘蛛阿南希 286~287页，爱耍诡计的埃舒 294~297页。

> 每个人都被赋予了两种不同性别的灵魂。
>
> 《与奥戈泰姆利的对话》

诺莫雌雄同体，是绿色的。他们半人半蛇，长着红色的眼睛、叉形的舌头，他们灵活的手臂没有关节。诺莫在水中无处不在，没有他们，地球上就不可能有生命。

诺莫升上天空去陪伴安玛。这对双胞胎俯瞰大地，看到他们的母亲（大地）赤身裸体，于是，带着天上的植物来到地上，给她穿上衣服。这些植物的纤维将诺莫代表的水输送到大地的各个角落，使土地肥沃。

男人和女人

诺莫（有些版本的神话中写的是安玛）在地上画了两个轮廓，这两个轮廓变成了第一个男人和第一个女人。虽然第一只豺狼只有一个灵魂，但是，第一代人类和他们的后代有两个性别不同的灵魂，一个住在身体里，另一个住在天空中或者水里，把人与自然联系起来。

这种二元性会显现在肉体上。多贡人相信，男性和女性生来就有异性的身体特征，每个男人体内都有一些女性本质，而每个女人体内都有一些男性本质。多贡人的男女割礼传统是多贡社会重要的成年仪式，割断了与异性灵魂之间的精神联系。

下图为马里邦贾加拉悬崖上的洞穴壁画，上面描绘的可能是多贡人的数字和符号。不过，有些人认为，它们是桑加或松戈艺术的代表。

多元的理念

马塞尔·格里奥尔最先开始研究多贡人，并于1948年出版了《与奥戈泰姆利的对话》。格里奥尔与眼盲的多贡族长老奥戈泰姆利连续会面32天，谈论了多贡人的神话。

今天，学者们把这项研究看作多贡族一个成员的思考，并没有详细阐述多贡人的整体思想。非洲宗教更注重做正确的事（正统实践），而非相信正确的事（正统说法）。因此，任何一个群体中都有一系列不同的个人信仰和描述世界及其创造的方式。后来对多贡人的研究也产生了许多不同的神话和解释。

双胞胎的联系

最开始的两个人生有八个孩子：两对男双胞胎和两对女双胞胎。这八个孩子也被称为"诺莫"，他们是多贡人的祖先。他们由八种动物代表，分别是蛇、乌龟、蝎子、鳄鱼、青蛙、蜥蜴、兔子和鬣狗。

根据格里奥尔的说法，这些动物和诺莫同时在天空中出生，并与他们共享灵魂。每个诺莫都既有人类的双胞胎兄弟姐妹，又有动物的兄弟姐妹。尽管八个动物分属不同物种，但它们总是成对出现。这就引发了一系列的联系，从动物延伸到植物，形成了一个庞大的网络。多贡人相信，每个人都与世界上八分之一的生物有灵魂联系。

根据某些神话版本，这八位祖先是在最初的诺莫中的一个反抗安玛，并试图建立自己的世界时创造的。这个诺莫的种种恶劣行径使世界面临陷入极度混乱的危险。安玛杀死了最初的两个诺莫中的另一个，重新掌握了对宇宙的控制权。安玛将他撕成碎片，将他的尸体散落在地上，多贡人的八位祖先便从他的尸体碎片上被创造了出来。多贡人后来在碎片散落的地方建立了供奉祖先的神殿（被称为"比努"）。

早期的人类

这八个诺莫开始在大地上繁衍生息。在这个阶段，人类是原始生物，像动物一样生活在地下的洞里，只能用基本的声音来交流。诺莫生育了很多孩子后，便返回了天空。

然而，当诺莫意识到人类世界陷入混乱时，他们按照年龄顺序一个接一个返回大地，每人带着一项宝贵的技能。最年长的诺莫是一

正如这个小雕像所示，诺莫经常被刻画为高举双臂的样子。人们认为这代表着向上天祈雨。

> 为了净化宇宙并恢复其秩序，安玛牺牲了另一个诺莫。
>
> 艺术史学家凯特·埃兹拉，《多贡人的艺术》(1988)

个铁匠，他以一块木炭和一根炽热铁棒的形式偷走了太阳的一部分，教会了人们如何生火和加工金属。另一个诺莫把编织和用泥土建造粮仓的技术传授给了人类。这些粮仓上面盖着茅草，以防止雨水冲走泥土。它们的地基是方形的，代表东南西北四个基本方位。

混乱和牺牲

第八个诺莫等不及了，在她的姐姐第七个诺莫下去之前，便抢先一步来到人间。这激怒了第七个诺莫，她变成一条巨蛇。人们害怕巨蛇，用铁匠诺莫教给他们的技能制造武器，杀掉了她。

第七个诺莫的死亡带来了更多的混乱。其他诺莫认为，他们必须牺牲莱贝——第一个合贡（多贡人的精神领袖），也是第八个诺莫家族中最年长的一位。莱贝是第一个死去的人，开启了人会死亡的先河。他的尸体和第七个诺莫的头颅一起被埋葬在一片原始的土地上。铁匠用工具敲击铁砧，唤醒第七个诺莫的灵魂，巨蛇接着吞掉了莱

古埃及和非洲 293

多贡人佩戴面具，准备在马里举办的"达玛"葬礼仪式上跳舞。这些仪式是要将死者的灵魂领出村庄，让灵魂走向最后的安息之地，与祖先团聚。

贝，第七个诺莫和第八个诺莫的灵魂从此永远结合起来。这两个诺莫都代表了语言，语言是所有事物的本质核心。第七个诺莫是文字的掌控者，第八个诺莫是文字本身。

圣洁的礼物

巨蛇从口中吐出一堆石头，它们是莱贝的骸骨，这些骸骨可以拼成身体的形状。首先吐出的八块巨石，是闪电袭击地面时形成的。这些巨石标志着骨盆、肩膀、肘和膝盖的关节。接下来是较小的石头，形成了长骨、脊椎骨和肋骨。

这些石头是诺莫送给人类的礼物，蕴含着莱贝的生命力，是语言力量的一个实际体现。这些石头还吸收了祖先的所有优点，用水净化人类的污秽——水是诺莫的本质和生命力的体现。当莱贝的骸骨被吐出的时候，净化的洪流也随之到来。它给土地带来了肥力，人类得以种植作物。

多贡人认为莱贝是自然再生力量的体现。直到今天，合贡仍会佩戴象征莱贝骸骨的石头，这会提醒他们与祖先的关联。虽然安玛是多贡宗教中至高无上的神，人们向他祈祷，为他献祭，但是，多贡人大多数仪式的主要焦点还是祖先崇拜。■

水和多贡人

水在多贡人的神话和生活中至关重要。多贡人的故乡马里坐落在撒哈拉沙漠的边缘，那里的水资源十分稀缺，降雨量变化无常。当地的水循环并不规律。干旱和季风都会影响这个地区，河流和湖泊时而出现，时而消失。

1000年前，鉴于马里邦贾加拉悬崖的防御性和山泉，多贡人第一次在那里建立了村庄。他们后来分散到附近的高原地区，并在那里建造了深井。

王后想杀了你
爱耍诡计的埃舒

简介

聚焦
混沌与平衡

来源
《伊法占卜诗》,万德·阿比姆博拉,1977年
《非洲约鲁巴神和新世界》,皮埃尔·法图比·韦尔热,1981年

背景
西非约鲁巴

主要人物

埃舒 爱耍诡计的神灵

国王 一个自私的统治者,受到埃舒的惩罚

王后 国王众多妻子中的一个

继承人 国王长子

两个女人 最好的朋友,受到埃舒的祝福

芭芭拉沃 伊法地区的祭司和占卜者

伊法是西非约鲁巴人的信仰体系,约鲁巴人每天都与被称为"奥里莎"的神灵沟通。这些神灵既包括自然神灵,如雷神桑构、铁神和金属之神奥贡,也包括被神化的昔日英雄。爱耍诡计的埃舒经常出现在关于奥里莎的神话中,他也被称为"埃舒-伊莱格巴"。

有时,埃舒的恶作剧很有趣,没有什么伤害,但有时,他的行为对人类具有破坏性。受约鲁巴影响的许多宗教传统受到基督教的影响,而埃舒被比作魔鬼。然而,

参见：桑人的创世神话 284页，恩凯和牛 285页，蜘蛛阿南希 286~287页，多贡人的宇宙 288~293页。

学者们得出的结论是，这些宗教中的"魔鬼"更多出于传统观念中爱耍诡计的埃舒，而非基督教中的撒旦。埃舒是混乱之神，但对于实现公正、保持宇宙平衡、确保没有人变得太过强大也是必不可少的。

自私的国王

埃舒经常惩罚别人，尤其是那些对他不够尊重的人。有一个国王很富有，拥有大片土地，但他从来没给埃舒献过祭，甚至连一只鸡或一些可乐果都没有。埃舒决定教训教训他。

国王有许多妻子，但他常常忽视她们，其中一个妻子对丈夫的漠不关心尤其感到愤愤不平。埃舒变成巫师拜访了她，说如果她能剪下国王的几根胡须，他就可以把它们做成一个具有魔力的护身符，重燃国王对她的爱。

接下来，埃舒拜访了国王的长子，也就是王位的继承人。国王不信任这个儿子，他害怕这个年轻人会夺取他的权力。埃舒变成国王的一个仆人，告诉长子当天晚上在皇宫集结军队，因为国王打算去打仗。

最后，埃舒变成国王信任的一个侍从，亲自拜见国王。"陛下，"埃舒低声说道，"您的一个妻子嫉妒您的权力，打算今晚杀了您，让她的儿子坐上王位。"埃舒警告国王说："您小心为妙，保持警惕。"

那天晚上，当国王假装睡着

在这个来自尼日利亚的木制雕像（约1880—1920）中，埃舒戴着葫芦头饰。虽然埃舒通常被认为是男性，但在这里，这位爱耍诡计的神灵被描绘成胸部突出的女性。

埃舒的惩罚可能很严厉，不仅会对做错事的人不利，还会波及其他人。

- 埃舒决定给自私的国王一个教训。
  - 埃舒告诉国王，他的妻子想要杀了他。
    - 妻子想剪他的胡须，用来做爱情护身符。
    - 他的儿子带着一支军队来到宫殿，随后造成了灾难性的后果。
  - **国王和他的家人因不尊重埃舒而死。**

宗教传播

尼日利亚西南部和贝宁部分地区住着4000多万名约鲁巴人，但由于16世纪至19世纪的大西洋奴隶贸易，约鲁巴民族的影响要广泛得多。大量被贩卖的男人、女人和孩子被送往新世界，船上的条件极为恶劣，他们在新世界也受到非人的对待，生命往往十分短暂。约鲁巴人的宗教思想和实践随着奴隶传播到新大陆，其影响在一些宗教中可以窥见一斑，比如，巴西的西坎东布雷教、海地的巫毒教和古巴的萨泰里阿教。

这个尼日利亚人制作的木雕（约1900）刻画了一个女人，她的背上背着一个婴儿，手里拿着一个上面有一只母鸡的占卜之碗。占卜师会把坚果扔进碗里，占卜未来。

时，他那感到不满的妻子偷偷溜进他的房间，手里拿着一把刀，想剪下他的几根胡须，好让巫师施法。国王以为她想杀了自己，于是跳起来，从她手上抢过刀。这场骚乱惊动了国王的儿子，当时，他和他的战士们正在外面。听到动静后，他们冲进了卧室。看到他心慌意乱的母亲和手里拿着刀的国王，他认为父亲想伤害母亲。与此同时，国王看到战士们，以为他的儿子是来夺权的。一场杀戮接踵而至，国王和他的家人都失去了生命。

两个朋友

埃舒既惩罚那些没有自知之明的人，也奖励那些表现好的人。从前有两个年轻的女子，她们是最好的朋友，形影不离：肩并肩种番薯，穿同样的衣服，甚至还嫁给了一对兄弟。

这两个女子互相承诺，她们之间的友谊会持续到永远。为了实现这个愿望，她们找到了一位占卜师。占卜师投下了神圣的棕榈坚果，并预言道，想让她们的友谊得到祝福，她们需要向埃舒献祭。但是，她们并没有按占卜师的指示去做，于是，埃舒决定给她们一点教训。

帽子恶作剧

一天，这两个女子在地里干活，一边用锄头锄地一边唱歌。埃舒戴着一顶艳丽的帽子出现在田间，帽子一半是红的，另一半是白的。他从两个女子中间穿过，她们都与他打招呼。他走了以后，其中一个女子对另一个谈起他的外貌。她感叹道："他戴了一顶多么漂亮的红帽子啊！"她的同伴问："你的眼睛不好使了吗？那可是一顶白帽子啊！"当天晚些时候，埃舒又回来了，他再次从两个女子中间经过，此时她们正坐在锄头上休息。这次，他揉了揉她们疲惫的后背。

"我很抱歉，"一个女子对另一个女子说，"你说得对，他的帽子是红色的。""你是在嘲笑我吗？"她的朋友反问道，"我看到了，它确实是白色的！"这两个女子被对方的反对意见激怒了，于是打了起来。不过，这并没有危及她们的友谊。她们决定听从占卜师的建议，给埃舒献祭。埃舒接受了她

> "埃舒把正确变成错误，错误变成正确。"
>
> 约鲁巴诗歌
> 巴卡雷·格巴达莫西和乌利·贝耶尔
> 1979年

们的祭品，并为她们的友谊祝福，使她们成为最好的朋友，直到生命的尽头。

埃舒和占卜

虽然埃舒集混乱和秩序于一体，但这并不是他在伊法信仰体系中的唯一角色。他也是一个有着多重面孔和形象的信使，他是普通人与伊法至高无上的神奥卢杜马睿之间的桥梁。约鲁巴人认为，埃舒在占卜中扮演着重要的双重角色。首先，这位神始终监视着人与神之间的"交易"。其次，当一个人献祭时，埃舒会充当神圣能量的活跃通道——他借给占卜师力量，并将这种力量传送给神。作为回报，他把神圣的礼物（如知识或治病救人的方法）赐给人类。

在约鲁巴神话中，二元性起着重要的作用，这不仅体现在埃舒的双重属性上，而且体现在欧力（意为"头"）和埃塞（意为"腿"）的概念上。欧力本质上关乎一个人的潜力和命运，而埃塞则表示他们的辛勤工作。约鲁巴人相信，两者都是成功的必要条件——缺少一个，另一个就没法发挥作用。约鲁巴人的一首占卜诗给出了这样的警告："所有的欧力聚在一起参加审议，但没有邀请埃塞。埃舒说：'你们不要邀请埃塞，我们看看你们能否成功！'。"

- 埃舒戴着一顶东南西北四个方向上颜色不同的帽子。
- 白天，埃舒在有人的时候袭击了国王的妻子。
- 山羊说，罪魁祸首戴着红帽子。
- 其他人看到了不同的颜色，这取决于他们在现场所站的位置。
- 埃舒杀了人，却得以逃脱，因为证人们口供不一致。

埃舒颜色不一的帽子不止出现在一个神话故事里。他戴着它战胜了国王。这个国王吹嘘他惊人的四眼山羊（实际上是太阳）能让他看到一切。

约鲁巴人的神

约鲁巴人的宇宙观并不连贯统一，这在很大程度上是由于历史上的许多少数民族被我们现在所知的"约鲁巴人"吸收和同化了。这些民族带来了他们自己的宗教知识和见解，这些知识和见解常常被纳入不断演变的约鲁巴宗教体系中。

和许多非洲宗教一样，约鲁巴人信仰一位叫作"奥卢杜马睿"的神。虽然奥卢杜马睿是造物主和至高无上的存在，但它（约鲁巴人并没有给神赋予性别）离人类很远。

约鲁巴人没有为奥卢杜马睿建立任何纪念碑，而是与小神（被称为"奥里莎"）沟通，恳求他们的帮助。奥里莎掌管着日常生活的方方面面。奥里莎要么穿着白色衣服（代表冷静和温柔的神灵），要么穿着黑色和红色的衣服（象征着一种更加好斗或善变的本性）。埃舒习惯被描绘成戴着一顶红黑相间的帽子的样子。

小神耶摩加是所有其他奥里莎之母，也是海洋和水之女神。因此，她通常被描绘成穿着蓝色的衣服的样子。

OCEANIA

大洋洲

时间线

1642年 ↑ 一艘荷兰船首次遇到毛利人,引发了一场暴力冲突。

1768—1779年 ↑ 詹姆斯·库克船长三下太平洋,发现了许多岛屿。

1797—1850年 ↑ 西方传教士让大多数波利尼西亚人皈依基督教。

1902—1938年 ↑ 荷兰统治着美拉尼西亚新几内亚的马林德人。

1722年 ↓ 荷兰探险家雅各布·罗格文发现了复活节岛,这里是拉帕努伊人的家园。

1788年 ↓ 英国舰队抵达植物学湾,在澳大利亚土地上建立了第一个殖民地。

1876年 ↓ 威廉·怀亚特·吉尔将岛上不同民族的故事收录在《南太平洋的神话故事和歌曲》中。

1936—2001年 ↓ 雷蒙德·弗斯研究了所罗门群岛蒂科皮亚人的神话和历史。

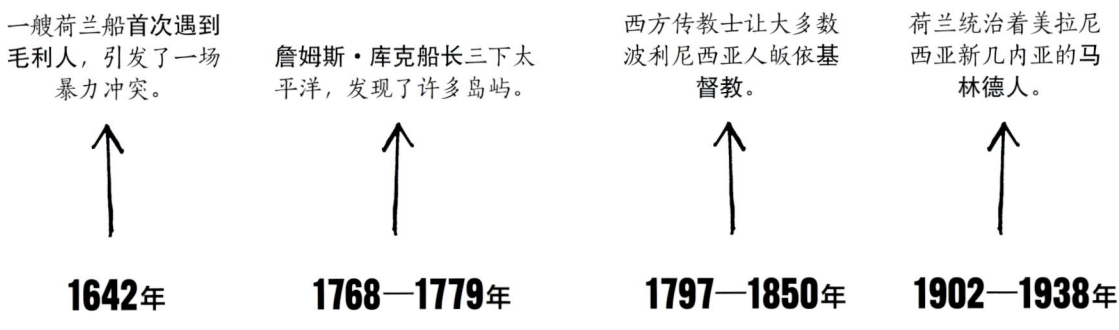

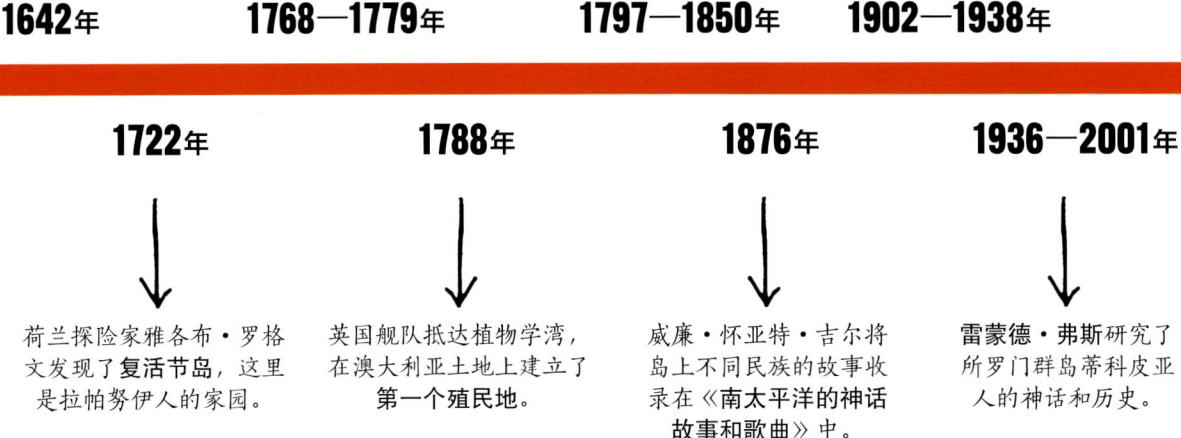

除了澳大利亚的陆地部分,大洋洲由横跨太平洋约850万平方千米的岛屿组成。由于大洋洲地广人稀,因此不同民族的神话往往大不相同。尤其是澳大利亚原住民,他们拥有与大洋洲其他地区的人截然不同的传统。澳大利亚原住民是第一批在大洋洲定居的人,他们可能在大约6.5万年前从南亚而来。

下一批到达大洋洲的主要群体是巴布亚人,他们于4万多年前到达新几内亚。许多大洋洲传说的起源可以追溯到这个时期。在18世纪末欧洲人到来之前,虽然澳大利亚在文化上相对孤立,但巴布亚人与来到这片土地上的其他民族有诸多交流。3000—5000年前,来自东南亚的新移民乘船到达澳大利亚东北部的美拉尼西亚,并定居在斐济、所罗门等岛屿上。到公元前1000年,美拉尼西亚北部、西太平洋密克罗尼西亚群岛上均有了定居者。

大约2000年前,下一波移民潮向东迁移到波利尼西亚。几个世纪以来,萨摩亚群岛、汤加岛、塔希提岛、复活节岛("大拉帕岛")和夏威夷群岛上都有人定居。新西兰是大洋洲最后一个人类登陆的主要地区,毛利人大约于13世纪到达那里。波利尼西亚人是美拉尼西亚拉皮塔人的后裔。擅长航海和探险的拉皮塔人分成许多部落,于公元前2000年在新几内亚东北部的俾斯麦群岛定居,从1600年左右开始在西太平洋居住。

重要主题

创世是大洋洲神话的一个重要主题。在许多原住民神话中,创世之初是一个神灵和超自然生物漫游世界、创造自然的时代。虽然原住民神话中的创世是一个渐进过程,但在波利尼西亚神话中,创世更有活力——典型的是广泛传播的塔阿洛阿神。他破壳而出,创造了万物。创世神话还探索了人类的诞生。在毛利人的神话中,森林之神塔恩赋予了沙土生命,创造了人类。塔恩出现在波

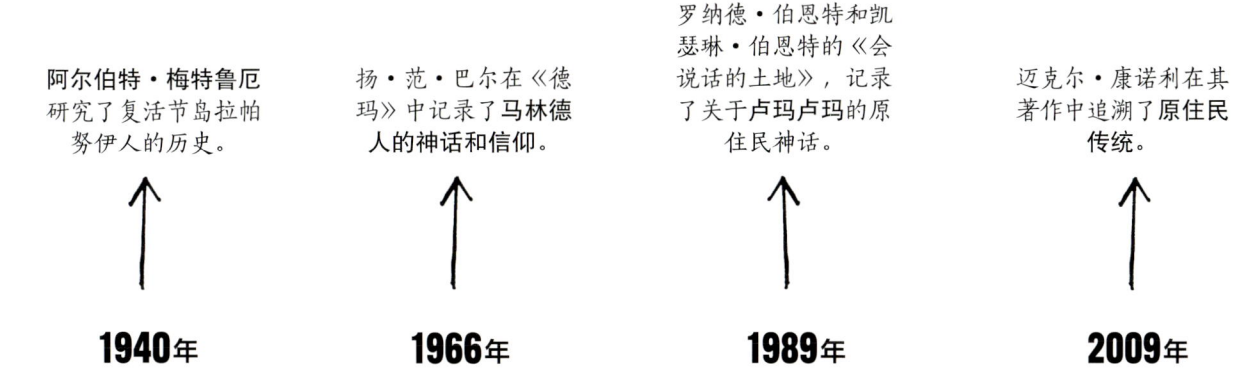

大洋洲

1940年 — 阿尔伯特·梅特鲁厄研究了复活节岛拉帕努伊人的历史。

1966年 — 扬·范·巴尔在《德玛》中记录了马林德人的神话和信仰。

1989年 — 罗纳德·伯恩特和凯瑟琳·伯恩特的《会说话的土地》,记录了关于卢玛卢玛的原住民神话。

2009年 — 迈克尔·康诺利在其著作中追溯了原住民传统。

1963年 — 埃德温·G.巴罗斯出版了他关于伊法利克环礁的民族神话的研究。

1989年 — 斯坦利·布里登和贝琳达·赖特的《卡卡杜》,涵盖了澳大利亚原住民的创世神话。

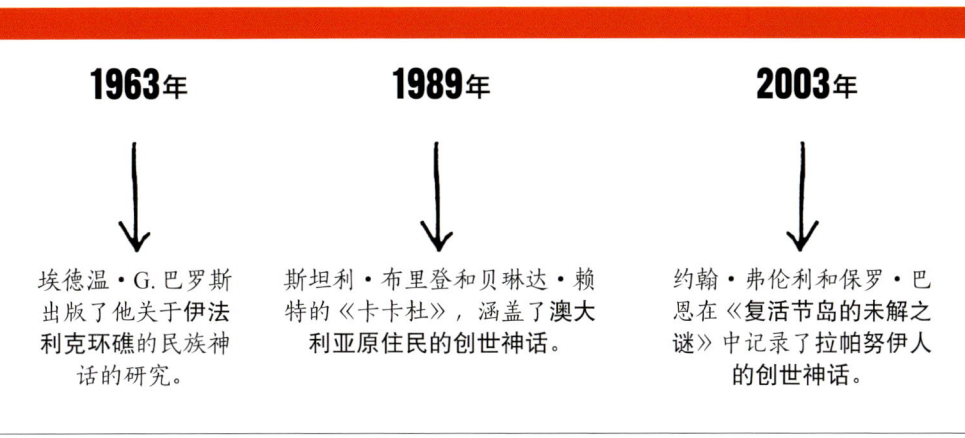

2003年 — 约翰·弗伦利和保罗·巴恩在《复活节岛的未解之谜》中记录了拉帕努伊人的创世神话。

利尼西亚的许多文化中。在复活节岛的神话中,海鸟之神马克马克利用泥土创造了生命。在巴布亚人的神话中,人类最初是没有特征的鱼,祖先神德玛将它们塑造成了人。

岛民的神话

大洋洲以岛为主的地理环境,对它的神话故事有很大影响。例如,密克罗尼西亚有关阿鲁鲁伊的神话,强调了航行和探索的重要性。诡计之神毛伊出现在许多波利尼西亚神话中,他是一个力量极大的渔夫,把整个岛屿从海底拖了上来,形成了夏威夷和新西兰。捕鱼对那里的岛屿生活十分重要。在毛利人的神话中,新西兰北岛是毛伊捕获的鱼,南岛是他的独木舟。

口头传统

大洋洲神话主要基于古老的口头诗歌传统,这通常与原住民的宗教紧密相连,因为祭司常常是神话的宝贵来源,故事依靠惊人的记忆力代代相传。

记住这些故事是至关重要的,因为很多故事记录了一个家族或宗族的族谱。毛利人的祖先可以追溯到把他们首次带到新西兰的独木舟,巴布亚人将自己与祖先神德玛联系在一起。神话不仅创造了"玛那"——这个概念在大洋洲十分重要,意思是个人或地方的"力量"或"威望",而且记录了禁忌。

此外,大洋洲神话对保存仪式也很重要。举个例子,在卢玛卢玛的故事中,这个巨人把神圣的仪式传给澳大利亚北部的冈温古人,后来被冈温古人杀死。19世纪,欧洲人类学家开始记录这些故事,但最初,它们是作为一种神圣的仪式背诵给观众,让观众学习和传递的。∎

聆听我们的故事，瞭望我们的家园

创世神话

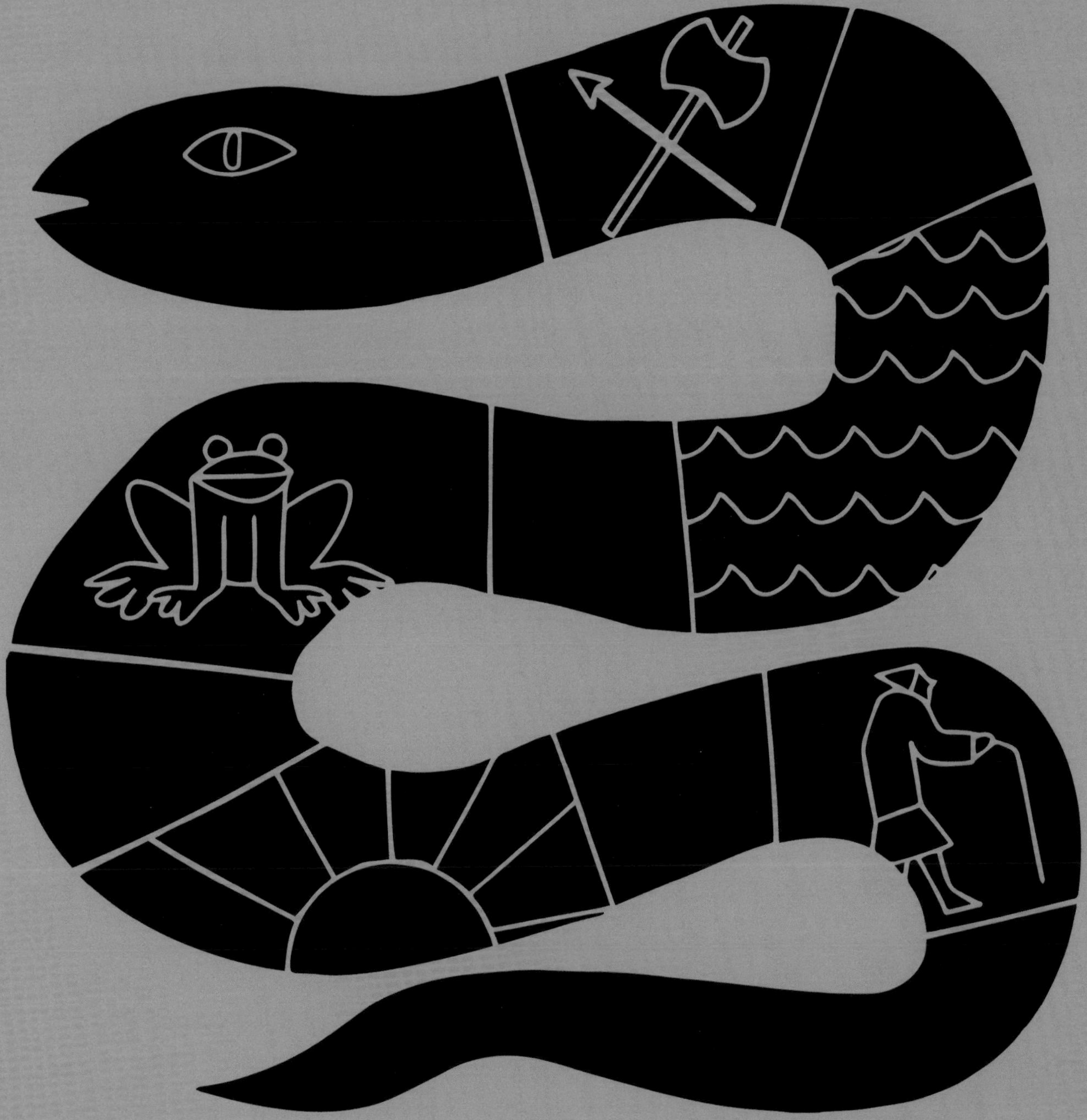

简介

聚焦
自然风貌

来源
《卡卡杜》记录的口头传统，斯坦利·布里登和贝琳达·赖特，1989年

背景
创世之初的澳大利亚

主要人物
瓦拉穆伦冈德瑞 创造者，生育之母

彩虹蛇 令人敬畏的造物主，也被称为"阿尔穆德吉"或"恩加里亚德"

巴亚姆 一个造物神

古穆克·温加 一个老妇人

澳大利亚原住民的文化历史可以追溯到5万—6.5万年前。在世界上的所有民族中，他们拥有持续时间最长的文化历史。在欧洲人于18世纪末入侵澳大利亚之前，这里大约有600个原住民部落，每个部落都有自己的语言和创世故事，不过有些故事是重合的。这些故事解释了土地和原住民之间的密切关系，以及为什么保护自然和野生动物对原住民文化如此重要。

生育之母

对于澳大利亚北领地的卡卡杜人来说，造物主瓦拉穆伦冈德瑞的故事是创世之初一个最为重要的故事。这个故事讲述了瓦拉穆伦冈德瑞从海中出现，赋予了第一代人生命和不同的语言的故事。

她创造了山川，用挖掘棒创造了水洞。这些水洞不仅是生命的源泉，而且是拜见造物主、为她献祭的地方。瓦拉穆伦冈德瑞还带着一个装满山药和其他植物种子的袋子，她边走边将种子撒在经过的路上。瓦拉穆伦冈德瑞还掌管着天气，可以召唤风雨和干旱。

在创造了自然风貌之后，瓦拉穆伦冈德瑞把自己变成了一块石头，让自己永远扎根于自然之中。时至今日，卡卡杜人仍在神圣的生育仪式上向她表示敬意。

彩虹蛇

与大多数原住民部落一样，卡卡杜人也尊敬彩虹蛇。这条被卡卡杜人称为"阿尔穆德吉"或"恩加里亚德"的彩虹蛇，在岩石中凿出通道，在地上挖出水洞，劈开岩石造山。与同时代许多可以变成人或动物再变回来的神灵不同，阿尔穆德吉从未改变过它的形态。

> 我们的灵性是合一的，它把所有有生命和呼吸的生物连在一起，甚至与没有生命和呼吸的也有联系。
>
> 玛杜若
> 澳大利亚作家、诗人

在劳拉原住民舞蹈节上，舞者们正在表演。劳拉是昆士兰北部偏远地区约克角原住民的圣地。这个地区因其壮观的岩画而闻名。

参见：宇宙起源 18~23页，宇宙的创造 130~133页，盘古开天地 214~215页，切罗基人的创世故事 236~237页，克奥赫创造了太阳和大地 260~261页，创世与第一代神祇 266~271页。

阿尔穆德吉创造了雨季，使所有形式的生命得以繁衍。它代表着创造的力量，但它也令人害怕，不喜欢被打扰。如果被激怒，它就会把大地淹没，把触犯律法的人淹死。

它住在达尔文东南部的杜瓦尔岩瀑布下一个又深又黑的水池里。有时，人们可以看到它站在自己的尾巴上，在天空中创造出一道彩虹。

彩虹蛇的形象在岩画中很常见，特别是在河口前时代（约公元前60000—公元前6000）末期的绘画中。它的旁边经常画着山药。考古学家认为，在这一时期，海平面上升导致自然环境的变化，人们以野生山药为生。山药需要水生长，而阿尔穆德吉提供了水。

创造者和规矩制定者

根据昆士兰西南部库利利人的创世神话，彩虹蛇蛰伏在地下，很久后才醒来，来到地面上。它走遍这片土地，在睡觉的地方留下身体的印记。在它的印记遍布整个大地后，她叫醒了青蛙，但沉睡了太久的它们反应十分迟钝，肚子里

上图中的岩画位于北领地卡卡杜国家公园南古鲁乌尔岩画遗址，创作于河口时代（公元前6000—公元500），当时海水上涨，山谷被淹没。图中画的是鱼。

装满了水。彩虹蛇挠了挠它们的肚子，青蛙大笑起来，水从它们的嘴里流出来，填满了彩虹蛇身体留下的印记。河流和湖泊就这样产生了，而河流和湖泊又唤醒了陆地上所有的动植物。

随后，彩虹蛇给所有生物制定了规矩。当有些生物开始制造麻烦时，它发誓会把服从它的变成

人，违背它的变成石头。彩虹蛇信守诺言，赋予了那些被它变成人的动物一个图腾，图腾就是它们变成人之前的样子，如袋鼠、鸸鹋和地毯蛇。人类部落开始用图腾彼此区分。

为了保证每个人都有足够的食物，彩虹蛇禁止人们食用他们图腾所象征的生物。这种信仰在一定程度上解释了图腾为何是原住民文化认同中如此重要的一部分。

据维多利亚西南部的瓦萨荣人说，澳大利亚喜鹊在黎明时分欢快的叫声是在庆祝它们成功创造了第一个黎明。

黎明破晓

关于创世的许多故事描述了自然现象的起源和特殊地标的形成。例如，澳大利亚维多利亚西南部的瓦萨荣人就有一个关于日出起源的故事。

他们说，天空曾经像毯子一样覆盖着大地，挡住了阳光，每个人都在黑暗中爬行。聪明的喜鹊想要做出改变。它们用嘴衔起长长的树枝，齐心协力地用树枝顶住天空，直到把它举起来。

然而，树枝不够结实，天空即将坍塌。喜鹊赶紧行动，叼来更长的树枝，把天空向上推，直到天空固定下来。这时，太阳出现了，世间有了第一个黎明，鸟儿欢快地唱起歌来。

> 我们都是这个时空的过客，只是路过而已。我们在此的目的是观察、学习、成长、爱……然后回归家园。
>
> ——原住民格言

创造河流

约塔约塔人传统上居住在维多利亚东北部和新南威尔士南部，他们讲述了一个故事，解释了澳大利亚最长的河流墨累河的形成。

在创世之时，造物神巴亚姆看到一个名叫"古穆克·温加"的老妇人手里拿着一个空碗。老妇人看起来很饿，所以巴亚姆建议她去找山药。老妇人拿起挖掘棒，带着

彩虹蛇

在澳大利亚原住民的许多创世神话中，彩虹蛇是最重要的角色之一。它经常与河道联系在一起，如河流改道后留下的干河道、河流、小溪和水洞。彩虹蛇被视为所有生命的源泉、土地和人民的保护者。

根据当地的气候条件，部落间的故事各不相同。例如，在季风地区，彩虹蛇与风雨有关。与气候的联系可以使彩虹蛇成为一种极具破坏性的力量。

彩虹蛇的神话进一步与社会关系和生育联系在一起。它经常出现在成年礼中。

北领地阿纳姆地博拉代尔山一处洞穴的顶部有一块砂岩，上面画着可怕的彩虹蛇，发怒中的它露出了锋利的牙齿。

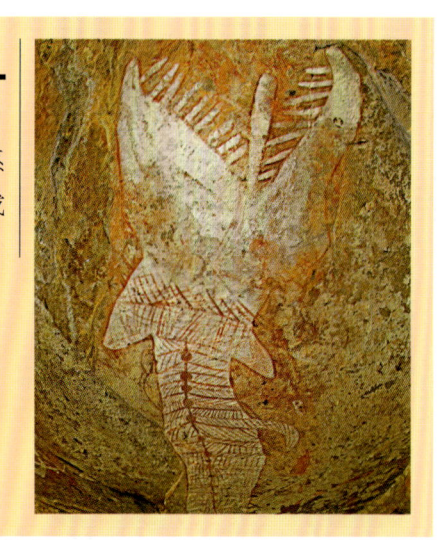

象山是澳大利亚维多利亚金矿区的一处地标，泰亚科特沃龙人称，它是一个人战死后变成的。

决斗一开始，象就用长矛从侧面刺穿了巴宁扬的身体。不一会儿，巴宁扬用石斧砍下了象的头。两个受伤的人跟跟跄跄地朝相反的方向走去，很快就死了。

他们的尸体变成了山。巴宁扬山的一侧有一个洞，象征着象用长矛刺的伤口；象山顶上也有一个洞，象征着巴宁扬对象头的致命一击。■

狗出发了。她走啊走，走了很远，可连山药的影子都没看到。时间一点点过去了，她变得疲惫不堪，放慢脚步，拖着挖掘棒往前走。夜幕降临，她仍然没有找到山药。

巴亚姆一直在等古穆克·温加，但她一直没有回来。最后，神唤醒了在地下沉睡的彩虹蛇，请它去寻找老妇人，并把老妇人平安带回来。

彩虹蛇出发了，它顺着老妇人挖掘棒留下的痕迹寻找。彩虹蛇优雅地在地上游走，在山丘和山谷中留下深深的沟渠。它身体上的彩虹色覆盖了草木、花鸟、蝴蝶和所有其他生物。

突然，巴亚姆大叫一声，顿时雷声大作，闪电划过天空，大雨倾盆而下。雨一连下了好几天，彩虹蛇留下的沟渠里蓄满了水。雨停了，雾散了，被约塔约塔人称为"邓加拉"的墨累河就这样形成了。

两山之争

维多利亚西南部的泰亚科特沃龙人也有一个关于周围风貌如何形成的故事。他们说，当地著名的两座山——象山和巴宁扬山——是人变成的。

象有一把石斧，令巴宁扬垂涎不已。巴宁扬想用黄金换取石斧，象同意了。两人在如今的皮特菲尔德矿山（巴拉瑞特西南部原来的一个矿场）碰面，并做了交换。

然而，巴宁扬后来发现自己不再需要斧头了，他想要回黄金。象拒绝归还，于是巴宁扬向他下了战书，约定在他们之前碰面的地方决斗。

> 长老保卫律法，律法保卫百姓。这是从山上来的律法，山造就了那个时代。
>
> 原住民领袖古布·泰德·托马斯
> （1909—2002）

慢慢用长矛刺我，我还有很多东西要教你们

杀掉卢玛卢玛

简介

聚焦
神圣的仪式

来源
《会说话的土地》中记录的口头传统，罗纳德·伯恩特和凯瑟琳·伯恩特，1989年

背景
澳大利亚北部的阿纳姆地

主要人物
卢玛卢玛 一个贪婪的巨人，什么都吃，甚至包括死去的孩子

卢玛卢玛的妻子 两个凡人女子

澳大利亚原住民神话中有很多阴险的怪物，卢玛卢玛就是其中之一。曼古鲁格是澳大利亚北部阿纳姆地冈温古部落的长老，他讲的这个故事经常被用在当地男孩的成年礼中。

这个故事讲述了重要仪式的起源和重要性。这些仪式是卢玛卢玛带来的，所有人都为此付出了可怕的代价。卢玛卢玛在这片土地上肆虐，并因此丧命，但他仍然想把仪式传承下去。

卢玛卢玛是一个巨人，他有两个妻子。在其他版本中，他最开始是一头鲸鱼，从东部游到阿纳姆地，从印度尼西亚横渡大海。在斯图尔特角登陆后，卢玛卢玛和他的两个妻子带着神圣的仪式和图腾向西出发，这是他们送给人类的礼物。卢玛卢玛把仪式用的东西放在篮子里，也有说是放在草编网袋里，还带着用于打仗的长矛。

贪婪难控

无论他们走到哪里，卢玛卢玛都宣称人们采集和烹饪的食物是禁忌，如此神圣，只有他才能吃。人们害怕他，于是放弃了食物，包括野蜂蜜、大山药、刚捕获的袋鼠，还有鱼。

他的两个妻子责备他这样做会使人们挨饿，但他根本不听。卢玛卢玛不停吃，用篮子里的圣物为自己的行为辩护。晚上，他把盛

左图是澳大利亚北领地卡卡杜国家公园的诺尔朗吉岩，上面的岩画有两万年历史，画中显示阿纳姆地的一个原住民在用长矛刺杀袋鼠。

大洋洲 **309**

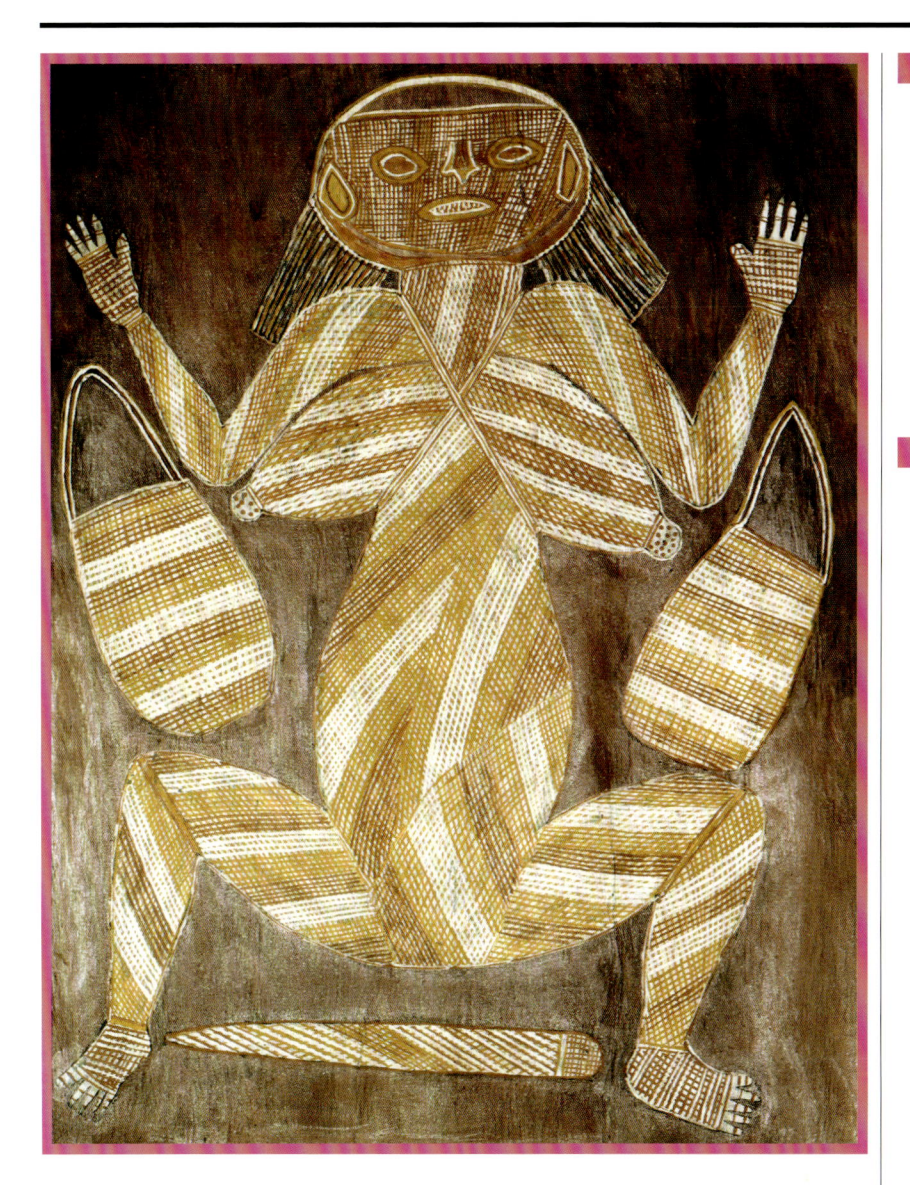

参见: 塔阿洛阿创造众神 316~317页，塔恩和海恩提塔玛 318~319页。

> 他在吃我们的孩子，我们要怎么对付他？
>
> 《会说话的土地》

图中丰满的女人拿着两个草编网袋和一根挖掘棒，这可能与生育仪式有关。

要用太多的矛，这样他好有时间告诉他们他所知道的仪式，其中包括"乌巴"（提醒女子应该服从丈夫）、"劳衮"（一种成人礼）、"古纳比毕"（取悦图腾神灵的一连串歌舞）。在某些版本的故事中，卢玛卢玛还给了人们神圣的十字图案，让他们在仪式中把这个图案画在脸上。他还教给了人们舞蹈，这也是仪式的一部分。

卢玛卢玛看到人们已经接受了这些仪式，心里十分满意。他把装着图腾的篮子交给人们后，便闭上了双眼。人们没有把他埋葬，而是把他放在了海边的一棵树上，用绳子捆住，并搭了一个棚子遮盖他。

不久，他的尸体被冲进海里，消失在了水下。他又变回了海洋生物，在有些故事中，他又变回了鲸鱼。■

满圣物的篮子挂在脖子上，敲击特制的棍棒，妻子们翩翩起舞，所有这些都是神圣仪式的一部分。

一天，卢玛卢玛和妻子们来到一个地方，发现台子上放着孩子的尸体。卢玛卢玛连尸体也不放过。当人们看到台子空了，只留下卢玛卢玛巨大的脚印时，他们吓坏了。他不仅吃了他们的食物，还吃了他们的孩子。人们心生厌恶，于是密谋杀死他。

传授知识

人们拿起棍棒和长矛，攻击卢玛卢玛和他的妻子们。卢玛卢玛让他们刺矛时速度不要太快，也不

神话世界
从未远去

德玛

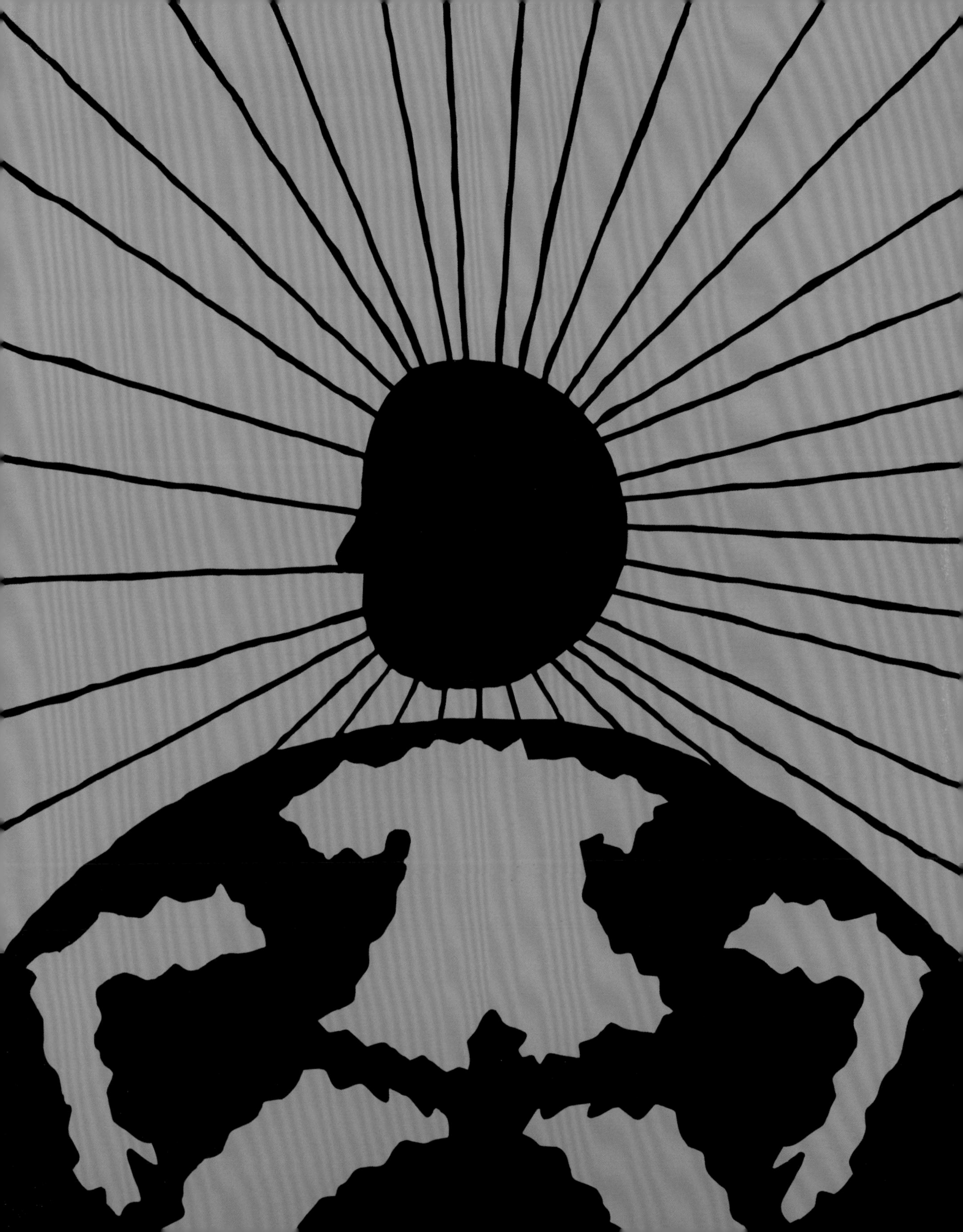

简介

聚焦
创立和生育

来源
《德玛》,扬·范·巴尔,1966年

背景
巴布亚新几内亚

主要人物
努博格 大地
迪那丁 天空
盖布和马胡(萨米) 努博格和迪那丁的孩子
吉瑞 德玛的一只狗
阿拉门博 德玛的药师
比阿歌 马胡和盖布的妻子
瓦巴 盖布和比阿歌之子
鲁加鲁-伊瓦伊 对瓦巴抱有敌意的一个德玛

> 通常,当我聆听一个神话故事时,我会觉得这一切就发生在几个月前。
>
> ——扬·韦舒伦
> 传教士,民族志学者

最开始有两个德玛(神灵)——女性大地努博格和男性天空迪那丁。他们的孩子盖布和马胡(亦称"萨米")是新几内亚西部马林德-阿宁人的祖先,马林德-阿宁人都认为自己是其中一位的后代。传统上,关于这些德玛及他们生出的许多其他德玛的神话,通过仪式不断上演,成为马林德-阿宁人身份和文化的核心。每年一次的重演始于旱季的梅奥仪式(一种成人礼),以雨季勒玛仪式后的猎首探险和庆祝盛宴结束。

人类的形成

人类起源的故事源自一次盛宴。这次盛宴由德玛举办,举办地点是马林德领土遥远西部的地下。德玛边吃边喝,逐渐向东挺进。在地上,德玛一只名叫"吉瑞"的狗听到了动静。它想知道发生了什么事,于是追踪了德玛的地下行程。

吉瑞跟着喧闹声一直走到太阳升起的地方——康多。这时,声音振聋发聩,吉瑞在一条小溪边刨起土来,想找到声音的源头。它越刨越深,水从地下涌出,同时还有一些奇怪的生物出现,他们很像鲶鱼,没有面部特征,躯干上长着四肢、手指、脚趾。这就是马林德-阿宁人。一个形象为鹳的德玛开始啄这些人,但他们太过坚硬,以至于德玛的嘴都变弯了,如现在的鸟嘴般轻微弯曲。

德玛的药师阿拉门博警告狗和鹳离远一点,他用竹子生了一大堆火,把像鱼一样的人烤干。每一次竹子的茎在高温下开裂,他们的身体就会冒出新的部位,如耳朵、眼睛、鼻子和嘴巴。阿拉门博拿出竹刀把他们的四肢、手指和脚趾割开,让他们可以自由活动。他切掉的不要的部分变成了水蛭,水蛭在马林德-阿宁地区至今还很常见。

事实上,狗刨了两个洞。从第

这张照片拍摄于20世纪20年代荷属新几内亚一场神话重演的仪式上。马林德-阿宁人身着代表其德玛图腾的精美服装。

参见： 拉的夜航船 272~273页，塔阿洛阿创造众神 316~317页，塔恩和海恩提塔玛 318~319页。

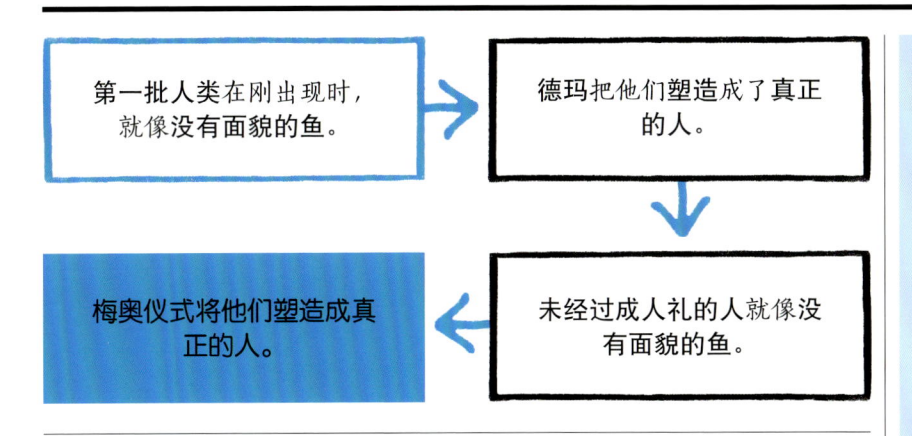

```
┌─────────────────────┐      ┌─────────────────────┐
│ 第一批人类在刚出现时，│ ───► │ 德玛把他们塑造成了真正│
│   就像没有面貌的鱼。 │      │       的人。        │
└─────────────────────┘      └─────────────────────┘
                                        │
                                        ▼
┌─────────────────────┐      ┌─────────────────────┐
│ 梅奥仪式将他们塑造成真│ ◄─── │ 未经过成人礼的人就像没│
│       正的人。      │      │     有面貌的鱼。     │
└─────────────────────┘      └─────────────────────┘
```

二个洞里出来的是所有其他部落的人，即"伊科姆-阿尼姆"（"外族人"），他们很快便分散开来。盖布和马胡乘坐独木舟到达，把马林德-阿宁人带上船。盖布和阿拉门博带走的人分别成为盖布族和阿拉门博族，而马胡负责管理马胡族。

竹妻

根据盖布族的神话，盖布是自我创造的，他的脸被鹳从石头里啄出来。他在西边长成一个红皮肤的人，被困在一个蚁丘里，忍受着落日的炙热。由于找不到妻子，他借助竹竿生了几个孩子。

过了些日子，住在旁边蜂房里的马胡带着两个妻子来见盖布。盖布见到女人十分兴奋，马胡可怜他，便把自己的一个妻子比阿歌送给了他。比阿歌成了盖布的妻子，她先生了鸟，又生了鱼，然后生下了两个男和一个女孩。女孩拜勒威尔处于怀孕的最后阶段时，前往海滩生孩子。她分娩的时间很长，海浪把她冲到了海里，在那里她变

成了一处坚硬的沙洲。

盖布喜欢猎取人头。他绑架孩子，尤其是红皮肤的男孩，把他们带回蚁丘，在他火热的巢穴里砍掉他们的头。最后，人们决定必须对盖布做些什么，但是男人们不愿意靠近蚁丘。于是，女人们鼓励男人们，并用水给蚁丘降温。她们把水倒在蚁丘上，盖布一现身，众人便砍下他的头颅。

太阳、月亮和初生的果实

受到这次袭击的惊吓，盖布的头逃到地下，向东来到日出的地方康多。他的头顺着山药卷须爬上天空，成为太阳。然后，它穿过天空，到达西边的地平线，回到地下，再前往康多，每天如此循环。与此同时，盖布无头的身体被不同宗族分割，成为他们的土地。

也有神话说盖布是白皮肤的月亮。小男孩盖布住在康多附近的海滩上，整天钓鱼。他在海里待得太久了，以至于身上长满了藤壶。一天，两个到了适婚年龄的女子沿着海滩走来。盖布为自己的身体感

宗族

对马林德-阿宁人来说，德玛所在的那个看不见的世界，从很多方面来讲一度比他们自己生活的世界更重要。扬·范·巴尔是一位人类学家，于20世纪50年代任荷属新几内亚最高长官。他发现，万物都来自德玛。马林德-阿宁人的社会分为两支，每支由两个宗族组成，它们有自己的德玛图腾，如狗、鹳、椰子、香蕉、西米等。在一个凝聚力强、相对和平的社会里，不同宗族联手猎首，驱逐可能对他们构成威胁的外族人。

虽然所有马林德-阿宁人有着相同的神话世界，但每一个宗族都有自己的神话故事，为其特定的仪式提供信息。有些神话在各宗族间流传，如瓦巴和瓦利瓦姆的故事（见第314页）和人类起源的故事。宗族之间经常互相拜访，观看德玛故事的重演。

到羞愧，于是躲进了沙子里。女人看见盖布，告诉了附近的男人，男人把他挖出来，用挖掘棒和石斧把藤壶弄下来，随后治疗了他的伤口。那天晚上，第一根香蕉德玛从盖布的脖子上长了出来。人们从四面八方赶来品尝这种新水果，这种水果的秘密名字叫"坎德瓦"。从

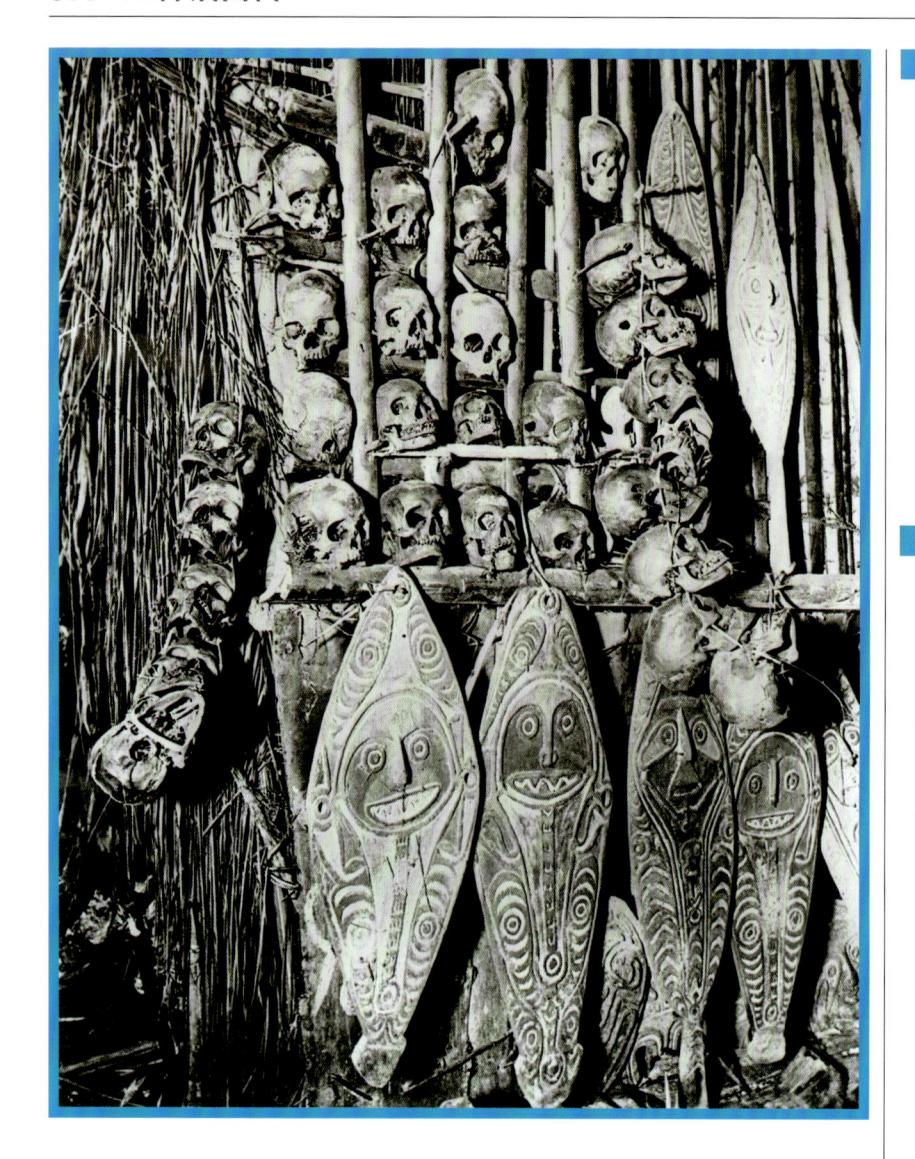

在新几内亚的一所长房子里，一名猎首勇士的坟墓上装饰着骷髅。猎首者相信，头骨中含有一种神圣的力量，能够使他们的德玛成倍增加。

> 一切都源于德玛，这就是马林德-阿宁人看待德玛的方式。他们把德玛视为万事万物的起源。
>
> 扬·范·巴尔
> 人类学家

那以后，康多一个深水塘附近一直住着香蕉德玛。

马胡族有一个神话继续讲述了香蕉德玛旺盖和瓦龙盖在桑加尔参加宴会的故事。这次宴会由德玛沃卡布举办，为的是庆祝第一次捕猪行动。在这种场合中，宾客通常会带来新水果作为礼物。在这次宴会上，沃卡布的妻子桑贡由于吃得太多，不得不一次次排便。她的粪便变成了第一棵西米棕榈树，西米成为盖布族的一种主食和图腾。

当时，盖布还是个囚犯。在遭受第二次袭击后，他决定逃跑。他顺着山药卷须爬上天空，变成了月亮，月亮上的斑点是他的伤口，其他部分是他的癣。作为一个被囚禁在西方的红皮肤男子和一个被囚禁在东方的白皮肤男孩，盖布将太阳和月亮的相反力量统一在一个二元德玛的形象中。

瓦巴和瓦利瓦姆

盖布和比阿歌的儿子瓦巴是掌管火的德玛，也是太阳的化身。当瓦巴在康多被邀请加入梅奥仪式时，他带了一个名唤"瓦利瓦姆"（亦称"卡尼斯-伊瓦格"，槟榔女人）的年轻女子参加欧比-庞巴里——一种仪式，也是梅奥仪式的一部分。然而，在仪式开始前，瓦利瓦姆向西逃跑了。瓦巴一路追赶，最后到达了海岸边。他看到瓦利瓦姆走进了一间小屋，里面有大量的西米。他一直等到天黑，然后跟进去。

自从瓦巴出发寻找瓦利瓦姆，阿拉门博便一直在找瓦巴。他来到康多后，走进瓦巴和瓦利瓦姆所在的小屋。他抓紧瓦巴和瓦利瓦姆，使劲摇晃，摩擦发出的火花从瓦利瓦姆身上喷射出来。当她被火

有争议的仪式

马林德-阿宁的孩子们从很小的时候起就被灌输了有关德玛的知识。许多德玛的神话故事在长达六个月的成人礼中重演。表演者穿上精心制作的服装,暂时扮演德玛。

这些仪式旨在促进人类、牲畜和农作物的繁殖。举行这些仪式的目的很多,其中一个是促进结婚。像欧比-庞巴里这样的仪式旨在使妇女生育,这被看作马林德-阿宁人的职责。然而,这些仪式中的某些行为让外人感到震惊,他们认为这是残忍和不道德的。

从1902年到1938年,马林德-阿宁人一直处于荷兰人的统治下。到了20世纪20年代,荷兰当局已经完全禁止了欧比-庞巴里、猎首和吃人等马林德-阿宁仪式。

焰包围时,她生下了第一只食火鸡和第一只鹳,它们的羽毛被火焰烧焦,变成了黑色。

在季风的吹拂下,原始之火蔓延开来,在海岸边形成了宽阔的海滩,山谷变成了内陆的河床,同时也出现了许多自然景观。动物们因为大火逃到了海里,但龙虾被大火烤焦而变成了红色。

在这个神话的其他版本中,食火鸡德玛达维试图用狩猎棒扑灭大火,结果一块满是椰子的土地被砸得粉碎,落入了一只鬣蜥的口中。这个故事有助于解释附近哈比岛的起源,以及它的形状为何看起来像一个动物的头。

隆重的庆祝仪式

按照传统,马林德-阿宁人每年都要举行仪式,重演德玛的故事,仪式最后以宗族间的一场盛宴和一场大戏结束。在这个神话故事的重演过程中,主角们竞相奉上最精彩的表演。剧中人物穿着精心制作的服装跳舞,而德玛娜卡丽("小姐妹")则代表德玛的次要特征,演绎许多次要情节。■

这幅油画由帕特尔·P. 沃滕滕绘制,他是一位比利时传教士,20世纪初曾在新几内亚传教。这幅画描绘了甘薯德玛,他会在葬礼上被召唤。

万物之主
塔阿洛阿创造众神

简介

聚焦
宇宙由壳构成

来源
《波利尼西亚人的世界》中记录的口头传统，安东尼·阿尔珀斯，1987年

背景
塔希提神话中的时间伊始

主要人物
塔阿洛阿 造物神，整个宇宙的创造者

塔恩 塔阿洛阿之子，光和森林之神，在某些地区，塔恩是一个女人而非男人

突 塔阿洛阿之子，战争和工匠之神

在宇宙被创造出来之前，只有一片虚无。在这茫茫虚无中，漂浮着一个巨大的壳。壳呈卵形，里面是长着羽毛、无父无母的造物神塔阿洛阿。

终于，塔阿洛阿厌倦了这种被限制的状态。他用力打破壳，将其分成两半，爬到壳的边缘，对着无边的黑暗大喊。可是，没有人回答，他听到的只是自己的回声。塔阿洛阿独自一人在壳中长大，现在出来了，也没有人听他的吩咐。他为此感到十分沮丧，决心创造宇宙万物，填满这虚无。

首先，塔阿洛阿将半个壳举到天上，形成穹顶状的天空；他又将另一半壳做成岩石，形成地基。为了给生命创造居住地，塔阿洛阿用自己的肉身做土，用内脏做云。他的眼泪随即形成水，填满了大海、湖泊和河流。他的脊梁形成山脉，肋骨形成山脊。塔阿洛阿的羽毛形成植被，肠子变成龙虾、小虾和鳗鱼。他用脚指甲和手指甲给海洋生物罩上壳和鳞片。

最后，他的血液变成天空和

这尊木雕像（约17—18世纪）来自鲁鲁土岛，也就是现在的法属波利尼西亚。木雕表达的是塔阿洛阿创造了其他神和人类。

参见: 盘古开天地 214~215页，创世神维拉科查 256~257页，塔恩和海恩提塔玛 318~319页。

彩虹中各式各样的色彩。伟大的塔阿洛阿用了除头以外的整个身体创造了世界。头对他来说是神圣不可侵犯的。

造物主的孩子们

接下来，塔阿洛阿从他的身体中召唤出许多其他的神（这就是为什么在艺术作品中，他的身上经常爬着很多神）。他的一个孩子塔恩，把太阳、月亮和星星挂在空中，给世界带来了光明。塔恩成为和平和美丽之神，有时也是森林和鸟类之神。

在塔阿洛阿所有的孩子中，突是最有能力的工匠之神。他帮助父亲创造了更多种类的植物和动物，以充盈这个世界。后来，塔阿洛阿创造了第一个男人和第一个女人，并劝说他们繁衍后代。塔阿洛阿创造了七层世界，并将人类放在最下面一层。为了博取他的欢心，人类繁衍得越来越快。他们与动物、植物共享空间，不久就占据了其他层。

波利尼西亚文化中的塔阿洛阿		
姓名	地点	角色
塔阿洛阿	社会群岛（包括塔希提）	造物神
卡纳洛阿	夏威夷群岛	海神和死神
塔加洛阿	萨摩亚群岛	宇宙的创造者
坦格洛拉	汤加	一个持续时间很长的王朝的祖先
唐加罗瓦	新西兰	海神

壳的内部

当塔阿洛阿完成造物后，他得到了一个启示：宇宙中存在的所有生物都包含在一个壳中。他自己也曾一直被困于壳中，天空是天体的外壳，大地是居住于此的所有生物的外壳。人类的外壳是女人的子宫，即他们诞生的地方。

尽管意识到了这一点，塔阿洛阿仍深知万物都归属于他。虽然他已经破壳而出，但他仍是至高无上的造物主。■

波利尼西亚木雕

波利尼西亚包括1000多个岛屿，这些岛屿在南太平洋形成了一个三角形。这些岛上的原住民普遍认为，神无处不在，而且可以变成各种样子，如人、动物、风景。人们向描绘这些形象的雕刻品献祭。这些雕刻品被称为"提基"，波利尼西亚各地都会制作。提基也是第一个被创造出来的男人的名字。提基可以做成各种大小，大至人形雕塑，小至项链吊坠。

欧洲人将波利尼西亚变成殖民地以后，试图压制他们的传统文化和宗教习俗，许多提基神像在这一过程中被毁了。不过如今，波利尼西亚各地仍在制造提基神像。

这幅版画创作于大约1807年，画的是一个俄罗斯水手正在努库希瓦岛上探查一处坟墓，立着的木雕提基神像在旁边守望着。

死亡战胜人类
塔恩和海恩提塔玛

简介

聚焦
必死的命运

来源
《波利尼西亚神话和新西兰种族的古代传统历史》中记录的口头传统，乔治·格雷爵士，1855年

背景
时间伊始

主要人物
朗吉　天父

帕帕　地母

突　战争和狩猎之神

塔维尔梅地亚　风暴之神

塔恩　森林之神

唐加罗瓦　海神

海茵胡一　第一个女人，海恩提塔玛的母亲

海恩提塔玛　塔恩的女儿和妻子

毛伊　一个爱耍诡计的半神

在毛利人的神话中，世界被创造出来之前，只有天父朗吉和他的妻子、地母帕帕。他们紧紧拥抱在一起，儿子们只能挤在他们身体之间狭小的空间里，看不到一丝光明。

儿子们厌倦了这种居住条件，开始讨论如何使父母分开。好战的突想要杀死父母，但森林之神塔恩劝说兄弟们，只要分开父母就可以了。每个兄弟都试过了，但都未能把这对夫妇分开。最后，塔恩用肩膀抵住帕帕，用腿把朗吉推了上去。

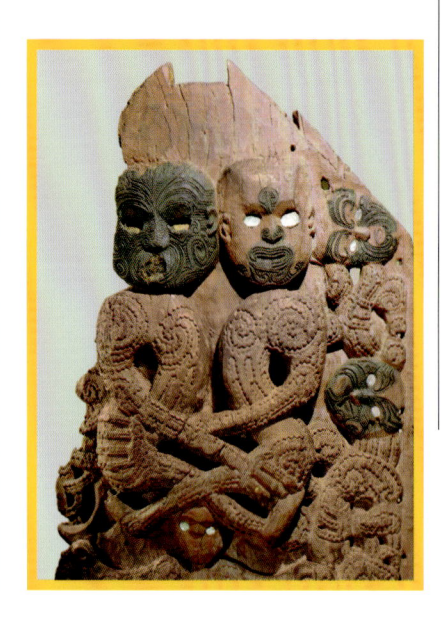

把父母分开后，塔恩开始用森林点缀世界，但是，这个世界被哥哥塔维尔梅地亚打乱了。哥哥因父母被迫分开而生气，于是在大地上掀起一场大风暴作为报复。战争之神突与他相抗衡，给大地带来了和平。

黑暗世界

慢慢地，塔恩感到了孤独。当时，女人还没有被创造出来，所以他与一些生物孕育出了昆虫、石头、溪流和植物。最后，塔恩怀着对伴侣的渴望来到海滩边，用沙子和泥巴塑造了第一个女人——她被命名为"海茵胡一"，意思是"用泥土做成的少女"。她和塔恩生了一个女儿，名为"海恩提塔玛"，意思是"黎明少女"。海恩提塔玛一

这个18世纪的毛利雕刻作品描绘了朗吉和帕帕。在毛利文化中，雕刻既是一种艺术，又是一种修行。

参见： 宇宙的创造 130~133页，阿胡拉·马兹达和阿里曼 198~199页，梵天创造宇宙 200页，伊邪那岐和伊邪那美 220~221页。

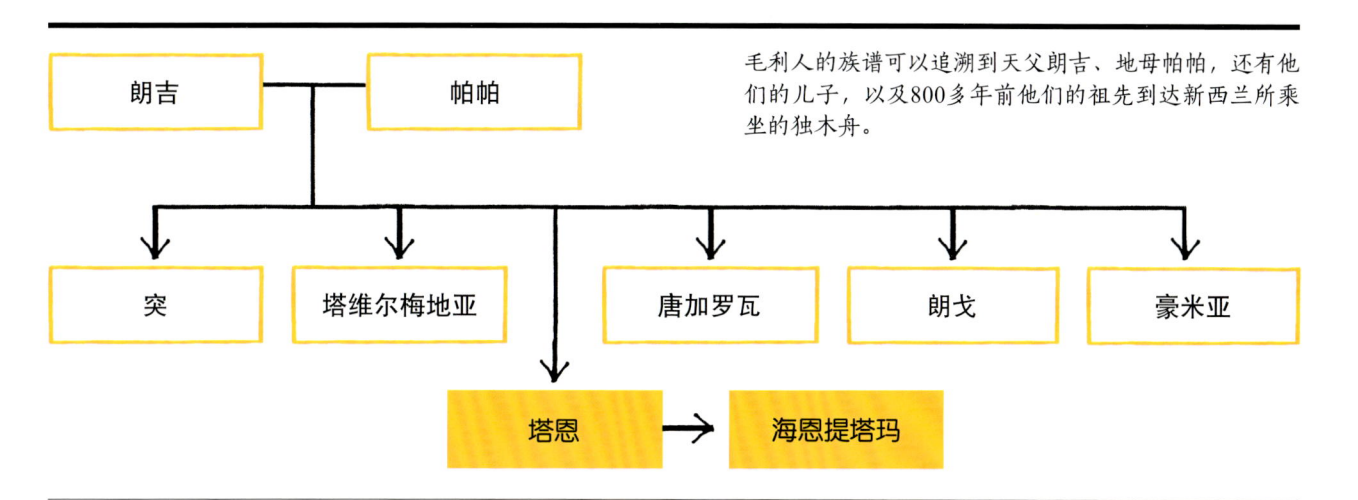

毛利人的族谱可以追溯到天父朗吉、地母帕帕，还有他们的儿子，以及800多年前他们的祖先到达新西兰所乘坐的独木舟。

```
朗吉 ——— 帕帕
   │
   ├──── 突
   ├──── 塔维尔梅地亚
   ├──── 唐加罗瓦
   ├──── 朗戈
   ├──── 豪米亚
   └──── 塔恩 → 海恩提塔玛
```

毛利人仍会在仪式中使用战争独木舟瓦卡。在新西兰一年一度的铁人三项世锦赛中，瓦卡会护送选手到游泳赛段的起点。

直不知道自己的父亲是谁。她长大后，嫁给了塔恩。作为塔恩的妻子，海恩提塔玛过着幸福的生活，他们一起生儿育女。直到有一天，她发现丈夫实际上是她的父亲。她十分害怕，因此逃到了阴间。父亲随后跟来，请求她回去，但海恩提塔玛拒绝了他。她告诉塔恩，他应该在光明的世界里照看孩子们，而海恩提塔玛选择留在阴间，照顾那些进入黑暗世界的人。她给自己取了个新的名字——海恩-奴特珀，意思是"伟大的黑暗少女"。

在爱耍诡计的毛伊行动之前，没有人去过阴间。毛伊被告知，任何人只要从海恩-奴特珀的身体中爬过去，就可以把死亡从人类中驱逐出去。当女神睡觉时，毛伊变成一只虫子，想要进入她的身体。但是，海恩-奴特珀觉察到了，她立刻缩紧身体，把毛伊压死了。从此，人类注定永远不能获得永生。∎

战争之神：突

在朗吉和帕帕的所有儿子中，只有突抵挡住了风暴之神塔维尔梅地亚的袭击。塔恩看着自己的森林被摧毁而无能为力，唐加罗瓦逃到大海里，而豪米亚和朗戈藏在了地母的身体里。

风暴平息后，突指责兄弟们没有给予支持，于是攻击了他们。他把塔恩森林里的树砍了，把唐加罗瓦水里的鱼捞了，把豪米亚和朗戈藏身的土地上的植物挖了。

突的行为给人类提供了一个通过仪式和耕种来利用自然资源的模板。通过与兄弟们的战斗，突还开创了人类战争的先例。新西兰武装部队的毛利名字是"恩加蒂图马唐加"，意为"战神部落"，正是为纪念突。

但令人敬畏的毛伊并不气馁

毛伊的千种把戏

简介

聚焦
火的恩赐

来源
《南太平洋的神话故事和歌曲》，威廉·怀亚特·吉尔，1876年

背景
时间伊始，波利尼西亚；阴间

主要人物

毛伊 诡计之神

布塔兰加 毛伊的母亲，一位女神

塔恩 森林之神

阿卡图 塔恩最喜欢的红鸽

茅克 火神

鲁 毛伊的父亲，一位神

塔玛诺特拉 伟大的太阳神，被称为"拉"

波利尼西亚神话中的伟大英雄毛伊，在年轻时被赋予了守卫通往阴间之路的任务。毛伊生活在人类居住的阳间。毛伊的母亲布塔兰加大部分时间待在阴间，但有时也会去阳间探望儿子。她给他的食物总是冷的，而她给自己带的食物总是热的，这要归功于（被严密守卫的）火的秘密。火被保存在阴间，阳间对火一无所知。

有一天，毛伊在母亲睡觉的时候偷了一些她的食物。毛伊更喜欢热的食物，于是决心找出食物是如何变热的。为此，他知道自己必

参见: 普罗米修斯帮助人类 36~39页,火与水稻 226~227页,塔阿洛阿创造众神 316~317页,塔恩和海恩提塔玛 318~319页。

在毛利人的传说中,塔恩被称为"塔恩马胡塔"("森林之王")。新西兰怀波瓦森林中最大的贝壳杉已有1000多年的历史了。为了纪念塔恩,它被赋予了这位神的名字。

根羽毛。

布塔兰加的警告

毛伊飞到母亲布塔兰加在阴间居住的地方。因为没有红鸽住在阴间,所以布塔兰加感到有什么地方不对劲,她很快就推断出这事和她的儿子有关。毛伊恢复了人形,红鸽栖息在面包树上。

毛伊告诉母亲他来是为了找到生火的方法。母亲告诉他,她也不知道,每当她需要做饭的时候,她就去找火神茅克,茅克会给她一些点着了的木棒。不过,布塔兰加警告儿子不要接近茅克,因为他不

> "火神对自己强大的力量充满信心,决心消灭这个傲慢的闯入者。"
>
> ——《南太平洋的神话故事和歌曲》

仅脾气十分暴躁,而且十分强大。

与火共舞

毛伊并没有被吓到,他径直去了茅克的家,并向他讨要火。毛伊得到火后,立刻把它扔进一条小溪里。毛伊又向茅克要火,得到后再次把火扔掉。当毛伊第三次索要

须进入阴间。母亲回家时,毛伊一直跟在后面,他看见她在和一块黑石头说话。当她背诵一首诗时,石头就打开了。

毛伊把这首诗记在心里,这样他就可以去阴间了。他知道,要想不被发现,就需要一些伎俩,于是他去拜访他的朋友、森林之神塔恩。塔恩有很多鸽子,毛伊要了塔恩最珍爱的红鸽阿卡图。塔恩答应把红鸽借给毛伊,但要求毛伊必须把它安然无恙地带回来。

毛伊带着红鸽回到了他母亲通往阴间的那块石头前。他背了诗,门打开了。毛伊将自己藏在红鸽的体内,飞进了阴间。当他飞快经过恶魔时,恶魔只能抓住阿卡图的尾巴,扯掉了阿卡图的几

波利尼西亚神话中的毛伊

在波利尼西亚神话中,有关这位诡计之神的故事不断出现。不过,他的名字可能有所不同,比如,萨摩亚神话中称其为"提伊提伊"。在毛利神话中,毛伊是一个人,在很小的时候,便被母亲扔进了海里,海神奇迹般地救了他,使他免于死亡。他的功绩往往随着地域的变化而变化,常见的事迹包括毛伊推天、诱捕太阳、获知火的秘密,但关于毛伊的结局,描述多有不同。在库克群岛,人们相信他已经升入天堂。但在一些夏威夷神话中,他最后"脑浆迸裂"——有一次,毛伊试图偷走其他神祇正在烤的香蕉,众神厌倦了他的把戏,把他摔到了岩石上。在毛利神话中,毛伊是个凡人,因想获得永生而被死亡女神杀死了。毛伊的最新化身出现在2016年迪士尼动画片《海洋奇缘》中,片中女主角、酋长的女儿莫阿娜,为了拯救她的人民而去寻找毛伊。

毛伊变鱼为岛

毛伊的壮举之一就是用他神奇的鱼钩从海底拉起了陆地，从而创造了南太平洋的岛屿。根据毛利人的神话，魔钩是由毛伊祖先的下巴做成的，它帮助这位神创造了新西兰。有一天，毛伊和两个兄弟乘独木舟出海，用鼻子流出的鲜血做诱饵，钓起了一条鱼，这条鱼成为北岛的陆地，在毛利语中被称为"特伊卡阿毛伊"（意为"毛伊的鱼"）。南岛来源于毛伊的独木舟，它被称作"特瓦卡阿毛伊"（"毛伊的独木舟"）。在夏威夷神话中，毛伊被誉为创造夏威夷群岛的人；而在库克群岛，据说毛伊从海水深处拉起了马尼希基岛。

毛伊钩住的鱼变成了新西兰北岛。在毛利人的传说中，毛伊的兄弟们争抢鱼的不同部分，因此创造了山脉和峡湾。

时，茅克给了他一块干柴，上面放着烧着的炭，毛伊也将它们扔到了小溪里。他傲慢无礼的行为意在激怒茅克。当毛伊第四次要火时，茅克怒不可遏。他命令毛伊离开，否则就要把他扔到空中。

毛伊站在原地，面带微笑地回答说，他很乐意接受考验。茅克走进屋里，缠上作战用的腰带。当他回来时，他震惊地发现毛伊奇迹般地变大了。

茅克抓住毛伊，把他扔到椰子树那么高，但毛伊在空中把自己变得很轻，因此落下时丝毫未受伤。茅克把毛伊扔得更高，可毛伊再次用魔法使自己不会受到伤害。茅克筋疲力尽，气喘吁吁。毛伊接着把火神高抛到空中两次，导致他严重受伤。

就在毛伊准备第三次抛时，茅克恳求他停下来，他害怕这次自己会摔死。毛伊以告诉他生火的秘密作为和解的条件。茅克同意了，并把毛伊领进他的房间。他拿来一些干的椰棕丝和树枝，把它们放在一起，然后摩擦两根更小的枯树枝，产生的火苗很快就变成了熊熊大火。

毛伊仍然对茅克把自己扔到空中感到愤怒，于是让火烧掉了茅克的房子。火蔓延至整个阴间。毛伊拿起那两根生火棒，跑回母亲的房子，红鸽阿卡图还在那里等他，不过，尾巴上缺了几根美丽的羽毛。毛伊修复了红鸽的尾巴，再次附着在它的体内。红鸽每个爪子抓着一根生火棒，飞回了阳间。毛伊随后把红鸽还给了塔恩。

与此同时，阴间的巨大火焰已经蔓延到阳间，人们开始用它来煮食物。和毛伊一样，他们发现自己更喜欢热饭。然而，火被扑灭后，阳间便没有人知道如何生火了——除了毛伊，他家里一直生着火。人们找到毛伊，请求他分享生火的秘密，毛伊教会了他们。

毛伊举起天空

此时的天空由坚硬的蓝色石头构成，大约距离地面两米，人类的活动空间并不大。毛伊的父亲鲁在地上立了几根柱子，仅把天空抬到人们可以行走的高度。

然而，毛伊对此无动于衷，他厚颜无耻地问父亲在干什么。鲁没有心情理会毛伊的傲慢，威胁要把他赶走。毛伊不停地烦父亲，父亲愤怒地把毛伊抛向天空。

毛伊变成一只鸟，飞到安全的地方，又变成巨人回到鲁的身

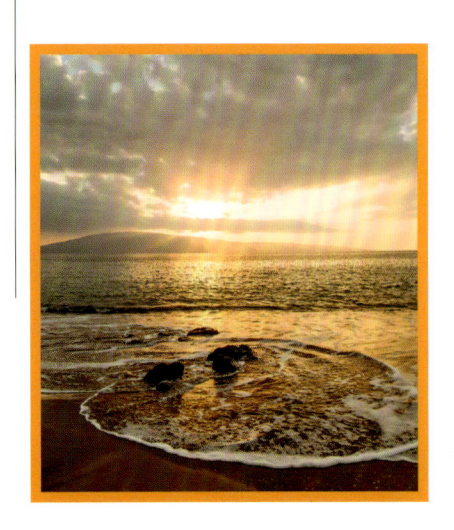

云不能在夏威夷群岛上停留很长时间。据说，如果它们这样做，毛伊就会把它们拖到很远的地方，再也不让它们回来。

> 从那个值得纪念的日子起,阳间的所有居民都开始使用生火棒,享受光和熟食的奢华。
>
> 《南太平洋的神话故事和歌曲》

边。他把头放在父亲的双腿之间,抬起身子,把鲁举得和他一样高。他用了很大的力气,天空因此变得远离大地,就像现在一样。

鲁被卡住了,他的头和肩膀卡在了星星之间。由于无法移动,鲁最终死了,他的骨头掉到了地上,变成了浮石散落在波利尼西亚各地的火山中。

与太阳的最后战斗

毛伊还有一个伟大的任务要完成。太阳神拉(全称为"塔玛诺特拉",意为"伟大的太阳神")很不可靠,他不定时地出现在白天和黑夜,人们很难正常生火。没有人能说服他定期出现。

毛伊决定解决这个问题。他用结实的椰棕丝做了六根绳子,打好绳套。他走到拉在阴间升起的地方,在那里安放了一个绳套。然后,毛伊沿着拉平常的路径放好了其他五个绳套。

当拉升起来时,第一个绳套套紧了他的脚。当他移动时,其他绳套拴住了他的膝盖、臀部、腰部、胳膊和脖子。毛伊把太阳神绑在一块岩石上,拉紧绳子,使他几乎无法呼吸。

由于害怕死亡,拉同意规律地出现,以帮助人们。毛伊给他松绑,但绳子还连在他的身上,保证太阳可以在天空中上升和下降。

毛伊的英勇事迹在波利尼西亚所有文化中广为人知,他也备受

在毛利神话中,毛伊最伟大的战役是太阳之战。在这幅图中,他的兄弟紧紧抓住绳索,毛伊迫使太阳给人们更长的白天。

人们钦佩。通过过人的诡计,他可以"智胜"所有其他的神来造福人类。∎

把鸟赶到复活节岛怎么样？

马克马克和哈娃

简介

聚焦
创造和崇拜

来源
《复活节岛的民族学》，阿尔伯特·梅特鲁厄，1940年
《复活节岛的未解之谜》，约翰·弗伦利和保罗·巴恩，2003年

背景
时间伊始，复活节岛

主要人物

马克马克 海鸟之神

哈娃 女神，马克马克的妻子

女祭司 当地的一个祭司

在复活节岛原住民拉帕努伊人的神话中，世界是由一个叫"马克马克"的神创造的。作为捕鸟者狂热崇拜的主神，马克马克在艺术作品中经常被描绘成一个眼睛凸出的头骨或一只乌黑的燕鸥。

马克马克独自创造了四位神，他们分别是提夫、罗莱、霍瓦和阿兰吉-科特-科特。一天，这些神交给女祭司一项任务，让她守护复活节岛汤加里奇湾的一个头骨。当头骨被巨浪冲走时，女祭司跟在后面游了三天，最后在马蒂罗希瓦岛上岸。

马克马克的妻子哈娃出现了，女神问女祭司在做什么。她回答说在寻找头骨。"那不是头骨，"哈

参见： 创世神维拉科查 256~257页，塔阿洛阿创造众神 316~317页，塔恩和海恩提塔玛 318~319页。

> 除非我们能找到一个人类发现不了的地方，否则我们将不得安宁。
>
> 《复活节岛的民族学》

娃告诉她，"而是神马克马克。"

新的神祇

女祭司与哈娃和马克马克一起待在岛上，神给她吃他们抓到的鱼。马克马克建议说，他们应该把所有海鸟赶到拉帕努伊岛，这是他来这里的目的。哈娃接受了他的建议，并说女祭司应该和他们一起去，教人们如何崇拜新的神祇。

他们把鸟赶在前面，一路上寻找可以让它们筑巢的地方。一开始，他们选择了华航阿岛，在那里待了三年，但是人们发现了鸟巢，把鸟蛋吃掉了。接着，他们来到瓦伊阿瑞，但是还是有人偷鸟蛋吃。马克马克和哈娃认为，他们需要寻找一个人们到不了的地方。于是，他们选定了离拉帕努伊海岸不远的莫图努伊岛和莫图伊蒂岛。

寻捕鸟蛋

女祭司一直在拉帕努伊岛周围游历，教人们如何崇拜新神，告诉他们，要在每顿饭前留出一部分食物，并说："马克马克、哈娃，这是为你们准备的。"

在奥朗戈的神圣遗址，岩石上到处可见马克马克的头骨面具和哈娃，还有一个长着鸟头的人手握鸟蛋。代表复活节岛部落首领的竞争者从这里出发，争先恐后地在小岛上寻找当季的第一枚鸟蛋。第一个找到的人会被封为"鸟人"，是下一年马克马克在地球上的化身。■

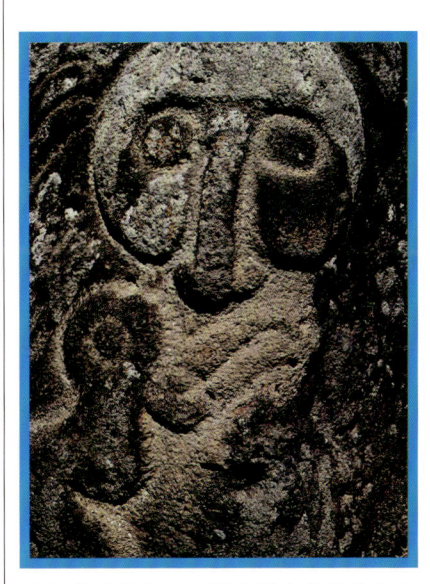

这幅岩画是约1960年被刻在复活节岛红色的火山渣矿石上的，上面画的是马克马克。复活节岛著名的摩艾石像上的红色帽子也是用火山渣矿石建造的。

朗格朗格木板

复活节岛文化崩溃后，一些有趣的文物幸存下来，朗格朗格木板就是其中之一。1864年被发现以来，这些用象形文字雕刻的木板就成了争论的焦点。针对它们是否代表一种连贯的书面语言，人们一直存疑。尽管这些文字至今仍未被破译，但口述历史表明，朗格朗格木板一直被视为圣物，可能被训练有素的吟唱者或吟游诗人用来讲述神话。一块木板上总共有960个符号，其中183个是黑色燕鸥，象征着神马克马克。"圣地亚哥手杖"上的铭文最长，有2320个符号。

1995年，独立语言学家史蒂文·菲舍尔说，他已经破译了85%的朗格朗格木板。他指出，包括"圣地亚哥手杖"在内的重要的朗格朗格木板上的文字，用由三个元素组成的符号记录了世界的创造。然而，他的说法引起了一些学者的反对。他们指出，菲舍尔的破译并不一致，此外，"圣地亚哥手杖"上的铭文只有一半完全符合菲舍尔所说的三元结构。

我在地上说出他的名字，他在天上侧耳倾听

马普西亚和神之杰作

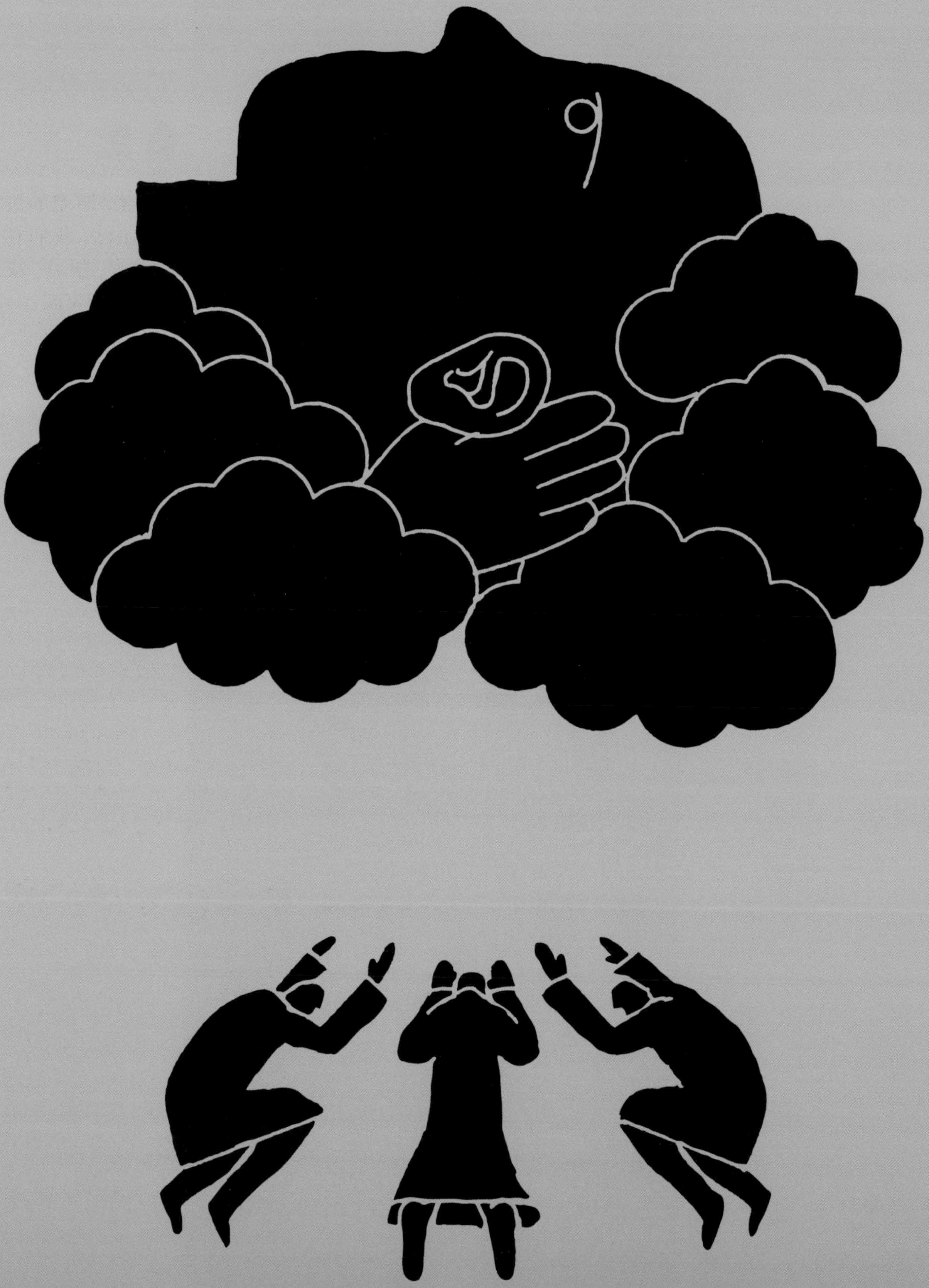

简介

聚焦
神与社会

来源
《蒂科皮亚的神之杰作》记录的口头传统,雷蒙德·弗斯,1940年

《蒂科皮亚的历史和传统》,雷蒙德·弗斯,1961年

《蒂科皮亚的仪式和信仰》,雷蒙德·弗斯,1967年

《蒂科皮亚歌谣》,雷蒙德·弗斯和默文·麦克莱恩,1990年

背景
所罗门群岛的蒂科皮亚岛

主要人物
萨库 成神之后名为"马普西亚"

德萨摩亚 萨库的同伴和对手

德瑟玛 杀死萨库的人

阿图阿·法芬 蒂科皮亚人的祖先女神

阿图阿·伊·拉罗普卡 蒂科皮亚人的祖先神

"**神**之杰作"是蒂科皮亚岛四个部落共有的仪式,将社会的各个层面,包括神话、宗教、社会价值、社会地位、经济,以及简单的生存联系在一起。这些仪式据说由蒂科皮亚岛的英雄萨库创立。萨库的名字是一个神圣的禁忌,一般不能被提及。他是卡菲卡部落首领阿索阿索的儿子,他的母亲来自邻近的法埃亚村。他出生在第一批创世神创造蒂科皮亚岛几代之后。当时,他们的继任者行使着危险的超自然力量。萨库建立了秩序,巩固了卡菲卡的势力。

萨库给岛上的人们穿上衣服,唤醒他们的人类意识,给予他们获得知识的头脑。他还制作了神圣的扁斧,其斧刃传统上用巨型蛤蜊的壳做成。在那个时候,世界上的一切事物都能说话,就连树木和岩石也可以,但是,萨库命令它们保持沉默。然后,他命令岩石堆成一堆,命令泥土盖住岩石,形成一个台子,他在上面建造了卡菲卡神庙。

> 卡菲卡作为一个住所和一个头衔,是有志于成为领袖之人努力争取的奖品。
>
> 《蒂科皮亚的历史和传统》

维护权威

有一个人和萨库亦敌亦友,二人能力也不相上下,他就是德萨摩亚。据说,德萨摩亚是从2000多千米外的萨摩亚岛来到蒂科皮亚岛的。他们二人经常以友好的方式比试,例如,他们在种植和收割庄稼方面比试技术和速度,但萨库通常是赢家。然而,当他们开始修建卡菲卡神庙的时候,竞争变得愈发激烈。为了给卡菲卡神庙准备柱子,

---

蒂科皮亚岛

蒂科皮亚岛的面积仅为5平方千米,它是美拉尼西亚所罗门群岛的一部分,但其文化本质上属于波利尼西亚文化。尽管第一批欧洲人400多年前就来到了这里,但在20世纪80年代之前,这里还没有商店、电力或机动车。在这个遥远的地方,对神灵的强烈信仰盛行起来,这里的人一直认为,自己要听从大自然的安排。1928年,新西兰人类学家雷蒙德·弗斯第一次到该岛时,这里的人口约为1200人。弗斯被蒂科皮亚社会的文化深深吸引——那时的蒂科皮亚文化完全没有受到西方思想的影响。他写了10本书和许多关于岛民的文章。

2002年弗斯去世时,波利尼西亚学会主席休·卡沃夫爵士向他表示了哀悼,悼文中写道:"虽然你与我们这些在新西兰、蒂科皮亚岛等地的人已经分开了,但你的灵魂永远活在我们中间。"

参见: 火与水稻 226~227页, 杀掉卢玛卢玛 308~309页, 毛伊的千种把戏 320~323页。

蒂科皮亚岛的首长们会见来自法国星盘号探险船的军官。1826年至1829年，探险家朱尔斯·杜蒙·德维尔和他的探险队访问了波利尼西亚群岛。

萨库砍倒了一棵大树，并挖了一个深坑来固定柱子。他跳进坑里，让德萨摩亚把树的根部放进来。萨库研究清楚了如何躲开树根，以避免被压死，他最终成功爬了出来。现在轮到德萨摩亚了。他刚跳进去，萨库马上移动树干，结果对手被困住了。德萨摩亚求萨库放了他，但萨库把土填在柱子周围，把德萨摩亚活埋了。

萨库的力量颇具传奇色彩。当他母亲的亲戚们请他砍些棕榈叶，好让他们盖屋顶时，他连根拔起了一棵大约25米高的西米棕榈树。还有一次，他问法埃亚的村民他是否可以拿走一些芋头幼苗，种在自己的土地上。村民们同意了，但萨库没有拿走幼苗，而是占领了整个芋头种植园。

升上天堂

然而，当萨库试图侵占邻居的土地，并在那里种植庄稼时，邻居的家人联合起来反对他。萨库被邻居最小的儿子德瑟玛（意为"左撇子"）杀死。

根据神话故事所述，萨库的死是上天注定的。他的母神——女神阿图阿·法芬——建议萨库离开人间，不要用他强大的力量杀死德瑟玛。她和阿图阿·伊·拉罗普卡是蒂科皮亚人的祖先神。在最早的岛屿被从海里拉上来的时候，这两位神就已经坐在陆地上了。当时，阿图阿·法芬正用露兜叶编织垫子，而阿图阿·伊·拉罗普卡在用椰棕丝编织垫子。这两种垫子都是蒂科皮亚岛传统的手工艺品。

正如阿图阿·法芬所计划的那样，萨库接受死亡意味着他以纯洁之身到达众神中。因此，他可以对每个神说"把你的法力给我"。此后，他被重新命名为"马普西亚"，成为最强大的神，受到蒂科皮亚人的敬畏和安抚。

至高无上的权力

除非在某些求神帮助的仪式上，否则"马普西亚"这个名字是个禁忌。"我在地上说出他的名字，他在天上侧耳倾听。"蒂科皮亚人的一首传统歌曲这样唱道。他被整个部落称为"德阿图阿·伊·卡菲卡"（"卡菲卡的神"），被阿里基·卡菲卡（部落首领）称为"多库·阿里基·塔普"（"我神圣的主"）。他还是"德阿图阿·法卡马塔胡"（"令人敬畏的主"），用手杖在空中一划即会带来电闪雷鸣。

蒂科皮亚人视马普西亚为高于一切的神。正如人类学家雷蒙

> "
>
> 因为萨库在地上是有权柄的人，所以他死后成了神，在众神中位列高位。
>
> 《蒂科皮亚的历史和传统》
>
> "

> 马普西亚！飞升上天，在那里漫步，进入苏鲁曼加。诸天必听从。
>
> ——《蒂科皮亚歌谣》

德·弗斯听到的那样，"没有哪位神能代替他，他刚强高大，所以至高无上"。这位能洞察一切的神有四只眼睛，两只在前，两只在后，他的怒火极其可怕。冒犯马普西亚的人可能会遭受疾病或其他灾祸并最终死亡。如果整个部落不能令他舒心，他可能会降下瘟疫、热带气旋或干旱。

蒂科皮亚人的生活中不乏这样的灾难。这个偏远的岛屿特别容易受到热带气旋和随之而来的饥荒的袭击，正如2003年12月，它被热带气旋佐伊摧毁一般。当时，整个村庄都被冲走了，土地遭到了海水浸泡，花了三年时间才恢复过来。

安抚众神

在蒂科皮亚人眼中，"神之杰作"的仪式对安抚神和赢得神的保护来说十分必要。因为马普西亚是卡菲卡族的主神，所以阿里基·卡菲卡会亲自担任大祭司。阿里基·卡菲卡会决定什么时候"扔火棒"——就是在火中放一段仪式用的木头，象征仪式的开始。木棒烧成的木炭会被放在酋长的额头上。

"神之杰作"分为两个六周的仪式，即"信风的杰作"和"季风的杰作"。这两种自然力量对作物生长和防止饥荒都至关重要。蒂科皮亚的所有岛民都会参与必要的神圣仪式，包括重新献上神圣的独木舟、修复神庙、举行收获和种植仪式、举办神圣的舞蹈节、制作姜黄。信风季节提取的姜黄据说有着马普西亚的味道，它也有一个特殊的准备仪式，包括被做成食物、用作树皮布的神圣染料、在仪式中被涂在身上。祭司会唱道："我吃十倍于你的排出物，我神圣的主。"这是蒂科皮亚人表达对神臣服的一种传统方式。"你的姜黄即将备好。"随后，祭司向马普西亚献上食物和卡瓦酒。这种酒由卡瓦的根制成，而卡瓦这种植物遍布东南亚和太平洋岛屿，会影响人的意识，具有麻醉和镇静的作用。

蒂科皮亚人要记住仪式和伴舞的顺序，确保一切准确无误，这要归功于集体的记忆和奉献，这着

蒂科皮亚岛民将舞蹈和歌曲结合在一起，他们称这种娱乐表演为"玛科"。严肃的歌曲被称为"弗亚坦戈"。弗斯说，他们对舞蹈的渴望"近乎痴迷"。

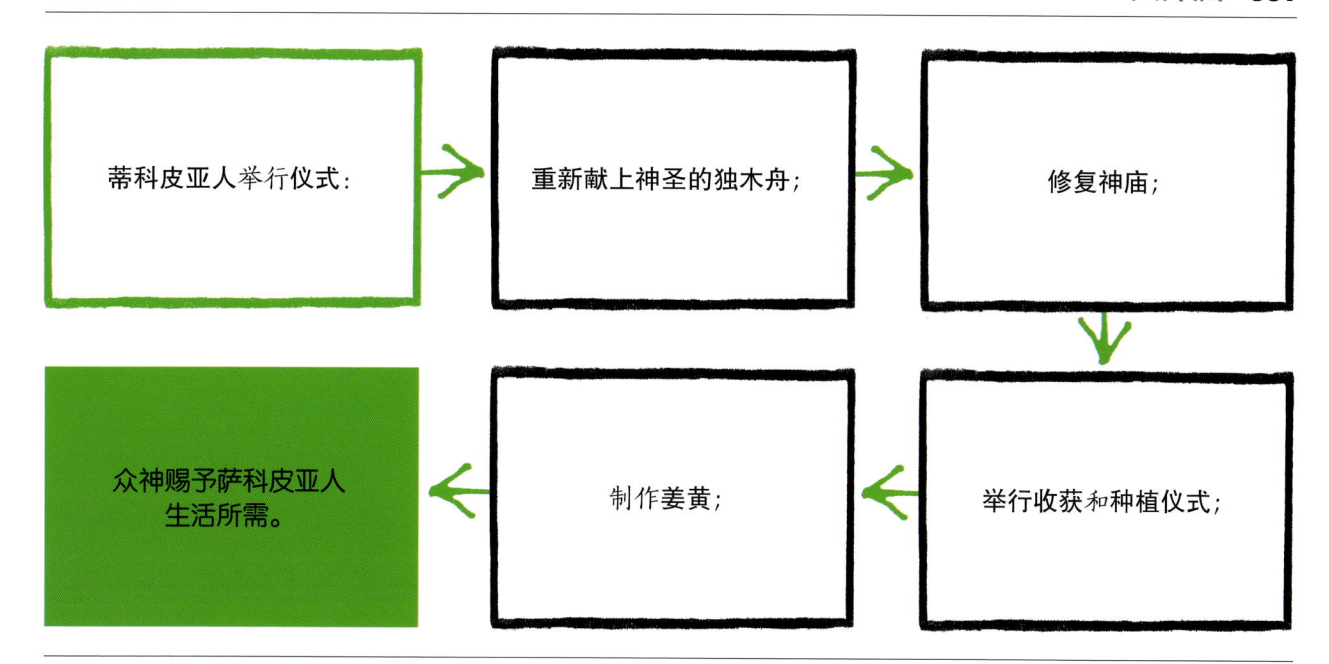

大洋洲

```
蒂科皮亚人举行仪式： → 重新献上神圣的独木舟； → 修复神庙；
                                                    ↓
众神赐予萨科皮亚人生活所需。 ← 制作姜黄； ← 举行收获和种植仪式；
```

实令人钦佩。仪式的目的是与神保持联系，神的恩惠能够养育和保护蒂科皮亚人。

实用的交换

人们相信，供奉给神的食物和卡瓦酒是确保面包果或山药等主要作物丰收的最有效方法。它们不仅是崇拜行为，而且是蒂科皮亚人与神交易的逻辑体系的一部分。人们为神举行仪式，作为回报，神赐予蒂科皮亚人生活所需。

在这一体系中，仪式和粮食生产等经济活动紧密结合。表面上给神的祭品是食物和卡瓦酒，但神只摄取精华部分，其余的仍供人食用。

真正的祭品是时间和精力，但这并不是浪费，因为许多活动，包括编织席子、制造茅屋顶、修理独木舟，是有经济价值的。然而，这种仪式在20世纪50年代戛然而止，因为当时信神的人太少，无法举行这种仪式。

> " 大多数舞蹈包括大幅度、有节奏的身体动作，通常是非常规整、不断轮换的手部和手臂动作。"
> 《蒂科皮亚歌谣》

阿图阿

"阿图阿"这个词的意思是"神"或"灵"，但人们认为阿图阿和人类一样是真实存在的。季风季节的舞蹈仪式之一是塔马坦吉舞，这是一种用来平息季风的舞蹈。人们相信，此时阿图阿是在场的，背靠着圣石而坐，男阿图阿盘腿而坐，女阿图阿的腿则伸在前面。当雷蒙德·弗斯拍下这一舞蹈时，蒂科皮亚人惊讶地发现，他们都能看到的阿图阿在照片里是看不见的。整个20世纪，基督教侵蚀了蒂科皮亚人的传统信仰。1955年的一场流行病造成了200多名蒂科皮亚人死亡，包括阿里基·卡菲卡，之后信奉阿图阿的人便很少了，"神之杰作"的仪式也就无法再进行了。剩下的酋长们举行了最后的仪式"告别卡瓦"，告知阿图阿仪式被弃，他们应该喝下卡瓦酒，永远退居到神的国度。

我不会忘记那些指路的星星

阿鲁鲁埃和航海术

简介

聚焦
海洋知识

来源
《环礁文化》记录的口头传统，埃德温·G. 巴罗斯和梅尔福德·E. 斯皮罗，1953年
《耳中花》，埃德温·G. 巴罗斯，1963年

背景
西太平洋岛国密克罗尼西亚联邦的伊法利克环礁

主要人物
阿鲁鲁埃　航海术之神

瑟古尔　航海者之神

瓦鲁尔　鱼神，阿鲁鲁埃的儿子

韦恩　海鸟之神，阿鲁鲁埃的儿子

帕鲁拉普　伟大的航海家，阿鲁鲁埃的另一个儿子。

阿鲁鲁埃是世界上最古老的航海神之一。他是独木舟船长帕鲁洛普的儿子，却被哥哥大容和小容杀死。父亲将他带回人间，他成为一个长着许多眼睛的神。密克罗尼西亚人相信，他的眼睛后来成了人们用来导航的星星。

阿鲁鲁埃不是凡人，据密克罗尼西亚的伊法利克人说，他有两张脸，所以可以看到周围的一切。虽然他的上半身是人，但他的下半身是黄貂鱼。住在伊法利克环礁（位于密克罗尼西亚的加罗林群岛）的伊法利克人认为，阿鲁鲁埃最初并不了解海洋的全部知识，后来在女儿的帮助下才了解了它们。

拜访众神

很久以前，阿鲁鲁埃住在布文纳普岛上，那是一个只有一棵树的沙岛。他在那里娶妻，生了几个儿子和一个女儿。

一天清晨，阿鲁鲁埃的女儿正在海里洗澡，她看见一只独木舟划了过来。划船的是三位神：航海者之神瑟古尔、鱼神瓦鲁尔、海鸟之神韦恩。瓦鲁尔和韦恩都是阿鲁鲁埃的儿子。阿鲁鲁埃的女儿赶紧跑去找父亲，让他为来访者准备食物，然后她跑回去迎接他们。但是，众神继续划船，似乎没有停下的意思。于是，阿鲁鲁埃的女儿举

椰子对太平洋岛屿上的人们来说是丰富而重要的。人们称椰子树为"生命之树"，因为它的所有部分都可以使用。

参见： 创世神维拉科查 256~257页，第一艘独木舟 258~259页，塔阿洛阿创造众神 316~317页，毛伊的千种把戏 320~323页。

岛民在经过加罗林群岛的普尼佩特岛时看到了珊瑚礁。夏威夷、萨摩亚、塔希提和新西兰也使用这种长船——它可以在波涛汹涌的水域快速而稳定地航行。

起一个拳头大小的椰子，叫他们过来。当他们问她有什么事时，她解释说她准备了一个椰子给他们喝。他们让她把椰子送到独木舟上。

无尽的水

阿鲁鲁埃的女儿拿着椰子涉水出海。神看到椰子这么小，嘲笑说它不足以解三个人的渴，但是阿鲁鲁的女儿让他们尽管喝。

瓦鲁尔接过椰子开始喝。他喝了又喝，直到喝不动，但椰子里仍然有很多水。他把椰子递给韦恩，韦恩喝完又递给瑟古尔，两位神都喝饱了，椰子里还剩下很多水。三位神高兴地大笑起来，因为一个小小的椰子居然可以盛这么多水。他们让阿鲁鲁埃的女儿爬上他们的独木舟。他们展开了一份航海图，上面标着所有岛屿、鸟类和鱼类。他们说非常感谢她给他们带来了椰子，所以愿意把这张图送给她，并让她带给她的父亲。

分享智慧

阿鲁鲁埃的女儿把航海图拿给父亲看时，他立刻明白了它的价值。它包含了所有的航海知识：要成为伟大船长所需要知道的一切。阿鲁鲁埃派人把他的儿子、伟大的航海家帕鲁拉普叫来，给他看航海图。阿鲁鲁埃让儿子把图上的一切都教给人们，这样他们就可以学会怎样安全地从一个岛航行到另一个岛。虽然并不是所有人都明白这些知识，但有些人掌握了，于是这些人就成了第一批船长。阿鲁鲁埃分享知识的决定是典型的伊法利克人的做法，他们认为自我和他人之间没有固定的界限。■

> 看见所有的岛了吗？看见所有的鸟了吗？看见所有的鱼了吗？
>
> 《环礁文化》

伊法利克独木舟

伊法利克是加罗林群岛的一个珊瑚环礁，舷外支架独木舟对这里的岛民而言至关重要，他们用这种独木舟捕鱼，还将它当作交通工具。伊法利克独木舟有着相同的传统设计：独木舟总是被涂成红色、黑色和白色。每艘伊法利克独木舟上都有一个航海之神阿鲁鲁埃的木制神像。

伊法利克人按社会等级分类，每个人出生时都会被分配到八个部落中的一个。提高社会等级的唯一途径是成为航海家、独木舟制作人，或成为神谕的喉舌。航海家在伊法利克人中享有最高的地位。伊法利克许多流传下来的歌谣讲述了独木舟的制作和航行。独木舟依靠风力、波浪、鱼、鸟和群星航行，并为那些迷失在海上的人哀悼。

DIRECTORY

故事录

故事录

神话在世界各地的普遍存在，说明了它在人类生活中的核心地位。自古以来，人们通过讲故事的方式了解周围的世界。许多神话似乎有着明确的目的，比如有关建城的神话，证明了城池的起源。不过，还有些故事讲述了英雄和怪物，它们普遍证实了人类固有的潜在恐惧。神话中都有一些典型的人物，如诡计之神和高贵的勇士，但不同国家和文化之间存在着巨大的差异。下面这些故事属于不同的文化，但与书中前面讲过的故事有着共同的特点。

女娲造人
中国

相传，在很久很久以前，世界混沌迷离，万物皆无。这时，大地之母女娲出现了，她拥有无比强大的能力和超凡的智慧，决定要给这个世界带来生机和活力。

女娲首先创造了一些动物，但它们缺乏自我意识和智慧，无法为这个世界做出更多的贡献。于是，女娲决定尝试创造一种新的生命形式，赋予其智慧和思考的能力。

女娲用五彩斑斓的石头和泥土，捏制出各种形态的人体，然后用自己的呼吸和神力赋予他们灵魂和智慧。通过不断的尝试和完善，女娲终于成功创造出了人类，并将他们放在了大地上。

传说中，女娲还教导人类使用语言、建立家庭和社会秩序，教导人类相互尊重、合作共存。由此，人类开始以一种全新的方式在这个世界上生活。

这个神话表达了中国古代人民对于创世之初的景象和人类起源的想象和解释，也反映了中国古代文化中尊重自然、尊重生命的重要价值观念。女娲造人的故事，成为中华民族文化宝库中最为珍贵、历久弥新的传说之一，影响深远。

参见：盘古开天地214~215页，后羿射日216~217页。

女娲补天
中国

女娲具有极高的智慧和能力，并且拥有能够控制自然界的力量。她发现天空已经被破坏得不成样子，于是决定动手修复它。

女娲首先采集五彩石，将其研磨成粉末，并用这种粉末重新涂抹天空，使其光彩照人。接着，她找来一只巨大的龟壳，将其放置在天上，作为新的支撑点，以承载整个天空。最终，女娲用神力操纵万物，控制洪水，保护了人类和动物的安全。

经过不懈的努力，女娲成功地修复了天空并解决了洪水问题。这项伟大的工程改变了整个世界，并使女娲赢得了神灵和人类的尊敬和崇拜。

女娲补天的故事富有想象力和启发性，展示了勇气、创造力和毅力等优秀品质的重要性。

参见：盘古开天地214~215页，后羿射日216~217页。

伏羲钻木取火
中国

伏羲钻木取火的神话故事讲述了人类最早学会使用火的过程。

相传，最初的人们生活在黑暗中，不知道火的作用和威力。有一天，黄帝的后代伏羲发现太阳可以照亮大地，而夜晚则十分黑暗。他认为如果能够控制夜晚的光源，就能够提高人们的生活质量和生产效率。

于是，伏羲决定寻找一种新的光源，并开始研究如何控制火。他首先选了一块干木头，想用它来燃烧起火。但由于木头不够干燥，火并没有被点燃。此时，伏羲想到一个聪明的主意：他搓起了两块木头，使两块木头不断摩擦，他利用摩擦产生的热量最终点燃了木头，从而成功地获得了火。

伏羲学会了如何使用火，这项技术迅速传播开来，改变了人类的生存方式。同时，这个故事也告诉我们，通过不懈努力和探索，人类可以发现新的技术和方法，并为自己创造更美好的生活。

参见：普罗米修斯帮助人类36~39页，火与水稻226~227页，毛伊的千种把戏320~323页。

精卫填海
中国

精卫填海是中国的一个著名传说，讲述了一只小鸟英勇地填海造陆的故事。

相传，炎帝有一个女儿，名叫女娃。有一天，女娃驾船在海上玩，遇到了风浪，不幸掉到海里淹死了。她死后变成了一只小鸟，由于经常发出"精卫，精卫"的悲鸣声，人们就叫它"精卫"。

精卫痛恨大海夺走了她的生命，于是开始努力地填海造陆。它用嘴啄取石头、沙子和贝壳，把它们扔进海中，努力把小岛变成大陆。尽管经历了一次次失败，但精卫并没有放弃，而是坚定地继续着这项艰苦的工程。

经过无数年的努力，精卫终于填平了海，并把它变成了一片美丽的大陆。

这个故事在中华民族的文化史上象征着奋斗精神和不屈不挠的精神。

参见：盘古开天地214~215页，后羿射日216~217页。

大禹治水
中国

在中国的三皇五帝时期，洪水泛滥，人们生活在水深火热中，苦不堪言。因此，尧任命鲧（大禹的父亲）来解决这个问题。经过多年的努力，鲧无功而返。新继位的舜请来鲧的儿子大禹继续治水。

大禹从鲧治水的失败中吸取教训，改变了"堵"的办法，对洪水进行疏导。他开始打造一系列工程设施，例如建立堤坝、挖掘运河等，使得河水能够更加畅通，并防止洪水发生。同时，他还使用开挖渠道的方式，将洪水引入黄河之中，从而实现洪水的顺畅排出。

经过十三年的努力，凶猛无情的洪水终于被"制服"。在这十三年中，大禹三次经过自己的家门都没有进去。在这个过程中，他展现了超凡的智慧、出色的谈判技巧和高超的领导才能，赢得了人们的尊重和信任。因为他治水有功，舜就把王位传给了大禹。

参见：盘古开天地214~215页，后羿射日216~217页。

愚公移山
中国

相传，在远古时代，有一个叫愚公的老人住在太行和王屋两座山下。由于山太高，挡住了他家到外面世界的路，因此他决定把山推平，为自己和后代创造更好的居住环境。

尽管很多人认为这是一个荒唐的想法，但愚公仍然坚定地带领全家人投入到这项艰苦的工程中，日复一日地挖土运石。虽然他们清楚自己的力量有限，但他们坚信只要坚持下去，就能移走大山。

很快，愚公的勇气和毅力引起了神灵的注意。玉皇大帝听说了愚公的事情，便派出风神和雨神前来帮助他移走大山。

愚公移山的故事在中国颇受欢迎，显示了一个人的力量虽然微小，但只要心中有信念和毅力，就能够克服重重困难。

参见：盘古开天地214~215页，后羿射日216~217页，美猴王的历险记218~219页。

神农尝百草
中国

相传，在很久很久以前，有一个名叫神农氏的人。他是中国古代五帝之一，也是中华民族的农业始祖和医药学的奠基人。

当时，人们对植物的了解非常有限，因此疾病往往难以治愈。神农氏深知植物对人类的重要性，于是他决定亲自探索、研究各种植物，以便找到更多的草药来治病救人。

神农氏四处旅行，收集各种植物，并进行尝试。他通过观察、嗅闻、品尝等方式，不断地挖掘植物的特殊功效，逐渐掌握了各种植物的用途，并创造了许多治疗疾病的方法。

在这个过程中，神农氏品尝了无数种植物，不仅要忍受药味和涩味的煎熬，还要防止因误食有毒草药而危及生命。

经过数年的努力，神农氏尝遍了百草，并成功地找到了很多具有特殊功效的草药。这些草药成为中医药理论的重要组成部分，丰富了中国古代医药学的宝库。

参见：普罗米修斯帮助人类36~39页，后羿射日216~217页，毛伊的千种把戏320~323页。

牛郎织女
中国

农历七月初七晚上，中国各地的人们会庆祝七夕节，为的是纪念牛郎和织女。织女是王母娘娘的女儿。尽管牛郎、织女二人的身份不同，但他们还是相爱了。王母娘娘因女儿与凡人在一起而大发雷霆，于是把织女叫回天上。当牛郎快要追上织女时，王母娘娘在天空中划出一道银河。从此，他们每年只能在鹊桥上见一次面。

参见：阿拉克涅和密涅瓦115页，盘古开天地214~215页。

明奇海峡的蓝人
苏格兰

明奇海峡位于苏格兰的西北海岸，据说那里居住着蓝人，人称"暴风水鬼"。这些蓝色的水生生物如美人鱼般，一半是人，一半是鱼，他们会引诱儿童入水并吃掉儿童。他们能控制海浪，掀起风暴，打翻船只。蓝人靠近船只时，会向船长发起押韵挑战，船长必须完成，才能使他的船免于倾覆。

参见：奥德修斯的冒险之旅66~71页，努马智胜朱庇特106~107页，芬恩·麦克库尔和巨人堤168~169页。

贝奥武夫
盎格鲁-撒克逊

丹麦国王赫罗斯加经常在鹿厅招待他的勇士们，庆祝他们的胜利。鹿厅是一个巨大的蜂蜜酒大厅。这些庆祝活动的喧闹声激怒了恶魔格伦德尔，多年来，他不断从沼泽地里出来，杀死丹麦人。年轻的勇士贝奥武夫前来帮助丹麦，杀死了格伦德尔。一切似乎都很顺利，直到格伦德尔的母亲从巢穴里出来为他报仇。贝奥武夫杀死了她，回到基特兰德，当上了国王。后来，一个小偷唤醒了当地的火龙，贝奥武夫在战斗中击败了它，但身受重伤。贝奥武夫死后，被放在巨大的柴堆中火葬，骨灰被葬于一处可以俯瞰大海的坟丘中。《贝奥武夫》是现存最古老的古英语叙事长诗之一，现在被视为一部重要史诗。

参见：屠龙者西格德158~159页，亚瑟王传奇172~177页，《吉尔伽美什史诗》190~197页。

拉格纳·罗德布洛克
北欧

拉格纳·罗德布洛克是一个半神话般的维京战士，北欧的多个传说都以他为主人公。他娶了三个妻子，第一个是传说中的盾牌仙女拉格莎。据说，845年，拉格纳领导了对巴黎的围攻。他的最后一战发生在英格兰北部。战斗中，他被当地的一位国王抓获，并被扔进了一个蛇坑中。

参见：众神之战140~141页，屠龙者西格德158~159页，亚瑟王传奇172~177页。

罗兰
法国

罗兰是一名勇敢的法兰克骑士，他的原型是一位历史人物——查理曼大帝治下的一名地方长官，在隆塞沃战役（778）中死于巴斯克人手中。作为查理曼大帝最勇敢的将军之一，罗兰是中世纪吟游诗人的热门话题，许多史诗（如《罗兰之歌》）描述了罗兰的光荣事迹。还有些故事描述了罗兰如何战胜费拉古托。费拉古托是个萨拉森巨人，身上唯一的弱点在腹部。

参见：奥德修斯的冒险之旅66~71页，布兰之旅165页，亚瑟王传奇172~177页。

神马贝亚德
法国

据说，查理曼大帝的骑士雷诺有一匹马，名叫"贝亚德"，它可以听懂人话。为了驮着雷诺和他的三个兄弟上战场，这匹马神奇地变大了。雷诺在杀死国王的侄子后与国王发生了争执。经过一系列战斗，雷诺获得赦免，但条件是他必须参加十字军东征，同时放弃贝亚德。雷诺同意后，查理曼把马拴在石头上，想要把它扔到河里杀掉，但贝亚德把石头打碎，逃进了森林里。

参见：赫拉克勒斯十二功绩72~75页，珀尔修斯和美杜莎82~83页，亚瑟王传奇172~177页。

爱耍诡计的列那狐
法国、荷兰、德国

红狐狸列那是12世纪中叶史诗《列那狐的故事》的主人公。这一系列寓言描述了列那狐如何通过机智和狡诈一次又一次击败比它更大、更强的敌人——大灰狼夷桑干。在其中一篇里，列那狐用敏捷的思维说服夷桑干用尾巴钓鱼，结果水很快就结了冰，夷桑干被困在了冰里。

参见：努马智胜朱庇特106~107页，托尔和洛基在约顿海姆的冒险之旅146~147页，芬恩·麦克库尔和巨人堤168~169页。

海妖罗蕾莱
德国

罗蕾莱是德国莱茵河岸边的一块岩石。它与传说中的少女洛蕾有关，洛蕾因迷惑男人并导致他们死亡而被关进了女修道院里。在去往女修道院途中，她恳求卫士让她爬上那块岩石，最后再看莱茵河一眼。当她爬到顶上的时候，她觉得在莱茵河里看到了自己的一个情人，于是她跳入河中死了。她的灵魂变成了诱惑来往渔民的海妖。

参见：奥德修斯的冒险之旅66~71页，伊阿宋和美狄亚84~85页，皮拉摩斯和提斯柏124页。

玛丽和休格尔
巴斯克

在西班牙北部和法国南部巴斯克人的神话中，"拉米亚"是一种类似仙女的生灵，她们生活在乡间。其中最著名的是玛丽，她住在山洞里，由一群叫作"索吉纳克"的女巫服侍。她的丈夫叫休格尔，常常以蛇的形态出现。每个星期五，他们会见面并制造暴风雨。在另一个故事中，玛丽是一个人，后来被变成女巫，拥有控制天气的能力。

参见：阿波罗和达芙妮60~61页，古罗马的建立者埃涅阿斯96~101页，卡尔纳和雅努斯121页。

波罗的海的双胞胎神祇
立陶宛、拉脱维亚

戴弗斯和弗恩斯是一对孪生兄弟，在波罗的海沿岸的东欧皈依基督教之前，他们在神话中扮演了重要角色。戴弗斯和弗恩斯在海中央的一块岩石上搏斗，世界因此被创造了出来，这块岩石后来成为宇宙的中心。戴弗斯是光明的化身，大体上是一个仁慈的神。他有时从天而降，以年迈乞丐的形象行走人间，考验人类的善良和慷慨。然而，弗恩斯经常搞恶作剧，干扰世界的创造。例如，他把泥撒在地上创造了山峦。

参见：阿胡拉·马兹达和阿里曼198~199页，英雄双胞胎244~247页，多贡人的宇宙288~293页。

胡诺尔和马格尔
匈牙利

尼姆罗德是一位国王，也是强大的猎人。在13世纪的史诗《匈牙利人记事》中，尼姆罗德有一对双胞胎儿子，分别叫胡诺尔和马格尔。他们和追随者打猎时，一路追赶一头白色的牡鹿，从中亚追到了东欧。他们决定留在那里，并娶了当地一位国王的女儿。胡诺尔的后裔成为匈奴人，而马格尔的后裔则包括在9世纪末征服匈牙利的马格尔人。

参见：《吉尔伽美什史诗》190~197页，美猴王的历险记218~219页，火与水稻226~227页。

切尔诺伯格
俄罗斯

在俄罗斯神话中，切尔诺伯格是死亡与黑暗之神，是邪恶的化身。他会带来灾难和厄运。有些人认为，切尔诺伯格的对手是光明与财富之神贝洛伯格（"白神"）。人们认为，这两位神陷入了一场无休止的斗争，切尔诺伯格统治着冬季，而贝洛伯格统治着夏季。

参见：众神之战140~141页，阿胡拉·马兹达和阿里曼198~199页，创世神维拉科查256~257页。

芭芭雅嘎
斯拉夫

芭芭雅嘎是一个可怕的食人魔，长着锋利的牙齿和长长的鼻子，据说她潜伏在东欧的森林深处。她住在一间小屋里，小屋用巨大的鸡腿支撑着，顶上有一个公鸡头，四周围着一圈人骨。她坐在一个巨大的臼中飞来飞去，手里还拿着一根杵，她用这根杵把抓到的人磨碎并吃掉。

参见： 珀尔修斯和美杜莎82~83页，诗之蜜酒142~143页。

虎皮武士塔里埃尔
格鲁吉亚

这个以印度和阿拉伯为背景的故事，讲述了印度王子塔里埃尔是如何寻找他失散多年的爱人涅斯坦的。涅斯坦被认为是塔玛拉女王的象征，后者从1184年到1213年统治着格鲁吉亚。在阿夫坦季尔的帮助下，塔里埃尔出发去寻找涅斯坦。阿夫坦季尔曾是阿拉伯国王罗斯杰万的骑士，原本是被派去抓捕著名的虎皮武士塔里埃尔的，但他被塔里埃尔的故事打动，转而加入了他的队伍。最终，他们找到了涅斯坦，她和塔里埃尔在印度结为连理。

参见： 阿佛洛狄忒和阿多尼斯88~89页，丘比特和普赛克112~113页，皮拉摩斯和提斯柏124页。

哈伊克
亚美尼亚

哈伊克最初住在巴比伦，但为了躲避巨人柏尔的暴虐统治而逃走了。哈伊克和他的追随者们建立了一个叫作"哈伊卡申"的村庄。柏尔要求他们回去。遭到哈伊克的拒绝后，柏尔率领一支庞大的军队来对付他们。哈伊克迎战，用箭射死了柏尔。柏尔的军队溃逃，哈伊克他们从此过上了自由的生活。他所建立的国家成为后来的亚美尼亚。

参见： 雅典的建立56~57页，罗马城的建立102~105页，朝鲜的建立神话228~229页。

扎哈克
波斯

《列王记》是一部拥有六万联押韵对句的史诗，记录了波斯从神话时代到7世纪的发展历程。这部史诗包括了扎哈克的故事——他是一个暴虐的统治者，推翻了国王贾姆希德。扎哈克的肩膀上长出来两条蛇，它们每天要吃掉两个人脑。他统治波斯长达一千年。后来，铁匠卡维带领百姓揭竿而起，推翻了他的统治。贾姆希德的后裔法里顿登上了王位，而扎哈克被永远囚禁在了一个洞穴里。

参见： 宇宙起源18~23页，罗马城的建立102~105页，马尔杜克与提亚马特188~189页。

古印度众神之战
古印度

在古印度神话中，仁慈善良的神被称为"天神"，而邪恶的神被称为"阿修罗"。《梨俱吠陀》和《罗摩衍那》都描述了这两种力量之间的斗争。正义与邪恶之神在天上、地上和地府打了十二仗。众神挥舞着强大的天造武器——叫作"阿斯特拉"，其中最可怕、最具破坏性的是"帕什帕塔斯特拉"，是一支能够摧毁万物的箭。

参见： 《罗摩衍那》204~209页，杜尔迦杀牛魔210页，鱼眼女神找丈夫211页。

婆罗多国王
古印度

梵语史诗《摩诃婆罗多》的第一卷讲述了婆罗多国王的故事。他的母亲沙恭达罗由一位仙人和一位漂亮的女神所生，他的父亲豆扇陀统治着古印度北部的一个王国。尽管出身皇室，但婆罗多并不是在宫廷里长大的，而是在森林里和野兽一起玩耍长大的。成年后，婆罗多继承了父亲的王位，通过贤德治理建立了一个统治古印度的王朝帝国。因此，古印度的官方名称之一便是"婆罗多"。

参见： 赌骰202~203页，《罗摩衍那》204~209页，鱼眼女神找丈夫211页。

雒龙君和妪姬
越南

雒龙君是越南第一任国王的儿子，他登基后，娶了北方山中仙女妪姬为妻。二人生下百卵，百卵化成百男，但二人一为龙，一为仙，出身不同，无法幸福地生活在一起。于是，妪姬带着五十个儿子回到山上，雒龙君带着五十个儿子住在海边，二人承诺在必要时相互支持。他们的孩子是越南人的祖先，象征着团结和集体意识。

参见： 朝鲜的建立神话228~229页，朱蒙230~231页。

基维尤克
加拿大、阿拉斯加和格陵兰岛的因纽特人

传说中，基维尤克是一位巫师，永远行走在北极。他还使用雪橇、皮艇，甚至还坐在水生动物的背上四处奔走。他的魔力使他能突破路上的任何障碍。他曾和狼女结婚。遗憾的是，狼女善妒的母亲杀死了她，这段婚姻就结束了。善妒的母亲还伪装成狼女，试图骗基维尤克和她住在一起。

参见： 俄瑞斯忒斯为阿伽门农报仇64~65页，伊阿宋和美狄亚84~85页，渡鸦和鲸鱼242~243页。

红角
北美原住民霍川克族

《红角神话系列》的主人公红角是创世神的孩子。他的名字来源于他那长长的红辫子，但他也被称作"戴着头的耳朵"，因为他的耳垂上长着活生生的人脸。红角是一个伟大的治疗师，致力于保护人类免受巨人族的伤害。他和自己的兄弟被巨人挑战，他们虽然赢了很多场比赛，但在一场摔跤比赛失败后被杀了。

参见： 托尔和洛基在约顿海姆的冒险之旅146~147页，蜘蛛女238~239页，第一艘独木舟258~259页。

诡计之神伊克托米
北美苏族

伊克托米（"蜘蛛"）是造物主因扬之子，最初被称为"科萨"（"智慧"）。他之所以被变成一只蜘蛛，是因为他爱搞恶作剧。虽然伊克托米主要以蜘蛛的形象示人，但他可以变成任何形态，包括人。他还可以与动物及树木和岩石等无生命的物体交流。伊克托米身体虚弱，所以会使用诡计保命。伊克托米有时喜欢摆布他人，但在苏族人眼里，他是智慧之神。

参见： 普罗米修斯帮助人类36~39页，阿拉克涅和密涅瓦115页，蜘蛛女238~239页。

诡计之神纳纳布瓦
北美奥吉布瓦族

虽然纳纳布瓦爱耍诡计，但他的行为从来没有恶意。他是一个女人和西风之子。纳纳布瓦往往被刻画为兔子的形象，他也被称为"大野兔"。他的主要伙伴是狼妖莫克韦奥，有时莫克韦奥也被描绘成纳纳布瓦的兄弟。伟大的神派纳纳布瓦去教奥吉布瓦人如何辨识动植物、如何捕鱼、如何使用象形文字。在一场大洪水之后，他还保护人类免受水妖的伤害。

参见： 普罗米修斯帮助人类36~39页，托尔和洛基在约顿海姆的冒险之旅146~147页，《吉尔伽美什史诗》190~197页。

吹哨人
委内瑞拉、哥伦比亚

吹哨人是一个六米高的瘦子。当他还是人的时候，为了给母亲报仇，他谋杀了自己的父亲。他的母亲和祖父的灵魂惩罚他、鞭打他，把柠檬和辣椒揉进他的眼睛里，放狗咬他。他被诅咒要像幽灵一样永远背着父亲的尸骨游荡在世间。他一边走，一边吹着独特的口哨，袭击那些粗心大意的人、好色之徒和醉汉。

参见： 普罗米修斯帮助人类36~39页，俄瑞斯忒斯为阿伽门农报仇64~65页，俄狄浦斯的命运86~87页。

奇洛埃岛的巴西利斯克
智利

在智利南部奇洛埃岛的奇洛特族神话中，奇洛埃岛的巴西利斯克十分可怕，它长着蛇身和公鸡的头，据说是从蛋中孵出来的。如果在巴西利斯克孵出来之前没有把蛋烧掉，蛇怪就会在房子附近挖一个洞穴。然后，它会慢慢地让房子里面的人脱水，将他们的唾液和水分作为食物。孵化后，要想杀死蛇怪，就必须将其巢穴上方的房子烧掉。

参见：奥德修斯的冒险之旅66~71页，赫拉克勒斯十二功绩72~75页，忒修斯和弥诺陶洛斯76~77页。

爱搞恶作剧的萨奇
巴西

萨奇常以独腿青年的形象出现，他抽着烟斗，戴着一顶被施了魔法的红帽子。这顶帽子赋予了他随意出现和消失的能力。他爱搞恶作剧是出了名的（比如，把针弄钝、把东西藏起来、把动物放走），但如果谁能偷走他的帽子，他就会满足这个人的愿望。萨奇的故事是被带到巴西的非洲奴隶以瓜拉尼神话中的一个人物为原型改编的。

参见：赫尔墨斯出生的第一天54~55页，托尔和洛基在约顿海姆的冒险之旅146~147页，巴尔德尔之死148~149页。

牛仔吉尔
阿根廷

安东尼奥·吉尔是阿根廷一位富有传奇色彩的牛仔。他劫富济贫，有自愈的能力，子弹也伤害不了他。在被处决之前，他承诺即使死后也会继续帮助人们。他帮助的第一个人是逮捕他的警察。吉尔救了他的孩子，使他从病危中苏醒过来。现在，供奉吉尔的庙宇遍布阿根廷各地。

参见：创世神维拉科查256~257页，第一艘独木舟258~259页，克奥赫创造了太阳和大地260~261页。

希巴女王
埃塞俄比亚

六七世纪，希巴女王出现在《圣经》和《古兰经》中，但关于她的传奇故事最完整的记载是1322年的埃塞俄比亚史诗《列王荣耀记》。希巴女王得知所罗门王的智慧后，来到耶路撒冷拜见他。随后，她怀着所罗门王的孩子回到了家里。她生下的孩子梅尼利克创立了所罗门王朝，该王朝从公元前950年到1974年一直统治着埃塞俄比亚。

参见：《吉尔伽美什史诗》190~197页，朱蒙230~231页，恩凯和牛285页。

艾莎·甘迪沙
摩洛哥

在摩洛哥神话中，神灵由无烟的火焰构成，具有超自然的力量。他们通常是人眼看不到的，可以是善良的，也可以是邪恶的。艾莎·甘迪沙是其中一位家喻户晓的强大神灵。她是一个长着山羊腿的美丽女人，她的出现可能会带来生育和财富，也可能会导致死亡和疯狂。当艾莎·甘迪沙追着人跑的时候，人根本跑不掉。他们只有把一把刀插进地里，才可以驱逐她或为获得她的恩惠和支持讨价还价。

参见：火与水稻226~227页，蜘蛛阿南希286~287页，多贡人的宇宙288~293页。

扎造的阿米娜女王
尼日利亚

虽然阿米娜是许多神话故事的主人公，但她确实在15世纪或16世纪统治着尼日利亚北部的扎造王国。阿米娜是一位伟大的女将，擅长领导骑兵。在她的带领下，扎造日渐强大，控制了邻近地区和整个区域的贸易路线。阿米娜拒绝结婚，也没有子嗣。然而，据说每次战斗结束后，她都会从被击败的敌人中挑选一个情人，与之共度一夜后将其处死。

参见：西布莉和阿提斯116~117页，伊南娜下冥界182~187页，爱耍诡计的埃舒294~297页。

阿都·欧吉奈
阿散蒂

在加纳和阿肯人的神话中，起初所有人都生活在地下。后来，七个男人、五个女人、一只狗和一只豹子从一只巨大蠕虫留下的洞里爬了出来。他们四下张望，因陌生的环境而惊恐不已。阿都·欧吉奈是第一批到地上的人，他用手按在同伴身上，让他们一个一个平静下来。他带领人们建造房屋，但意外地被一颗倒下的树压死了。

参见：桑人的创世神话284页，

恩凯和牛285页，蜘蛛阿南希286~287页。

河神尼亚米尼亚米
津巴布韦、赞比亚

在汤加人心中，尼亚米尼亚米是赞比西河的神。他通常被刻画为蛇身鱼头的形象，他游过的地方的水会被染成红色。尼亚米尼亚米住在一块岩石底下，岩石周围被漩涡环绕，无人敢靠近。20世纪50年代，卡里巴水坝修建时，尼亚米尼亚米被迫与妻子分开。水坝修建项目受洪水、灾难和事故的困扰，当地人认为这是因为触怒了河神。

参见： 雅典的建立56~57页，珀尔修斯和美杜莎82~83页，鱼眼女神找丈夫211页。

创世神胡韦恩
莱索托、南非

胡韦恩是创造天地和人类的神。一切创造完毕后，他不希望被人打扰，于是用桩子制作云梯，爬上了天空。他每爬一段，就拆掉一段，免得有人跟上来。从那以后，胡韦恩就一直住在天上。

参见： 火与水稻226~227页，切罗基人的创世故事236~237页，桑人的创世神话284页。

雨女王
南非林波波

雨女王祖恩蒂妮是一位酋长的女儿，她被迫离开家园，逃到了南非西北部的林波波。她在那里建立了波罗波多部落。在这个新的母系部落中，长女将继承王位，男人不允许占据统治地位。祖恩蒂妮以她的祈雨能力而闻名。雨女王一直统治着波罗波多，直到2005年马科波·莫嘉吉六世去世。

参见： 西布莉和阿提斯116~117页，伊南娜下冥界182~187页，爱耍诡计的埃舒294~297页。

火山女神佩勒
夏威夷

佩勒是夏威夷的火、风、闪电、舞蹈和火山女神。她也被称为"吞噬土地的女人"。佩勒出生在塔希提岛，是大地女神豪米亚和天空之父凯恩·米洛海的女儿。因为脾气火暴和勾引姐姐的丈夫，佩勒被流放到夏威夷。姐姐发现她后，与之大战，并杀死了她。佩勒死后变成神，住在夏威夷岛上的基拉韦厄火山上，直到现在。

参见： 须佐之男和天照大神222~225页，五个太阳的传说248~255页，塔阿洛阿创造众神316~317页。

班尼普
澳大利亚原住民

在澳大利亚原住民的传说中，班尼普（"魔鬼"或"恶魔"）是最可怕的两栖野兽之一，它生活在潟湖、沼泽和河床上。对班尼普的描述有很多种，有的说它长着狗头和鳄鱼的身体，有的说它长着獠牙、角或喙，有的说它长着河马、公牛或海牛的身体。在澳大利亚原住民的神话中，至少有九种对它的不同描述。这种凶猛的野兽会杀死并吃掉任何在其地盘上游荡的粗心之人。

参见： 奥德修斯的冒险之旅66~71页，杀掉卢玛卢玛308~309页。

伊索科勒克尔
密克罗尼西亚

伊索科勒克尔（"闪亮的贵族"）是一个半人半神的勇士，他来自科斯雷岛（今密克罗尼西亚联邦）。有些神话故事说他是雷神南萨皮瓦的儿子。伊索科勒克尔率领军队入侵了大约500千米外的波纳佩岛。起初当地的国王欢迎伊索科勒克尔的到来，但最终他们之间爆发了战争。强大的伊索科勒克尔获胜，他的对手变成一条鱼跑掉了。伊索科勒克尔把波纳佩岛分给儿子们管辖，当地的酋长认为自己是他们的后代。

参见： 风流的宙斯42~47页，切罗基人的创世故事236~237页，创世神维拉科查256~257页。

原著索引

Page numbers in **bold** refer to main entries; those in *italics* refer to captions.

A

Aboriginal (Australian) mythology 13, 300, 302–09
Abydos **279**
Achates *111*
Achilles 62–63
Adamanthea 27
Adonis *88*, **88–89**
Aeëtes 84
Aegeus 76, 77
Aegisthus 64, 65, *65*
Aeneas 94, 95, **96–101**, 98, 100, 102, **110–11**, 111, 116
Aeneid (Virgil) 13, 94, 95, **98–101**
Aeolus 71, 99
Aeschylus 16, **65**, 85
Aesir 140–141, 148, 154, 156, 157
afterlife
　Elysian Fields 49
　Field of Reeds 264, 283
　Valhalla 133, 139
　see also Underworld
Agamemnon 62, 63, **64–65**
Ahriman 181, *198*, **198–99**
Ahura Mazda 181, **198–99**, *199*
Ailill 166
Aillen 169
Aino 162
Akaotu 321, 322
Akitu festival 12, 189
Alba Longa 101, 102–103, 104
Alcmene 45–46, 72, 73, **73**
Alecto 101
Álfheim 136, 137
Almudj 305
Aluluei 301, **332–33**
Amaterasu 181, 221, **222–25**, *224*
Amazons 75
Ame-no-tajikarao 224
Ame-no-uzume 224
American mythologies 232–61
Amma 290, 292, 293
Ammut 283, *283*
Amphitryon 46, 72, 73
Amulius 102–03, 104
Amun 271, 275
Amun-Ra 275

Ananse 55, 147, 265, **286–87**
Anchises 98, *98*, 99, 100
Andromeda **83**
Andvari 158
Antiope 46
Anu 184, 192, 194
Anubis 269, 279–80, *280*, 282
Anuna 186
Aphrodite 22, 22, 29, 29, 31, 35, 40, 57, 61, 62, 63, *88*, **88–89**, 120
Apollo 30, 31, 34, 35, 47, 55, **58–61**, *61*, 98–99, 107, 110, 111, 112–13
Apophis *272*, 273
apples of the Hesperides 39, 75
Apsu 188, 189
Arachne 94, **115**
Aramemb 312–313, 315
Archaic Triad 107
Ares 29, 30, 31, 57
Argonauts 73, 84, 85
Argus 46–47
Ariadne 76–77
Arianrhod 170
Arjuna 203, *203*
Artemis 30, 47, 59, 64, 74
Arthur, King 13, 31, 129, **172–77**
Asante people 286
Ascanius 98, 100, 101, 102
Asclepius 59
Asgard 133, 136, 137, 138, 140, 141, 155
Asian mythology 178–231
Ask 133
Astarte 12
Asteria 47
Atalanta 117
Aten 264, 275
Athena 30, *30*, 31, 40, *44*, 47, *47*, 56, 57, *57*, 68, 71, 74, 77, 79, 82, 84, 94, 171, *171*
Athens 16, 33, 47, *56*, **56–57**, 80, 91
Atlantis **91**
Atlas 37, *37*, 54, 55, 75, 269
Attis *116*, 117
atua 330–31
Atua Fafine 329
Atua i Raropuka 329
Atum 268–69, 270, 271, 273
Atum-Ra 269
Audhumla 131, *131*
Augean stables 74
Augustus, Emperor of Rome 98, 100, 111, 117, 123
Austri 132
avatars 181, 206, 207
Avesta 199
Aztec Empire **250**
Aztec mythology 234–35, 250–55

B

Babalawo 296, *296*
Babylonian mythology 12, 180, 181, 188–89
Bacchus 94
Baiga people 13, 212–213
Baldur **148–49**, *149*, 154, 157
Baléwil 313
ballgames
　Mesoamerican 247
　Native American 237
Baugi *142*, 143
bear of Tuonela 163
Benandonner 168–69
Bergelmir 132
berserkers 139
Bestla 132
Bhagavan the Creator 212–13
Bharata 207, 208
Biami 306–07
Bifröst 133, 136, 156
Blodeuwedd **170–71**, 171
Book of the Dead 265, *269*, 282, *282*, 283, 283
Book of Leinster 165
Bor 131, 132
Brahma **200**, 206, 207, 210
Bran **165**
Br'er Rabbit 287
British mythology 174–77
　see also Celtic mythology
Brokk 144, 145
Bronze Age 38
Brynhild 159
Buataranga 320, 321
Buddha 180, 219
Bugan 227
bull cult 46, 77
Bull of Heaven 184, *184*, 194
Bundahishn 199
Buninyong 307
Búri 131
Byleist 153

C

Cabrakan 246, 247
calendar, ritual 252
Calliope 44, 53

原著索引 345

Calypso 68, *68*, 71
canoes *319*, 333
    first canoe 258–59
Capitoline Triad 94, **107**
Capitoline Wolf *103*
Cardea 121
Carna **121**
Cassiopeia 83
Cat of Heliopolis 273
cattle of Geryon 75
Cattle Raid of Cooley **166–67**
Cecrops 57
Celtic mythology 13, 128, 129, 164–71
centaurs 63
Cephisus 114
Cerberus 49, 75, 100
Ceres 108, 111
Ceryneian Hind 74
Cethlenn 164
Cetus 83
Chalchiuhtlicue 251
Chang'e 217
Chantways 13
Chaos 20
Charon 48, 100
Charybdis 71
Cherokee 236–37
Chinese mythology 159, 180–81, 214–19
Chiron 63
Chrétien de Troyes 174, 177
Christian cosmology 155
Christianity 94, 117, 128, 154, 157, 159,
    177, 199, 234, 331
Cihuacoatl 252
Cinyras 89
Circe 71, 84, 100
Clytemnestra 64, 65, *65*
Codex Chimalpopoca 235
Coffin Texts 265, 271, 283
Corybantes 109, 116
creation myths
    Aboriginal 304
    Aztec **250–55**
    Babylonian 180, **188–89**
    Chinese **214–15**
    Dogon **290–91**
    egg motif 161, 181, 214, 218, **231**, 316
    Egyptian **268–71**
    Greek **20–23**
    Hindu **212–13**
    Inca **256–57**
    Native American **236–39**
    Norse **130–33**, **161–62**
    Oceanic 300–01, **316–17**, 318, 324
    Patagonian **260–61**
    San **284**
    see also humankind, origins of
Cretan bull 74, 76
Crete 27, 46, 76–77
Cúchulainn **166–67**, *167*
cults, mystery 17, 116–17
    bull cult 46, 77

cults (cont.)
    Dionysian 17, 52
    Eleusinian Mysteries 51
    Mithras 119
culture heroes 142, 147
Cupid 61, *112*, **112–13**
Cybele 13, 95, 101, 108–09, 111, *116*, **116–17**
cyclical time 155
Cyclops 70

D

Daedalus 77, **78–81**, *79*, *80*, *81*
Dag 132
Dagda **164**
Dagda's Cauldron 164, *164*
Danaë 46, 82
dances, sacred 240, 241, *261*, *304*, *330*, 331
Dan'gun Wanggeom 181, 229, *229*
Daphne **60–61**, *61*
Dasharatha 206, 207
Dauarani 259
Dawi 315
decay, death and regeneration 89, 117,
    118, 272–73
    see also seasonal cycle
Deerskin Dance 240, 241
Delphi 28, **58–59**, 59, 73, 76, 86, 104
déma 13, 301, **310–15**
Demeter 17, 23, 26, 28–29, 30, *30*, 31, 49, 50, 51
Descent of Inanna 184–87
Deukalion 37–38, *38*, 197
dharma 181, 203
Dharti Mata 212
Di Jun 216
Dido 99, *99*, 100
Dinadin 312
Diomedes 74–75
Dionysius of Halicarnassus 95, 104
Dionysus 30, *30*, 31, 45, **52**, 65
Dis 99, 100
divination 104, 215, 265, *296*, *296*, 297
Dodekatheon 29, 30
Dogon mythology 13, 265, **288–93**
Dorobo 285
dragons 58, 84, 158, **159**, 225
Draupadi *202*, 203
Draupnir 145
Dreamtime 13, 300, **302–07**
Druids 128
Duat 272, 273
Dumuzid 187, 194
Dun, the Brown Bull of Cooley 166, 167
Durga 210, *210*
Duryodhana 203
Dushasana *202*, 203
dwarves and elves 132, 136, 137, 142,
    144–145, 157, 158

E

Ea 188, 189, 197
Earth Mother 20, 22, 35, 212, 235, 238, 239
Easter Island 324–25
Echidna 49
Echo *114*, **114**
Echtach 171
Eddic verse 13, 136, 137, 143, 152
    see also Snorri Sturluson; Völuspá
Egeria 106, 107
egg motif 161, 181, 214, 218, 231, 316
Eggther 152–53
Egyptian mythology 12, 117, 264–65, 266–83
Eitri 144, 145
Elal 261
Electra 65
Elephant, Mount 307, *307*
Eleusinian Mysteries 51
Elysian Fields 49
Embla 133
En-kai 265, **285**
Enheduanna 185
Enki 186, *187*
Enkidu 192, *192*, 193, 194, 195
Enlil 185, 186, 194, 197
Ennead 269, 282
Enuma Elish 12, 188–89
Eos 23
Epic of Gilgamesh 12, 180, **190–97**
Epimetheus 37, 41
Epona 128
Ereshkigal 184, 185, 187
Erichthonius 57
Erinyes (Furies) 22, 65
Eros 60, *61*, **61**, 84, 88
Erymanthian boar 74
Eshu (Esù-Elegba) 265, **294–97**, *295*
Etruscan gods 94
euhemerism 131
Euripides 16, 65, **85**
Europa 46, *46*, 77
European mythologies 126–75
Eurydice 53
Eurynomos 49
Eurystheus 73, 74, 75
evil, origins of 40–41
Excalibur 175–76, *175*, 176, 177

F

Fafnir 158, *158*
fairy tales 113
Fates 35, 137

Faunus 106
Faustulus 103
Fengmeng 217
Fenian Brotherhood 169
Fenian Cycle **169**
Fenrir 148, 152, 153, 155, 156
fertility 89, 117, 123, 184–87, 315
Fianna 169
Field of Reeds 264, 283
Finn MacCool **168–169**, *169*
Finnish mythology 129, 160–63
fire
   primal 38, 315, 321, 322
   theft of 39, 147
fire giants 136, 153, 156, *156*
Fish-Eyed Goddess **211**
Fjalar 142, 153
flood myths 197
   Aztec mythology 251
   Greek mythology 37
   Inca mythology 256
   Mesopotamian mythology 195, 196, 197
   Norse mythology 132
Formorians 164
founding myths
   Athens **56–57**
   Ifaguo **226–27**
   Japan **220–21**
   Korea **228–31**
   Rome 94, 95, 100, **102–05**, 116
   South Pacific islands **322**
Four Hundred Boys 246
Freki 139
Freyja 140, *140*, 141, 145, 149, 152, *152*
Freyr 140, 153, 156
Frigg 148, 149
frost giants 131–32, *131*, 136, 153, 156, 157
Fufluns 94
Furies 22, 49, 65, 101, 117

G

Gagudju people 304, 305
Gaia 20–21, *20*, 22, 23, 26–27, 28
Galahad *175*
Galar 142
Game of Dice **202–03**
Gandhi, Mahatma 207
Gane 307
Ganesha *201*, **201**
Garm 153, 155, 156
Gauri 201
Geb 269, *269*, 278, 283, 312, 313–14
Geri 139
Geryon 75
Geshtinanna 187
Geumwa 231

giants
   Aboriginal mythology 308–09
   Celtic mythology 168–69
   Greek mythology 21–22, 32–33, 70, 75
   Inca mythology 256
   Norse mythology 131–32, 136, 141, 142, 145, 146–47, 153, 156, 157
Giant's Causeway **168–69**, *169*
Gilgamesh 184, *192*, **192–97**
Ginnungagap 131, 132
Gjallarhorn 153, *153*, 156
Glauce 85
Golden Age 38
Golden Fleece 84, 85
Golden Hind 74
golden mean 80
Gorgons 82, 83
Gorlois 175
Graeae 83
Gram 158
great pike of Tuonela 163
Greek drama 16, 65, 85
Greek mythology 12–13, 14–91
Gronw Pebyr 170–71, *171*
Gudrun 159
Gugalanna 184
Guinevere 176, *176*, 177
Gullveig 140
Gumuk Winga 307
Gungnir 144, 145
Gunnlod 142, 143, *143*
Gunwinggu people 308, 309
Gwydion 170, 171
Gylfaginning 152, 155–57

H

Habaek 231
Haburi 235, 258, 259
Hades 23, 26, 28, 29, 30, 32, *48*, **48–51**, *50*, 53, 75, 83
Hae Mosu 230–31, *231*
Hahuba 258, **259**
Hanuman 208–09
Hapi 269
Harpies 99, 100
Hathor 268, 270, 271, *271*, 280, 281, 282
Hati Hródvitnisson 155
Haua 325
Hecatoncheires 21–22, 32, 33
Hector 63, 98
Heimdall 153, *153*, 156
Heka 269, 272
Hekate **49**
Hel 136, 137, 148, 149, 153
Helen of Troy 62, *62*
Helios 23, 51, 59, **81**
Hephaistos *29*, 30, 31, 34, 39, 40, 41, 56–57, 59, 81

Hera 23, 26, 29, *29*, 31, 40, 41, 44, **45**, 46, 47, 52, 58, 72, 73, 75, 94
Herakles 39, 45, **72–75**, *73*
Hermes 30, 31, 40, 41, 46–47, *54*, **54–55**, 83
Hero Twins 235, **244–47**, *246*
Heroic Age 38
Hesiod
   Theogony 13, 17, 20, 21, 22, 28, 29, 33, 34, 35, 37, 38, 39, 44, 49, 55
   Works and Days 40, 41
Hesperides 83
Hestia 23, 26, **28**, 29, 30, 31
Hindu cosmology 155
Hindu mythology 13, 159, 180, 181, 200–13
Hine-hau-one 318
Hine-nui-te-po 319
Hine-titama 318–19
Hinumbian 226, 227
Hippolyta 75
Hippomenes 117
Hirohito, Emperor 225, *225*
Historia Brittorum (Nennius) 174
Historia Regum Britanniae (Geoffrey of Monmouth) 174
Hod 149, 154, 157
Holy Grail 176, *177*, **177**
Homer 17, 45, **69**
   Iliad 13, 16, 17, 62, 68, 69, 71, 98
   Odyssey 13, 17, 49, 62, 68–71, 98
Homeric Hymns 50, 54, 55, 56, 57, 59
homosexuality, ritualized 314, 315
Honir 140, 141
Hope 41
Horae (Hours) 23, 35
horses of Diomedes 74–75
Horus 269–270, *270*, 280, 281, *281*, 282, 283
hound of Chulainn **167**
Hrym 153, 155, 156
Hu 269, 272
huacas **257**
hubris **80**, 81
Hugi 147
Huitzilopochtli 250, 252
human sacrifice
   Aztec 235, **253**, 255
   Greek 64
humankind, origins of
   Aztec mythology 252–53
   Babylonian mythology 189
   Dogon mythology 290–91
   Egyptian mythology 268
   Greek mythology **36–39**
   Hindu mythology 212
   Inca mythology 256
   Maori mythology 318–19
   Native American mythology 239
   Norse mythology 133, 162
   Papuan mythology 312–13
   Tahitian mythology 317
   Zoroastrian mythology 198
Humbaba 193, 194, *194*
Hun-Batz 244, 246

Hun-Came 247
Hun-Chowen 244, 246
Hun-Hunahpu 244, 245, *245*
Hunahpu **244–47**
Hwanin 228
Hwanung 228–29
Hydra 73, 74
Hymn to Inanna 185
Hyperion 21, 23

I

I Ching 215
Iapetus 21, 23, 36–37
Icarus **78–81**, *79*, *80*, 81
Idavoll 154, 157
Idun *146*, 149
Ifá 265, 290–93, 297
Ifaluk mythology 332–33
Ifugao 13, 181, 226–27
Igraine 174–75
Ilmarinen 161, 162, *162*, 163
Ilmatar 161–62, *161*
Inanna 12, **182–87**, *185*, 186
Inca mythology 234, 235, 256–57
infanticide 103
Inuit 234, 235, 236, 242–43
Io 46
Iphigenia 64
Iris 99
Irish mythology 129, 164–69, 171
Iron Age 38, 129
Ishtar 12, *186*, 194
Isis 13, 95, 117, 269, 273, *274*, 274–75, 278, 279, *279*, 280, 281, *281*, 283
Izanagi 181, **220–21**, *221*, 222
Izanami 181, **220–21**

J

Jade Emperor 218–19
Janus **121**
Japanese imperial regalia 225
Japanese mythology 181, 220–25
Jason **84–85**
Jatayu 208, *208*
Jimmu, Emperor 225
Jocasta 86, 87
Jörmungand 148, 153, 155–56
Jötunheim 133, 136, 137, 146–47
Joukahainen 162
Jumong 181, **230–31**
Juno 94, 99, 101, 107, 108, 114
Jupiter 94, 99, 101, **106–07**, 113, 116, 125, *125*

Jupiter Heliopolitanus 95
Jupiter Optimus Maximus 107
Jupiter Stator 105

K

Kaang 265, 284
Kabigat 226–27
Kagutsuchi 220
Kaikeyi 207
Kalevala 129, **160–63**
Kali 201
kami 221, 225
Kar-a-kar 315
Karro 261
Kauravas 202–03
Kausalya 207
Keyumars 198
Khepri *268*, 273
Klymene 37
Kojiki 223, 224
Kóoch 235, **260–61**
Korean mythology 228–31
Kouretes 27, *27*
Krishna 203, *203*
Kronos 21, 22, 23, 26, *26*, 27, 28, 36
Kullili people 305
Kur 185–86
Kushi-nada-hime 225
Kvasir 140, 142
Kyklopes 21, 32

L

Labyrinth 77, 78, 79
Lady of the Lake 176, *176*, 177
Lakshmana 207, 208
Lancelot du Lac *176*, 177
Land of Women 165
Larentia 103–04
Last Judgement 154
Latin League 101
Lavinia 100, 101
Le Morte d'Arthur (Thomas Malory) 174, 175, 176
Lébé 290, 292, 293
Leda 45
Legba 265
Legend of the Five Suns **248–55**
Leifthrasir 157
Lemminkäinen 161, 162–63
Leto 47, 59
Library (Apollodorus) 26, 37, 38, 47, 73, 74, 76, 83

Lidum 226, 227
Lif 157
Liriope 114
Lleu Llaw Gyffes 170, 171
Loki 55, 132, *132*, 141, *144*, **144–47**, *146*, **148**, 149, *149*, 153, 155, 156, 158
Lönnrot, Elias 160, **161**
Lords of the Underworld 235, 244–45, 247
Lotus-Eaters 69
Louhi 162, 163, *163*
Lugaid 167
Luma-Luma 301, **308–09**
Luna 119

M

Maasai 265, **285**
Maasinta 285
Maat 272
Maenads 52, 109, 116
magical weapons 144–45
Magni 157
Mahabharata 13, 180, 202–03
Mahishasura 210, *210*
Maia 54, 55
Makemake 301, **324–25**, *325*
Malayadwaja Pandya 211
mana 301
Mánagarm 155
Manannan 165
Máni 133
Maori mythology 301, 318–19, 321
Mapusia **328–31**
Marduk 159, 181, *188*, **188–89**
Marind-Anim people 13, 312–15
Mars 103, 105, 107
Mashya 198–99
Mashyoi 198–99
Math 170, 171
Math fab Mathonwy 170, 171
Maui 301, 319, **320–23**, *322*, *323*
Mauike 321, 322
Maya mythology 234–35, 244–47
Mayahuel 253, 254
Mayakoto 258
Mead of Poetry 142, *143*, 147
Medb 166, 167
Medea *84*, **84–85**, *85*
Medusa *82*, **82–83**
Meenakshi **211**
Megara 73
Menelaus 62, 63
Mercury 54, 99, 125, *125*
Merlin 174, 175
Mesoamerican mythologies 234–35, 244–57
Mesopotamian mythologies 12, 184–97
Messiah 199
Metis 47

Metztli 255
Micronesian mythology 301, 332–33
Mictlantecuhtli 252, *253*
Midas, King **90**, *90*
Midgard 133, 136–37
Mímir 140, 141, 153, *155*
Mímir's Well 137, 139, 156
Minerva *44*, 94, 107, 115, 171
Minoan civilization 16, 76, 77, 91
Minos 46, 74, 76, 77, 78–79, 81
Minotaur **76–77**, *77*, 78
Mithras 95, *118*, **118–19**
Mjölnir 145
Mnemosyne 21, 22, 23, 44
Modi 157
Moirae (Fates) 35
Monkey King **218–19**
Mordred 175, 177
Morrigan 164, 167
multiverses 155
Mumin 138
Muses 22, 34, 44, *44*
Muspelheim 130–31, 132, 136, 153, 156
Myrrha 88, 89, *89*
mythology
  definition 12
  functions 12, 13
  preserving myths 13
  religion and 12

N

Naglfar 153, 155
Naiads 61, 117
Nanahuatzin 253, 254
Nandi 211
Nanga Baiga **212–13**
Nanga Baigin 212
Nanna 186
Narayana 200
Narcissus *114*, **114**
national epics
  Aeneid 13, 94, **98–101**
  Kalevala 129, **160–63**
  see also founding myths
Native American mythologies 13, 234, 235, 236–43
Nausicaa 69
Navajo weaving **239**
Nechtan 165
Neith 280
Nemean lion 73
Nemesis 23, 114
Nene 251
Nennius 174
Nephthys 269, 279, *279*, 283
Neptune 100, 115
Nereids 83

Nidhogg 137, 138, 154–55, 157
Niflheim 130–31, 136, 137
Nile Delta **269**
Ninshubur 185, 186, 187
Njord 140
Noah 132, 197
Nommo 290, 291, 292–93, *292*
Norns **137**, 138
Norse mythology 13, 128, 129, 130–63
Nóshtex 261
Nótt 132
Ntikuma 287
Nubog 312
Numa Pompilius 105, **106–07**, *107*
Numitor 102–03, 104
Nun 268, 269
Nut 269, *269*, 278, 283
Nyame 287
nymphs 23, 27, 61, 63, 83, 101, 106, *108*, 114, 115, 117, 121, 122
Nyx 49

O

O no Yasumaro 223
O-ge-tse-hime 225
Oceaniaic mythologies 300–33
Oceanus 21, 22
Odin 132, 133, **134–39**, *139*, 140, 141, *141*, 142–43, *143*, 145, 147, 148–49, 152, 153, *155*, 156, 157
Odysseus 62, 63, **66–71**, 95
Oedipus 23, *86*, **86–87**, *87*
Oedipus complex **87**
Oisín 169
Olodumare 297
Olympian gods
  human personalities 30–31
  origins of **24–31**
  symbols and attributes 31
  War of Gods and Titans **32–33**, 36, 37
Olympus, Mount 28, 30, 31, 32, 33, *34*, **34–35**
Ometeotl 235, 250
Omoikane 224
Oonagh 168, 169
Ops 108
oracles 46, 47
  Delphi 28, **58–59**, *59*, 73, 76, 86, 104
  Sibyl of Cumae 99, 100, **110–11**, *111*
oral tradition 13, 69, 130, 180, 181, 223, 290, 301, 333
Orestes 65, *65*
Orion 55
orisha 297
Orontes 95
Orpheus 21, *53*, **53**
Orphic egg *231*
Osiris 269, 270, **276–283**, *281*

Otter's Ransom 158, 159
Ouranos 20–21, *21*, 22, 23, 26, 27, 36
Ovid 29, 94, 108, **123**
  Metamorphoses 13, 90, 113, 115, **123**, 124
owls **171**
Oxomoco 253

P

Paluelap 333
Pan 59
Pandavas 202–03
Pandora 37, 39, **40–41**, *41*
Pangu 181, *214*, **214–15**
Papa 318, *318*
Papaztac 254–55
Papuan mythology 301, 310–15
Paris 62, *62*, 63
Parvati 201, 211
Pasiphaë 74, 76, *79*
Patagonian mythology 260–61
Patroclus 63
Pausanias 29, 73
Pegasus 83
Pelias 84, 85
Penelope 68, 71, *71*
Peneus 61, *61*
Pentheus 52
Persephone 17, 30, *30*, 48, 49, *50*, **50–51**, 53, 89
Perseus 46, **82–83**, 119
Phaëton *81*
Phanes 231
Philemon and Baucis *125*, **125**
Phoebe 21, 23
Piakor 313
Picus 106
Plato 47, 89, 91
Pleiades *55*, **55**
Pleione 54, 55
Plutarch 104, 106
Poetic Edda 131, 137, 138, 153, 154, 157
poetry, Norse **142–43**
Polydektes 82, 83
Polynesian mythology 301, 316–31
Polyphemus 70
Pomona *122*, **122–23**
Popul Vuh 235, **245**, 246, 247
Poseidon 23, 26, 28, 29, 30, *30*, 31, 32, 35, 57, *57*, 68, 70, 76, 83
Prajapatis 200
Priapus *108*, 109
Proca 121
Prometheus 36–37, *37*, 38, 39, *39*, 40, 41, 47, *47*, 147
Proserpina 100, 113
Protogenus 231
Psyche 35, *112*, **112–13**
Ptah 271, *271*

Pygmalion *120*, **120**
Pyramid Texts 265, 283
Pyramus and Thisbe **124**
Pyrrha 37–38, *38*, 197
Pythia 58, *58*, 59
Python 58, 59

Q

Qingu 189
Quetzalcoatl 250, *251*, 252, 253, 254, 255
Quirinus 105, 107

R

Ra (Egyptian sun god) 268, 269, *269*, 271, **272–75**, *274*, 279, 280, 282, 283
Ra (Polynesian sun god) 323
Ragnarök 133, 138, 139, 148, **152–57**
Rainbow Serpent 305–06, *306*, 307
Rama 181, **204–09**, *207*, *209*
Ramayana 13, 180, **204–09**
Rangi 318, *318*
Rapa Nui people 324–25
Ravana 206, 207, 208, 209, *209*
Raven and the Whale **242–43**
Regin 158
Rhea 21, 23, 26–27, 116
Rhea Silvia 103
Roman mythology 13, 92–125
Rome, founding of 94, 95, 100, **102–05**, 116
Romulus and Remus 94, 100, **102–05**
rongorongo boards **325**
Ru 322–23
Rugarug-évai 315
runes **139**, 157, *157*

S

Sabine women, rape of the 104–05, *105*
Saga of the Völsungs 158
Sagaritis 117
St George and the Dragon 159
Saku **328–31**
Salmon of Knowledge 169
Samguk Yusa 229
Samhat 192, 195
Sami (Mahu) 312, 313
Sampo 161, 162, *162*, 163

San Bushmen 265, 284
Saoshyant 199
Saraswati 200
Saturn *26*, 108
satyrs 46, *108*, 109
seasonal cycle 17, 51, 89, 117, 184–87, 227
Sedna 236
Segur 332–33
seidr 152
Sekhmet 270–71
Selene 23
Semele 45, 52
Sétanta 167
Seth 269, 270, *272*, 273, 278, 279, 280–82
Sha Wujing 219, *219*
Shakespeare, William 16, 124
shamans 152, *241*, **241**, 265
Shamash 194–95
shape-shifting
 Greek 44–45
 Hindu 200, 210
 Native American 242
 Norse 142–43, 144–45, 147, 159
 Roman 106, 122–23
 sub-Saharan 265
Shatarupa 200
Shatrughna 207
Shintoism **221**, 223
Shiva 201, 210, 211
Shu 268, 269
Shurpanakha 208
Sia 269, 272
Sibyl of Cumae 99, 100, **110–11**, *111*
Sibylline Books 111
Siduri 195, 197
Sif 144, *144*, 149
Sigmund 158
Sigurd 129
Sigurd Fafnisbane **158–59**
Silenua 122
Silenus 90, 109
Silver Age 38
Sirens 71
Sisyphus 49
Sita 206, 207, 208–09
skaldic verse 131, 143
Skidbladnir 144, 145
Skog Tapestry 136
Sköll 155, 157
Skylla 71
Sleipnir 141, *141*, 148
Snorri Sturluson 128
 Gylfaginning 152, 155–57
 Prose Edda 13, 130–33, **131**, 137, 139, 141, 143, 146, 147, *149*, 152, 154
Sól 133
Sophocles 16, 65, 85
Sosom 315
Sparta 33, 45
Sphinx *86*, 87
Spider Woman **238–39**, *239*
Stymphalian birds 74

Styx, River 48, 63, 100, 113
sub-Saharan mythologies 265, 284–97
Sumerian mythology 12, 180, 186, 192–97
Sumitra 207
Sun Wukong 218
Surt 153, 156
Susanoo 181, 221, **222–25**, *223*
Suttung 142, 143
Svartálfheim 136, 137
syncretism 35

T

Ta'aroa 300–01, *316*, **316–17**
Tablet of Destinies 189
T'aebaek-san, Mount 228, *228*, 229, 231
Tahitian mythology 316–17
Talos 79
Tane 301, 317, 318, 319, 321
Tangaroa 319
Tantalus 49
Taranis 128
Tarchetius 104
Tarpeia 105
Tarquinius Superbus 111
Tartarus 33, 49
Tata 251
Tawa 238, 239
Tawhirimatea 318, 319
Te Samoa 328–29
Te Sema 329
Tecciztecatl 254, 255
Tefnut 268, 269
Tehuelche people 260–61
Telemachus 68, 71
Teotihuacán **255**
Tethys 21, 22
Tezcatlipoca 250–51, *251*, 252
Thakur Deo 212
Theia 21, 23
Themis 21, 23
theoi agoraioi 31
theoi daitioi 31
theoi ktesioi 31
Thera (Santorini) 91
Theseus **76–77**, *77*, 79
Thetis 62, 63
Thialfi 146, 147
Thor 132, 144, 145, **146–47**, *147*, 153, 156, 159
 Thor's hammer *145*, **145**, 157
Thoth 269, 270, 273, 280, 282
Thrym 145
Tiahuizcalpantecuhtli 255
Tiamat 159, *188*, **188–89**
Tiberinus 101
Ti'iti'i 321
tiki 317, *317*
Tikopian mythology 13, **328–31**

Tintagel Castle *174*, 175
Tired-Ones 226
Tiresias 71, 87, 114
Titanomachy **32–33**, 36, 37
Titans 21, 22–23, 26, 28, 32–33, 36, 47, 49, 52
Titicaca, Lake 256, 257, *257*
Tlaloc 251
Tlaltecuhtli 251–52
Tocapo 256
Tonatiuh 254, *254*, 255
tricksters 55, **144–47**, 235, 265, 286–87, 294–97, 319, **320–23**
Trimurti 210
Trojan War 16, 38, **62–63**, 64, 95, 98
Tsukuyomi 221
Tu 317, 318, **319**
Tuatha Dé Danaan 164
Tulsidas 207
Turnus 101
Tyakoort Woorroong people 307
Typhon 49
Tyr 156
Tzitzimimeh 253, 254

U

Uaba 314–15
Ualiwamb 314–15
Ulster Cycle 129, 166
Underworld
 Aztec 252
 Egyptian 272, 273, 280, 282–83
 Greek 28, 33, **48–51**, 53
 Japanese 220–21
 Maori 319
 Mesoamerican 244–45, 247
 Mesopotamian 185–86, 195–96
 Native American 238
 Norse 136, 137, 149
 Polynesian 321–22
 Roman 100, *100*, 110
Ungnyeo 229
Urdarbrunn 137, 138, 140
Urshanabi 195, 196
Utgarda-Loki 146–47
Uther Pendragon 174–75
Utnapishtim 195–96, *196*, 197
Utu 187

V

Väinämöinen 161, 162, 163, *163*
Valhalla 133, 139
Váli 157

Valkyries 139, *157*, 159
Valmiki 209
Valur 332–333
Vanaheim 136, 140
Vanir 136, 140–41, 152
Vé 132, 133
Venus 98, 101, 109, 112, 113, 120
Vertumnus *122*, **122–23**
Vesta 104, *108*, **108–09**
Vestal Virgins 103, 104, **109**
Vidar 153, 156, 157
Vigrid 156
Vili 132, 133
Viracocha 235, *256*, **256–57**
Vishnu 181, 203, 206–07, 210
Vishvamitra 207
vodou religions 265, 295, *297*
Voluptas 113
Völuspá 136, 137, 148, 152–55, 157
Vritra 159
Vucub-Caquix 246
Vulgate Cycle 174, 176

W

Wangai 314
war of the gods
 Greek mythology **32–33**, 36, 37
 Norse mythology **140–41**
Warao people 235, 258–59, *258*
Warramurrungundji 304–05
Warungai 314
Water Beetle 236, *236*
Wathaurong people 306
Wauta 258–59
Weighing of the Heart 282–83, *282*
Welsh mythology 169, 170–71
Wendeuk 261
Werieng 332–33
whale hunt, sacred **243**
Wigan 226–27
Woge 240–41
Wokabu 314
wolf of Manala 163
Wooden Horse of Troy 63, *63*, 98
Work of the Gods 330–31
World Renewal ceremonies 240, 241
World Tree *see* Yggdrasil

X

Xbalanque **244–47**
Xihe 216
Xipetotec 250, 252

Xiwangmu 217
Xmucane 244, 245–46
Xochiquetzal 251
Xquic 245, *245*, 246
Xuanzang *219*, **219**

Y

Yamata-no-Orochi 225
Yao 216, 217
Yggdrasil **134–39**, *138*, 153, 154, 156, 157
Yi the archer 181, *216*, **216–17**
Yin and Yang 181, 214, **215**
Ymaymana 256
Ymir 131, *131*, 132, *132*, 133
Yomotsu-shikome 221
Yorta Yorta people 306–07
Yorùbá mythology 295–97
Yudhishthira 203
Yuwha 230–31

Z

Zephyrus 35, 113
Zeus 22, 23, **27–28**, *27*, 29, *29*, 30, 31, 32, *32*, 33, 35, 36, 37, 38, 39, 40, 41, *47*, 51, 59, 81, 89, 91, 94, 114
 affairs of Zeus **42–47**, 52, 54, 55, 72, 77, 82
 shape-shifting 44–47, 72, 77
Zhu Bajie 219, *219*
Zipacna 246, 247
Zongbu 217
Zoroastrianism 180, 181, 198–99
Zurvan 198

引文出处

古希腊

18 *Theogony*, Hesiod
24 *Theogony*, Hesiod
32 *Dionysiaca*, Nonnus
34 *Odyssey*, Homer
36 *Theogony*, Hesiod
40 *Works and Days*, Hesiod
42 *Library*, Pseudo-Apollodorus
48 *Theogony*, Hesiod
50 *Homeric Hymn to Demeter*, Anonymous
52 *Bacchae*, Euripides
53 *Library*, Pseudo-Apollodorus
54 *Homeric Hymn to Hermes*, Anonymous
56 *Description of Greece*, Pausanius
58 *Homeric Hymn to Apollo*, Anonymous
60 *Metamorphoses*, Ovid
62 *Iliad*, Homer
64 *Oresteia*, Aeschylus
66 *Odyssey*, Homer
72 *Library*, Pseudo-Apollodorus
76 *Life of Theseus*, Plutarch
78 *Library*, Pseudo-Apollodorus
82 *Library*, Pseudo-Apollodorus
84 *Medea*, Euripides
86 *Oedipus Tyrannus*, Sophocles
88 *Metamorphoses*, Ovid
90 *Metamorphoses*, Ovid
91 *Timaeus*, Plato

古罗马

96 *Aeneid*, Virgil
102 *History of Rome*, Livy
106 *Fasti*, Ovid
108 *Fasti*, Ovid
110 *Metamorphoses*, Ovid
112 *Metamorphoses*, Apuleius
114 *Metamorphoses*, Ovid
115 *Metamorphoses*, Ovid
116 *Fasti*, Ovid
118 *De Antro Nympharum*, Porphyry
120 *Metamorphoses*, Ovid
121 *Fasti*, Ovid
122 *Metamorphoses*, Ovid
124 *Metamorphoses*, Ovid
125 *Metamorphoses*, Ovid

北欧

130 *Poetic Edda*, Anonymous
134 *Poetic Edda*, Anonymous
140 *Poetic Edda*, Anonymous
142 *Prose Edda*, Snorri Sturluson
144 *Prose Edda*, Snorri Sturluson
146 *Prose Edda*, Snorri Sturluson
148 *Prose Edda*, Snorri Sturluson
150 *Poetic Edda*, Anonymous
158 *Völsunga Saga*, Anonymous
160 *Kalevala*, compiled by Elias Lönnrot
164 *Lebor Gabála Érenn*, Anonymous
165 *The voyage of Bran, son of Febal, to the land of the living*, Kuno Meyer
166 *Cuchulain of Muirthemne*, Lady Augusta Gregory
168 *Tales and Sketches*, William Carleton
170 *Mabinogion*, Lady Charlotte E. Guest
172 *Le Morte d'Arthur*, Sir Thomas Malory

亚洲

182 *Descent of Inanna*, Anonymous
188 *Enuma Elish*, Anonymous
190 *The Epic of Gilgamesh*, Anonymous
198 Yasna 30, Hymn of Zarathustra
200 *Brahmanda Purana*, Anonymous
201 *Shiva Purana*, Anonymous
202 *Mahabharata*, Vyasa
204 *Ramayana*, Valmik
210 *Markandeya Purana*, Anonymous
211 *Tiruvilayaadal Puranam*, Paranjothi Munivar
212 *"Meenakshi! Me Mudam Dehi"*, Muthuswami Dikshitar
214 *Historical Records*, Xu Zheng
216 *Huainanzi*
218 *Journey to the West*, Wu Cheng'en
220 *Kojiki*, O no Yasumaro
222 *Kojiki*, O no Yasumaro
226 *The Religion of the Ifugaos*, Roy Franklin Barton
228 *Samguk Yusa*, Iryon
230 *Gusamguksa*, Kim Bu-sik

美洲

236 *Myths of the Cherokee*, James Mooney
238 *A Dictionary of Creation Myths*, David Adams Leeming
240 *Yurok Myths*, Alfred Louis Kroeber
242 *The Eskimo about Bering Strait*, Edward W Nelson
244 *Popol Vuh*, Anonymous
248 *Codex Chimalpopoca*, Anonymous
256 *The History of the Incas*, Pedro Sarmiento de Gamboa
258 *Folk Literature of the Warao Indians*, Johannes Wilbert
260 *Folk Literature of the Tehuelche Indians*, Johannes Wilbert and Karin Simoneau

古埃及和非洲

266 *Coffin Texts*, Anonymous
272 "Hymn to the Sun God", *Coffin Texts*, Anonymous,
274 *Legends of the Egyptian Gods*, E A Wallis Budge
276 *Pyramid Texts*, Anonymous
284 *First Light: A History of Creation Myths*, G R Evans
285 *Oral Literature of the Maasai*, Naomi Kipury
286 *African Folktales in the New World*, William Russell Bascom
288 *Conversations with Ogotemmêli*, Marcel Griaule
294 "Eshu-Elegba: The Yoruba Trickster God", *African Arts*, John Pemberton

大洋洲

302 Jacob Nayinggul, Manilakarr clan
308 *The Speaking Land*, Ronald M. Berndt and Catherine H. Berndt
310 *Déma*, Jan van Baal
316 *The World of the Polynesians*, Antony Alpers
318 *Polynesian Mythology*, Sir George Grey
320 *Myths and Songs from the South Pacific*, William Wyatt Gill
324 *Ethnology of Easter Island*, Albert Métraux
326 *Tikopia Ritual and Belief*, Raymond Firth
332 *A Flower in My Ear*, Edwin G Burrows

致谢

Dorling Kindersley would like to thank Rabia Ahmad, Anjali Sachar, and Sonakshi Singh for design assistance.

PICTURE CREDITS

The publisher would like to thank the following for their kind permission to reproduce their photographs:

(Key: a-above; b-below/bottom; c-centre; f-far; l-left; r-right; t-top)

20 Alamy Stock Photo: Ancient Art and Architecture. **21 Alamy Stock Photo:** bilwissedition Ltd. & Co. KG (bl); Granger Historical Picture Archive (tr). **22 Alamy Stock Photo:** Granger Historical Picture Archive. **26 Alamy Stock Photo:** Granger Historical Picture Archive. **27 Alamy Stock Photo:** ACTIVE MUSEUM. **28 Getty Images:** DEA / G. DAGLI ORTI. **29 Alamy Stock Photo:** Chronicle (br). **Getty Images:** Print Collector (tl). **30 Alamy Stock Photo:** Konstantinos Tsakalidis (b). **Getty Images:** Mondadori Portfolio (tl). **32 Alamy Stock Photo:** imageBROKER. **33 Alamy Stock Photo:** Heritage Image Partnership Ltd. **34 Alamy Stock Photo:** Georgios Alexandris. **35 Alamy Stock Photo:** Kim Petersen. **37 Alamy Stock Photo:** ART Collection (tl). **Getty Images:** David Lees (br). **38 Getty Images:** Heritage Images. **39 Getty Images:** UniversalImagesGroup. **41 Alamy Stock Photo:** Stefano Bianchetti (bl). **Getty Images:** Heritage Images (tr). **44 Alamy Stock Photo:** Masterpics. **45 Getty Images:** DEA / G. DAGLI ORTI. **46 Alamy Stock Photo:** ART Collection. **47 Getty Images:** Print Collector. **48 Alamy Stock Photo:** The Print Collector. **49 Alamy Stock Photo:** PvE. **50 Alamy Stock Photo:** NMUIM. **51 Alamy Stock Photo:** PRISMA ARCHIVO. **53 Alamy Stock Photo:** Rex Allen. **54 Alamy Stock Photo:** Constantinos Iliopoulos. **55 Alamy Stock Photo:** Artepics. **56 Getty Images:** Scott E Barbour. **57 Alamy Stock Photo:** Paul Fearn. **58 Alamy Stock Photo:** Everett Collection Inc. **59 Alamy Stock Photo:** Constantinos Iliopoulos. **61 Alamy Stock Photo:** Peter Horree (tr). **Getty Images:** UniversalImagesGroup (bl). **62 Alamy Stock Photo:** Lanmas. **63 Alamy Stock Photo:** World History Archive (bl). **Getty Images:** Print Collector (tr). **65 Alamy Stock Photo:** gary warnimont (br). **Getty Images:** Mondadori Portfolio (tl). **68 Alamy Stock Photo:** Paul Fearn. **69 Getty Images:** UniversalImagesGroup. **71 Alamy Stock Photo:** World History Archive. **73 Alamy Stock Photo:** Art Collection 2 (tl). **Getty Images:** Mondadori Portfolio (tr). **74 Alamy Stock Photo:** Azoor Photo. **77 Alamy Stock Photo:** Juan Aunion (tr). **Getty Images:** Lucas Schifres (br). **79 Alamy Stock Photo:** imageBROKER. **80 Alamy Stock Photo:** ART Collection. **81 Alamy Stock Photo:** Chronicle (bl). **Getty Images:** PHAS (tr). **82 Getty Images:** De Agostini Picture Library. **83 Alamy Stock Photo:** KKK PICTURES. **84 Alamy Stock Photo:** Peter Horree. **85 Alamy Stock Photo:** Ivy Close Images (tl); Mohamed Osama (tr). **86 Getty Images:** Print Collector. **87 Getty Images:** Leemage. **88 Getty Images:** Photo Josse / Leemage. **89 Alamy Stock Photo:** Old Paper Studios. **90 Getty Images:** adoc-photos. **98 Getty Images:** DEA / G. DAGLI ORTI (tr); Universal History Archive (bl). **99 Getty Images:** De Agostini / M. Seemuller. **100 Alamy Stock Photo:** PRISMA ARCHIVO. **103 Getty Images:** Leemage. **104 Alamy Stock Photo:** Pictorial Press Ltd. **105 Getty Images:** DEA / N. MARULLO (tl); Digitaler Lumpensammler (br). **107 Getty Images:** DEA / ARCHIVIO J. LANGE (br); Heritage Images (tl). **108 Alamy Stock Photo:** Peter Horree. **109 Getty Images:** Print Collector. **111 Alamy Stock Photo:** Granger Historical Picture Archive (tl, br). **112 Alamy Stock Photo:** Science History Images. **114 Alamy Stock Photo:** SuperStock. **116 Getty Images:** DEA / A. DAGLI ORTI. **117 Getty Images:** Print Collector. **118 Alamy Stock Photo:** Granger Historical Picture Archive. **119 Getty Images:** Francis G. Mayer. **120 Alamy Stock Photo:** Paul Fearn. **122 Alamy Stock Photo:** Art Collection 2. **123 Alamy Stock Photo:** Classic Image. **125 Alamy Stock Photo:** PAINTING. **131 Alamy Stock Photo:** Heritage Image Partnership Ltd (bl). **National Gallery of Denmark:** Nicolai Abildgaard (tr). **132 Alamy Stock Photo:** Heritage Image Partnership Ltd (tl, br). **136 Getty Images:** DEA PICTURE LIBRARY. **137 Alamy Stock Photo:** Chronicle (tr). **139 Alamy Stock Photo:** Heritage Image Partnership Ltd (tl); Panther Media GmbH (br). **140 Getty Images:** Heritage Images. **141 Alamy Stock Photo:** Science History Images. **142 Alamy Stock Photo:** Science History Images. **143 Alamy Stock Photo:** Art Collection 4. **144 Alamy Stock Photo:** Paul Fearn. **145 Getty Images:** Heritage Images. **146 Alamy Stock Photo:** Paul Fearn. **147 Alamy Stock Photo:** Granger Historical Picture Archive. **149 Alamy Stock Photo:** Granger Historical Picture Archive. **152 Alamy Stock Photo:** Granger Historical Picture Archive. **153 Alamy Stock Photo:** Science History Images. **155 Alamy Stock Photo:** Chronicle. **156 Alamy Stock Photo:** INTERFOTO. **157 Getty Images:** Heritage Images (tl); pejft (br). **158 Getty Images:** Werner Forman. **159 Alamy Stock Photo:** Paul Carstairs (bl). **161 Alamy Stock Photo:** ART Collection (bl); Paul Fearn (tr). **162 Alamy Stock Photo:** ART Collection. **163 Alamy Stock Photo:** Heritage Image Partnership Ltd. **164 Alamy Stock Photo:** Neil McAllister. **167 Alamy Stock Photo:** Chronicle (tr); jackie ellis (bl). **169 Alamy Stock Photo:** Mark Bourdillon (tr). **Getty Images:** Heritage Images (bl). **171 Alamy Stock Photo:** Classic Image (tc); Granger Historical Picture Archive (bl). **174 Alamy Stock Photo:** Loop Images Ltd. **175 Alamy Stock Photo:** Ivy Close Images. **176 Alamy Stock Photo:** Art Collection 3 (tl); World History Archive (br). **177 Alamy Stock Photo:** Josse Christophel. **184 Alamy Stock Photo:** Classic Image. **185 Alamy Stock Photo:** Heritage Image Partnership Ltd. **186 Alamy Stock Photo:** Heritage Image Partnership Ltd. **187 Alamy Stock Photo:** Heritage Image Partnership Ltd (bl); World History Archive (tr). **188 Getty Images:** Heritage Images. **189 Alamy Stock Photo:** Peter Horree. **192 Alamy Stock Photo:** INTERFOTO. **193 Alamy Stock Photo:** Paul Fearn. **194 Getty Images:** Print Collector. **196 Alamy Stock Photo:** Science History Images. **197 Alamy Stock Photo:** Ivy Close Images. **198 Alamy Stock Photo:** INTERFOTO. **199 Alamy Stock Photo:** imageBROKER. **201 Wellcome Images http://creativecommons.org/licenses/by/4.0/:** Wellcome Collection. **202 Alamy Stock Photo:** Dinodia Photos. **203 Alamy Stock Photo:** World History Archive. **207 Alamy Stock Photo:** Angelo Hornak (tr). **Los Angeles County Museum Of Art:** Purchased with funds provided by Dorothy and Richard Sherwood (bl). **208 The Brooklyn Museum, New York:** 78.256.3_IMLS_SL2 Anonymous gift. **209 The Metropolitan Museum of Art:** Purchase, Friends of Asian Art Gifts, 2008. **210 Wellcome Images http://creativecommons.org/licenses/by/4.0/:** Wellcome Collection. **213 Alamy Stock Photo:** ephotocorp (bl). **Getty Images:** Praveen Bajpai / Hindustan Times (tr). **214 Rex Shutterstock:** British Library / Robana. **216 Alamy Stock Photo:** Granger Historical Picture Archive. **217 Getty Images:** VCG. **219 akg-images:** Pictures From History (bl). **Getty Images:** Culture Club (tr). **221 Getty Images:** Print Collector (tl). **223 Alamy Stock Photo:** ART Collection. **224 Rex Shutterstock:** Eileen Tweedy. **225 Getty Images:** Bettmann. **226 Rex Shutterstock:** Gianni Dagli Orti. **227 Getty Images:** John Elk III. **228 Alamy Stock Photo:** HD SIGNATURE CO.,LTD. **229 Alamy Stock Photo:** Paul Fearn. **231 Alamy Stock Photo:** Science History Images (br). **Rita Willaert:** https://www.flickr.com/photos/rietje/6396626215 (tl). **236 Hickory Museum of Art:** Water Beetle. **238 Alamy Stock Photo:** Bob Masters. **239 Alamy Stock Photo:** Heritage Image Partnership Ltd (tl). **Getty Images:** Marilyn Angel Wynn (br). **240 Alamy Stock Photo:** World History Archive. **241 Library of Congress, Washington, D.C.:** LC-USZ62-101261. **242 Getty Images:** Werner Forman. **243 Alamy Stock Photo:** Chronicle (bl). **Getty Images:** Werner Forman (tr). **245 Alamy Stock Photo:** age fotostock (br); Chronicle (bl). **246 Getty Images:** Werner Forman. **250 Alamy Stock Photo:** Chronicle. **251 Alamy Stock Photo:** Paul Fearn. **253 Alamy Stock Photo:** Heritage Image Partnership Ltd (tr). **Getty Images:** DEA / G. DAGLI ORTI (bl). **254 Alamy Stock Photo:** Granger Historical Picture Archive. **255 Getty Images:** Oliver Davis. **256 Getty Images:** Print Collector. **257 Dreamstime.com:** Kseniya Ragozina. **258 Alamy Stock Photo:** Sergi Reboredo. **259 Alamy Stock Photo:** Universal Images Group North America LLC. **260 Alamy Stock Photo:** Danita Delimont. **261 Getty Images:** De Agostini Picture Library. **268 Getty Images:** DEA / S. VANNINI. **269 Alamy Stock Photo:** Ancient Art and Architecture. **270 Getty Images:** Universal Images Group. **271 Alamy Stock Photo:** Heritage Image Partnership Ltd (bl); Peter Horree (tr). **272 Getty Images:** Werner Forman. **273 Getty Images:** DEA PICTURE LIBRARY. **274 Alamy Stock Photo:** PRISMA ARCHIVO. **275 Alamy Stock Photo:** Heritage Image Partnership Ltd. **278 Alamy Stock Photo:** Heritage Image Partnership Ltd. **279 Alamy Stock Photo:** Juergen Ritterbach (bl). **Getty Images:** Werner Forman (tr). **280 Getty Images:** De Agostini / G. Sioen. **281 Alamy Stock Photo:** World History Archive. **282 Alamy Stock Photo:** Granger Historical Picture Archive. **283 Alamy Stock Photo:** Heritage Image Partnership Ltd. **284 Alamy Stock Photo:** Anka Agency International. **287 Alamy Stock Photo:** Peter Horree (cb); Old Paper Studios (tr). **290 The Metropolitan Museum of Art:** Gift of Lester Wunderman, 1977. **291 Getty Images:** De Agostini Picture Library. **292 Alamy Stock Photo:** Heritage Image Partnership Ltd. **293 Getty Images:** Insights. **295 Wellcome Images http://creativecommons.org/licenses/by/4.0/:** Science Museum, London. **296 Wellcome Images http://creativecommons.org/licenses/by/4.0/:** Science Museum, London. **297 Alamy Stock Photo:** Godong. **304 Alamy Stock Photo:** Ozimages. **305 Alamy Stock Photo:** National Geographic Creative. **306 Alamy Stock Photo:** Dave Watts (tl). **Getty Images:** Auscape / UIG (br). **307 Getty Images:** Grant Dixon. **308 Alamy Stock Photo:** blickwinkel. **309 Getty Images:** Werner Forman. **312 Alamy Stock Photo:** Paul Fearn. **314 Getty Images:** Hulton Deutsch. **315 Nationaal Museumvan Wereldculturen:** Object Number: TM-5969-78. **316 Alamy Stock Photo:** Granger Historical Picture Archive. **317 Getty Images:** Florilegius / SSPL. **318 Getty Images:** Werner Forman. **319 Getty Images:** Ross Land. **321 Alamy Stock Photo:** LOOK Die Bildagentur der Fotografen GmbH. **322 Alamy Stock Photo:** Design Pics Inc (br). **Alexander Turnbull Library, National Library Of New Zealand, Te Puna Matauranga o Aotearoa:** Dittmer, Wilhelm, 1866-1909. Dittmer, Wilhelm, 1866-1909 :Maui fishing New Zealand out of the ocean. [London, Routledge, 1907]. Ref: PUBL-0088-049. Alexander Turnbull Library, Wellington, New Zealand. / records / 22470770 (clb). **323 Alexander Turnbull Library, National Library Of New Zealand, Te Puna Matauranga o Aotearoa:** Dittmer, Wilhelm, 1866-1909. Dittmer, Wilhelm, 1866-1909 :Maui's fight with the sun. [London, Routledge, 1907]. Ref: PUBL-0088-057. Alexander Turnbull Library, Wellington, New Zealand. / records / 22696137. **324 Alamy Stock Photo:** Sue Flood. **325 Getty Images:** Atlantide Phototravel (tr); Pictorial Parade (cb). **328 Alamy Stock Photo:** LOOK Die Bildagentur der Fotografen GmbH. **329 Alamy Stock Photo:** Paul Fearn. **330 Alamy Stock Photo:** Paul Fearn. **332 Alamy Stock Photo:** The Natural History Museum. **333 Alamy Stock Photo:** Chronicle

Cover images:

All other images © Dorling Kindersley
For further information see: www.dkimages.com